Irmi und Hans-Georg Spangenberger

Ein Firmkurs.

Handreichungen für Katecheten

Bernward
bei Don Bosco

Wir danken Josefa Thamm
für die freundliche Unterstützung und kompetente Hilfe
bei der Erstellung des Manuskripts

Bibliografische Information der Deutschen Bibliothek

Die Deutsche Bibliothek verzeichnet diese Publikation in der Deutschen Nationalbibliografie; detaillierte bibliografische Daten sind im Internet über <http://dnb.ddb.de> abrufbar.

Neben den Handreichungen für Katecheten ist als kursbegleitendes Material für Jugendliche **Irmi und Hans-Georg Spangenberger: Wo meine Sehnsucht ein Zuhause hat. Ein Firmkurs. Leseheft für Jugendliche, ISBN 3-7698-1066-X,** erschienen.

verlags gruppe engagement

3. Auflage 2002/ ISBN 3-7698-1067-8

Umschlaggestaltung: Margret Russer
Produktion: Benatzky *Druck & Medien*, Hannover

Wo meine Sehnsucht ein Zuhause hat

A. Theoretische Überlegungen zum Firmkurs

I. Lebens- und Glaubenssituation Jugendlicher

Folgt man den Veröffentlichungen der vergangenen Jahre, so kann man nicht mehr von „der Jugend" sprechen. „Die Jugend" splittet sich in viele einzelne, nur schwer überschaubare Strömungen auf.

Vereinfacht lassen sich folgende Lebensbedingungen heutiger Jugendlicher feststellen:

1. Als eine Folge der Reformation bildeten sich in Deutschland und in Europa konfessionell geprägte Milieus, in denen (relativ mühelos) religiöse Werte, Traditionen und konfessionelle Ausprägungen überliefert und gelernt wurden. Als katholischer Christ beispielsweise konnte man von der Wiege bis zur Bahre zahlreichen von der Kirche getragenen Institutionen wie katholischen Krankenhäusern, Kindergärten, Schulen, Vereinen, Jugendverbänden, Berufsverbänden, einer Partei usw. begegnen.

Diese konfessionell geprägten gesellschaftlichen Gefüge innerhalb eines Staates („Subgesellschaften") lösen sich seit dem 2. Weltkrieg in Europa auf, in Deutschland verstärkt, da durch die Vertreibung vormals konfessionell einheitliche Gebiete einen starken Zuwachs an Menschen anderer Konfession zu verzeichnen hatten. Die modernen Massenkommunikationsmittel, die erhöhte Mobilität und die verstärkte Bildung und Information lassen die Menschen erfahren, daß es neben der Sinnvermittlung ihrer Kirche vielfältige andere Sinnangebote gibt.

Besonders offenkundig wird dieser Wandel im Westen im Jahr 1968 mit seinen Unruhen und der Auflehnung gegen die „alten Autoritäten".

2. Wo Menschen weniger eingebunden sind in ein Milieu, wird der Einzelne auch weniger durch überlieferte Werte und Traditionen gehalten. Freiheit und Autonomie wachsen. Auf der anderen Seite wird es notwendig, subjektiv auszuwählen, „welche Weltanschauung ich übernehmen möchte, was ich innerhalb der Weltanschauungssysteme für mich auswähle und ob ich mich diesen Fragen überhaupt stelle." (Heiner Koch, Kirche ohne Jugend – Jugend ohne Kirche? in: Pastoralblatt 9/1993, S. 266 - 271, hier: S. 266). Die Wahl der religiösen Überzeugung und ihre Umsetzung in die Praxis sind keine öffentliche Angelegenheiten mehr, sondern werden verlagert in den privaten Bereich und sind Folge einer subjektiven Entscheidung. Aus den Angeboten an Lebensdeutung strickt der Jugendliche sich oft ‚seine' Weltanschauung zusammen.

Hinzu kommt, daß eine moderne Grundüberzeugung sagt, daß das Moderne und Neue immer das Bessere sei. Auch über diesen Druck zerbrechen Traditionen.

3. Damit wächst die Überzeugung, daß alles relativ sei, daß „es keine in sich ruhende, letzte Wahrheit gebe oder diese zumindest von uns beschränkten Menschen nicht erkannt werden könne." (H. Koch, ebenda). Ein Jugendlicher beschreibt es so: „Daß ich nicht glaube, glaube ich nicht. Aber ob ich glaube, weiß ich nicht."

Auf dem Markt der religiösen Möglichkeiten stellt die kath. Kirche ein Angebot unter vielen dar, „aus dem der einzelne Konsument nach eigenem Gutdünken auswählt, was ihm wertvoll erscheint." (H. Koch, a.a.O., S. 267). Mit anderen Worten: Das Leben hat nur dann einen Sinn, wenn man ihn selber eingibt.

4. Der Jugendliche lebt in vielfältigen Bezugssystemen, die oft nur wenig miteinander zu tun haben: Familie, Schule, Arbeit, Disco, Kirche, Clique, Sportverein usw. So erlebt er Menschen immer nur „ausschnittweise". Die Möglichkeit, sich an Vorbildern umfassend zu orientieren, an menschlichen Biographien zu lernen, ist stark eingeschränkt.

5. Die Ablösung vom Elternhaus vollzieht sich heute weitgehend früher. Durch die frühzeitige Hinwendung zur Gruppe der Gleichaltrigen verliert die Familie in ihrer Erziehungsfunktion an Bedeutung. Gleichzeitig besteht in der Regel eine finanzielle und materielle Abhängigkeit vom Elternhaus, die durch die Verlängerung der Ausbildungszeiten intensiver geworden ist. Hier steckt ein Konfliktpotential in der Beziehung der Jugendlichen zu ihren Eltern.

Einerseits erfahren sich Jugendliche als abhängig von der Erwachsenenwelt, andererseits wissen sie sich in vielen Bereichen (EDV, Sport, Bildung, Mode, Freizeitverhalten) kenntnisreicher und versierter.

6. Obwohl die Schule hinsichtlich ihrer prägenden Bedeutung an Boden verloren hat, ist sie immer noch das zeitlich dominierende Feld im Jugendalter geblieben – mit der Tendenz, Schul- und Ausbildungszeiten wegen drohender Arbeitslosigkeit immer mehr zu verlängern. Aufgrund der beruflichen und gesellschaftlichen Unsicherheit verliert die Zukunftsorientierung bei Jugendlichen an Bedeutung. Jugendliche erleben das Alltagsleben – oft in bedrückender Weise – als pädagogisiert, bürokratisiert und verplant. So tritt in der „Freizeit" das „Spaß haben im Hier und Jetzt" in den Vordergrund.

Das korrespondiert mit dem Bestreben, die Bedürfnisse möglichst schnell mit materiellen Gütern zu befriedigen. Aneignung der Welt über Konsum und Medien ist heute gängig.

7. Religion erhält in dieser Gesellschaft die Funktion, die verschiedenen Lebensstile zu bestätigen. „Religion

wird erwünscht als Baldachin für unsere Hoffnungen und als Schild gegen die bedrohlichen dunklen Mächte, die unser Leben zu verschlingen drohen." (H. Koch, ebenda; nach Paul M. Zulehner, Leutereligion, in: Lebendige Seelsorge 37/1986) Kirche und Gemeinde werden damit für viele zu einem Serviceunternehmen, wo gegebene religiöse Bedürfnisse befriedigt werden. Ihr Nutzen wird oft daran gemessen, inwieweit sie eine Reihe von geistlichen und caritativen Angeboten auf den Markt bringt und den Konsumenten zur Verfügung stellt. Die kritische Funktion von Kirche, das gestaltete Leben zu korrigieren bzw. in Frage zu stellen, tritt dabei in den Hintergrund.

8. Viele Jugendliche sind heute kaum noch religiös sozialisiert oder verfügen nur noch über wenig religiöses Wissen. Die Sinnfrage scheint überlagert vom Konsum, von Fragen der Schul- und Berufsausbildung, von der Findung und Stabilisierung sozialer Kontakte, vom Erleben im Hier und Jetzt. Trotzdem sind Jugendliche religiöser, als wir Erwachsene manchmal denken oder gar Jugendliche von sich selbst:

- „Personale Entscheidungen werden zutiefst als religiöse empfunden, und dies unter jüngeren Menschen offenbar in zunehmendem Maße. Eheschließung und kirchliche Trauung sind nur ein herausragendes Beispiel. Auch diejenigen, bei denen die klassischen Voraussetzungen religiöser Sozialisation weitgehend ausgefallen sind, ..., wenden sich dann in entscheidenden Lebenssituationen der Kirche zu." (H. Koch, a.a.O., S. 267f.; nach Gerhard Schmidtchen, Ethik und Protest – Moralbilder und Wertekonflikte junger Menschen, Opladen 1992).
- Unsere oft so sachliche und rationale Welt wird in Frage gestellt durch ein Wiederaufleben von „Magie und Zauberei und Rückfälle in primitive Stufen der Religiosität" (H. Koch, a.a.O., S. 268; nach G. Schmidtchen, ebenda)

Hinter all dem steht eine zutiefst religiöse Sehnsucht Jugendlicher: „Die Sehnsucht nach dem Ewigen. Drei Grundsehnsüchte prägen das Leben der Menschen, besonders nachhaltig das der jungen Menschen: die Sehnsucht nach Liebe und Geborgenheit, die Sehnsucht nach persönlicher Anerkennung und Achtung und die Sehnsucht, etwas bewirken, etwas ‚machen' zu können, der Wunsch nach Macht. Diese drei Lebenssehnsüchte bleiben in unserer heutigen Zeit oft unerfüllt." (H. Koch, ebenda)

Die Antwort unserer Gesellschaft geht dahin, diese Sehnsüchte mit Konsum zu stillen („Glück ist käuflich") oder sie zu minimalisieren: „Erwarte nicht zuviel vom Leben, dann wirst du nicht enttäuscht." (H. Koch, ebenda)

Hier kann Katechese ansetzen und hat auch eine realistische Chance: in der persönlichen Begegnung mit Jugendlichen, ohne sie vereinnahmen zu wollen, nach dem zu suchen, was ihre Sehnsucht ausmacht und wo ihre Sehnsucht ein Zuhause finden kann.

II. Das Sakrament der Firmung

Im Leben eines jeden Menschen gibt es Stunden und Tage, die aus dem Alltag herausragen. Es sind Höhepunkte oder auch Tiefpunkte, in denen sich das Leben verdichtet, in denen die Fragen nach dem Woher, Wohin und Wozu des Lebens besonders intensiv gestellt werden. Zu solchen Knotenpunkten des Lebens, bei denen es um Neubeginn, um Entscheidung, um Wende, um Gelingen oder Mißlingen geht, gehören Geburt und Tod, Erwachsenwerden, Eheschließung, Krankheit, Schuld und Versöhnung. Hier werden Grenzen bewußt. Es wird deutlich, daß die Zukunft nicht machbar ist. Die Fragen nach dem Woher, Wohin und Wozu stellen sich aber nicht nur in den Grenzsituationen unseres Lebens. Wenn wir bewußt und empfindsam leben, rühren uns diese Fragen mitten im Alltag an. Und wir werden ergriffen von der Sehnsucht nach einem erfüllten Leben. Wir haben dann das Bedürfnis, unsere Erfahrungen zur Sprache zu bringen und zu deuten. Dabei findet jeder in seiner Umgebung Deutungsangebote, auf die er zurückgreifen kann. Deutung geschieht also immer auch mit Hilfe der Tradition. Für unsere gegenwärtige Gesellschaft ist es kennzeichnend, daß verschiedenste Deutungsangebote miteinander konkurrieren. Der einzelne kann diese Pluralität als tiefgreifende Unsicherheit in Fragen der Lebensdeutung erfahren.

Bei der Vermittlung von Deutungsangeboten spielt die Sprache eine wesentliche Rolle (vgl. die Bibel für die christliche Glaubensgemeinschaft). Aber auch Gesten, Zeichen, Riten und Feiern helfen dem einzelnen, die fragwürdigen Erfahrungen seines Lebens zu deuten.

Auch die christliche Glaubensgemeinschaft kennt Gesten, Riten, Zeichen und Feiern, die das Verlangen des Menschen, seine Lebenssituation auszudrücken und auf Gott hin zu deuten, aufgreifen. „Sakrament" kommt aus dem Lateinischen („sacrare") und heißt soviel wie „einem göttlichen Bereich überantworten". Sakramente sind nach diesem Verständnis Zeichen, die auf eine „tiefere Wirklichkeit", auf Gott, hinweisen. Sie machen Unsichtbares sichtbar und erzählen auf anschauliche Weise von der Liebe Gottes zu uns Menschen. Sie erzählen davon, daß unsere Sehnsucht nach dem ewigen Leben sich erfüllt.

Sakramente sprechen aber nicht nur von der Liebe Gottes zu uns Menschen, in ihnen ereignet sich diese.

Diese theologische Aussage kann über eine vertraute Erfahrung aus dem zwischenmenschlichen Bereich verständlich gemacht werden: Ein Händedruck ist nicht nur Versöhnung, in ihm findet Versöhnung statt. Ein Kuß ist nicht nur Zeichen der Liebe, er weckt auch Liebe, in ihm ereignet sich Liebe. Analog dazu kann man sagen: Sakramente sind nicht nur Erinnerung an Gottes Liebe zu uns Menschen. Indem wir die Sakramente feiern, ereignet sich die Liebe Gottes zu uns Menschen. Ob diese Liebe Gottes von uns Menschen erfahren wird, hängt freilich auch von der Offenheit und Bereitschaft des Menschen ab, sich auf dieses Angebot einzulassen. „Das unterscheidet die sakramentale Symbolhandlung vom magischen Zeichen. Gottes rettende und helfende Nähe in Jesus Christus dringt in unser Leben nicht ein durch Magie, sondern dadurch, daß wir uns auf seine Geschichte mit uns einlassen" (Dieter Emeis, Sakramentenkatechese, Freiburg 1991, S. 37).

Welche besondere Bedeutung kommt hierbei dem **Sakrament der Firmung** zu?

In den Anfängen der Kirche war die Firmung kein eigenständiges Sakrament, sondern Teil des Initiationsritus. In der Feier der Aufnahme in die Kirche wurden die Bewerber getauft, gesalbt, es wurde ihnen die Hand aufgelegt, und sie feierten die Eucharistie mit.

Die Trennung der beiden Eingliederungssakramente hat verschiedene Ursachen. Wesentlich war jedoch die Aufteilung des Leitungsamtes. Die Kirche wuchs, so daß bald Priester die Aufgaben des Bischofs übernehmen mußten, z.B. Taufe, Eucharistiefeier, Predigt usw. Die Handauflegung blieb aber dem Bischof vorbehalten, ebenso die Salbung. Nach der Trennung dieser beiden Eingliederungssakramente vergrößerte sich der zeitliche Abstand zwischen der Spendung der Taufe und der Firmung. So galt seit dem 3. Jahrhundert das 7. Lebensjahr als Mindestalter. Gleichzeitig stiegen die Anforderungen an die Firmbewerber. Vom 16. Jahrhundert an wurde ein eigener Vorbereitungsunterricht gefordert.

Diese Entwicklung in der pastoralen Praxis hat zu vielfältigen Überlegungen über die theologische Bedeutung des Firmsakramentes geführt. Übereinstimmend wird dabei die Firmung als „Teilsakrament" der sakramentalen Eingliederung gesehen: Das, was in der Taufe begonnen wurde, findet seine öffentliche Bestätigung und Annahme im Sakrament der Firmung.

Vor dem Hintergrund unserer Praxis der Säuglingstaufe erscheint es sinnvoll, einen wesentlichen Sinnaspekt der Firmung in der mündigen Übernahme der Taufe zu sehen. Eine eigene Entscheidung der Christen ist um so notwendiger, als sich die Diasporasituation heute verschärft.

Nach Emeis/Schmitt sind drei Aspekte zu nennen, die die Bedeutung des Firmsakramentes umschreiben:

- Der Firmung geht es um die ausdrückliche, zeichenhafte Befähigung und Bereitschaftserklärung zu einem christusähnlichen Leben.
- In der Firmung wird der Einzelne öffentlich und mit seiner Zustimmung hineingenommen in die Gemeinschaft der Kirche als der vom Heiligen Geist geeinten Gemeinschaft.
- Aus dieser vollen Eingliederung ergibt sich die Beauftragung zur Mitverantwortung und Beteiligung am Sendungsauftrag der Kirche in unserer Zeit.

(aus: Dieter Emeis, Karl Heinz Schmitt, Grundkurs Sakramentenkatechese, Freiburg, 1980, S.91)

1. Firmung als Befähigung und Zustimmung zu einem christusähnlichen Leben

Sakramente machen Unsichtbares sichtbar. Sie erzählen auf menschliche Weise von der göttlichen Liebe. So ist Jesus, der durch sein Leben Gottes Liebe und Menschenfreundlichkeit erfahrbar gemacht hat, selbst das *Ur-Sakrament.*

Im Leben Jesu ist Gottes Geist anwesend. Der „Heilige Geist" wird den Menschen nicht wie eine Sache oder durch eine magische Kraft vermittelt (vgl. D. Emeis/K. H. Schmitt, ebenda), „Heiliger Geist" wird vielmehr in unserem Leben erfahrbar, wenn wir uns von Jesus berühren lassen und sein Geist mit Gottes Hilfe in unserem Alltag lebendig wird. An Jesu Leben, an seinem Verhalten läßt sich ablesen, was unter „Geist Gottes", unter „Heiligem Geist" zu verstehen ist. „Der Geist des Herrn ruht auf mir: denn der Herr hat mich gesalbt. Er hat mich gesandt, damit ich den Armen eine gute Nachricht bringe; damit ich den Gefangenen die Entlassung verkünde und den Blinden das Augenlicht: damit ich die Zerschlagenen in Freiheit setze und ein Gnadenjahr des Herrn ausrufe." (Lk 4,18f) Jesus kam, um uns den Weg zu einem sinnerfüllten, geglückten Leben zu eröffnen und ihn mit uns zu gehen. Er will, daß wir ein Leben der unendlichen Fülle, des ungeschmälerten Sinns erfahren. Wenn wir uns auf ihn einlassen, kommt unsere Sehnsucht an, findet sie ein Zuhause.

2. Firmung als Sakrament der vollkommeneren Eingliederung in die Kirche

Im II. Vatikanischen Konzil wird betont, daß die Gläubigen durch das Sakrament der Firmung intensiver in die Kirche hineingenommen werden. In der Taufe haben die Eltern und Paten des Jugendlichen versprochen, ihn im christlichen Glauben zu erziehen. Nun ist der Jugendliche alt genug, selbst seinen Glauben zu bekennen, um ja zu dem zu sagen, was in seiner Taufe begonnen hat.

Glauben kann man nicht allein. Es braucht andere Menschen, die mit uns Spuren Gottes im Alltag suchen. Der Ort, wo dies geschehen kann, ist nach christlichem Verständnis die Gemeinde. Hier ist ein Raum eröffnet, wo die Jugendlichen ihren Glauben stärken können. In diesem Sinne hat die Kirche nicht nur Sakramente, sondern sie ist – trotz aller Gebrochenheit – selbst Zeichen, Sakrament, in dem sich die Liebe und Nähe Gottes zeigt.

Dies wird in allen drei Grundfunktionen der Gemeinde nachvollziehbar:

- in der Martyria (= über den Glauben sprechen)
- in der Diakonia (= das Leben miteinander teilen) und
- in der Liturgia (= gemeinsam feiern).

Deshalb muß die Gemeinde in der Firmkatechese angemessene Erfahrungsfelder eröffnen, „in denen Menschen miteinander feiern, sich den Nöten ihrer Umwelt zuwenden und die Bedeutung des Evangeliums für ihr Leben entdecken können." (D. Emeis, Sakramentenkatechese, a.a.O., S. 22f.).

3. Firmung als Sakrament der Beauftragung zum Zeugnis

„Die vollkommenere Eingliederung in die Kirche bedeutet auch verantwortlichere Teilhabe an der Sendung, dem Weltauftrag der Kirche". (D. Emeis/K.H. Schmitt, a.a.O., S. 94). Dies stellt in einer Gesellschaft, in der verschiedene Lebensüberzeugungen miteinander konkurrieren, eine große Herausforderung dar. „Dabei geht es hier nicht um eine Konkurrenz, in der es gilt, möglichst viel Macht und Einfluß zu gewinnen. Vielmehr muß die Kirche und jeder einzelne Christ in ihr in besonderer Weise durch ihren Lebensstil, durch die Art ihres Sprechens und Umgehens mit anderen deutlich machen, daß ein christliches Leben wirklich ein lebenswertes Leben ist." (D. Emeis/K.H. Schmitt, ebenda)

Es geht darum, zu leben, was wir glauben: Gottes Liebe wird uns nicht nur zugesprochen. Sie ist konkret erfahrbar in unserem Alltag.

Dies bedeutet, daß sich Christen nicht darauf beschränken können, Gottes Menschenfreundlichkeit zu verkünden. Christliches Zeugnis ist gekennzeichnet durch die Einheit von Wort und Tat. Gottes Liebe wird erfahrbar durch die christliche Solidarität mit allen Menschen.

Die im Vorangegangenen kurz skizzierten Sinnelemente der Firmung finden ihre Entsprechung in den **Symbolhandlungen der Firmung:**

Die Firmung wird heute in der Zeit des Erwachsenwerdens gespendet, dann, wenn sich die Jugendlichen von ihrer Herkunftsfamilie lösen und neu orientieren. In einer Zeit, die für alle Beteiligten eine Krisenzeit ist, versammeln sich Christen und bekennen, daß Gott auch in dieser Zeit dem Jugendlichen nahe ist.

Der Jugendliche tritt zusammen mit dem Firmpaten vor den Firmspender. Der Firmspender, in der Regel ein Bischof, legt ihm die Hand auf den Kopf, salbt die Stirn mit Chrisam in Form eines Kreuzes, spricht den Firmbewerber mit dessen Namen an und sagt:
„Sei besiegelt durch die Gabe Gottes, den Heiligen Geist!"
Der Gefirmte bestätigt und bekräftigt das Geschehen mit dem „Amen!"
Der Firmspender spricht ihm zu: „Der Friede sei mit dir!"

Während dieser Zeit steht der Pate hinter dem Firmbewerber und hat seine Hand auf dessen Schulter gelegt.

Durch die Erneuerung des Taufversprechens und durch sein Hintreten vor den Firmspender erklärt der Jugendliche:

Ich sage ja zu meiner Taufe. Ich glaube an Gott, an Jesus Christus, der uns zeigt, daß Gott uns annimmt und liebt. Ich möchte versuchen, als Christ zu leben. Ich möchte zur christlichen Gemeinde gehören. Ich glaube, daß mich Gott auf meinem Weg nicht allein läßt, daß er mir Kraft gibt, den Weg des Glaubens zu gehen.

Durch die Handauflegung des Bischofs wird ein Zweifaches deutlich: Einerseits die Zusage Gottes: Ich bin bei dir. Ich schütze dich. Ich bin für dich da. Ich wende mich dir zu. Andererseits ist die Handauflegung das Zeichen der Beauftragung und der Indienstnahme: Ich beauftrage dich, Zeugnis von mir zu geben. Ich nehme dich in den Dienst für die Sache Jesu in Kirche und Welt.

Der Bischof salbt die Stirn des Firmbewerbers mit Chrisam.

Chrisam, ein Kosmetikum des Altertums, ist eine Mischung aus Olivenöl und Balsam. Öl und Salbe werden zum Schutz, zur Heilung oder zur Kräftigung auf die Haut aufgetragen. Sie dringen durch die Haut in den Menschen ein.

Die Salbung mit Chrisam macht wiederum die Zusage Gottes deutlich und erfahrbar:

Ich dringe in dich ein. Ich erfülle dich. Ich heile dich. Ich schütze dich. Ich gebe dir Kraft. Ich mache dich unangreifbar. Ich mache dich attraktiv.

Nach biblischem Zeugnis wird David mit Öl gesalbt (1 Sam 16,13). Auf diese Weise wird ihm der Geist Gottes übertragen. Er wird König im Auftrag Gottes. Salbung heißt dann: Ich gebe dir Würde. In dir lebt und wirkt der Heilige Geist. Denke, rede und handle im Geiste Jesu.
Firmung wird als Besiegelung („Sei besiegelt durch die Gabe Gottes, den Heiligen Geist!") verstanden. Diese Bezeichnung stammt aus den ersten christlichen Jahrhunderten. In der Antike trugen nämlich Sklaven und Soldaten ein Siegel. Dadurch wurde erkennbar, in

wessen Dienst sie standen, zu wem sie gehörten. Alle, die zu einer Gruppe gehörten, waren erkennbar am gleichen Siegel. Das Zeichen der Besiegelung bei der Firmung ist das Kreuz. Das Kreuz weist hin auf das Leiden, auf den Tod und auf die Auferstehung Jesu. Dem Jugendlichen wird bei der Firmung das Siegel Christi auf die Stirn gezeichnet. Es sagt: Du gehörst zu Jesus Christus. Du gehörst zu denen, die dieses Zeichen tragen. Du bist volles Mitglied der Kirche. Dein weiteres Leben soll bestimmt und geprägt sein von der Lebensart Jesu.

In der Firmung wird das, was in der Taufe grundgelegt ist, vollendet. Das neue Leben erhält seine volle Kraft. Der Jugendliche wird mündiger Christ. Dies wird vor der Gemeinde durch den Bischof öffentlich bestätigt und bekräftigt.

Der Jugendliche ist noch nicht erwachsen. Er ist immer wieder auf Erwachsene angewiesen, die zu ihm und bei ihm stehen, die da sind, wenn er sie braucht. Auch für seinen Glauben braucht er Erwachsene, die ihm Christsein vorleben und von ihrem Glauben erzählen. Zur Firmung kommt der Heranwachsende nicht allein. Der Firmpate geht mit ihm und legt ihm während der Firmspendung die Hand auf die Schulter. Er sagt damit und macht erfahrbar: Du bist nicht allein. Ich gehe mit dir. Ich stehe zu dir. Ich bin für dich da. Du kannst dich auf mich verlassen. Durch den Paten und seine Person wird die Nähe Gottes handgreiflich spürbar.

III. Konzeption des Firmkurses

1. Inhalte und Aufbau

Die Jugendlichen sind heute vielfältigen Veränderungen und Wandlungen ausgesetzt: Werteverfall, Pluralismus, Individualisierung sind nur einige Stichworte, die diese Situation umreißen. Als Grundbegriffe für den Menschen in der heutigen Gesellschaft lassen sich stark vereinfacht drei Dinge nennen:

- Leistung (Wer was leistet, ist wer!)
- Konsum (Wer was hat, ist wer!)
- Verstand (Wer was weiß, ist wer!)

Jugendliche fügen sich in erstaunlich hohem Maße in diese Wertordnung ein. Deutlich wird dies, wenn wir die Antworten Jugendlicher auf die Frage nach ihren Wünschen und Träumen betrachten. An erster Stelle steht hierbei der Wunsch nach privatem Glück: ein Job, mit dem man „gut Geld macht", ein eigenes Haus, ein liebevoller Partner, Urlaub und Gesundheit rangieren auf den ersten Plätzen.

Daß sich hinter diesen Antworten die Ursehnsucht des Menschen nach Geborgenheit, Heimat, nach Angenommensein und Sinn verbirgt, ist augenfällig.

Ebenso ist zu beobachten, daß diese Sehnsucht nach Lebenserfüllung in unserer Gesellschaft nur durch kurzfristige Befriedigung von Bedürfnissen ersetzt wird. Die unbegrenzte Sehnsucht soll zurückgenommen und auf stillbare Bedürfnisse reduziert werden.

Ein Ziel des Firmkurses ist es, die **Ursehnsucht der Jugendlichen** ernst zu nehmen. Die Gruppenleiter sollen Anwälte der in den Jugendlichen wohnenden Sehnsüchte sein. Wenn die Gruppenleiter sich mit den Jugendlichen auf die Entdeckungsreise nach der Sehnsucht machen, so muß die Spannung zwischen Bedrohlichem und Rettendem ausgehalten werden. Es wird gefragt, wie geht es mir mit meinem Leben, mit meiner Sehnsucht in der Spannung zwischen Hoffnung und Angst, zwischen Trauer und Freude. Es soll dabei nicht einer „Heile-Welt-Ideologie" das Wort geredet werden. Vielmehr geht es darum, gemeinsam der Sehnsucht nach einem erfüllten Leben zu trauen mitten in einer Welt, die von gegenteiligen Erfahrungen voll ist.

Wir können diese Sehnsucht wie ein zartes Pflänzchen pflegen, wenn wir uns immer wieder von unserer Hoffnung erzählen, daß es in all dem Bedrohlichen einen letzten Grund gibt, der uns trägt. So wird der/die GruppenleiterIn im Kurs immer wieder von den Hoffnungsgeschichten des Alten und Neuen Testaments erzählen.

Firmkatechese in diesem Sinne ist weit entfernt davon, die Jugendlichen mit lebenspraktischer Zufriedenheit abzuspeisen, vielmehr sollen aus der Sehnsucht nach einem Leben in Sinn-Fülle Wege aus Resignation und Verzweiflung gesucht werden und Schritte gewagt werden in neues Land.

Das Sakrament der Firmung antwortet auf die Grundsituation der Jugendlichen, auf die Phase des Umbruchs, der Neuorientierung, der Weggabelung. Es greift die Fragen der Jugendlichen und ihre Sehnsucht auf und deutet sie auf Hoffnung hin.

Die **Inhalte des Firmkurses** erschließen sich somit zum einen aus der theologischen Bedeutung des Firmsakramentes, zum anderen aber auch aus der Lebenssituation der Jugendlichen. So ergeben sich folgende *inhaltliche Schwerpunkte*:

1. Der Firmvorbereitungskurs spricht Jugendliche an, die sich von ihrem Elternhaus lösen. Sie möchten selbständig sein, stellen vieles kritisch in Frage und suchen nach Sinn und neuen Wertmaßstäben. In der Firmkatechese kann den Jugendlichen die Möglichkeit gegeben werden, von ihren Fragen, Wünschen, Erfahrungen und Träumen zu erzählen. Es kann zur Sprache gebracht werden, wohin die tiefe Sehnsucht des einzelnen wirklich geht. Fragen wie „Wer bin ich?", „Was hat mich geprägt?", „Was gibt mir Halt?",

„Wonach strecke ich mich aus?" können die Sehnsucht der Jugendlichen stärken und sie so befähigen, Lebenseinstellungen, die den Lebenssinn verkürzen, als solche zu erkennen.

Dies geschieht besonders im ersten Teil des Firmkurses **„Meine Sehnsucht hat viele Namen"**.

2. Bei der Firmung geht es auch um die bewußte Zustimmung der Jugendlichen zu einer christlichen Lebensorientierung. Wenn die Jugendlichen dies im Rahmen ihrer Möglichkeiten tun sollen, so müssen sie zunächst einmal erfahren, wofür oder wogegen sie sich entscheiden.

Da aus den unterschiedlichen Gründen (vgl. Lebens- und Glaubenssituation Jugendlicher, S. 5 f.) nicht damit gerechnet werden kann, daß die Jugendlichen mit dem Leben Jesu vertraut sind, erscheint es notwendig, daß den Jugendlichen Erfahrungen mit Jesus ermöglicht werden. Bei ihrer Suche nach sinnerfülltem Leben kann ihnen von Jesus erzählt werden, der will, daß wir ein Leben in unendlicher Fülle und ungeschmälertem Sinn erfahren. Die Katecheten können von Jesus als dem erzählen, wo ihre Sehnsucht ein Zuhause hat (vgl. **Wo meine Sehnsucht ein Zuhause hat**). Hierbei kann erinnert werden an Jesu befreiendes Tun und Reden, an Jesu Gotteserfahrung und Gottesbotschaft, an Jesu Tod und Auferweckung als Infragestellung und Bestätigung der Lebensart Jesu.

„Katechese" (von griech. = katecheo = tief hineintönen lassen) bedeutet im ursprünglichen Sinn des Wortes, die Botschaft vom Gekreuzigten als dem Christus tief in das eigene Leben hineintönen und hineindringen zu lassen. In diesem Anliegen wird die Katechese auf Schwierigkeiten stoßen: In unserer Gesellschaft driften die verschiedenen Lebensbereiche (das Private, Berufliche, Wirtschaftliche, Politische, Kulturelle und das „Religiöse") mehr und mehr auseinander. Das hat zur Folge, daß sich die verschiedenen Lebensbereiche verselbständigen und die Erfahrung von Religion als Integrationsmacht weitgehend verlorengegangen ist. Die Jugendlichen erleben in ihrer Umgebung die Trennung von Leben und Glauben. Die Fähigkeit, Leben im Licht des Glaubens zu deuten, scheint abhanden gekommen zu sein. Ziel der Firmkatechese ist es, den Jugendlichen zu vermitteln, daß Gott in ihrem Leben vorkommt, daß der Geist Jesu in ihrem Alltag weht und nicht in einer Sonderwelt anzutreffen ist. Es geht in der Firmkatechese darum, die einmaligen und individuellen Grunderfahrungen der Jugendlichen anzusprechen und die Jugendlichen zu befähigen, diese in der Begegnung mit der christlichen Überlieferung und im vertrauensvollen Austausch mit anderen zu deuten.

So ist es für den Firmkurs konstitutiv, das Leben der Jugendlichen zur Sprache zu bringen. Wenn die Jugendlichen von ihrem Leben erzählen, so ist dies nicht die Vorstufe zum eigentlichen Religiösen, es ist vielmehr der Bereich, wo sie Gott erfahren mitten in ihrem Leben. Das Leben der Jugendlichen wird so ein unverzichtbares, durchgängiges Gestaltungsprinzip.

3. Die Fragen „Wo entdecke ich den Geist Jesu heute in meinem Alltag? Wo und wie kann ich heute christlich leben?" sind von zentraler Bedeutung.

In der Begegnung mit exemplarischen Christen, besonders aber in der Gemeinde vor Ort, können die Jugendlichen Menschen erleben, die sich bemühen, der Sehnsucht nach dem Reich Gottes ein Zuhause zu geben (vgl. **Wie Sehnsucht ein Zuhause findet**). Es liegt in der Natur der Sache, daß dieses Kennenlernen nicht nur theoretisch, sondern vor allem in der Begegnung mit engagierten Christen geschehen kann.

Diese Zielsetzung fordert die Gemeinde als Ganze heraus. Es wird nicht leicht sein, bei Jugendlichen, deren Haltung gegenüber Kirche sicher mehr durch Gleichgültigkeit, Desinteresse oder gar Ablehnung als durch Interesse und Offenheit gekennzeichnet ist, Vorurteile abzubauen. Dies geschieht sicher um so mehr, als die Jugendlichen die Gemeinde am Ort als Gemeinschaft erfahren, die eine Hilfe im Bemühen um christliche Lebensgestaltung darstellt. Diese Erfahrung kann jedoch nicht in der Gemeinde als Ganzer vermittelt werden – dazu ist diese ein zu großer sozialer Raum. Hierzu bedarf es der Begegnung mit kleinen Gruppen und Gemeinschaften der Pfarrgemeinde. (Vgl. „Schnupperkurs Gemeinde")

4. Die Verwirklichung des Geistes Jesu im Heute ist jedoch nicht nur auf den Bereich der Gemeinde beschränkt. Der christliche Sendungsauftrag schließt die Welt mit ein. So ist der abschließende große Themenkreis des Firmkurses unter das Leitmotiv gestellt: **Der Sehnsucht ein Zuhause geben**. Hier wird nochmals der aktive Charakter der christlichen Botschaft hervorgehoben. Drängende Probleme unserer Tage (Hunger und Ungerechtigkeit, Unterdrückung, Umweltzerstörung und Ausgrenzung) stehen im Mittelpunkt der Auseinandersetzung. Im Gespräch, in Aktionen oder Besuchen bei Hilfsorganisationen wird gefragt werden, wie christliches Engagement für die Welt aussehen kann.

Bei all dem darf nicht verschwiegen werden, daß das Bemühen um die Verwirklichung des Geistes Jesu im Heute auch scheitern kann („Grenzerfahrungen"). Es ist gut möglich, in diesem Zusammenhang Wege der Schuldbewältigung zu diskutieren und einen erneuten Zugang zum Bußsakrament zu eröffnen.

Bei der Firmung geht es um die Befähigung, Leben im Geiste Jesu zu gestalten. Dabei müssen sich die Katecheten, Eltern, Paten, aber auch die Gemeinde immer wieder bewußt werden, daß die Entscheidung des Jugendlichen, sein Leben aus dem christlichen Glauben zu deuten und zu leben, nicht machbar ist – auch nicht vom Katecheten während der Firmvorbereitung. Diese Entscheidung des Jugendlichen ist nicht in menschliche Verfügbarkeit gestellt, sie ist Gnade Gottes. Es erscheint uns wichtig, daß besonders die Katecheten sich dessen immer bewußt bleiben. Dies bedeutet jedoch nicht, daß den Katecheten und der Gemeinde nur das Warten und „Nichts-Tun" bleibt. Sie könnten sich vielmehr als Wegbegleiter verstehen. In ihrem Handeln könnte etwas von der Liebe Gottes zu den Menschen durchscheinen. Sie könnten den Jugendlichen die Erfahrung vermitteln: Ich nehme dich an, so wie du bist! Ich glaube, daß du von Gott angenommen bist. Die Erfahrung der Liebe Gottes jedoch ist nach christlichem Glauben der eigentliche Motor für ein Leben in christlicher Orientierung.

Die Entscheidung der Jugendlichen, ihr Leben aus dem christlichen Glauben deuten und leben zu wollen, ist Anlaß zum Feiern. Um die Feier der Firmliturgie intensiv miterleben zu können, ist es notwendig, daß die Jugendlichen die Liturgie und die Zeichen der Firmung verstehen lernen.

Der Zugang zu diesen christlichen Zeichen, Symbolen, ist für viele Jugendliche schwierig, da sie häufig keine Verbindung zwischen den Zeichen und ihrer Lebenswirklichkeit herstellen können. Dies ist um so schwieriger, als die Jugendlichen aus einer Umgebung kommen, in der symbolisches Sehen nicht gefördert wird (vgl. die zweckrationale und empirische Wirklichkeitsorientierung vieler Jugendlicher).
Wie kann den Jugendlichen ein Zugang zu diesen Zeichen ermöglicht werden?

Obwohl die Jugendlichen oft keinen direkten Bezug zu den christlichen Symbolen mehr haben, zeigen sie meistens einen ausgeprägten Sinn für Dinge, die ihnen kostbar und wichtig sind: ein Teddy aus Kindertagen, der Brief einer Freundin, die getrocknete Rose, die an eine vergangene Liebe erinnert. In diesen Dingen wird die Ebene der Brauchbarkeit und Nützlichkeit durchbrochen. Die Dinge beginnen zu reden, sie rufen Erinnerungen hervor, sie vergegenwärtigen wichtige Erfahrungen im Leben. Von all den anderen Dingen unterscheiden sie sich dadurch, daß die Jugendlichen eine Beziehung zu ihnen haben. Die Sakramentenkatechese kann die Jugendlichen zunächst in dieser ihrer Fähigkeit der symbolischen Wahrnehmung und des symbolischen Ausdrucks stärken.

Es geht in der Katechese darum, das „innere Auge" zu schulen, Grunderfahrungen auszudrücken mit Hilfe von *Ursymbolen.*

So wird z.B. zu Beginn des Kurses mit Hilfe des Ursymboles „Baum" die Frage nach dem Woher und Wohin gestellt. Bei der Frage nach der Auferstehung spielen z.B. Licht und Dunkel als Symbole für die Grunderfahrung von Leben und Tod eine Rolle. Und am Ende des Kurses werden, z.B. durch die Betrachtung eines Labyrinths, die Fragen nach den Sackgassen, nach den Zielen, nach den Entscheidungen im Leben gestellt.

So sensibel gemacht für die „Wirklichkeit hinter der Wirklichkeit" wird es den Jugendlichen leichter fallen, in den Symbolen der Handauflegung und der Salbung die Zusage des lebenspendenden Gottes zu entdecken.

Aus all diesen Erwägungen ergibt sich folgender **Aufbau des Kurses:**

2. Methodische Überlegungen

Ein Ziel des Firmkurses ist es, den Jugendlichen die Erfahrung zu vermitteln, daß Gott in ihrem Leben vorkommt. Es geht so um die Erschließung der existentiellen Bedeutung zentraler Aussagen des Evangeliums. Dies hat insofern methodische Konsequenzen, als ein besonderer Akzent der Firmkatechese auf der Ebene des ganzheitlichen Erfassens liegt. Dies wiederum hat Konsequenzen hinsichtlich der Gruppengröße, der Gesprächsführung, der Formen des Miteinanders und der Dauer der einzelnen Katechesen.

● Kleingruppen

Über das eigene Leben und den eigenen Glauben sprechen, das ist am besten in einer kleinen Gruppe möglich. Jede Person kann mit allen anderen in Verbindung treten, den anderen mit seinem Blick, seiner Gestik und Mimik wahrnehmen. Es besteht die Möglichkeit, direkt Interesse aneinander zu bekunden, einander zu akzeptieren, sich aufeinander einzustellen, die gegenseitigen Wünsche zu berücksichtigen. Die Kleingruppe ermöglicht es, die Rolle des nur passiven Hörers abzulegen und den eigenen Standpunkt zu finden, indem je eigene Erfahrungen und Gedanken zur Sprache gebracht werden. Auch Gehemmte und Bedächtige können in der Kleingruppe zu Wort kommen, da die Hemmschwelle, sich zu äußern, wesentlich niedriger ist als in einer großen Gruppe. Es besteht also eher die Möglichkeit zu einem intensiven, persönlichen Gespräch. Für die Firmvorbereitung ist so die Kleingruppe (ca. 7 – 9 Pers.) der ideale soziale Raum. Hier kann man aufeinander schauen, miteinander leben, miteinander glauben.

Die Zusammensetzung der Kleingruppen kann nach unterschiedlichen Gesichtspunkten erfolgen (Interesse, Sympathie, terminliche Möglichkeiten). Es sollte jedoch bedacht werden, daß Sympathie zwischen den Jugendlichen eine günstige Voraussetzung für eine offene und vertrauensvolle Gesprächsatmosphäre ist. Das bedeutet, daß – wenn nur irgend möglich – die Jugendlichen sich selbst ihre Gruppe wählen.

● Gesprächsführung

Ein Ziel des Firmkurses ist es, daß die Jugendlichen ihr Leben zur Sprache bringen und im Licht des Glaubens deuten lernen. Dies stellt besondere Anforderungen an die Gesprächsführung. Hauptproblem ist nicht, was weiß der Jugendliche über ..., sondern welche Gesprächsatmosphäre schafft die Voraussetzung, damit die Jugendlichen bereit sind, von sich zu erzählen. Dabei sollte vermieden werden, geäußerte Erfahrungen zu diskutieren und zu bewerten. Feststellungen wie z.B. „Gott ist Liebe – Jesus ist unser Freund. Darüber gibt es nichts zu diskutieren!" lassen das Gespräch verstummen. Ebenso töten Fragestellungen wie „Was wißt ihr über ...?" ein lebendiges Gespräch. Hier wird Wissen abgefragt, das den Katecheten zum Lehrer, die Jugendlichen zu Prüfungskandidaten macht. Für die Gesprächssituation während des Firmvorbereitungskurses gilt vielmehr: „Alles, was einer zum Gespräch beiträgt, ist für ihn wichtig. Er hat sich etwas gedacht, vielleicht in eine andere Richtung als wir. Nichts ist ganz und gar falsch und wertlos. Vielleicht weist es gerade durch unbeholfene Wortwahl, durch seine seltsame Logik oder durch seine eigenartige Formulierung auf eine seelische Not des Sprechenden hin – oder ist ein Hinweis auf eine Gedankenrichtung, die wir noch gar nicht in den Blick bekommen haben." (Peter F. Bock, Michael Wohlmuteder, Firmung – unterwegs nicht allein, Aschaffenburg 1975, S. 61)

Zusammen mit Jugendlichen vom Leben und Glauben erzählen lernen, setzt bei den Katecheten voraus, daß sie sich bewußt sind, mit den Jugendlichen auf dem Weg zu sein, mit ihnen zu suchen. Hieraus ergibt sich von selbst, daß die Form des Beieinanderseins die des Gesprächskreises um *„eine Mitte"* ist.

● Die „Mitte"

Mit Tüchern, Kerzen, Blumen, symbolischen Gegenständen wird ein Bodenbild in der Mitte des Sitzkreises gestaltet, das das Thema aufgreift, zentrale Gedanken symbolisch widerspiegelt und verdichtet. Das Bodenbild in der Mitte kann zu Beginn des Gesprächs schon gestaltet sein. Es ist aber auch möglich, daß die Gruppe im Verlauf ihres Beisammenseins analog zu den Erfahrungen ein Bodenbild mit Tüchern und Symbolen legt. Im „Mitte-Bodenbild" verdichtet sich so der Kern des Gesprächs. Diese Art und Weise des Miteinanders kores-pondiert mit der Symboldidaktik (vgl. Ausführungen S. 11). Die Jugendlichen betrachten Gegenstände, Farben und entwickeln durch assoziatives, intuitives und kreatives Schauen neue Bezüge und Einsichten. Sie bringen Einsichten, Gedanken und Gefühle sichtbar zum Ausdruck. Das Thema wird so in die Mitte der Aufmerksamkeit der Gruppe gerückt, nimmt sichtbar die Mitte der Gruppe ein. Die inneren Prozesse und das äußere Tun oder Betrachten stehen in engem Zusammenhang. Diese sinnenhafte Wahrnehmung, der leibhaftige Ausdruck seelischer Prozesse führt zu Sammlung. Durch die „Mitte" wird ein Prozeß in jedem einzelnen bewirkt: Konzentration und Aufmerksamkeit.

● **Kreatives Gestalten**

Erfahrungen, Einstellungen zu Inhalten wie Sinn, Angst, Hoffnung, Tod, aber auch die Frage nach der Bedeutung des Glaubens für das Leben sind tief in der Persönlichkeit des einzelnen beheimatet. Beim bloßen Sprechen über diese Bereiche besteht die Gefahr, diesen Inhalten und Erfahrungen in ihrer existentiellen und emotionalen Bedeutung nicht gerecht zu werden. Neben dem Gespräch, das Einstellungen und Erfahrungen auf rationaler Ebene bewußt macht, ist es auch notwendig, den Jugendlichen die Möglichkeit zu geben, spontan, aber auch nach reflektierendem Gespräch das auszudrücken, was sie bewegt. Kreatives Gestalten, wie z.B. Malen, Erstellen von Collagen, Arbeiten mit Ton, Maskenbau, die Gestaltung eines Plakates, ermöglichen dies. Hier wird den Jugendlichen die Gelegenheit gegeben, sich durch ein Medium auszudrücken, in Symbolen ihr Erleben zum Ausdruck zu bringen. Im kreativen Gestalten können sich die Jugendlichen geschützt äußern. Sie müssen nicht direkt über ihre Gefühle und ihr Erleben sprechen, sondern können diese gleichsam im Medium (Ton, Farbe) verpacken. Im Gespräch werden sie so nicht mit einer persönlichen Deutung konfrontiert.

Des weiteren fordern Angebote zur kreativen Gestaltung die Jugendlichen heraus, aktiv am Gruppenprozeß beteiligt zu sein und die Rolle des passiven Hörers aufzugeben. Dieses sind wesentliche Gründe, weshalb in diesem Firmkurs ein großes Gewicht auf kreatives Gestalten gelegt wird.

● **Filmbetrachtung**

In diesem Firmkurs werden bewußt wenig Filme eingesetzt. Wir sind der Auffassung, daß die Jugendlichen durch das Überangebot in Kino und Fernsehen hinsichtlich des Medienkonsums überfüttert sind. Dieser Tendenz des Konsumierens von Filmen soll im Firmkurs entgegengewirkt werden. Die Jugendlichen haben große Defizite im Bereich des Gesprächs und der kreativen Ausdrucksfähigkeit. Diese sind jedoch wichtige Voraussetzungen für eine sinnerfüllte Lebensgestaltung. Im Gespräch, im kreativen Tun kann der Jugendliche die in ihm wohnenden Fähigkeiten und Möglichkeiten entdecken.

Lediglich drei Fragezeichenfilme („Balance", „Leben in einer Schachtel", „Parabel") wurden in den Kurs aufgenommen. „Fragezeichenfilme" sind Filme, die keine Informationen bieten, sie stellen vielmehr eine Handlung, Situation oder Geschichte dar, die eine Frage aufgibt. So enden die Filme meist offen, werfen Lebensfragen auf, um deren Beantwortung sich der Zuschauer selbst bemühen muß. Durch die „Fragezeichenfilme" wird seine Problematik so aufgeworfen, daß sie vom Leben selbst gestellt erscheint. Für die Jugendlichen wird dadurch deutlich, es geht um Leben, um mein Leben. Außerdem sprechen Filme durch ihre Totalsprache (Bild, Gestik, Mimik, Farbe, Bewegung, Ton), durch die dramatische Darstellungsform, durch die Möglichkeit der Identifikation mit handelnden Personen das Erleben der Zuschauer an und können so den Jugendlichen eigene Einstellungen und Gefühle bewußt machen. So kann es gelingen, ein erfahrungsbezogenes, existentielles Gespräch anzustoßen.

● **Bildern begegnen**

Bilder helfen, Erfahrungen auszudrücken. Jugendliche werden angeregt, ihre eigene Sprache zu finden, da beim Bild Worte nicht vorgegeben sind. Im Firmkurs werden Kunstbilder und Karikaturen als visuelle Medien eingesetzt. Bei der Erschließung der Bilder empfiehlt es sich, einige Punkte zu beachten:

- Dem Bild den richtigen Rahmen geben, d.h. nicht zu viele, nicht zu kleine Bilder zeigen.
- Das Bild wirken lassen, d.h. Zeit geben, damit sich der Betrachter in das Bild vertiefen kann.
- Das Bild interpretieren, d.h. erst nach einer langen Phase der persönlichen Wahrnehmung können im gemeinsamen Gespräch Farbe, Form, Licht, Bewegung, Kontrast, Figurenkonstellation usw. erarbeitet werden. Anschließend kann die Frage nach der Aussageabsicht gestellt werden.
- Den persönlichen Bezug zum Bild herstellen, d.h. es werden Fragen gestellt wie: „Wo finde ich mich im Bild wieder?", „Was hat das Bild mit mir zu tun?"

Im Jugendbuch (Irmi und Hans-Georg Spangenberger, wo meine Sehnsucht ein Zuhause hat. Ein Firmkurs. Leseheft für Jugendliche, München 1998) sind häufig Karikaturen abgedruckt. Sie sollen Äußerungen der Jugendlichen provozieren, indem sie einen Sachverhalt überspitzt darstellen. Dadurch werden die Jugendlichen animiert, ihre eigenen Erfahrungen zu äußern und ihre Standpunkte darzulegen.

Meditatives Tanzen

Ein Anliegen der Symboldidaktik ist es, „den menschlichen Leib als das Realsymbol wahrzunehmen und einzusetzen." (D. Emeis, Sakramentenkatechese a.a.O., S. 29) Dabei ist es wichtig, Haltungen, Gesten und Bewegungen, die das Innere des Menschen nach außen kehren, bewußt zu vollziehen. Im meditativen Tanz kann dies geschehen. Die meditativen Tänze verdichten Lebenserfahrungen im getanzten Symbol, z.B. im „Sonnenstrahlentanz", in welchem Licht und Sonne tanzend nachempfunden werden, oder im „Pilgerschritt", in welchem das Unterwegssein des Menschen Schritt für Schritt nachvollzogen wird. Die Gesten, Gebärden, aber auch die einfachen Schritte zu ruhiger Musik helfen, zur inneren Mitte zu kommen. Wesentlich ist bei diesen Tänzen die Wiederholung. Ebenso wichtig ist es, daß sich die Jugendlichen freiwillig auf das Tanzen einlassen. Nicht jeder Gruppe wird es möglich sein, meditativ zu tanzen. Doch wenn der/die GruppenleiterIn etwas von seiner/ihrer eigenen Begeisterung ausstrahlen kann, wird es vielleicht möglich sein, daß die Jugendlichen Geschmack an dieser Art der ganzheitlichen Meditation finden.

Lieder

Die Lieder, die in den Kurs aufgenommen wurden, stehen immer im Bezug zum Thema. Sie erschließen oder vertiefen es. Gemeinsames Singen fördert die Gemeinschaft und spricht stark die affektiven Schichten des einzelnen an. Manche Jugendliche sind befangen, wenn gemeinsam gesungen werden soll, andere singen sehr gerne. Wesentlich ist, daß der Gruppenleiter eine positive Einstellung zum Singen hat.

Wenn man mit dem Einüben eines Liedes beginnt, ist es sinnvoll, das Lied zunächst auf Kassette oder CD vorzuspielen oder allein vorzusingen. Das Einüben des Liedes geschieht dann am besten abschnittweise (z.B. zuerst mit dem Refrain beginnen). Ideal ist es, wenn Jugendliche, die Instrumente spielen, bereit sind, die Lieder vorzuspielen und zu begleiten.

Musik

In einigen Bausteinen ist bei Einzelarbeit der Jugendlichen bzw. bei ruhigem, gemeinsamem Tun die Anregung gegeben, meditative Musik einzuspielen. Der/die GruppenleiterIn sollte jeweils darauf achten, daß die Musik dem Charakter der Tätigkeit entspricht. Im folgenden sind einige Musiktitel angeführt, die uns geeignet erscheinen:

- J.S. Bach: Schafe können sicher weiden (Instrumentalfassung), Best – Loves – Classics 3: Emi CDZ 7 625 022
- Enya, The Memory of Trees, CD 0630-12879-2
- Enya, Shepherd Moons, CD 9031-75572-2
- Enya, The Best Of Enja. Paint The Sky With Stars, CD 3984-20895-2
- J. Pachelbel: Canon, Klassische Kostbarkeiten Nr. 2 BMG VD 69130
- H.J. Hufeisen: Flötenzauber, EDL 27 99-2
- Deuter: Land of Enchantment, Kuckuck 11 081-4
- Deuter: Sands of time, Kuckuck 12090-4
- Kitaro: Best of Kitaro, Kuckuck 11 073-2
- Neue Gesänge aus Taizé: Christopherus CD 77101

Phantasiereise

Bei der Phantasiereise handelt es sich um eine Übung, die sich auf das innere Erleben richtet, „um das Wahrnehmungsvermögen (...) des einzelnen zu erweitern und zu vertiefen." (John O. Stevens, Die Kunst der Wahrnehmung, München, 1975, S. 5) Ziel dieser Methode ist es, sich selbst bewußter zu werden, indem der Blick auf innere Vorgänge, auf Dinge und Geschehnisse in der Umwelt oder auf Beziehungen zu anderen Personen gelenkt wird.

Die im Firmkurs vorgeschlagenen Phantasiereisen möchten den TeilnehmerInnen positive und konstruktive Erfahrungen vermitteln und das Zutrauen zur eigenen Person und Geschichte stärken. Dabei wird die Phantasie teils gelenkt, teils wird ihr freier Lauf gelassen. Die Phantasiereisen knüpfen zunächst an Alltäglichem an und laden die TeilnehmerInnen ein, den formulierten Bildern vor ihrem ‚inneren Auge' nachzuhängen.

Die Wirksamkeit von Phantasiereisen wird erhöht, wenn das Äußere das „Zur-Ruhe-Kommen" unterstützt: ein leicht abgedunkelter Raum; ruhige, meditative Musik im Hintergrund; Möglichkeiten für die TeilnehmerInnen, eine bequeme Körperhaltung einzunehmen; geschlossene Augen; die bewußte Wahrnehmung von Atmung und Körper.

Nach der einleitenden Ruheübung, die den Körper entspannen und die Konzentration erhöhen will, werden die Anweisungen laut und langsam vorgelesen. Hierbei ist es wichtig, die Pausen einzuhalten, damit die TeilnehmerInnen in Ruhe den Bildern ihrer Phantasie nachgehen können.

Umgang mit Geschichten und (biblischen) Texten

Texte und Geschichten haben ihren eigenen Wert und wollen aus sich heraus verstanden werden. Dennoch kommt ihnen im katechetischen Prozeß eine unterschiedliche Funktion zu: Manche Texte führen in ein Thema ein, andere vertiefen angesprochene Gedanken, wieder andere führen das angesprochene Thema weiter und eröffnen neue Perspektiven. Im Gespräch über einen Text oder eine Geschichte geht es in der Regel darum, die zentrale Aussage des Textes zu erschließen und den Zusammenhang zwischen Text und dem Leben der Jugendlichen herzustellen (= Korrelation).

Umgang mit biblischen Texten

Korrelation ist auch Ziel bei der Erschließung biblischer Texte.

In den Bausteinanleitungen werden Anregungen zum Umgang mit den biblischen Texten gegeben. Dennoch sollen im folgenden einige Methoden für den Umgang mit biblischen Texten angeführt werden, falls die in den Bausteinen angegebenen Vorschläge für die Gruppe nicht möglich sind oder der/die KatechetIn weitere biblische Texte auswählt:

– Die Vaesteras-Methode.
Diese Methode ist nach dem schwedischen Ort Vaesteras benannt. Bei dieser Methode ist es notwendig, daß sich der/die KatechetIn vorbereitet (z.B. einen Kurzkommentar liest), um eventuelle Verständnisfragen zu beantworten.
Bei der Vaesteras-Methode liest jeder zunächst still den Text durch und macht dabei folgende Zeichen an den Rand:
? = das verstehe ich nicht, da habe ich eine Frage.
💡 = da ist mir ein Licht aufgegangen.
⚡ = diese Aussage ärgert mich.
! = das finde ich richtig, das finde ich gut!
Der/die GruppenleiterIn liest dann den Text Satz für Satz vor und befragt die Jugendlichen nach den von ihnen getätigten Zeichen. Dabei entwickelt sich in der Regel ein intensives Gespräch.

– Die Wort-Assoziation
Zu einem Satz oder Wort des biblischen Textes werden alle Gedanken auf einem Plakat gesammelt. Alles ist zulässig. Die Einfälle werden nicht bewertet. Im Anschluß an die Phase des „Sammelns" wird ein Stichwort ausgewählt und damit das Gespräch begonnen. Im Verlauf des Gesprächs werden die anderen Assoziationen angesprochen und erläutert.

– Bibel-Teilen
Eine meditative Art und Weise, einen biblischen Text zu erschließen, ist das Bibel-Teilen. Nach unserer Erfahrung handelt es sich hier allerdings weniger um eine „Methode", als vielmehr um eine Gottesdienstform, in der eine Begegnung mit Gott gesucht werden soll. Es bietet sich an, fürs Bibel-Teilen in die Kirche zu gehen und dort einen Sitzkreis zu bilden oder den Gruppenraum entsprechend zu gestalten.
Beim Bibel-Teilen gibt es verschiedene Formen. Die „sieben Schritte" sind am weitesten verbreitet. Wenn die Jugendlichen diese nicht kennen, so müssen sie zunächst vorgestellt und dann Schritt für Schritt durchgeführt werden. Die sieben Schritte:

- Wir öffnen uns Gott (evtl. durch ein Gebet oder Lied).
- Wir lesen den biblischen Text (einer liest vor).
- Wir lassen uns intensiv auf den Text ein. Welcher Satz, welches Wort ist mir wichtig? Dieser Satz, dieses Wort wird von den einzelnen vorgelesen. Dazwischen schweigen wir, damit die einzelnen Worte ihr Gewicht erhalten.
- Wir schweigen, damit Gott zu uns sprechen kann (2 - 3 Min.)
- Wir erzählen, was uns angerührt hat (keine Diskussion!!!)
- Wir überlegen, was der Text für mein/unser Leben bedeutet.
- Wir beten gemeinsam ein Gebet, das alle mitsprechen können.

Gebet und Gottesdienst

Menschliches Leben ist ohne Sprache nicht denkbar. Ebenso vollzieht sich auch der Glaube im Medium Sprache. Glaube ist Antwort auf eine Botschaft, die den Menschen erreicht. Und diese Antwort will gesprochen werden. Wird die Heilige Schrift als Nachricht über den Glauben anderer Menschen gelesen und gehört, so wird in der dritten Person gesprochen, z.B. „Der Mensch ist ein Geschöpf Gottes". „Seit alters her ist jedoch für das Gebet charakteristisch, daß es sich nicht in der dritten, sondern in der ersten und zweiten Person vollzieht". (Neues Glaubensbuch „Der gemeinsame christliche Glaube" Hrsg. Johannes Feiner und Lukas Vischer, Freiburg, 1973, S. 369)

Das Gebet sagt nicht: „Ich glaube es!", es sagt: „Ich glaube an dich!" Indem ich bete, verlasse ich die Ebene des neutralen Sprechens über die biblische Botschaft und über die Sache Jesu. Ich verlasse die Rolle des Zuschauers und zeige mich als Angesprochener und Betroffener. Es wäre schön, wenn während des Firmvorbereitungskurses immer wieder die Ebene des „Sprechens-über" verlassen würde und die existentielle Betroffenheit über das Besprochene zum Ausdruck gebracht werden könnte. Dies ist sicher nicht immer und nicht von allen Jugendlichen in gleicher Weise zu vollziehen. Dennoch könnte der/die GruppenleiterIn Glauben im Gebet aussprechen und auch die Jugendlichen dazu einladen. Sicherlich bedarf es hierzu einer großen Sensibilität. Mögliche Gebete sind im Jugendbuch und in den einzelnen Bausteinen aufgeführt.

Eine wichtige Form gemeinsamen Betens sind die Morgen- und Abendrunden, mit denen bei Lebenstagen und an Wochenenden der Tag vor Gott begonnen und beendet wird. Ein Lied, ein meditativer Text, ein Gebet, eine Traumreise, eine Körperübung – die Ausdrucksformen des Gebetes können mannigfaltig sein. Ein weiteres wichtiges Moment des Gebetes während des Firmvorbereitungskurses ist sicherlich auch der Gottesdienst in der Gemeinde. Eine erneute Hinführung zum Sakrament der Eucharistie kann am ehesten gelingen, wenn die Jugendlichen selbst mit in die Vorbereitung eines Gottesdienstes einbezogen werden. Aus diesem Grunde wurde darauf verzichtet, ausgearbeitete Gottesdienste zu den einzelnen Themen aufzuführen. Die Jugendlichen sollen vielmehr selbst ihre Gottes- und Welterfahrung in Formen und Texten im Gottesdienst zur Sprache bringen.

- **Die Zeit**

Die oben angesprochene Art des Lernens hat auch die Konsequenz, daß die Zeit, die für die Besprechung eines Themas benötigt wird, nicht von vornherein festgelegt werden kann, d.h. für ein Thema sollte so viel Zeit zur Verfügung stehen, bis das Thema zu Ende besprochen ist. Die einzelnen Treffen können deshalb zeitlich nicht genau begrenzt werden (meist sind die Bausteine auf 1 – 2 Stunden konzipiert). Bei Themen, bei denen abzusehen ist, daß viel Zeit gebraucht wird, könnten mehrere Treffen, besser aber Wochenenden zur Besprechung gewählt werden. Die Jugendlichen sollten schon zu Beginn des Kurses auf diese Regelung hingewiesen werden.

3. Umgang mit dem Jugendbuch und den Handreichungen für die Katecheten

Das Jugendbuch ist kein Arbeitsheft, mit welchem die Jugendlichen im schulischen Sinne arbeiten. Die Jugendlichen müssen keine Lückentexte füllen, keine Arbeitsaufträge erledigen. All dies kennen sie zu Genüge aus der Schule, und es erweckt Abneigung und Widerstand.

Auf die Texte, Lieder und Karikaturen des Jugendbuches wird öfters in den Gruppentreffen zurückgegriffen. Ansonsten will das Jugendbuch ein Buch zum „Schmökern" sein, das vielleicht hin und wieder Anlaß zum Nachdenken gibt, indem es Inhalte des Kurses auf unterschiedliche Weise aufgreift.

Die Handreichungen für die Katecheten sind in fünf Einheiten aufgeteilt, die wiederum in Themen mit jeweiligen methodischen Möglichkeiten (Bausteine) gegliedert sind (vgl. Aufbau des Kurses S. 11f.).

All dies ist kein zu erfüllendes Pensum, vielmehr ein Angebot, aus dem die Katecheten je nach pastoralen Gegebenheiten auswählen und eigene Schwerpunkte setzen können.

Oder anders gesagt: Am besten ist es, wenn jede Gemeinde, jede Firmgruppe mit Hilfe der vorgeschlagenen Bausteine ihren eigenen Firmkurs entwickelt.

IV. Die Firmvorbereitung in der Gemeinde

1. Firmung im Gemeindeleben

Der Ort der Firmvorbereitung und der Firmung ist die Gemeinde. Sie ist Trägerin der Vorbereitung. Zu ihr gehören die GruppenleiterInnen und die Jugendlichen, die am Firmkurs teilnehmen. Der Pfarrer und/oder gegebenenfalls andere Hauptamtliche begleiten den Kurs. Die Gemeinde stellt die Räume und Materialien zur Verfügung. Sie ist der Ort, wo die Jugendlichen Christen begegnen können, die ihrer Sehnsucht ein Zuhause zu geben versuchen, die das zu leben versuchen, was sie glauben. Hier kann der Jugendliche erfahren, daß er ernst genommen wird in seiner Suche nach einem tragfähigen Sinn und daß es hilfreich und sinnvoll sein kann, mit Kirche und Gemeinde zu leben.

Bei der Firmung wird aber auch der Glaube der Gemeinde gefeiert, die durch ihr Mittun und ihre Anteilnahme den Jugendlichen gegenüber zum Ausdruck bringt: „Wir glauben, daß Gott euch annimmt und euch in eurem Bemühen entgegenkommt."

Der Großteil der Gemeinde, sowohl was die Gottesdienstbesucher als auch die Mitglieder der Gemeindegruppen betrifft, wird den Firmkurs mit wohlwollender Distanz begleiten. Für viele ist es ein Hoffnungszeichen, wenn junge Menschen sich mit ihrem Leben und dem Glauben auseinandersetzen. Sie wissen aber auch, daß für viele Jugendliche der Kontakt zur Gemeinde nach der Firmung wieder abreißen wird. Manche wissen um den Wert dieser ‚Nähe auf Zeit'. Andere macht es traurig, daß die Weitergabe des Glaubens sich oft mühsam gestaltet. Manche Gemeindemitglieder fragen nach den Inhalten des Firmkurses. Hier könnten – im Rahmen der vorhandenen Kraft und Zeit – einige Möglichkeiten in den Blick genommen werden:

- Predigtreihe zur Situation der Jugendlichen, zu den Bedingungen der Weitergabe des Glaubens heute, zu den Inhalten und Methoden der Firmvorbereitung.
- Artikelserie im Pfarrbrief zu einzelnen Abschnitten des Kurses und Erfahrungsberichten von Kursteilnehmern.
- Gestaltung einer laufenden Ausstellung in der Kirche oder im Gemeindehaus, wo Gruppenergebnisse dargestellt werden. Präsentation einer Fotowand mit Impressionen aus dem Leben der Gruppen.
- Gespräche bzw. Begegnungen zwischen Gemeindemitgliedern und den Jugendlichen, die am Firmkurs teilnehmen.
- Kennenlernen von Gruppen und Institutionen in der Gemeinde (vgl. auch den Schnupperkurs „Gemeinde" S. 93 ff.).
- Integration der Firmvorbereitung in Veranstaltungen, die in der Gemeinde durchgeführt werden.
- Durchführung eines Glaubenskurses auf der Grundlage des vorliegenden Kurses mit interessierten Gemeindemitgliedern, Eltern und Paten.
- Bitte an die Gemeindemitglieder, die Jugendlichen in ihr Gebet mit einzuschließen.

Auswahl, Vorbereitung und Begleitung der FirmgruppenleiterInnen
Die Suche und Auswahl geeigneter Katecheten ist oft mühselig und zeitraubend, sollte aber gut bedacht sein, da die Katecheten glaubwürdige Zeugen ihres Glaubens sein sollten. So sind ihr eigenes Ringen mit dem Glauben und ihr Lebenszeugnis wichtige Erlebnis- und Erfahrungsfelder für die Jugendlichen (vgl. Arbeitsgruppen des Priesterrates und der Abt. Gemeindepastoral im Bischöfl. Generalvikariat Hildesheim, „Das Sakrament der Firmung. Seine Bedeutung und die Konsequenzen für die Firmspendung und Firmvorbereitung", S. 30). Die Gruppenleiter sollten die Befähigung besitzen, den Jugendlichen offen zu begegnen, sie ernst zu nehmen und auf sie einzugehen. Sie sollten bereit sein, sich mit ihnen auf den Weg zu machen, nach Spuren Gottes im Leben zu suchen und gemeinsame Erfahrungen im Licht des Evangeliums zu deuten.

Neben Erwachsenen könnten auch ältere Jugendliche bzw. jüngere Erwachsene als Gruppenleiter angesprochen werden. Auf Grund ihres Alters könnten sie leichter eine Brücke zur Lebenswelt der Jugendlichen und möglicherweise zur Jugendarbeit in der Gemeinde schlagen.

Die Vorbereitung der Katecheten sollte rechtzeitig vor Beginn des Kurses erfolgen. Am besten eignet sich ein verlängertes Wochenende, auf dem sich die Katecheten mit ihrem Glauben, mit der Situation der Jugendlichen und mit den Inhalten des Kurses auseinandersetzen. Es ist von Vorteil, exemplarisch Teile des Kurses auszuprobieren und so mit den Methoden bekanntzumachen.

Darüber hinaus ist während des Kurses eine stetige Begleitung der Katecheten notwendig. Neben der Reflexion über die stattgefundenen Treffen ist es unerläßlich, Probleme in den Gruppen zu besprechen, Hilfen bei der Auswahl und möglicherweise bei der Vorbereitung der Bausteine zu geben, Referenten bzw. Gesprächspartner zu besorgen. Hier sind die Hauptamtlichen gefordert. Für Katecheten kann es eine schlimme Erfahrung sein, während des Firmkurses ‚alleingelassen' zu werden und sich in ihrem idealistischen Bemühen ausgenutzt zu fühlen. In der Runde der Katecheten sollte dieser Punkt offen angesprochen werden.

Für die Durchführung einzelner Bausteine wird oft Material benötigt. Da es manche Katecheten zeitlich überfordern könnte, selbst das Material zu besorgen bzw. zusammenzustellen, wäre zu überlegen, jemanden als *„Organisator"* zu bestimmen (am besten einen Hauptamtlichen!), der sich um das jeweils benötigte Material für die einzelnen Treffen rechtzeitig kümmert und das Materialdepot verwaltet. Im Vorfeld sollte auch geklärt werden, welche finanziellen Mittel zur Verfügung gestellt werden.

Begleitung der Eltern
„Ziel der Elternarbeit muß es sein, über eine bloße Information zur Firmung selbst hinauszukommen und die Eltern in den katechetischen Lernprozeß einzubeziehen". (AG des Priesterrates, a.a.O., S. 32). Bei diesem hochgesteckten Ziel gilt es zu bedenken, „daß ebenso wie bei den Firmbewerbern selbst auch bei deren Eltern eine sehr differenzierte Einstellung zur Kirche, zur Pfarrgemeinde und zum Glaubensleben überhaupt erwartet werden muß." (Ebenda, S. 32). Von der Ablehnung, Gleichgültigkeit, vorsichtigem Interesse bis zu bereitwilliger Mitarbeit reicht die Skala. Zudem ist zu beachten, daß ein nicht unwesentlicher Teil der Eltern in konfessionsverschiedenen Ehen lebt. Häufiger als früher wird es auch vorkommen, daß ein Partner keiner Kirche (mehr) angehört. Auch hier ist es wichtig, „mit viel Verständnis den oft vorhandenen Vorurteilen und auch der Gleichgültigkeit im Glauben sowie der indifferenten Einstellung gegenüber der Kirche und Gemeinde zu begegnen." (Ebenda, S. 32f.)

In vielen Gemeinden wird die Erfahrung gemacht, daß nur ein geringer Teil der Eltern zu den Treffen kommt und sich nur sehr zögernd einzubringen vermag. Viele Hauptamtliche klagen über mannigfaltige Überforderungen, zumal der Firmkurs zu dem, was sonst getan werden muß, noch hinzukommt. Unter diesen Bedingungen ist das Maß der Elternarbeit gut abzuwägen.

Möglich scheint uns folgendes:
1. Ein Minimum an Elternarbeit scheint vor Beginn des Firmkurses ein Informationsabend zu sein. Hierzu könnten auch die Jugendlichen eingeladen werden.
Themen könnten sein:
- Erinnerung der Eltern an die eigene Firmung.
- Bedeutung von Kirche, Gemeinde und Glauben im Leben der Eltern und der Jugendlichen.
- Erwartungen an den bevorstehenden Firmkurs.
- Bedeutung des Firmsakramentes.
- Informationen über Aufbau und Inhalte des Firmkurses.

Ein 2. Abend im Schlußdrittel des Kurses würde versuchen, ein vorsichtiges Feedback aus Sicht der Eltern zu ziehen. Neben der Frage nach den Paten wird in manchen Gegenden auch die Bedeutung eines zu wählenden Firmnamens eine Rolle spielen. Neben einer Einführung in das Verständnis der Firmliturgie sind organisatorische Informationen über den Ablauf der Firmfeier oft sehr gefragt. Vielleicht kann auch ein Ausblick über den Tag der Firmung hinaus gewagt werden.
2. Darüber hinaus ist es möglich, in kleinen Gruppen das Gespräch der Jugendlichen mit ihren Eltern zu suchen. (Vgl. II.2, 7. Baustein; II. 5, 7. Baustein).
3. Sind genügend Zeit und Kraft vorhanden, ist es denkbar, einzelne Schritte des vorliegenden Firm-

kurses mit interessierten Eltern, evtl. Paten und anderen Gemeindemitgliedern zu gehen. Nach unserer Erfahrung können viele Bausteine ebenso mit Erwachsenen durchgeführt werden. Ein kleiner Teil der Eltern könnte für einen derartigen „Glaubenskurs" gewonnen werden. Zudem könnte er auch das Gespräch von Eltern und ihren Kindern über Fragen des Glaubens in den Familien voranbringen.
4. In manchen Gemeinden wird der Firmkurs zum Anlaß genommen, daß der Pfarrer und gegebenenfalls andere Hauptamtliche die Familien zu Hause besuchen. Nach vorheriger Anmeldung wird der Besuch oft als eine positive Geste verstanden und dankbar angenommen. Zudem könnten sich Kontakte ergeben, die möglicherweise auch nach dem Firmkurs weiterbestehen.

Firmpaten

Der Jugendliche bekennt in der Firmung seinen Glauben und seine Bereitschaft, in der Ausrichtung auf Jesus Christus und im Vertrauen auf Gott sein Leben zu gestalten. Das kann er nicht allein. Er bedarf anderer Glaubender. Hier liegt die entscheidende Bedeutung des Patenamtes. Deshalb steht der Pate bei der Firmung hinter dem Jugendlichen, legt seine Hand auf die Schulter des Firmbewerbers und drückt damit aus: „Du bist nicht allein. Ich stehe zu dir." So sollte der Pate das 16. Lebensjahr vollendet haben, katholisch und gefirmt sein und aus einer christlichen Grundorientierung heraus leben.

Die Erfahrung zeigt allerdings, daß die Auswahl der Paten oft familien- und traditionsbestimmt ist. So werden manchmal Paten gewählt, die zwar eine enge Beziehung zum Firmbewerber, aber kaum eine Beziehung zum christlichen Glauben haben. Eine weitere Schwierigkeit besteht häufig auch darin, daß Paten gewählt werden, die nicht in der Nähe des Firmbewerbers wohnen und manchmal erst zur Firmung anreisen. Manche Eltern und Firmbewerber könnten ermutigt werden, nicht unbedingt Verwandte als Firmpaten auszuwählen, sondern „motivierte und engagierte Gemeindemitglieder zu fragen, ob sie dieses Amt übernehmen wollen." (Ebenda, S. 33) Das kann auch jemand aus der Gruppe der Katecheten sein. Auch eine Gruppe kann die Patenschaft übernehmen. Bei der Firmung würde dann ein Mitglied die Gruppe repräsentieren. Kann trotzdem kein geeigneter Pate gefunden werden, kann einer der Eltern das Patenamt übernehmen. Im Einzelfall kann sogar auf den Paten verzichtet werden. (Vgl. Gemeinsame Synode der Bistümer in der Bundesrepublik Deutschland, Beschlüsse der Vollversammlung, offizielle Gesamtausgabe I. Beschluß: Schwerpunkte heutiger Sakramentenpastoral, B.1.2.4, Freiburg 1976)

Bei der Auswahl der Paten ist unbedingt darauf zu achten, daß jeder Firmbewerber seinen Paten mit auswählt. Es wäre wünschenswert, wenn zwischen dem Paten und dem Firmbewerber während des Kurses und darüber hinaus eine vertrauensvolle Beziehung wüchse. Sinnvoll wäre es, die Paten mit zu den Elterntreffen einzuladen und sie so stärker mit in die Firmvorbereitung einzubeziehen.

Alter der Firmbewerber

Die Frage eines angemessenen Firmalters wird in der deutschen Kirche sehr unterschiedlich beantwortet. Von 12 – 18 Jahren reicht die geübte Praxis. In den letzten Jahren ist allerdings eine deutliche Tendenz zu verzeichnen, von einem zu jungen Firmalter wegzugehen. Wir haben uns aus folgenden Gründen für das Alter ab 15 Jahren entschieden:
1. Ein wesentlicher Aspekt des Firmsakramentes ist sein Entscheidungscharakter. Nimmt man dieses Bedeutungsmoment ernst, so ist die existentielle Auseinandersetzung mit Überzeugungen und Werten sowie das Suchen und Finden eigener Standpunkte während des Kurses für die Jugendlichen notwendig. Nach unserer Erfahrung sind Jugendliche ab 15 Jahren (9./10. Klasse) in einer Gruppe gut ansprechbar. In diesem Alter ereignet sich die innere Loslösung vom Elternhaus, das Zerbrechen des kindlichen Weltbildes, die Orientierung an Gleichaltrigen und die Suche nach neuen, tragfähigen Werten. In dieser Lebensphase werden nach unserer Erfahrung oft grundlegende Entscheidungen wie „Auszug aus der Kirche" oder „Glaube und Kirchenbindung" gefällt. Man tut den Jugendlichen keinen Gefallen, wenn man sie zu früh zum Firmkurs zuläßt und sie damit überfordert. Es gilt natürlich für alle Verantwortliche auszuhalten, daß mit zunehmendem Alter der Prozentsatz der Jugendlichen sinkt, die sich zum Firmkurs anmelden.
2. Ein weiterer Bedeutungsaspekt des Firmsakramentes ist die vollkommenere Eingliederung der Jugendlichen in die Gemeinde. Wenn durch die Firmvorbereitung den Jugendlichen die Möglichkeit gegeben werden soll, die Gemeinde mehr kennenzulernen und mit gemeindlichen Jugendgruppen in Kontakt zu kommen, dann ist das Alter ab 15 Jahren insofern günstig, als hier die Möglichkeit eines weiteren Engagements über den Firmkurs hinaus besteht. Diese Chance wäre nur schwerlich gegeben, wenn man das Firmalter auf 18 Jahre festlegt, da hier mit der Umorientierung der Jugendlichen auf Berufsausbildung, Bundeswehr, Zivildienst etc. gerechnet werden muß.

2. Möglichkeiten der Durchführung des Kurses

Der Kurs ist so angelegt, daß jeder Katechet entsprechend der Zusammensetzung seiner Gruppe oder seiner eigenen Möglichkeiten (nicht jeder tanzt oder bastelt

gerne) aus dem Angebot an Bausteinen auswählen kann. Gegebenenfalls kann der Kurs auch durch eigene Bausteine ergänzt werden, die der katechetischen Kreativität vor Ort erwachsen sind. Der zeitliche Rahmen ist variabel.
Zur Durchführung sind 4 Modelle denkbar, die je nach Gemeinde umgesetzt werden können.

● Modell 1: Wöchentliche Kleingruppentreffen
Das ist die inzwischen klassische Form der Firmvorbereitung. Die Zusammensetzung der Kleingruppen kann nach unterschiedlichen Gesichtspunkten erfolgen (Alter, Schulform, Freundeskreis, terminliche Möglichkeiten). Es sollte jedoch bedacht werden, daß Sympathie zwischen den Jugendlichen eine günstige Voraussetzung für die Arbeitsfähigkeit der Gruppe ist. Das bedeutet, daß – wenn irgend möglich – die Jugendlichen sich selbst ihre Gruppe mit dem(n) dazugehörigen Gruppenleiter(n) aussuchen sollten. (Methodischer Vorschlag: Nach einer Kennenlernphase stellen sich kurz die KatechetInnen vor. Anschließend werden im Raum auf dem Boden große Plakate ausgelegt. Jedes Plakat trägt den (die) Namen der Gruppenleitung und den Terminvorschlag für das Gruppentreffen. Die Jugendlichen erhalten nun einen Plakatstreifen (Junge: blau, Mädchen: rot), notieren darauf ihren Namen, gehen im Raum umher und ordnen sich einer Gruppe zu, indem sie ihr Namensschild auf eines der Plakate legen. Gegebenenfalls können sie die Gruppen in dieser Phase noch wechseln. Nach max. 15 Minuten ist der Gruppenfindungsprozeß abgeschlossen. Die Gruppengröße umfaßt 7 - 9 Jugendliche mit festen Gruppenleitern.

Vorteile:
- Es ist in einer kleinen, überschaubaren Gruppe leichter möglich, sich zu öffnen, Fragen einzubringen und intensiver miteinander zu arbeiten als in einer großen Gruppe. (Vgl. auch die Ausführungen über Kleingruppen S. 12)
- Die Form eines wöchentlichen Treffens kommt manchen GruppenleiterInnen und Jugendlichen entgegen, da sie wegen ihrer vollen Terminkalender die Kurstreffen zeitlich unterbringen können. Der Aufwand ist für alle Beteiligten klar umschrieben und über einen begrenzten Zeitraum leistbar.
- Aus organisatorischen Gründen, aber auch vom Raumangebot im Gemeindezentrum her, ist diese Form oft gut möglich. Das vorhandene Material steht allen Gruppen zu unterschiedlichen Zeiten zur Verfügung.

Nachteile:
- Viele Jugendliche nehmen die wöchentlichen Gruppentreffen wahr, als wenn es sich um eine ‚Schul-AG' zwischen den Hausaufgaben und Freizeitaktivitäten (Sport, Musikschule, ...) handelt. Sie haben oft den Kopf so mit anderen Dingen voll, daß manche geneigt sind, diesen Termin auch noch ‚durchzuziehen' oder ihn nur sporadisch wahrzunehmen. Der Erlebniswert dieser Kursform, zumal einige Jugendliche nur ‚bedingt freiwillig' am Kurs teilnehmen, ist als nur gering anzusetzen.
- Aufgrund der Terminfülle bei nicht wenigen jungen Leuten setzen sich die Gruppen in der Regel nicht nach Sympathie, sondern oft nach dem ‚Terminkalender' zusammen. Das kann dazu führen, daß manche Gruppen sich von der Zusammensetzung her schwierig gestalten und nur bedingt arbeitsfähig sind.
- Durch die fehlende Einbindung der Hauptamtlichen in die Kleingruppen erleben die Jugendlichen diese nur sporadisch. Außer auf gemeinsamen Veranstaltungen aller Gruppen besteht kaum eine Chance für die Hauptamtlichen, Beziehungen zu den Jugendlichen aufzubauen. Ihr Kontakt beschränkt sich vornehmlich auf den Umgang mit den KatechetInnen.

● Modell 2: Regelmäßige Treffen in der Großgruppe mit entsprechender Aufteilung in Kleingruppen
Alle FirmbewerberInnen treffen sich in regelmäßigen Abständen am späten Freitagnachmittag (oder an einem anderen festen Termin) mit allen KatechetInnen und dem (den) Hauptamtlichen. Nach einer Ankommens- oder Spielrunde und einem Einstieg ins ‚Thema des Tages' teilen sich die Jugendlichen in verschiedene Gruppen auf und bearbeiten mit Hilfe eines Bausteins das vorgegebene Thema. Anschließend kommen die Gruppen wieder im Plenum zusammen. Berichte über die Arbeit in den Kleingruppen, gesungene Lieder, eine Spielrunde, eine gemeinsame Mahlzeit oder der Besuch eines Gottesdienstes können das Treffen beschließen.

Bei diesem Modell ist es möglich, die Zusammensetzung der Kleingruppen inklusive der Gruppenleiter konstant zu halten oder zu variieren, indem sich die Jugendlichen jeweils selbst einem angebotenen Baustein zuordnen. Bei der letzteren Möglichkeit müßten aus organisatorischen Gründen Thema und Bausteine am Ende des vorherigen Treffens erläutert werden. Die Jugendlichen würden sich dann in bereitliegende Gruppenlisten eintragen. Die maximale Gruppengröße ist vorher festzulegen. Damit die Jugendlichen sich bei ihrer Wahl nur am Thema und möglicherweise an der Zusammensetzung orientieren, erfahren sie erst zu Beginn der Kleingruppenarbeit ‚ihre(n) Gruppenleiter'.

Vorteile:
- Alle Beteiligten erfahren sich immer auch als ‚Großgruppe', nicht nur als ‚kleine, verlorene Schar'. Dem

Gemeinschaftserlebnis kommt hier eine gewichtigere Bedeutung zu. Die Gruppe aller FirmbewerberInnen bleibt im Blick.
- Nicht jede(r) Gruppenleiter(in) muß bei dieser Form einen Baustein anbieten, da auch ‚Referenten' oder der/die Hauptamtliche(n) eingesetzt werden können. Das entlastet die GruppenleiterInnen.
- Bei wechselnden Kleingruppen und ihrer Leitung ist eine möglicherweise schwierige Zusammensetzung einer Kleingruppe nicht so gravierend.

Nachteile:
- Für manche Katecheten und Jugendlichen wird es schwierig sein, den festgelegten Termin wahrzunehmen.

Modell 3: Block-Kurs mit Lebenstagen und Wochenenden

1. Block: Lebenswoche im Gemeindezentrum

(Kat. Einheit I: Der Firmkurs;
Kat. Einheit II: Meine Sehnsucht hat viele Namen)

Die Jugendlichen wohnen eine Woche im Gemeindezentrum, werden hier versorgt und gehen tagsüber weiter zur Schule oder Arbeit. An den Nachmittagen und Abenden nehmen sie am angebotenen Programm teil.

Als Termin einer solchen Woche bietet sich die Zeit kurz nach den Sommerferien an, da die Jugendlichen in dieser Zeit nicht durch Klausuren belastet sind. Voraussetzung ist, daß sie ihre Freizeitaktivitäten während dieser Woche ausfallen lassen, als wenn sie auf Klassenfahrt wären. Die Jugendlichen schlafen auf Luftmatratzen oder Isomatten. Vielleicht lassen sich auch Hochbetten über die Feuerwehr, das Rote Kreuz oder den Malteser Hilfsdienst besorgen. Das Gemeindezentrum braucht eine bestimmte Größe, um eine solche Lebenswoche durchführen zu können. Die Teilnehmerzahl (ohne KatechetInnen) kann nach unserer Erfahrung 20 – 40 Jugendliche umfassen.

Wichtig ist ein zentraler Raum, der zu einem „Wohnzimmer" mit gemütlicher Einrichtung umgestaltet werden müßte. Oft bietet sich der Gemeindesaal an. Zu Beginn der Lebenswoche wird dieser als ‚Wohnzimmer' eingerichtet. Teppiche, Sessel, Sofas, Schaukelstühle, Tischchen, Stehlampen, Pflanzen, Blumen, Kerzen und Raumteiler können im Gemeindezentrum zusammengesucht werden. Unbedingt erforderlich ist es, die Jugendlichen zu ermuntern, Kleinmöbel mitzubringen. Die Hauptamtlichen und GruppenleiterInnen gehen hier mutig voran. Vielleicht kann auch angeboten werden, die Kleinmöbel mit einem Fahrzeug abzuholen. Dies halten wir für unerläßlich, da eine gemütliche Atmosphäre notwendig ist, damit die Jugendlichen im Gemeindezentrum sich wie zu Hause fühlen können.

Ebenso bedarf es für die Freiphasen einer Reihe von Spielgeräten. Denkbar sind (in Auswahl): Kicker, Tischtennisplatte, Billardtisch, Dart-Scheibe, Volleyballmöglichkeit, Basketballmöglichkeit, viele Brettspiele, Asterix-, Lucky Luke-Hefte. Als ‚Dauerelement' ist ein offen ausliegendes Tagebuch, in das die Jugendlichen Gedanken eintragen können, denkbar.

Für den Erfolg dieser Lebenstage sind klare Regeln wie kein Alkohol, Einhalten der Zeiten und der Hausordnung unbedingt wichtig. Günstig wirkt sich auch eine starke zeitliche Präsenz der Gruppen der Gemeinde (im Rahmen ihrer Möglichkeiten) auf das Kursklima aus.

Die Lebenswoche würde am Samstagmittag enden. Am Sonntag würde der Gottesdienst mit der Gemeinde gefeiert werden, der aus der Lebenswoche heraus gestaltet werden kann.

Rechtzeitig vor Beginn der Woche muß mit den Gemeindegruppen geklärt werden, ob sie während der Lebenswoche das Gemeindezentrum benutzen können oder auf einen anderen Ort ausweichen müßten. Auch die Möglichkeit einer Begegnung mit den Jugendlichen und Gruppen der Gemeinde sollte erwogen werden. So kommt frühzeitig die Gemeinde in den Blick.

Als thematische Gliederung bietet sich an:

Sonntag	Montag	Dienstag	Mittwoch	Donnerstag	Freitag	Samstag	Sonntag
• Anreise am Nachmittag • Einrichten • Kennenlernen (I.1) • Firmvorbereitung (I.2)	Ich bin Ich – wie ein Baum, so ist mein Leben (II.1)	Die Wurzeln des Baumes (II.2)	Das Erdreich des Baumes (II.3)	Der Stamm des Baumes (II.4)	Die Äste des Baumes (II.5)	• Aufräumen • Säubern des Gemeindezentrums • Packen • Reflexion • Abreise	Gottesdienst

Folgende Tagesstruktur ist denkbar:
06.55 Uhr Morgenrunde in der Kirche
07.05 Uhr Frühstücksbuffet
13.30 Uhr Kaltes Mittagessen
15.00 Uhr Interessenprogramm/Hausaufgabenbetreuung
17.00 Uhr „Tea-time"
18.30 Uhr Warmes Abendessen
19.30 Uhr Thema des Tages, anschließend Arbeit in gewählten Kleingruppen mit unterschiedlichen Zugängen zum Thema
22.00 Uhr Abendrunde in der Kirche
22.30 Uhr Nachtruhe.

Der Tag beginnt und endet mit einem gemeinsamen Gebet in der Kirche. Hier könnte an einer passenden Stelle ein Stuhlkreis mit einer zum Thema des Tages entsprechend gestalteten „Mitte" gestellt werden. Auf Texte und Lieder des Jugendbuches kann bei der Gestaltung der Morgen- und Abendrunden zurückgegriffen werden.

Zur Tea-Time um 17.00 Uhr müßten alle Jugendlichen und KatechetInnen wieder nach Möglichkeit im Hause sein. Sie kann durch ein gemeinsames Spiel, durch ein Element, mit dem der Tag eingefangen wird (Stimmungskurve des Tages, gemeinsames Singen u.ä.) gestaltet werden. Dazu sitzt man in gemütlicher Runde im Wohnzimmer. Kaffee, Tee, Saft, Kuchen und Gebäck werden gereicht ...

Um 19.30 Uhr wird im Plenum über ein ernstes oder mehr lockeres Element in das Thema des Tages eingeführt. Anschließend gehen die Jugendlichen in eine gewählte Kleingruppe, die einen der Bausteine zum Inhalt haben.

Im Anschluß an die Abendrunde um 22.00 Uhr werden das Thema des kommenden Tages und die angebotenen Kleingruppen vorgestellt. In die Gruppenlisten mit den jeweiligen Themen können sich die Jugendlichen anschließend eintragen.

2. Block: Wochenende in einem Bildungs- oder Begegnungshaus
(Kat. Einheit III: Wo meine Sehnsucht ein Zuhause hat)
Einige Wochen später kann der 2. Block in einem Bildungs- oder Begegnungshaus stattfinden, zu dem man hinfährt. Inhaltlich kann am Freitagabend und Samstagvormittag das Leben Jesu (III.1) im Mittelpunkt stehen. Am Samstagnachmittag kann Sterben und Tod Jesu (III.2) thematisiert werden, am Abend die Auferweckung Jesu (III.3). Die Jugendlichen ordnen sich auch hier den angebotenen Bausteinen zu. Am Sonntagvormittag wird der Gottesdienst gefeiert und das Wochenende reflektiert.

Morgen- und Abendrunden können die Tage einrahmen.

3. Block: Ein Tag mit/ohne Übernachtung im Gemeindezentrum
(Kat. Einheit IV: Wie Sehnsucht ein Zuhause findet)
Von den Inhalten her stehen (nach einigen Wochen Pause) die Kat. Einheiten ‚Heilige' (IV.1) und ‚Gemeinde' (IV.2) im Mittelpunkt. Am Ende dieses Tages entscheiden sich die Jugendlichen gegebenenfalls für den Bereich in der Gemeinde, in dem sie in den kommenden Wochen ein Praktikum machen wollen.

4. Block: Ein Tag mit/ohne Übernachtung im Gemeindezentrum
(Kat. Einheit V.1: Die Sache mit dem Fenster)
Zunächst kann das ‚Gemeindepraktikum' reflektiert werden. Anschließend wird die Verantwortung des Christen für die Welt ins Blickfeld gebracht. Die Jugendlichen wählen sich auch hier ihre Projektgruppe und führen in dieser Gruppe nach diesem gemeinsamen Tag ein Projekt durch.

5. Block: Wochenende im Gemeindezentrum
(Kat. Einheit V.1 Verantwortung für die Welt – Auswertung; Kat. Einheit V.2: Grenzerfahrungen; Kat. Einheit V.3: Reflexion, Entscheidung, Gottes Zeichen auf dem Weg)
Dieses Wochenende sollte kurz vor der Firmung stattfinden. Neben der Projektauswertung werden die Themen Schuld und Vergebung, Reflexion des Firmkurses, die Entscheidung: Firmung ja oder nein und die Zeichen der Firmung behandelt.

Dieser Kurs ist so in Hameln, St. Elisabeth durchgeführt worden. Nähere Tips, Erfahrungswerte bzw. Verlaufspläne sind im Pfarramt von St. Elisabeth, Arndtweg 17, 31785 Hameln, Tel.: 05151/27586, Fax: 43985 auf Anfrage erhältlich.

Vorteile:
- Diese Struktur in Form eines Block-Kurses hat einen hohen Erlebniswert. Neben der Arbeit in den Gruppen besteht über das gemeinsame Leben, das miteinander Spielen, Musizieren, Essen, Sport treiben die große Möglichkeit eines vertieften Miteinanders. Über die Lebenswoche kann auch der Alltag der Jugendlichen stark in den Blick kommen. Über die Cliquen hinaus können neue Beziehungen entstehen. Es kann ein hoher Grad an Vertrautheit wachsen.
- Viele Jugendliche entdecken das Gemeindezentrum schnell als ‚ihr Zuhause', begegnen Gemeindemitgliedern und manchen Gruppen und sind täglich in der Kirche. Auch zu diesem Raum bekommen sie eine andere Beziehung.
- Gruppenleiter, die möglicherweise nicht mehr in der Gemeinde wohnen und woanders studieren, können für die Blockveranstaltungen gewonnen werden, falls die Lebenswoche in den Semesterferien liegt.

- Durch das Miteinander-Wohnen und -Leben kann eine Atmosphäre entstehen, die das inhaltliche Arbeiten erleichtert.

Nachteile:

- Die Lebenswoche und die Wochenenden kosten allen Beteiligten viel Kraft. Das Schlafdefizit macht sich bald bemerkbar. Ohne ältere Jugendliche, die kräftemäßig mit den Jugendlichen mithalten können, ist diese Woche nur schwer durchführbar.
- In Gemeinden ohne ein für diese Zwecke geeignetes Gemeindezentrum, ohne einen Kreis von Ehrenamtlichen, die für die ganze Gruppe kochen und ohne ein gewisses Maß an Materialien ist diese Woche so kaum durchführbar.
- In Dorfgemeinden, wo die Jugendlichen auf entfernte Schulen gehen, sehr früh aus dem Haus müssen und erst am Nachmittag wieder eintreffen, ist die zeitliche Belastung sehr groß.
- Mancherorts wird es Widerstände von Eltern geben, die Sorge haben, daß „die Schule zu sehr unter dem Kurs leidet".
- Dieser Kurs kostet die Jugendlichen (und ihre Eltern) mehr Geld als Modell 1 oder 2. Frühzeitig muß deshalb die Finanzierung überlegt werden.

● Modell 4: Ferienkurs

Um das gemeinsame Miteinander-Leben und -Erleben sowie die Arbeit an den Inhalten des Kurses in den Mittelpunkt zu stellen, ist hier daran gedacht, für eine Zeit während der Ferien in ein Haus zu fahren. Als alternatives Modell ist diese Kursart gut denkbar, vor allem für die Kat. Einheiten I – IV (ohne den Schnupperkurs „Gemeinde").

Vorteile:

- Durch die ‚Laborsituation' ist eine große Intensität des Miteinanders möglich.
- Durch den hohen Erlebniswert, ein möglicherweise attraktives Ziel ist die Akzeptanz bei den Jugendlichen sehr hoch.

Nachteile:

- Es bedarf GruppenleiterInnen, die sich für eine längere Zeit (ca. 10 Tage) aus dem Arbeitsprozeß lösen und dafür (Sonder-)Urlaub in Anspruch nehmen können.
- Nicht alle Jugendlichen werden diese Art der Vorbereitung akzeptieren, da sie mit den eigenen Ferienplänen kollidiert.
- Finanziell ist der Aufwand für den einzelnen Teilnehmer recht hoch. Es sei denn, man wählt ein Selbstverpflegungshaus und bemüht sich um Zuschüsse.

3. Checkliste für die Planung und Durchführung des Firmvorbereitungskurses

1. Langfristige Planung

- Entscheidung, wer für die Durchführung des anstehenden Firmkurses hauptverantwortlich ist (evtl. Bildung eines Teams).
- Festlegung des Firmtermins in Absprache mit der beim Ordinariat zuständigen Stelle.
- Überlegungen zu den Zielen und Inhalten, zum Umfang und zur Form des Firmkurses („realistische Einschätzung des Machbaren").
- Festlegung des Mindestalters der Firmbewerber.
- Absprachen im Dekanat über Möglichkeiten der Zusammenarbeit und gegebenenfalls Abstimmung der geplanten Konzepte aufeinander.
- Informationen zum Firmkurs im Pfarrgemeinderat. Erstellen eines konkreten Zeitplans der Firmvorbereitung (Katechetenausbildung, Kursbeginn, Kursteile, Elterntreffen, besonders gestaltete Gottesdienste usw.).
- Erstellung von Namenslisten der für den Kurs in Frage kommenden Jugendlichen.
- Überlegungen zur wahrscheinlichen Teilnehmerzahl am Firmkurs.
- Mögliche Belegung von Häusern.
- Information der Katecheten über den zeitlichen Aufwand, über die Erwartungen an sie und über ihren möglichen persönlichen ‚Gewinn' („klare Preise nennen").
- Suche nach geeigneten GruppenleiterInnen und HelferInnen für die Durchführung des Kurses.
- Überlegungen zu den zu erwartenden Kosten und ihrer Finanzierung.

2. Kurzfristige Planung vor Kursbeginn

- Einladungsbriefe zum Firmkurs an die Jugendlichen mit der Möglichkeit zur Anmeldung.
- Informationsbriefe an die Eltern der Jugendlichen.
- Informationen zur bevorstehenden Firmung und ihrem Vorbereitungskonzept an die entsprechenden ReligionslehrerInnen, im Pfarrbrief und in der Ortspresse.
- Durchführung der Katechetenschulung.
- Planung und Durchführung des Informationsabends für die Jugendlichen und Eltern.
- Erstellung von Spielbögen für „Zur Mitte finden" (I.2) und für das „Leben Jesu-Spiel" (III.1,7).
- Anschaffung von Legematerialien (z.B. Tücher, Steine) für die Gestaltung von ‚Mitten'. Zu bestellen beim RPA-Verlag GmbH, Gaußstr. 8, 84030 Landshut, Tel.: 0871/73237; Fax: 7 39 96.
- Anschaffung von Kassetten/CD's mit meditativer Musik und Kassetten für die vorgeschlagenen Tänze.
- Evtl. Anschaffung von benötigten Bastel- und Papiermaterialien für den Firmkurs. Erhältlich in entsprechenden Geschäften oder beim ALS-Verlag GmbH, Postfach 1440, 63114 Dietzenbach, Tel.: 06074/8 21 60; Fax: 2 73 22.
- Einrichtung eines Systems von kleinen Curver-Kisten, in denen Stifte, Klebstoff, Scheren usw.

getrennt aufbewahrt werden oder Anlegung eines ‚Materialkoffers' (= einfacher Werkzeugkoffer mit Kugelschreibern, dicken Filzstiften, Bleistiften, Wachsmalstiften, Scheren, Klebstoff, Klebeband, Pinseln, Tuschkästen, Klammern, Schnur usw.).

3. *Während des Firmkurses*
- Begleitende Treffen für die KatechetInnen.
- Einzelbegleitung und Unterstützung der GruppenleiterInnen bei ihrem Engagement.
- Anerkennung der Arbeit der GruppenleiterInnen.
- Detailplanung der einzelnen Kursabschnitte.
- Regelmäßige Zwischenreflexionen nach einzelnen Kursabschnitten, Festhalten der Ergebnisse.
- Bereitstellung von Materialien.
- Informationen an die Gemeinde über den Kursverlauf.
- Vorbereitung von Gottesdiensten.
- Konkrete Überlegungen, wie die Jugendlichen in die bestehende Jugendarbeit hineinwachsen können oder wie ein möglicher Neuansatz von Jugendarbeit vor Ort gestaltet werden kann.
- Evtl. Besuche in den Familien der Firmbewerber.
- Vorbereitung des Firmgottesdienstes und Firmtages.

4. *Nach der Firmung*
- Reflexion, Ausblick und ‚Dankeschön' mit den FirmkatechetInnen und den HelferInnen.
- Integration der Jugendlichen in die bestehende Jugendarbeit oder evtl. Gründung einer Nachfolgegruppe oder eines offenen Treffs.
- Überlegungen zur Fortsetzung der inhaltlichen Arbeit mit den KatechetInnen.
- Festhalten der Reflexionsergebnisse als Grundlage bzw. Erfahrungsschatz für die Konzeption des kommenden Firmkurses.

4. Literatur zur Firmtheologie

1. Leonardo Boff, Kleine Sakramentenlehre, Düsseldorf ^{4}1980
2. Dieter Emeis, Karl Heinz Schmitt, Grundkurs Sakramentenkatechese, Freiburg 1980
3. Dieter Emeis, Sakramentenkatechese, Freiburg 1991
4. Dieter Emeis, Mit Sakramenten leben, Ein kleiner Katechismus, Freiburg 1993
5. Paul Schladoth, Zur Theologie der Firmung. Anfragen an die kirchliche Praxis, in: KatBl 115 (1990), S. 310 – 318
6. Themenheft Firmung: Lebendige Katechese 12 (1990)
7. Schwerpunkte heutiger Sakramentenpastoral, in: Gemeinsame Synode der Bistümer in der Bundesrepublik Deutschland, Beschlüsse der Vollversammlung, offizielle Gesamtausgabe I, Freiburg 1976

5. *Lieder*

Nur wenige Lieder wurden im Materialteil abgedruckt. Oft werden Liedvorschläge gemacht und die Fundstelle angegeben. Folgende Liederbücher werden zur Anschaffung empfohlen:

KJG Songbuch 1,
KJG Verlag,
Carl-Mosterts-Platz 1,
40477 Düsseldorf

Troubadour für Gott,
Kolping-Bildungswerk,
Diözesanverband Würzburg e. V.,
Sedanstraße 25
97082 Würzburg

Elmar Kalschenker
Songbuch 6,
KJG-Verlagsgesellschaft,
Neuss 1995
ISBN 3-929176-60-2

B. Katechetische Einheiten

I. Katechetische Einheit:
Der Firmkurs

1. Kennenlernen
1 bis 4

2. Firmvorbereitung
Erwartungen, Ängste, Informationen

1 bis 3

I.1. Kennenlernen

Zielsatz:
Wir lernen uns kennen und erzählen von uns

1 „Ein Symbol erzählt von mir"

Material:
Die Jugendlichen werden in der Einladung gebeten, einen Gegenstand mitzubringen, der ihnen am Herzen liegt, der etwas über sie aussagt. Das kann ein Foto, ein Buch, eine CD oder eine Kassette, eine Figur, das Bild einer für sie wichtigen Person oder etwas aus ihrem Zimmer sein.

Gruppengröße:
7 bis 25 Personen

Inhalt:
Oft fällt es schwer, direkt von sich zu erzählen. Über einen Gegenstand, ein Symbol können die Jugendlichen etwas von sich geben, ohne das Gefühl zu haben, sich „ausziehen" zu müssen.

Wichtig ist, daß die Jugendlichen nur so viel von sich berichten, wie sie möchten, und daß der/die Katechet/In die Symbole positiv aufnimmt.

Methode:
In einer ersten Vorstellungsrunde zeigt jeder Jugendliche seinen Gegenstand und erzählt, was dieser ihm bedeutet.

Als Variante wäre auch möglich: Die anderen Gruppenmitglieder phantasieren zunächst, was der mitgebrachte Gegenstand dem betreffenden Jugendlichen bedeuten könnte bzw. was dieser über ihn aussagt.

Das macht unter Umständen mehr Spaß, dauert aber länger.

Zeit: 15 bis 30 Minuten

2 Kommunikationsspiel „Zur Mitte finden"

Material:
- Spielplan (S. 134) auf DIN A3 vergrößern und auf Plakatkarton aufkleben
- Spielfiguren aus einer Spielesammlung
- 2 Würfel

Gruppengröße:
5 bis höchstens 7 Mitspieler. Falls die Gruppe größer ist, empfiehlt es sich, in zwei Kleingruppen zu spielen.

Inhalt:
Durch das Spiel soll die Möglichkeit zu intensiverem Kennenlernen der Spieler und Spielerinnen („die Mitte finden") gegeben werden. Spielerisch kommen die Jugendlichen ins Gespräch über ihre Einstellungen und Verhaltensweisen.

Methode:
Ein/e SpielerIn fängt mit dem Spiel an, indem er/sie würfelt und die Spielfigur entsprechend setzt. Dann geht er/sie auf den Impuls ein, der auf dem Feld steht. Rückfragen sind möglich. Schön ist es, wenn ein Gespräch entsteht.

Anschließend ist der/die nächste SpielerIn an der Reihe.

Zeit:
Das Spiel ist zu Ende, wenn die Gruppe es für richtig hält, bzw. wenn eine/alle oder mehrere SpielerInnen in der Mitte angekommen sind.

3 „Der kurze und der lange Weg" (Tanz)

Material:

- Musik, The Blessing Nigun auf der CD von Giora Feidmann, The Singing Clarinet, zu beziehen beim Dieter Balsies Versand, Ahlmannstr. 18 (Hof), D-24118 Kiel, Tel.: 0431/563459; Fax 568326
- CD-Player
- für die „Mitte": Tücher, Kerze, Steine, Blume etc. und Fotokopie des „Labyrinth-Mannes" (vgl. S. 135)
- Fotokopien des „Labyrinth-Mannes" für die Teilnehmer
- Stifte

Gruppengröße:
ca. 12 Personen

Inhalt:
Die einfachen Schritte zur Musik „The Blessing Nigun" holen die Jugendlichen in ihrer Lebenswelt ab und führen sie – im wahrsten Sinne des Wortes – Schritt für Schritt an die Gruppe mit ihren vielfältigen Beziehungen heran. Vorsichtige Kontaktaufnahme, Vergegenwärtigung der eigenen wie der Gruppensituation sind weitere Schwerpunkte dieses Bausteins.

Methode:
Zunächst tanzt die Gruppe mit einfachen Schritten nach der Musik „The Blessing Nigun" um die „Mitte".

Es werden durchgefaßt gegen den Uhrzeigersinn folgende Schritte getanzt:
1. vier Schritte vorwärts (re, li, re, li)
2. 2 x wiegen (re vor, li zurück, re vor, li zurück)

dann 1. und 2. wiederholen usw.

Die Gruppe setzt sich anschließend um die „Mitte" und der/die GruppenleiterIn gibt folgende Einführung:

„Wir machen uns *auf den Weg*. Immer ist da ein bißchen Angst dabei, ein bißchen Kribbeln im Bauch. Wie wird es wohl werden? Wir machen uns auf ins Ungewisse. Wir haben Vorstellungen, Träume, Hoffnungen und Ängste, aber wir wissen nicht, wie es werden wird.
Wir machen uns auf den Weg.

Der Weg ist seit alter Zeit ein Bild für unser Leben. Jeder einzelne von uns ist unterwegs. Und oft führt dieser Weg in Sackgassen, auf Abwege und Umwege, bis endlich das Ziel erreicht ist.

Und so wundert es nicht, daß immer wieder *Irrgärten und Labyrinthe* die Menschen fasziniert haben. Ich habe ein ganz ungewöhnliches Labyrinth aus dem 16. Jahrhundert gefunden."

Der/die GruppenleiterIn verteilt nun die Umdrucke und Stifte und ermutigt die Jugendlichen, „den Weg zum Herzen" des „Labyrinth-Mannes" zu finden. Wenn die Jugendlichen die zwei Wege – den kurzen und den langen Weg – gefunden und eingezeichnet haben, erläutert der/die GruppenleiterIn:

„Das Labyrinth überrascht. Da gibt es einen kurzen Weg zum Herzen des Mannes. Er erinnert mich daran, daß auch ich manchmal ganz nah *bei mir bin*. Dann weiß ich ganz genau, was ich will, und tue intuitiv das Richtige. Aber auch in meinen Beziehungen zu anderen gibt es oft *den kurzen Weg zum Herzen des anderen*: Der andere ist mir sympathisch von Anfang an – ein Blick genügt und Verstehen ist da.

Und da gibt es *einen langen Weg* zum Herzen. Ich denke da an Situationen, in denen ich mir über meine Wünsche, Fragen, Gefühle nicht im klaren bin, in denen es mir schwerfällt, Entscheidungen zu treffen. Aber auch im Miteinander gibt es die langen Wege: Da ist mir der eine oder andere nicht sympathisch. Doch nach einem Gespräch oder im Laufe des gemeinsamen Lebens in der Gruppe entdecke ich den anderen neu – erfahre ich einen Zugang zu seinem Herzen.

Wir wollen uns auf den kurzen oder langen Weg zu unserem eigenen Herzen und zum Herzen des anderen machen. Wir wollen Gott, der die kurzen und langen Wege unseres Lebens mit uns geht, um seinen Schutz und Segen bitten:
Gott segne die Erde, auf der wir jetzt stehen.
Gott segne den Weg, auf dem wir jetzt gehen.
Gott segne das Ziel, für das wir jetzt leben.
Segne uns auch, wenn wir rasten.
Segne das, was unser Wille sucht;
segne das, was unsere Liebe braucht;
segne das, worauf unsere Hoffnung ruht.
Segne unseren Blick und unsere Begegnungen.
(Nach einem altkeltischen Segensgebet)

Am Ende kann nochmals zur Musik „The Blessing Nigun" getanzt werden.

Zeit: ca. 30 Minuten

4 Eine Holzbrosche/Button mit Namen und Symbol bemalen

Material:
- Holzbroschen (Durchmesser ca. 5 cm beim ALS-Verlag erhältlich. In den meisten Kindergärten sind Kataloge vom ALS-Verlag vorhanden),
- Folienstifte
  ODER:
- Buttonmaschine (mit Zubehör in Jugendzentren erhältlich), Stifte

Gruppengröße:
beliebig

Inhalt:
Die Jugendlichen haben hier die Möglichkeit, über eine kreative Tätigkeit indirekt (über ein gemaltes Symbol) etwas von sich zu erzählen. Das Symbol soll etwas Typisches über die Person zum Ausdruck bringen oder eine Lieblingsbeschäftigung, ein Lieblingstier etc. zeigen. Z.B.

Methode:
Jeder Jugendliche bekommt eine Holzbrosche und bemalt diese mit Hilfe von Folienstiften mit einem Symbol und seinem Namen.

Falls eine Buttonmaschine zugänglich ist, können auch Buttons mit Motiven angefertigt werden.

In einer Vorstellungsrunde nennt jeder seinen Namen und sagt etwas zu seinem Symbol.

Zeit:
30 – 45 Minuten

(Literaturhinweis:
Eine Fülle von Kennenlern- und anderen Spielen findet man in:
Martina Pöllinger, Hans Ludwig Dickert, Spielträume,
Band I und II, KJG Verlagsgesellschaft, Düsseldorf 1995)

I.2. DER FIRMVORBEREITUNGS-KURS – ERWARTUNGEN, ÄNGSTE, INFORMATIONEN

ZIELSATZ:
Wir erhalten erste Informationen über den Firmvorbereitungskurs und sprechen über unsere Fragen, Erwartungen und Befürchtungen bezüglich des Kurses

1 „KOFFER AUSPACKEN"

Material:

- Eine „Mitte" gestalten mit:
  - Tüchern, Blumen, Kerzen, etc.
  - einem alten Koffer
    (Inhalt: Spiegel; Jesusikone: Bild der Pfarrkirche bzw. des Gemeindezentrums; Ball; CD oder Liederbuch; Brot; Kerze; Bild, das eine Entscheidungssituation anspricht (vgl. Jugendbuch S. 83); Jugendbücher; Steine; Federn; Zettel mit den Impulsen (Fotokopiervorlagen S. 136)

- Stifte
- evtl. meditative Musik, Kassettenrecorder, CD-Player

Gruppengröße:
7 – 15 Personen

Inhalt:
Mit Hilfe von symbolischen Gegenständen werden Aufbau und Ziele des Firmvorbereitungskurses erläutert.

Des weiteren soll den Jugendlichen Raum gegeben werden, über ihre Gefühle, Erwartungen und Befürchtungen hinsichtlich des Firmvorbereitungskurses zu sprechen.

Methode:
Der alte Koffer, der in der „Mitte" liegt, wird geöffnet: „Wir alle haben hier unterschiedliche Dinge mitgebracht: Ihr Teilnehmer habt sicher viele Fragen, aber auch Befürchtungen und Erwartungen in eurem ‚Gepäck'.

Auch wir Gruppenleiter haben Hoffnungen und Ängste mit hierhergeschleppt – aber auch Vorstellungen, wie wir die gemeinsame Zeit mit euch gestalten wollen." Nacheinander werden nun die unterschiedlichen Gegenstände herausgeholt und gedeutet:
zum Beispiel:

- Spiegel: Wir wollen über uns selbst nachdenken. Wer sind wir? Was wollen wir?
- *Jesusikone:* Wir wollen über Jesus erzählen und ihn näher kennenlernen
- *Bild der Pfarrkirche bzw. des Gemeindezentrums:* Wir wollen unsere Gemeinde näher kennenlernen
- *CD/Liederheft:* Wir wollen gemeinsam Musik machen bzw. Musik hören
- *Brot:* Wir wollen gemeinsam essen und miteinander leben
- *Ball:* Wir wollen gemeinsam spielen
- *Kerze:* Wir wollen uns Zeit zur Besinnung nehmen und uns auf das Wesentliche konzentrieren
- *Bild vom Mann mit den verschiedenen Richtungsanzeigen:* und nicht zuletzt soll jeder am Ende selbst entscheiden, ob er gefirmt werden möchte oder nicht

Die Gegenstände bleiben in der „Mitte" vor dem Koffer liegen.

Der Gruppenleiter holt nun aus dem Koffer Steine und Federn, legt sie in die „Mitte" und verweist darauf, daß die Steine das symbolisieren, was den Jugendlichen Schwierigkeiten macht, wenn sie an den Firmkurs denken. Die Federn drücken das aus, worauf sich die Jugendlichen freuen. (Idee nach Helena Rimmele, Christa Straub, Zwischen 18 und 30, Freiburg 1993, S. 48)

Es werden Zettel (Fotokopiervorlage S. 136) verteilt, auf die die Jugendlichen anonym ihre Befürchtungen und Hoffnungen schreiben können. Während der Stillarbeitsphase kann meditative Musik eingespielt werden. Nach ca. 5 – 10 Minuten werden die Zettel eingesammelt, vorgelesen und in die Mitte gelegt.

Am Ende nimmt der/die GruppenleiterIn die Jugendbücher aus dem Koffer und teilt „die Wegbegleiter" an die Jugendlichen aus. (Achtung: Jugendbuch S. 7 den Namen der jeweiligen Jugendlichen eintragen und als Gruppenleiter unterschreiben.)

Zeit:
ca. 30 Minuten

2 Graffitti „Erwartungen, Befürchtungen, Hoffnungen"

Material:
- DIN-A4-Blätter mit Satzanfängen
- Stifte
- evtl. ruhige Musik, Kassettenrecorder oder CD-Player

Gruppengröße:
beliebig

Inhalt:
Ziel dieser Übung ist es, den Erwartungen, Befürchtungen und Hoffnungen der Gruppenmitglieder Raum zu geben und diese formulieren zu lassen.

Methode:
Der/die GruppenleiterIn hat auf DIN-A4-Blätter je einen Satzanfang deutlich lesbar notiert. Folgende Satzanfänge sind denkbar:
- Der Firmkurs würde mir gefallen, wenn ...
- Ich würde mich in dieser Gruppe wohlfühlen, wenn ...
- Ich habe mich zum Firmkurs angemeldet, weil ...
- Von uns als Gruppe wünsche ich mir ...
- Der Firmkurs würde mir nicht gefallen, wenn ...
- Vom Gruppenleiter erhoffe ich mir ...
- Ich bin bereit, in den Kurs folgendes einzubringen ...
- Wenn ich *„Firmung"* höre, denke ich an ...
- Über Firmung möchte ich wissen ...
- Wenn ich an den Firmkurs denke, liegt mir wie ein Stein im Magen, ...
- Es ist mir leichtgefallen, mich zum Firmkurs anzumelden, weil ...

Diese Blätter werden nun auf dem Tisch oder im Raum so verteilt und mit einem Stift versehen, daß die Gruppenmitglieder einzeln von Blatt zu Blatt gehen können.

Ihre Aufgabe ist es nun, die Satzanfänge zu Ende zu schreiben. Man kann natürlich auch Aussagen anderer bestätigen, verstärken oder verneinen.

Wichtig bei dem Spiel ist, sich die Aussagen der anderen Teilnehmer immer wieder durchzulesen und sich möglicherweise dadurch inspirieren zu lassen. Diese Übung sollte nach Möglichkeit schweigend erfolgen. Eine Hilfe dazu könnte ruhige Musik sein.

Auswertung: Möglich ist ein kurzes Gespräch über schriftliche Äußerungen, die einem besonders aufgefallen sind.

Zeit:
15 – 30 Minuten (je nach Gruppengröße)

3 Kartenspiel „Firmung"

Material:
- rote und grüne Kärtchen im Postkartenformat; von jeder Farbe 3 mal so viele wie Teilnehmer
- Stifte.

Die roten Karten werden mit einem Fragezeichen, die grünen mit einem Ausrufezeichen versehen.

Gruppengröße:
beliebig

Inhalt:
Ziel dieser Übung ist es, den Fragen und Schwierigkeiten in bezug auf die Firmung Raum zu geben. Gleichzeitig soll das Vorverständnis der Jugendlichen zur Sprache gebracht werden.

Methode:
In der Mitte des Kreises liegen auf dem Tisch oder Boden zwei Stapel leerer Kärtchen (verschiedenfarbig: auf roten Karten ein großes Fragezeichen, auf den grünen ein Ausrufezeichen).

Auf den **Fragekarten** können nun alle Fragen und Schwierigkeiten, die man zur Firmung hat, notiert werden (auf jede Karte eine Frage oder eine Schwierigkeit; möglichst konkret benennen);

auf den **Antwortkarten** werden Gedanken, Ideen, Vermutungen aufgeschrieben, die einem in Verbindung mit Firmung einfallen.

Nach dieser Still- und Einzelarbeit, wenn offensichtlich keinem mehr etwas einfällt, werden die beschriebenen Karten gemischt und an die Teilnehmer verteilt, zunächst die Fragekarten, dann die Antwortkarten.

Der Reihe nach liest jeder seine Frage vor und versucht, sie zunächst selbst zu beantworten. Anschließend kann die Gruppe helfen. Dazu können die Antwortkarten zu Hilfe genommen werden.

Fragen, die nicht zur Zufriedenheit beantwortet werden, können festgehalten werden, um ein anderes Mal darauf einzugehen (evtl. auf ein Plakat kleben und im Gruppenraum aufhängen).

Zeit:
30 – 45 Minuten (je nach Gruppengröße und Intensität)

II. KATECHETISCHE EINHEIT:
Meine Sehnsucht hat viele Namen

1. Ich bin Ich
Wie ein Baum, so ist mein Leben

1 bis 5

2. Die Wurzeln des Baumes
Woher komme ich? Was hat mich geprägt?

1 bis 7

3. Das Erdreich des Baumes
– Wo ich lebe und leben lasse –
Was bedroht mich?
Was brauche ich zum Leben?

1 bis 9

4. Der Stamm des Baumes
Was trägt mich?

1 bis 7

5. Die Äste des Baumes
Wonach sehne ich mich?
Wonach strecke ich mich aus?

1 bis 8

II.1. **Ich bin Ich – Wie ein Baum, so ist mein Leben**

ZIELSATZ:

Wir bringen unsere Stärken, Schwächen und Fähigkeiten zur Sprache. Wir stellen keine Frage nach dem Selbstbild und der Fremdwahrnehmung und merken, daß es wichtig ist, sich selbst anzunehmen und von anderen angenommen zu werden.

1 Traumreise zum Thema: „Wer bin ich?"

Material:

- Decken, Isomatten
- Kassettenrecorder
- Meditationsmusik: Deuter, Land of Enchantment; auch möglich: Deuter, Sands of Time
- Text zur Traumreise (S. 137)

Gruppengröße:
beliebig

Inhalt:
Diese Übung versucht auf meditative Art und Weise, die Jugendlichen an sich selbst heranzuführen. Sie können dabei das Besondere ihrer Persönlichkeit entdecken und ermuntert werden sich anzunehmen, nicht zuletzt deshalb, weil sie ein Geschenk Gottes an die Welt sind.

Methode:
Alle Teilnehmer legen sich auf mitgebrachte Decken oder Iso-Matten bequem auf den Boden (möglich sind als Unterlage auch ein Teppich oder Teppichfliesen), vorzugsweise auf ihrem Rücken. Der Raum ist nach Möglichkeit abgedunkelt. Eine Stehlampe kann als Lichtquelle zum Vorlesen dienen.

Wenn alle Teilnehmer ihren Ruheplatz im Raum gefunden haben, sind folgende (hier stichwortartig aufgeführte) *Erläuterungen notwendig*, weil der Meditationstyp „Traumreise" vielen nicht bekannt sein dürfte und bei manchen Irritation hervorrufen könnte:

1. Einladung zu einer Traumreise: – ihr dürft träumen – in Gedanken geht ihr auf eine Reise – versucht, euch darauf einzulassen – laßt euch führen und dabei eure Phantasie spielen – versucht, euch das vorzustellen, was ihr hört – ihr werdet merken, daß euch das enorm entspannen wird.
2. Wer sich nicht darauf einlassen kann, störe bitte die anderen nicht und zerstöre deren Phantasiereise nicht – wer merkt, daß er sehr unruhig ist, z. B. andauernd lachen oder Witze machen muß, der gehe einfach seiner inneren Spannung nach.
3. Es handelt sich um eine *Entspannungsübung* – ihr seid kaputt von der Woche – habt einen langen Tag hinter euch... – diese Übung soll euch wieder Kraft geben – euch in Kontakt zu eurem Körper bringen – die Übung soll euch helfen, Bilder eurer Seele zu entdecken.
4. Versucht, euch darauf einzulassen. Anschließend können wir, wenn ihr wollt, über eure Erfahrung auf dieser Reise sprechen.

Die Musik wird leise eingespielt. Der/die GruppenleiterIn achtet darauf, daß alle langsam zur Ruhe kommen. Nach ca. 1 – 2 Minuten kann dann begonnen werden, den Meditationstext *langsam und deutlich* vorzutragen (vgl. S. 137).

Und noch etwas: Wer vorliest, identifiziere sich selbst mit dem Text, um ein Gespür für die notwendigen Pausen zu bekommen, damit die TeilnehmerInnen genügend Zeit haben, sich in die Bilder einzufühlen.

Auswertungsgespräch:
Nach der Traumreise haben die Teilnehmer Gelegenheit, ihre Erfahrungen mitzuteilen. (Evtl. mehrere Gesprächsgruppen im Raum bilden).

Mögliche Impulsfragen:

- Wie ist es euch auf der Reise ergangen?
- Wer möchte uns etwas von seinen Erfahrungen mitteilen?

Zeit:
ca. 30 Minuten

2 „Ein Plakat von mir"

Material:

- Tapete, Stifte, Farben, Pinsel, Tesakrepp,
- meditative Musik, Kassettenrecorder oder CD-Player

Gruppengröße:
7 – 10 Personen

Inhalt:
Zu einem Menschen gehören seine Umrisse. Im Laufe des Lebens verändern sich diese. Jeder Mensch hat ein anderes „Profil".

Indem die Jugendlichen ihre „Profile" füllen (zeichnerisch oder indem sie ihre Fähigkeiten, Stärken, Schwächen, Eigenschaften notieren), lernen sie sich besser kennen. Sie lernen ihre Besonderheiten zu reflektieren, zu äußern und vielleicht etwas mehr anzunehmen.

Methode:
Zur Einstimmung kann zunächst ein Lied (Z. B. „Ich schau mich manchmal an im Spiegel") gesungen werden oder eine Traumreise zum Thema: „Wer bin ich?" gemacht werden.

Anschließend wird ein Stück Tapete an eine Wand/Tür geklebt. Die Jugendlichen stellen sich davor und lassen ihre Umrisse zeichnen. Nun können diese Umrisse mit Stiften, Farben und viel Phantasie gefüllt werden. Hilfreiche Fragen beim „Füllen" der Umrisse:

- Was kann ich besonders gut?
- Was fällt mir ziemlich schwer?
- Welche besonderen Eigenschaften habe ich?

Während die Jugendlichen zeichnen, kann ruhige Musik gespielt werden. Nachdem die Jugendlichen ihr Plakat vorgestellt haben, könnte der/die KatechetIn die folgende Erzählung vom Rabbi Sussja vorlesen:

Vor seinem Tod sprach Rabbi Sussja: In der kommenden Welt wird man mich nicht fragen: „Warum bist du nicht Mose gewesen?" Man wird mich fragen: „Warum bist du nicht Sussja gewesen?"
Chassidische Geschichte

Zeit:
45 – 75 Minuten

3 „Mein Persönlichkeits-Profil"

Material:

- Kopien des Umdruckes „Persönlichkeitsprofil" (S. 138). Es sollten so viele Umdrucke zur Verfügung stehen, daß jeder Teilnehmer so viele Umdrucke erhält, wie seine Gruppe Mitglieder hat (z.B.: 7 Teilnehmer x 7 Umdrucke – es sind 49 Kopien zu machen).
- Stifte

Gruppengröße:
5 – 9 Personen

Inhalt:
Ziel dieses Spieles ist es, in 8 Bereichen sich selbst einzuschätzen und sich von anderen einschätzen zu lassen. Dieses Spiel ist ein Versuch, das Profil des einzelnen, seine starken Seiten, einige Eigenschaften, sein Wirken auf andere durchsichtig zu machen und so ein Stück Fremdheit voreinander und vor sich selbst abzubauen.

Methode:
Zu Beginn des Spieles bekommt jede(r) TeilnehmerIn einen Stift und die entsprechende Anzahl Umdrucke. Seine/Ihre Aufgabe ist es nun, sich und die Mitspieler der Reihe nach einzuschätzen und Persönlichkeitsprofile anzulegen. Findet er/sie z.B. sich selbst sehr selbständig, kreuzt er/sie auf seinem Persönlichkeitsprofil eine 10 an, hält er/sie sich für überhaupt nicht selbständig, kreuzt er/sie die 1 an. In der gleichen Weise verfährt er/sie mit den anderen 7 Skalen und mit den Persönlichkeitsprofilen der anderen Mitspieler.

Eine Hilfe für Übersichtlichkeit könnte sein, die gefundenen Einschätzungen miteinander zu verbinden. Es ergibt sich oft ein Stern o. ä. Der/die Jugendliche sollte nicht vergessen, Absender und Adressaten einzutragen.

Haben alle Jugendlichen ihre Umdrucke bearbeitet, werden diese noch nicht verteilt. Vielmehr beginnt nun ein Gespräch. Hierbei wird jeweils ein(e) Jugendliche(r) angesprochen. Die anderen erläutern ihm/ihr ihre Einschätzungen. Anschließend nennt der/die Jugendliche seine/ihre Selbsteinschätzung. Dabei kann nachgefragt werden, warum einzelne Jugendliche zu dieser oder jener Einschätzung gelangt sind.

Der/die KatechetIn leitet das Gespräch und hebt vor allem die Stärken der Jugendlichen hervor.

Am Ende des Gespräches werden die ausgefüllten Persönlichkeitsprofile verteilt.

Zeit:
je nach Gruppengröße 30 – 60 Minuten

4 „Masken – ohne Masken woll'n wir uns begegnen"

Material:

- CD von Udo Jürgens „Ohne Masken"; hiervon das Lied: „Masken, Masken"
- Für die Herstellung von Masken (pro Person): 2 Gipsbinden à 15 cm, Vaseline, Frischhaltefolie, Schere, Wassertöpfchen, Badehaube zum Abdecken der Haare, altes T-Shirt oder Hemd, Zeitungen zum Abdecken des Fußbodens
- Text aus dem Jugendbuch S. 11
- schwarze Tücher, Blumen, Kerzen, Steine für eine „Mitte"
- Farben, Pinsel

Gruppengröße:
6 – 12 Personen

Inhalt:
Dem Selbstbild und der Fremdwahrnehmung wird durch das Herstellen und Bemalen von Gipsmasken nachgegangen.

Die Jugendlichen erhalten dadurch die Möglichkeit, über ihre eigene Vielschichtigkeit zu reflektieren. Sie können darüber nachdenken, daß „Masken" häufig angelegt werden, um Schutz vor anderen zu bieten, daß Masken aber Distanz schaffen und so echte Begegnungen verhindern.

Methode:
Für diesen Baustein sind *zwei Treffen* nötig.

Bei einem *ersten Treffen* kann zuerst das Lied von Udo Jürgens „Masken, Masken" gespielt und die Erfahrung thematisiert werden, daß jeder von uns ab und an „Masken" trägt.

Vielleicht kann hier schon konkreter gefragt werden:
- Wann tragen wir Masken?
- Welchen Arten von Masken begegnen wir?

Anschließend bilden sich Paare und legen sich nacheinander gegenseitig Gipsmasken auf (vgl. hierzu; Gabriella Beri, Masken selbst herstellen, Düsseldorf, Econ Taschenbuch Verlag, 1986, S. 36ff). Wichtig ist, darauf hinzuweisen, daß beim Maskenbau Sehschlitze frei bleiben sollen. Die Jugendlichen sollten sich beim Herstellen der Masken auf ihre Gefühle konzentrieren (unterstützend kann hier vielleicht ruhige Musik eingespielt werden).

Nachdem die Masken fertiggestellt sind, werden sie in die Mitte gelegt, und die Jugendlichen können nun über ihre Gefühle beim Maskenherstellen berichten. (Wie fühlt sich die Maske auf der Haut an? Was hat derjenige empfunden, der die Maske aufgelegt hat?) Bis zum nächsten Treffen können die Masken trocknen.

Beim *zweiten Treffen* werden die Masken auf eine gestaltete „Mitte" gelegt.

Die Gruppe setzt sich um die Mitte. Die Jugendlichen halten ihre Masken vor ihr Gesicht und schauen sich so an. Auch wenn es schwer ist, sich so zu betrachten, sollte dies einige Zeit ausgehalten werden.

Die Jugendlichen werden dann ermuntert, über ihre Empfindungen beim Anblick der Masken zu sprechen (vermittelt Distanz und Angst beim Betrachter, evtl. Schutz für denjenigen, der sich hinter der Maske verbirgt).

Mit dem Hinweis, daß „Masken" eine *„Außenseite"* und eine *„Innenseite"* haben, werden die Jugendlichen gebeten,
- die *„Außenseite"* als Ausdruck der Außensicht ihrer Person (wie erleben mich andere!),
- die *„Innenseite"* als Ausdruck des Erlebens ihrer eigenen Person (wie erlebe ich mich) zu bemalen.

Zum Beispiel:

„Außenseite":

helle, grelle Farben, lachender Mund, Blumen

„Innenseite":

helle und dunkle Farben, lachender und weinender Mund, Tränen, Fragezeichen.

Um die Konzentration zu fördern, kann auch hier meditative Musik gespielt werden.

Die bemalten Masken werden in die Mitte gelegt. Die Jugendlichen können dann ihre „Außenseite" und „Innenseite" vorstellen. Dies sollte jedoch unbedingt freiwillig sein.

Zum Abschluß liest der Gruppenleiter den Text, Jugendbuch S. 11.

Die Fragen
- Warum tragen wir Masken?
- Was hilft uns, unsere Masken abzulegen?

könnten nun gestellt und im Gespräch vertieft werden.

Zeit:
2 x je 2 Stunden

5 „Ich und mein Baum" – die persönliche Baumschule

Material:
- Wachsmalstifte, Buntstifte
- Plakatkarton in DIN-A3-Größe
- Tesakrepp
- evtl. ruhige meditative Musik, die während des Malens gespielt werden kann
- Kassettenrecorder
- Jugendbuch, S. 9 oder S. 12

Gruppengröße:
6 – 10 Teilnehmer

Inhalt:
Der Baum ist ein Bild des Menschen. Ein selbst gemalter Baum könnte auch ein Bild der Seele sein. Gemalte Bäume auszudeuten, könnte ein Schritt sein, der Frage „Wer bin ich?" ein wenig mehr auf die Spur zu kommen.

Methode:
KatechetIn und TeilnehmerInnen malen zunächst auf Plakatkartons in Größe DIN-A3 „ihren" Baum. Folgende Einführung wäre möglich: „Bäume haben die Menschen seit frühester Zeit angezogen. Menschen finden sich in Bäumen wieder, identifizieren sich mit einem Baum. Redensarten wie: ‚Er steht fest wie eine Eiche!' oder ‚Der hält den stärksten Stürmen stand' greifen dieses Bild auf. Jeder Mensch malt ‚seinen Baum'. Das könnt ihr jetzt auch tun..."

Sind die Bäume gemalt, werden sie (ohne mit Namen versehen zu sein) an die Wand gehängt. Die Gruppe setzt sich im Halbkreis um die Bäume herum. Jetzt geht es darum, die Bäume zu beschreiben. Dabei wird mit einem Baum begonnen.

Wenn es nötig erscheint, kann der Katechet mit Impulsen helfen:

- Wie wirkt der Baum auf euch?
- Sagt etwas zu den Wurzeln! Geben sie Halt, reichen sie tief, sind sie gut ausgebildet, ...?
- Was ist mit dem Stamm? Ist er kräftig, elastisch, kann man ihn hochklettern, hat er Narben, gibt er Halt?
- Und die Äste – sind sie weit verzweigt, drängen sie aus dem Bild heraus, sind sie kräftig?
- Die Früchte: Hat der Baum Früchte?
- Bewohner: Bietet der Baum Bewohnern Platz, ist er einladend?
- Umfeld des Baumes: Wie sieht es aus?

Beim Formulieren der Beobachtungen und Assoziationen werden alle Teilnehmer schnell gewahr, daß man über das Bild des Baumes über die Person des Malers zu sprechen beginnt. Der/die KatechetIn sollte sehr sensibel (!) darauf achten, Positives herauszuarbeiten und die Stärken des Baumes mitzubenennen. Am Schluß der Beobachtungsrunde darf dann der/die TeilnehmerIn, dessen/deren Baum besprochen wurde, sich zu erkennen geben und etwas zu seinem/ihrem Baum sagen.

Der/die GruppenleiterIn kann anschließend folgenden Text vorlesen:

Ein Baum erzählt

„Als ich noch kleiner war, merkte ich nichts. Aber als ich dann heranwuchs und mich selbst betrachtete, fiel mir der Unterschied auf. Ich war klein, knorrig, ein wenig krumm und verwachsen. Die anderen Bäume, die ich sehen konnte, waren dagegen prächtig: machtvolle Buchen mit einer riesigen Krone, hohe schlanke Tannen und Bergahorn, der im Herbst herrlich gelb leuchtete. Ich stehe, müßt ihr wissen, an einer Felswand auf einem schmalen Vorsprung und habe meine Wurzeln in das bißchen Erde und in die Felsritzen gekrallt.

Ich träumte davon, groß und schön zu werden; meine Krone sollte sich im Wind wiegen, der Regen meine Blätter streicheln und die Sonne wieder trocknen. Aber ich blieb klein. Der Wind fegte durch meine Äste, wenn er auf die Felswand zublies, und die Sonne wärmte mich nur bis zum Mittag, bevor sie hinter der Felswand verschwand, um nur die Bäume im Tal und am gegenüberliegenden Berghang zu bescheinen.

Warum mußte ich gerade hier stehen? Aus dem bißchen Erde konnte ich nicht genug Kraft schöpfen, um heranzuwachsen und all meine Schönheit, die doch in mir steckt, zu entfalten. Ich war unzufrieden mit meinem Schicksal. Warum mußte ich so sein und so werden?

Eines Tages an einem schönen Vorfrühlingsmorgen, als die Erde vom Tal bis zu mir herauf duftete, die Singdrosseln ihr Lied begannen und mich die allerersten Sonnenstrahlen küßten, durchrieselte es mich warm und wohlig. Was für eine herrliche Aussicht! So weit wie ich konnte kaum eine anderer Baum ins Tal und in die Ferne sehen. Die Felswand hinter mir beschützt mich vor der eisigen Kälte, die vom Gletscher herunterweht. Von diesem Tag an begann ich nachzudenken, und langsam wurde mir klar: Ich bin, so wie ich bin, etwas Besonderes. Meine Besonderheit ist mein krummer Stamm, sind meine knorrigen Wurzeln, meine kurzen, kräftigen Äste. Ich passe hier an meinen Platz und bin etwas wert. Ich muß nur die Augen aufmachen und mich richtig ansehen. Die anderen Bäume, die Tannen am Hang gegenüber und die Buchen im Tal, haben ihre Schönheit und sind richtig an dem Platz, wo sie stehen. Aber auch ich habe meinen Platz und stehe richtig auf meinem Felsvorsprung. Warum hat es nur so lange gedauert, bis ich das erkannt habe?"

Karl-Heinz Wagner, Ein Baum erzählt; zitiert nach: Willi Hoffsümmer, Kurzgeschichten 3, Grünewald Verlag Mainz [5]1992, S. 108

Als Abschluß der Übung könnte das Lied „Herr, wie ein Baum sei vor Dir mein Leben" gesungen werden. Dazu könnten die Zwischenverse (Jugendbuch S. 9) oder das Gebet (Jugendbuch S. 12) gelesen werden.

Zeit:
60 – 90 Minuten

II.2. Die Wurzeln des Baumes – Woher komme ich? – Was hat mich geprägt?

ZIELSATZ:

Wir überlegen, was uns im individuellen, gesellschaftlichen und religiösen Bereich geprägt hat. Wir werden uns bewußt, daß die Lösung vom Elternhaus ein notwendiger, wenn auch manchmal schmerzhafter Prozeß ist.

1 „Mosaik unserer Seele"

Material:

- Lied: „Beim Blättern in den Bildern meiner Kindheit" von Reinhard Mey (vgl. Jugendbuch S. 14) aus der CD: Reinhard Mey, Mein Apfelbäumchen, INT 896.004
- CD Player
- evtl. ruhige meditative Musik
- Plakatkarton, bunte Stifte, Zeitschriften, gummiertes Buntpapier, Scheren, Kleber, Stifte
- evtl. „Mitte": Tücher, bunte Glassteine, Steine, Kerze, Blume, Blatt mit dem Refrain aus dem Lied von R. Mey

Gruppengröße:
6 – 12 Personen

Inhalt:
Zum Menschen gehören seine Vergangenheit, seine Geschichte. Die Auseinandersetzung mit den Fragen „Woher komme ich?", „Was hat mich geprägt?" gehört elementar zur Identitätsfindung. Deshalb wird in diesem Baustein nach Prägungen der Kindheit gefragt.

Methode:
Die Jugendlichen setzen sich um die „Mitte". Zu Beginn kann das Lied von Reinhard Mey „Beim Blättern in den Bildern meiner Kindheit" gehört werden. Anschließend kann der Frage nachgegangen werden:

- Was ist meine früheste Erinnerung?
- Woran erinnere ich mich besonders gern?

Die Jugendlichen können dann ein „Mosaik ihrer Seele" anfertigen. Der Arbeitsauftrag könnte lauten: „Fertigt eine Collage an, die zeigt, was sich euch aus eurer Kindheit besonders eingeprägt hat!" (evtl. kann ruhige Musik im Hintergrund spielen).

Nach einer längeren Phase der Einzelarbeit treffen sich alle um die „Mitte" herum und stellen ihr „Mosaik" vor (jedoch *nur* wer *will*!)

Am Ende können die Plakate um die „Mitte" gelegt werden und nochmals das Lied: „Beim Blättern in den Bildern meiner Kindheit" gehört werden. Den Abschluß kann das folgende Gebet bilden:

„Gott,
Du kennst das Mosaik meiner Seele,
die Steinchen dunkler Farbe und jene,
welche glänzend und leuchtend von frohen Stunden erzählen.

Gott,
Du kennst das Mosaik meiner Seele,
das – unfertig noch – vor Dir liegt.
Und wenn sich
irgendwann einmal
das letzte Steinchen fügt,
dann lass auch mich
erkennen
den Sinn.
(Irmi Spangenberger)

Zeit:
60 – 90 Minuten

2 Traumreise „Blättern in den Bildern meiner Kindheit"

Material:

- Decken oder Iso-Matten oder:
- Teppich bzw. Teppichfliesen
- Kassettenrecorder
- Meditationsmusik:
  Deuter, Land of Enchantment
  Deuter, Sands of Time
  Hufeisen, Flötenzauber (ausgewählte Stücke)
- Text der Traumreise vgl. S. 139

Gruppengröße:
beliebig

Inhalt
Diese Übung versucht auf meditative Art und Weise, die Jugendlichen an Bilder ihrer Kindheit heranzuführen.

Methode:
Einführende Gedanken zu „Traumreisen" können in II.1,1 nachgelesen werden

Alle TeilnehmerInnen legen sich bequem hin. Musik wird leise eingespielt. Nach ca. 1 – 2 Minuten liest der/die GruppenleiterIn den Meditationstext (vgl. S. 139) vor.

Nach der Traumreise haben die TeilnehmerInnen Gelegenheit, ihre Erfahrungen mitzuteilen. (Evtl. werden mehrere Gesprächsgruppen mit eigenen Gesprächsleitern im Raum gebildet)

Mögliche Impulsfragen:

- Wie ist es euch auf der Reise ergangen?
- Wer möchte uns etwas von seinen Erfahrungen, von manchen Bildern seiner Kindheit mitteilen?

Der/die KatechetIn sollte ganz sensibel darauf achten, ob eine(r) der TeilnehmerInnen durch die Bilder seiner/ihrer Kindheit belastet wurde und er/sie mit unangenehmen Bildern konfrontiert wurde. Gegebenenfalls sollte der/die KatechetIn im Einzelgespräch darauf eingehen.

Zeit:
ca. 30 Minuten

3 „Familien-sprüche"

Material:

- verschiedenfarbige Blätter, auf welchen die unterschiedlichen „Familiensprüche" (vgl. S. 140) notiert sind. (Jeder Spruch muß mehrfach abgeschrieben/kopiert werden.)
- leere Blätter und Stifte

Gruppengröße:
8 – 15 Personen

Inhalt:
Die Phase der Loslösung vom Elternhaus ist begleitet durch eine ambivalente Einstellung der Jugendlichen zu den Eltern: positive wie negative Gefühle bestehen z. T. unreflektiert nebeneinander.

Sinn der kurzen Einstiegsübung „Familiensprüche" ist es, sich dieser Gefühle bewußt zu werden, sie auszusprechen und auf diese Art und Weise eigene Emotionen zu klären.

Methode:
Im Raum liegen auf den Tischen die Blätter mit den unterschiedlichen „Familiensprüchen" verteilt. Die Jugendlichen gehen frei herum, lesen die „Familiensprüche" und wählen *jeweils einen* Spruch aus, der sie „krank macht", und einen, der sie „aufbaut". Jugendliche, die keinen für sie passenden Spruch finden, können einen eigenen auf den unbeschriebenen Blättern notieren. Hat jede(r) seinen/ihren Spruch gefunden, trifft sich die Gruppe in einer Sitzrunde, und jede(r) Jugendliche stellt „seinen/ihren Familienspruch" vor und begründet, warum er/sie diesen Spruch gewählt hat.

Zeit:
ca. 30 Minuten

PS: Dieser Baustein eignet sich auch als Einstieg zu den Bausteinen „Familienhaus" und „Beziehungsstreß in der Hl. Familie".

4 „Das Familienhaus"

Material:
- Jugendbuch S. 16
- Klebstoff
- Plaka-Farben
- Pappkartons
- fester Plakatkarton
- Zeitungen
- Fotos
- Stoffreste
- Stifte
- Scheren
- große Karton
- Tesakrepp
- Zeitschriften
- Kreppapier
- Goldpapier ...

Gruppengröße:
4 – 12 Personen
(jeweils vier Jugendliche entwerfen ein Familienhaus)

Inhalt:
Die ambivalenten Gefühle der Jugendlichen gegenüber Eltern und Familie können hier auf kreative Weise zum Ausdruck gebracht werden. Im Entwerfen und Bauen eines „Familienhauses" mit Karton, Pappe und viel Phantasie soll die Familie mit ihren Vor- und Nachteilen, ihren Chancen und Risiken symbolisch dargestellt werden.

Methode:
Als Einstieg kann die Geschichte „Der Albatros" (Jugendbuch S. 16) vorgelesen und nach dem Verhältnis Eltern-Kind gefragt werden. Dann erhalten die Jugendlichen den Auftrag, ein „Familienhaus" zu entwerfen, bei dem die eine Seite mit den Vorteilen, „den schönen Seiten" einer Familie gestaltet wird. Die andere Seite, die Rückseite des Hauses, soll Nachteile und negative Erfahrungen des Familienlebens zum Ausdruck bringen. Dem Gestaltungswillen der Jugendlichen sind keine Grenzen gesetzt. Fotos, Zeitungsausschnitte, Farben, Kreppapier, Goldpapier, symbolische Gegenstände, Stoffreste etc. können beliebig verwendet werden. Im Anschluß an die „Bauphase" werden die Familienhäuser vorgestellt.

Ein Gespräch mit den Schwerpunkten:
- Wann fühle ich mich wohl in der Familie?
- Welche „Familienträume" habe ich?
- Was kann ich in das „Familienhaus" mit einbringen?

kann sich anschließen.

Zeit:
ca. 2 Stunden

(Idee nach Maria Revermann, in: Materialdienst des VKR-Niedersachsen, Thema: Familie, 2.95.13.)

5 „Beziehungsstress in der Heilgen Familie, Beziehungsstress in meiner Familie"

Material:
- Umdrucke (S. 141)
- Jugendbuch S. 18

Gruppengröße: beliebig

Inhalt:
Der Lösungsprozeß der Jugendlichen von Eltern und Familie verläuft oft konfliktreich. Unterschiedliche Interessen prallen aufeinander, und häufig fehlt die Fähigkeit, angemessen mit den Konflikten umzugehen.

In diesem Baustein wird diese Problematik zur Sprache gebracht und die Frage nach möglichen Konfliktlösungen gestellt. Ein Blick in das Evangelium (Lk 2,41–52) zeigt, daß es durchaus „christlich" ist, mit Konflikten in der Familie zu leben.

Methode:
Als Einstieg kann Baustein 3 „Familiensprüche" gewählt werden. Anschließend betrachten die Jugendlichen in Kleingruppen (ca. 4 Jugendliche) das Bild „Die Heilige Familie" von Simone Martini (1342) (vgl. S. 141) und versuchen, eine Szene zum Bild zu schreiben. Folgende Fragen können den Jugendlichen als Hilfe gegeben werden:
- Wer ist auf dem Bild zu sehen?
- Was drücken Körpersprache und Gesichtsausdruck der Personen aus?
- Was könnte in den Sprechblasen stehen?

Nach einer Phase der Gruppenarbeit stellen die Jugendlichen ihre Version des Konfliktes in der Heiligen Familie vor. Evtl. kann die Frage erörtert werden, wodurch sich diese Jesus-Darstellung von den anderen Darstellungen aus der Kindheit Jesu unterscheidet.

Jetzt kann die Gruppe mit der Bibelstelle Lk 2,41–52 konfrontiert werden (vgl. Jugendbuch S. 18).
Folgende Schwerpunkte für ein Gespräch sind möglich:
- Welcher Konflikt wird geschildert? Wie reagiert Jesus?
- Kennst du ähnliche Konflikte?
- Wie können wir mit Konflikten umgehen, ohne daß es Sieger und Verlierer gibt?

Wenn die Gruppe dies noch möchte, könnte eine „Rollenspiel-Familie" zusammengestellt und ein ausgewählter Familienkonflikt durchgespielt werden. Es könnte aber auch der Ausschnitt aus dem Hirtenbrief von Bischof Josef Homeyer (vgl. Jugendbuch S. 17) gelesen werden. Dazu kann gefragt werden:
- Inwiefern stellt sich in der Phase der Ablösung der Kinder vom Elternhaus auch die Frage nach Vertrauen und Gottvertrauen?

Zeit: 1 – 2 Stunden

6 „Das Auf und Ab meines Lebens – Lebenskurve – Glaubenskurve"

Material:

- Plakatkarton (DIN-A2 oder -A3), für jeden Teilnehmer 1 Exemplar
- verschiedenfarbige Filzstifte unterschiedlicher Stärke
- Klebeband
- evtl. ruhige Musik
- Kassettenrecorder, ...

Gruppengröße:

7 – 10 Personen

Inhalt:

In diesem Baustein werden die Erfahrungen des Lebens reflektiert und mit Erfahrungen des Glaubens in Beziehung gesetzt. Die zentrale Frage ist dabei, wo ich Gott in den Höhen und Tiefen meines Lebens erfahre.

Methode:

Zu Beginn könnte das Lied „Nobody knows the trouble I have seen" gesungen werden.

Jede(r) Jugendliche und der/die KatechetIn erhalten dann einen Plakatkarton, einen dickeren und zwei verschiedenfarbige dünnere Filzstifte.

Dann legt jede(r) TeilnehmerIn mit dem dickeren Stift ein Koordinatenkreuz an (vgl. die Skizze). Die Zeitachse (Horizontale) unterteilt er/sie in Jahresabstände. Dazu legt er/sie eine „Höhen/Tiefen-Skala" (Vertikale) an, die er/sie von +5 bis -5 unterteilt.

+5 bezeichnet Ereignisse und Lebensabschnitte, in denen er/sie sich sehr wohl gefühlt hat, Zeiten, in denen er/sie sehr glücklich war.

-5 bezeichnet Ereignisse und Lebensabschnitte, die er/sie als große Krise erlebt hat. Innerhalb dieses Rahmens sollten die beiden anzufertigenden Kurven verlaufen.

Die Teilnehmer arbeiten jetzt für sich und erstellen ihre Lebens- und Glaubenskurve. Die Lebenskurve soll bedeutende Ereignisse ihres Lebens enthalten. Diese sind von ihnen zu bewerten. Die Glaubenskurve soll ihre Glaubensgeschichte mit ihren Höhen und Tiefen wiedergeben. Jede Kurve wird in einer anderen Farbe gezeichnet, markante Ereignisse können an der Kurve kurz schriftlich erläutert werden.

Im Hintergrund kann leise Meditationsmusik gespielt werden.

Die Teilnehmer können evtl. ihre Kurvenverläufe auch ein Stück in die Zukunft hereinprognostizieren, wenn sie das wollen.

Haben alle Teilnehmer ihre Kurven erstellt, werden die Plakate an der Wand befestigt. Die Gruppe setzt sich im Halbkreis um die Plakate herum. Jede(r) TeilnehmerIn stellt nun seine/ihre Lebens- und Glaubenskurve vor. Den anderen sind Rückfragen, Beobachtungen erlaubt.

Für den/die GruppenleiterIn ist es wichtig, bei der Vorstellung der Kurven darauf zu achten, daß die Jugendlichen in ihren z. T. sehr persönlichen Aussagen geachtet und gestützt werden.

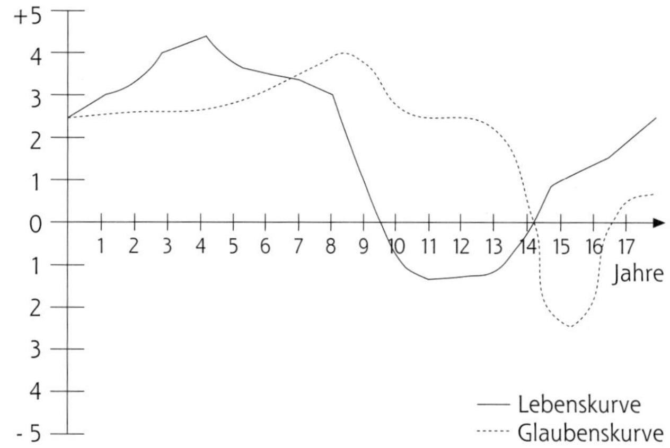

In einem vertiefenden Gespräch kann angemerkt werden, daß die Tiefs in unserem Leben oft auch die Zeiten sind, wo wir besonders intensiv leben und vielleicht auch die Nähe Gottes spüren.

Der/die GruppenleiterIn kann seiner/ihrer Hoffnung Ausdruck geben, daß Gott uns in den schweren Zeiten unseres Lebens nicht allein läßt. – Evtl. kann die folgende Geschichte gelesen werden:

... wo ich dich getragen habe

Eines Nachts hatte ein Mann einen Traum. Er träumte, er würde mit Christus am Strand entlang spazieren. Am Himmel über ihnen erschienen Szenen aus seinem Leben. In jeder Szene bemerkte er zwei Paar Fußabdrücke im Sand, eines gehörte ihm, das andere dem Herrn.

Als die letzte Szene vor ihm erschien, schaute er zurück zu den Fußabdrücken und bemerkte, daß sehr oft auf dem Weg nur *ein* Paar Fußabdrücke im Sand zu sehen war. Er stellte ebenfalls fest, daß dies gerade während der Zeiten war, in denen es ihm am schlechtesten ging.

Dies wunderte ihn natürlich, und er fragte den Herrn: „Herr, du sagtest mir einst, daß ich mich entscheiden sollte, dir nachzufolgen; du würdest jeden Weg mit mir gehen. Aber ich stelle fest, daß während der beschwerlichsten Zeiten meines Lebens nur *ein* Paar Fußabdrücke zu sehen ist. Ich verstehe nicht, warum! Wenn ich dich am meisten brauchte, hast du mich allein gelassen".

Der Herr antwortete: „Mein lieber, lieber Freund, ich mag dich so sehr, daß ich dich niemals verlassen würde. Während der Zeiten, wo es dir am schlechtesten ging, wo du auf Proben gestellt wurdest und gelitten hast – dort wo du nur *ein* Paar Fußabdrücke siehst –, es waren die Zeiten, wo ich dich getragen habe."

Zeit:

60 – 90 Minuten

7 Gemeinsamer Gesprächsabend von Eltern und Jugendlichen „Aus Wurzeln Leben"

Material:
- gestaltete „Mitte" mit einer Baumwurzel
- Lied von Reinhard Mey: „Beim Blättern in den Bildern meiner Kindheit" (vgl. Baustein II. 2,1)
- Lieder
- Umdrucke, (vgl. S. 142) Stifte
- Fotos der Eltern, als sie so alt waren, wie ihr(e) am Firmkurs beteiligte(r) Tochter (Sohn)
- mitgebrachte Puddings

Gruppengröße:
5 – 8 Jugendliche und Eltern

Inhalt:
Das Gespräch *zwischen* den Generationen eröffnet manchmal ungeahnte Perspektiven, gerade wenn es erfahrungsbezogen und persönlichkeitsorientiert geführt wird. In dieser Gesprächsrunde von Jugendlichen und ihren Eltern geht es um die „Wurzeln", die jeder hat und die das Leben mitgeprägt haben.

Methode:
Die Jugendlichen und ihre Eltern setzen sich mit dem(n) Gruppenleiter(n) um die „gestaltete Mitte".

Zum „Anwärmen" können Lieder gesungen werden. Als inhaltlicher Einstieg kann das Lied von Reinhard Mey: „Beim Blättern in den Bildern meiner Kindheit" gewählt werden.
Anschließend erhalten Eltern und Jugendliche je einen Umdruck, den sie für sich bearbeiten (vgl. Anlage). Danach beginnt das Gespräch.

Folgender Gesprächsverlauf ist denkbar:
1. *Die Jugendlichen stellen ihre Eltern vor*, wie diese im Alter von 15 bis 17 Jahren wohl waren. Die Eltern lassen dabei ein Foto von sich herumgehen.
2. Die *Eltern* haben *nach dieser Runde* (aber erst dann!!!) die Möglichkeit, darauf zu *reagieren*. „Wie geht's Ihnen damit"?
3. *Die Eltern blicken selbst zurück*. Was war damals für sie wichtig, was waren aus heutiger Sicht ihre Wurzeln? (Elternhaus, Verwandtschaft, Freunde, ...) Was hat sich aus heutiger Sicht von ihren „Flausen und Zielen" durchgehalten, was hat sich nicht bewährt? Welcher Rat ihrer Eltern war gut, welcher falsch?
4. *Die Jugendlichen* gehen auf die Äußerungen ihrer Eltern ein und versuchen, ihre Wurzeln zu benennen.
5. Die *Eltern* versuchen, ein Bild von ihrer Tochter/ihrem Sohn zu entwerfen, wie sie/er wohl mit 25 Jahren aussieht, sich verhält, was ihm wichtig geworden ist usw. Dabei betonen sie vor allem die „Stärken" und „Möglichkeiten" ihrer Kinder. (Verlängertes *Persönlichkeitsbild in die Zukunft!)*
Die Jugendlichen reagieren.
6. Was ist aus Sicht der Jugendlichen und der Eltern heute unbedingt wichtig?
7. *Frage an die (Eltern)*:
   - Wie wichtig waren Glaube und Kirche damals, was hat sich davon durchgehalten, vertieft, nicht bewährt?
   - Wann spielen Glaube/Kirche im Leben eine Rolle, wann verliert sich dieser Bezug?
8. *Frage an Eltern und Jugendliche* (evtl. als Schlußrunde)
   - Was hat mir in meinem Leben Kraft gegeben?

Im Anschluß an das Gespräch können die mitgebrachten Puddings gemeinsam verzehrt werden.

Anmerkungen:
Dieses Gespräch zwischen den Generationen könnte auf einen Abend gelegt werden, damit möglichst viele Eltern anwesend sein können.
Es ist auch denkbar, an diesem Abend alle Eltern und Jugendlichen des Firmkurses einzuladen. Einstieg und Abschluß wären dann gemeinsam. Die Gesprächsrunden würden in Kleingruppen stattfinden.

Zeit:
1 1/2 – 2 Stunden

II.3. Das Erdreich – Wo ich lebe und leben lasse – Was bedroht mich? Was brauche ich zum Leben?

Zielsatz:

Wir nehmen unser gesellschaftliches und persönliches Umfeld bewußt wahr. Wir stellen uns der Frage, was unsere Existenz bedroht. Wir erzählen davon, was uns Kraft gibt.

1 „Eine Handvoll Erde" (Tanz)

Material:

- eine große Schale gefüllt mit Erde
- Liedtext vgl. Jugendbuch S. 24
- evtl. Musikinstrumente

Gruppengröße:

beliebig

Inhalt:

Das Lied „Eine Handvoll Erde" bringt zum Ausdruck, daß die Erde der Lebensraum des Menschen ist, daß der Mensch seine Umgebung gestalten kann („mit der Erde kannst du bauen", „... pflanzen"), daß der Mensch jedoch den Auftrag hat, die Schöpfung zu bewahren, nicht zu zerstören. Des weiteren wird reflektiert, daß der Mensch sich immer bewußt sein sollte, daß er Geschöpf ist, nicht Schöpfer („Einmal ziehst du wieder aus").

In diesem Baustein sollen diese Gedanken ganzheitlich durch einen selbst gestalteten Tanz nachvollzogen werden.

Methode:

Die Gruppe sitzt um eine große Schale, die mit Erde gefüllt ist. Zunächst kann das Lied gemeinsam gesungen werden.

Im Anschluß werden zu den einzelnen Aussagen gemeinsame Bewegungen erarbeitet.

Folgende Frage wäre möglich:

- Mit welcher Bewegung/Geste könnten wir die erste Aussage *„Mit der Erde kannst du spielen, spielen wie der Wind im Sand"* ausdrücken?

Hat sich die Gruppe auf eine Bewegung geeinigt, wird versucht, die folgende Aussage in Bewegung umzusetzen usw.

Am Ende wird das Lied noch einmal (evtl. noch zweimal) im Zusammenhang gemeinsam getanzt.

Zeit:

$^1/_2$ – 1 Stunde

2 „Landkarte meines Lebens" (Müllcollage)

Material:

- Jede Menge „Hausmüll" wie Käseschachteln, Joghurtbecher, Korken, Eierbehälter aus Pappe etc.; Wollreste, Flicken, Knöpfe, Perlen, Glassteine usw.
- Plakatkarton, für jede(n) TeilnehmerIn einen
- Stifte, Scheren, Kleber, Farben, Pinsel
- evtl. ruhige Musik
- Fladenbrot, Wasserkrug, schwarze und gelbe Tücher, Dornenzweig, Kerze, Trinkbecher oder Gläser

Gruppengröße:

7 – 10 Personen

Inhalt:

Die Jugendlichen leben in vielfältigen Beziehungen. Positive wie negative Erfahrungen, das Gefühl des Getragen-Werdens wie des Bedroht-Seins begleiten ihren Lebensweg.

In diesem Baustein wird das Leben in diesen unterschiedlichen Bezügen in einer „Müllcollage" kreativ zum Ausdruck gebracht.

Methode:

Der/die KatechetIn motiviert die Jugendlichen, mit Pappe, Farbe, Müll und viel Phantasie eine „Landkarte ihres Lebens" zu gestalten. (Falls die Materialien nicht vorhanden sind, kann auch eine „Landkarte des Lebens" gemalt werden)

Die wichtigsten Erfahrungen sollen als Flüsse, Städte, Straßen, Wiesen, Kraftwerke, Kläranlagen usw. umgesetzt werden, wobei den Städten, Flüssen etc. Namen gegeben werden können.

Jede(r) Jugendliche und auch der/die GruppenleiterIn arbeitet nun an seiner/ihrer „Landkarte des Lebens". (Evtl. ruhige Musik im Hintergrund.) Nach einer Phase der Stillarbeit stellt jede(r) seine/ihre „Landkarte" vor. Danach werden die Plakate so in die Mitte gelegt, daß ein Kreis entsteht.

Die vorgestellten „Lebenslandkarten" sollten von den anderen nicht gewertet werden. Nachfragen jedoch vertiefen das Gespräch. Positive wie negative

Erfahrungen kommen zur Sprache, wobei es uns wichtig erscheint, besonders auf die negativen Erfahrungen der Jugendlichen nochmals einzugehen.

Konflikte, Ängste, die Erfahrungen von Einsamkeit werden nicht selten als Bedrohung empfunden. Wenn diese beängstigenden Erfahrungen benannt werden, kann es gut tun, wenn der/die GruppenleiterIn die mutmachende Geschichte von Elija erzählt, der in der Wüste Gott als den erfuhr, der uns Menschen gibt, was wir zum Leben brauchen. Während der/die KatechetIn den Text (s.u.) vorliest, können die Jugendlichen Tücher und Symbole in die „Mitte" legen.

Text:
Ich möchte euch von einem erzählen,
der hatte von allem genug.
Eingesetzt hatte er sich mit Leib und Seele,
aber Erfolg stellte sich nicht ein.
Die anderen waren hinter ihm her.
Er rannte um sein Leben voller Angst und Verzweiflung,
allein,
ohne Freund,
ohne Trost.
(**Legen:** *schwarze Tücher in die „Mitte" legen)*

Was war das für ein Leben?
Nein!
Er wollte nicht mehr.
„Ich hab' genug!
Ich hab' es satt!" rief er da zu Gott.
Des Lebens müde,
lief er in die Wüste,
legte sich unter einen Ginsterstrauch
und schlief.
(**Legen:** *einen Dornenzweig auf die Tücher legen)*

Geweckt wurde er von einem
– war's ein Engel? –,
der stellte ihm hin,
was man zum Leben braucht:
Brot und Wasser.
Aber nehmen und essen
mußte er selbst.
(**Legen:** *Fladenbrot in die „Mitte" legen)*

Wer aber schon einmal ganz tief unten war,
der weiß,
daß man von einem Mal essen und trinken
nicht aufsteht.
So kam er nochmal,
der Engel,
und gab,
was leben läßt:
Brot und Wasser.
(**Legen:** *einen gefüllten Wasserkrug in die Mitte stellen)*

Noch vierzig Tage und Nächte
– ja, auch die Nächte –
mußte der, von dem ich erzähle,
zurück durch die Wüste,
bis er endlich wieder
Sinn sah,
bis er Gott erfuhr,
ganz zaghaft,
im Säuseln des Windes.
(**Legen:** *mit gelben Tücher einen Weg legen, eine Kerze in die „Mitte" stellen und anzünden)*

Elija hieß der Mann,
der durch die Wüste ging
wie du und ich,
und dem Gott Brot und Wasser gab
wie dir und mir.
(Irmi Spangenberger)

Am Ende essen und trinken die Teilnehmer gemeinsam Fladenbrot und Wasser.

Zeit:
2 – 2 1/2 Stunden

3 Film: „Leben in einer Schachtel"

Material:
- Filmgerät
- Film: „Leben in einer Schachtel", 16 mm, Bruno Bozetto, Italien 1967

Gruppengröße:
beliebig

Inhalt:
Im Zeichentrickfilm „Leben in einer Schachtel" von Bruno Bozetto wird die menschliche Existenz satirisch betrachtet. Dabei erscheint das Leben eingeschränkt durch institutionelle Zwänge. Diese Zwänge werden im Verlauf des Lebens immer stärker. Die Zeit des Träumens, Wünschens, echten Erlebens wird immer kürzer. Erst im Tod scheinen die menschlichen Sehnsüchte ein Ziel zu finden.
Anhand des Filmes könnten folgende Fragen angesprochen werden:
- Wo kann ich mich, wo kann ich meine Fähigkeiten entfalten?
- Wo kann ich meine Träume, Sehnsüchte leben?
- Wo werde ich gelebt?
- Welche Rollenerwartungen werden an mich gestellt? Welche Rollen spiele ich gerne? Welche bereiten mir Mühe?
- Welche Funktionen muß ich erfüllen?

Methode:
Nach dem Schauen des Filmes wäre es sinnvoll, die Jugendlichen zunächst ihre Emotionen äußern zu lassen: Wie fühlt ihr euch? Wie hat euch der Film gefallen? Zeigt der Film das Leben, wie es ist?

Dann können die im Film angesprochenen Probleme (Einschränkung bzw. Zerstörung des Lebens durch institutionelle Zwänge; Reduktion des Lebens auf bloßes Funktionieren) diskutiert werden. (Mögl. Fragen: vgl. „Inhalt".)

Der Film sollte nach dem Gespräch möglichst noch einmal gezeigt werden. Er kann auch rückwärts gezeigt werden als „Leben in der Rückschau".

Zeit:
ca. 1 Stunde

4 „Ich habe viele Fragen – frag nur!"

Material:
- ca. 100 Kärtchen in Postkartengröße
- Stifte
- 1 Würfel, je größer, desto besser (Schaumgummiwürfel)
- 1 Kerze

Gruppengröße:
6 – 10 Personen

Inhalt:
Im Fragespiel wird den Jugendlichen die Möglichkeit gegeben, ihre Anfragen in den unterschiedlichen Lebensbereichen (Liebe / Freundschaft / Sexualität; Beziehung zu Eltern und Gleichaltrigen; Religion / Glaube / Kirche; Eine Welt / Umwelt / Frieden) zu formulieren und zu diskutieren.

Methode:
Der/die GruppenleiterIn hat ca.100 Kärtchen vorbereitet. Auf 6 Kärtchen schreibt sie/er Zahlen von 1–6.

Jede Zahl benennt einen Themenbereich, z.B.
1 = Liebe / Freundschaft / Sexualität
2 = Beziehung zu Eltern / Erwachsenen
3 = Religion / Glauben / Kirche
4 = Beziehungen zu Gleichaltrigen / Schule
5 = Eine Welt / Umwelt / Frieden
6 = Was ich schon immer von euch wissen wollte ...

Zu diesen 6 Bereichen hat der/die GruppenleiterIn schon 2 Fragen, die ihm/ihr (auf die Gruppenmitglieder hin) wichtig erschienen, formuliert und auf die entsprechenden Kärtchen geschrieben, z.B.:
- Welche Eigenschaften sollte ein Freund, eine Freundin haben?
- Wenn deine Eltern dir verboten hätten, am Firmkurs teilzunehmen, wärest du dann trotzdem hier?
- Setzt du dich aktiv für die Umwelt ein? Warum / warum nicht?
- Du bist von irgendwas überzeugt. Würdest du offen deinen Standpunkt vertreten, auch wenn alle anderen in der Klasse anderer Meinung sind?
- Dein bester Freund wird von drei anderen verprügelt. Was würdest du tun?
- Müßte man einem Menschen anmerken, daß er an Gott glaubt?

Spielverlauf: Die Jugendlichen bilden einen Sitzkreis. Der/die GruppenleiterIn legt nun der Reihe nach die numerierten und beschriebenen 6 Bereichskarten auf den Boden. Die Jugendlichen haben zunächst die Aufgabe, auf die vorbereiteten leeren Kärtchen Fragen zu den einzelnen Bereichen zu formulieren.

Es sollen Fragen sein, die sie bewegen, worüber sie gerne einmal sprechen würden, wo sie die Meinung der anderen einmal interessiert oder wo sie auf der Suche nach einer Antwort sind.

Zu beachten ist dabei, daß der Fragesteller anonym bleibt. Deswegen verteilen sich die Jugendlichen mit Kärtchen und Stiften versehen im Raum.

Sind die Fragen formuliert, ordnen die Teilnehmer ihre Fragen den 6 Bereichen zu und legen die Kärtchen verdeckt auf den Boden. Einer der Teilnehmer mischt die 6 Stöße.

Einer fängt an. Er nimmt sich den Würfel, würfelt eine Zahl und darf sich nun das oberste Kärtchen des Themenbereichs nehmen, den er gewürfelt hat. Der Jugendliche liest die Frage laut vor und beantwortet sie, so gut er kann. Wenn er seinen Gedanken gesagt hat, kann er die Frage zur allgemeinen Diskussion freigeben. *Erst jetzt* dürfen die Mitspieler sich äußern, auch wenn es ihnen noch so unter den Nägeln gebrannt hat. Ist die Frage beantwortet, kommt der Nächste (der Einfachheit halber der Nachbar) an die Reihe, usw.

Wichtig:

- Für dieses Spiel ist eine gute Gruppenatmosphäre notwendig, da dieses Spiel Offenheit und Diskussionsbereitschaft erfordert.
- Es empfiehlt sich, nicht zu lange einer Frage nachzuhängen, da es sonst schnell zu Ermüdungserscheinungen kommen kann.
- Der/die GruppenleiterIn sollte sich zurückhalten, da sich sonst das Spiel zu sehr auf ihn/sie konzentriert und er/sie das „freie Spiel der Ansichten" unterdrücken könnte.
- Gesprächsleiter für die momentan zu beantwortende Frage ist der Würfler. Er gibt die Frage für die Gruppe frei und beendet auch seine Gesprächsrunde.

Möglich ist als Auswertung ein sogenanntes „Blitzlicht", bei dem jeder Teilnehmer einmal kurz sagt, wie er das Spiel erlebt hat und wie es ihm im Augenblick geht.

Zeit:
1 1/2 – 2 Stunden

5 „Liebe ist ..."

Material:

- Verschiedenfarbige Blätter, auf denen unterschiedliche Definitionen zum Thema „Liebe" stehen (vgl. S. 143)
  (Jeder Spruch muß mehrfach abgeschrieben/kopiert werden)
- leere Blätter
- Stifte

Gruppengröße:
bis 20

Inhalt:
Über kurze Definitionen des Begriffs Liebe erhalten die Jugendlichen einen Zugang zum Themenbereich Freundschaft / Liebe.

Methode:
Im Raum liegen auf den Tischen die Blätter mit den unterschiedlichen Definitionen des Begriffs „Liebe". Die Jugendlichen gehen frei umher, lesen die „Sprüche" und wählen ein oder zwei „Sprüche", die sie besonders ansprechen, aus. Jugendliche, die keine passende Definition finden, können eine eigene auf die unbeschriebenen Blätter notieren. Hat jeder „seinen Spruch" gefunden, trifft sich die Gruppe in einer Sitzrunde, wo jede(r) Jugendliche seine/ihre Wahl vorstellt und begründet.

Zeit:
ca. 30 Minuten

PS: Dieser Baustein eignet sich gut als Einstieg ins Thema „Liebe".

„Thesen zur Partnerschaft"

6

Material:
- Umdrucke (vgl. S. 144)
- Stifte
- Jugendbuch
- evtl. von den Jugendlichen mitgebrachte Liebeslieder oder -gedichte

Gruppengröße:
beliebig

Inhalt:
Ziel dieses Bausteines ist es, über wesentliche Aspekte von Partnerschaft, wie z. B. Freiheit, Geborgenheit, Treue, Toleranz, Gleichberechtigung, Vertrauen, ins Gespräch zu kommen.

Methode:
Als Einstieg kann Baustein 5 gewählt werden. Es können aber auch Texte zum Thema „Liebe" (vgl. Jugendbuch S. 22/23) vorgelesen werden, bzw. die Jugendlichen bringen ihr schönstes „Liebeslied" oder „Liebesgedicht" mit, und diese werden angehört bzw. vorgelesen.

Anschließend werden die Umdrucke zum Thema „Partnerschaft" verteilt. Die Jugendlichen nehmen zunächst eine eigene Standortbestimmung vor (vgl. Arbeitsanweisung auf dem Umdruck).

Im folgenden Auswertungsgespräch stellen die Jugendlichen ihre Auffassung zu den einzelnen Thesenblöcken vor und begründen diese. Hieraus ergibt sich sehr häufig ein lebhaftes Gespräch.

Zeit:
ca. 1 Stunde

„Zettel-Interview zum Thema Liebe/Sexualität"

7

Material:
- Umdrucke (vgl. S. 145)
- Scheren

Gruppengröße:
beliebig

Inhalt:
Mit Hilfe eines Zettel-Interviews können Fragen der Sexualität und Liebe diskutiert werden.

Methode:
Als Einstieg kann Baustein 5 gewählt werden. Jede(r) Jugendliche erhält eine Schere und ein „Zettel-Interview". Das Blatt wird entlang der Linien zerschnitten. Sodann sortiert jede(r) für sich zutreffende (linker Stapel) und unzutreffende Aussagen (rechter Stapel).

Die zutreffenden Aussagen werden eingesammelt (wichtig, um die Anonymität zu wahren!) und vom Gruppenleiter vorgelesen. Im Gespräch kann anschließend nach Begründungen und Konsequenzen gefragt werden.

Zeit:
ca. 1 Stunde

8 „Wir basteln eine Beziehungskiste"

Material:
- Umdrucke (S. 146)
- Stifte, Buntstifte
- Kleber, Scheren
- Streichholzschachteln

Gruppengröße:
7 – 10 Personen

Inhalt:
Was ist wichtig, damit Partnerschaft gelingt? Dieser Frage wird in diesem Baustein auf kreative Art und Weise nachgegangen.

Methode:
Als Einstieg kann Baustein 5 gewählt werden. Die Jugendlichen erhalten das Arbeitsblatt, eine Schere, Klebstoff und Stifte. Zunächst trägt jeder zu jedem Buchstaben einen Aspekt ein, der für eine gelingende Partnerschaft wichtig ist, z.B. V = Vertrauen; O = Offenheit; G = Gefühl; A = Aktivität usw.

Sodann wählt jeder Jugendliche aus diesen „Beziehungsbausteinen" bzw. „Beziehungskisten-Brettern" die acht wichtigsten aus.

Diese wichtigsten „Bretter" werden dann ausgeschnitten, angemalt und auf die Streichholzschachteln geklebt.

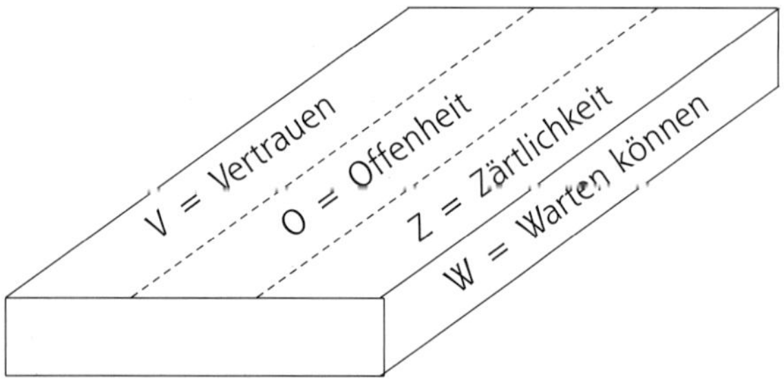

Die „Beziehungskisten" werden in der Runde vorgestellt. Die einzelnen Elemente können nun eingehender besprochen werden. (Weshalb ist dieser Aspekt für eine Partnerschaft wichtig?)

Zum Abschluß können die Jugendlichen noch einen Brief („Liebesbrief") an einen Adressaten ihrer Wahl schreiben, die „Beziehungskiste" mit diesem Brief füllen und „Kiste und Brief" verschenken.

Zeit:
~ 1 Stunde

9 „Wo ich lebe und leben lasse"

Material:
./.

Gruppengröße:
7 – 11 Personen

Inhalt:
Unterschiedliche Problemfelder, die im Lebensumfeld der Jugendlichen zu finden sind, werden aufgegriffen. Als Gesprächspartner werden Betroffene bzw. Sachkundige eingeladen oder aufgesucht.

Mögliche Themen: Besuche bei
- **Aussiedlern:**
  „In der Fremde daheim: im Osten geboren und nun hier in ..."
- **Flüchtlingen/Asylbewerbern:**
  „Mit Fremden leben ..."
  Besuch einer Gruppe jugendlicher Flüchtlinge
- **Umweltorganisationen:**
  „Bedrohte Umwelt – was macht Lebensqualität aus?"
- **Gespräch mit Vertretern des BUND oder Greenpeace**
- **einem Förster:**
  „Mit dem Förster auf Baumpirsch.
  Wie Bäume leben ...!"
- **der Suchtkrankenhilfe:**
  „Wenn die Lust zur Sucht wird ..."

Methode:
Es empfiehlt sich, mit den Jugendlichen vorher Überlegungen zum Gespräch anzustellen und Fragen zu formulieren. Mit dem Gesprächspartner sollte der ungefähre Gesprächsverlauf skizziert werden. Dabei sollten immer Brücken zum Lebenshorizont der Jugendlichen geschlagen werden können.

Ein Punkt des Gespräches sollte auch die Dimension von Glauben und Kirche berühren, z.B.:
- Aussiedler: Wie erleben Aussiedler die Kirche in Deutschland?
- Flüchtlinge/Asylbewerber: Wie erleben sie das Verhalten von Christen und Kirchen ihnen gegenüber?
- Umweltorganisation: Die biblische Aufforderung „Macht euch die Erde untertan!" – Ist dies ein Freibrief zur Ausbeutung der Erde oder eine Aufforderung zur Bewahrung der Schöpfung?
- Förster: Erzählen die Bäume etwas über das Leben der Menschen?
- Suchtkrankenhilfe: Weist die zunehmende Suchtbereitschaft auf eine Sinnkrise in unserer Gesellschaft hin?

Zeit:
1 1/2 - 2 Stunden

II.4. Der Stamm des Baumes – Was trägt mich?

ZIELSATZ:

Wir versuchen zu unterscheiden, was wichtig und was unwichtig in unserem Leben ist.
Wir fragen nach dem, was uns trägt, was unserem Leben Sinn gibt. Wir fragen nach Gott.

1 „Das Leben ausbalancieren" Film: „Balance"

Material:
- Videorecorder
- Film „Balance", Christoph und Wolfgang Lauenstein, BRD 1989, 8 Min., F, Puppentrickfilm, VHS, auszuleihen bei Kreisbildstellen oder anderen Medienstellen
- Text „Haltegriffe" (S. 147)

Gruppengröße:
8 – 10 Personen

Inhalt:
Fünf gleichförmige Gestalten stehen auf einer freischwebenden Plattform, die sie durch ihr Gewicht in der Horizontalen halten. Einseitige Gewichtsverlagerung bedeutet Sturz in den Abgrund. Eine der Gestalten angelt sich eine schwere Truhe. Der Anspruch auf diesen Schatz führt zu Konkurrenz, Kampf und Mord durch Absturz. Einer setzt sich durch, bleibt als einziger übrig und steht, trotz der hergestellten Stabilität des Systems, vor einem unlösbaren Problem: Die Truhe steht in der gegenüberliegenden Ecke, so daß ihn jede seiner Bewegungen das Begehrte oder die eigene Existenz kosten würde.

Der Film erscheint uns deshalb interessant, weil er die soziale Abhängigkeit des Menschen und die fatalen Folgen von Egoismus und Konkurrenzkampf anschaulich zum Ausdruck bringt. Nicht weniger bedenkenswert ist die Tatsache, daß die Plattform, auf der sich die Gestalten bewegen, „frei" schwebt, ohne Halt, im Nichts. Wird hier nicht eine Welt dargestellt ohne Halt, ohne Verankerung, ohne Transzendenzbezug? Und ergeben sich nicht gerade aus dieser fehlenden vertikalen Dimension die labilen Beziehungen in der Horizontalen?

Methode:
Falls ein Kinderspielplatz in der Nähe ist, könnte die Gruppe dort zunächst gemeinsam auf einer Wippe balancieren (jeweils 2–4–5 oder 6 Personen). Auch beim „normalen Wippen" mit 3 und mehr Personen ergibt sich meist das bekannte Spielchen, daß die schwerere Gruppe die leichtere „in der Luft" hängenläßt. In einem Auswertungsgespräch könnten mögliche Fragen sein:
- Wie erging es mir beim Balancieren?
- Was ist das für ein Gefühl, „in der Luft" zu hängen?
- Welches Gefühl haben diejenigen, die „unten" sind und die anderen nicht auf den Boden kommen lassen?
- Wann macht das Wippen Spaß?

Anschließend kann gemeinsam der Film „Balance" gesehen werden. Nach einer Phase, in der alle ihre Empfindungen, Gefühle und Beobachtungen über das Gesehene geäußert haben, kann der/die GruppenleiterIn weiterführende Fragen stellen, z.B.
- Wodurch wird das Miteinander der fünf Gestalten im Gleichgewicht gehalten?
- Wodurch / warum wird dieses Gleichgewicht zerstört?
- Was gibt den Gestalten Halt / Sicherheit?
- Der Film will Gleichnis für unsere Gesellschaft sein. Wo ist in dieser Gesellschaft Gott zu finden?
- Wie würde „die Plattform"/das Leben der Gestalten aussehen, wenn sich die Gestalten in Gott festmachten?

Zur Vertiefung kann der Film nochmals betrachtet werden. Anschließend könnte sich jede(r) die Frage stellen:
- Was gibt mir in meinem Leben Halt?
- Was gibt meinem Leben die Balance?

Zum Abschluß könnte der/die GruppenleiterIn den Text „Haltegriffe" von Gerhard Eberts (S. 147) vorlesen.

Zeit:
1 – 1 ½ Stunden

2 „Der Faden"

Material:
- Geschichte „Der Faden" (vgl. Jugendbuch S. 26)
- für jede(n) TeilnehmerIn ein weißer Papierbogen (DIN-A3)
- Buntstifte, Stifte
- ruhige Musik, Kassettenrecorder
- evtl. Plakatkarton mit Kopien von Lk 12,16–21

Gruppengröße:
8 – 12 Personen

Inhalt:
Viele Dinge strömen auf uns ein. Unterschiedliche Erwartungen, Aufgaben, Eindrücke etc. machen es oft schwer, Unwesentliches von Wesentlichem zu unterscheiden. Die Geschichte vom „Faden" thematisiert dieses Problem.

Die Jugendlichen können im Anschluß an die Geschichte sich selbst die Frage stellen, was in ihrem Leben wichtig, was unwichtig ist, was sie in ihrem Leben trägt.

Methode:
Zunächst wird die Geschichte „Der Faden" vorgelesen (Jugendbuch S. 26). Nach einer kurzen Pause kann sie ein zweites Mal vorgelesen werden. Die Jugendlichen erhalten dann Papier und Stifte. Ihre Aufgabe besteht darin, „ihr Spinnennetz" zu zeichnen. In die entstehenden Felder soll all das eingetragen werden, was den Alltag der Jugendlichen ausmacht: Freizeitaktivitäten, Schule, Freunde, Elternhaus, Hobbys (hier sollten die Eintragungen möglichst konkret sein).

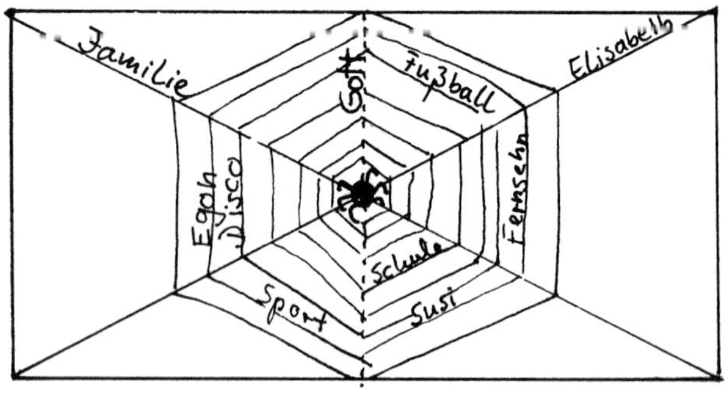

Wie in der Geschichte, so hängt auch unser Alltag an einigen *Fäden, die unverzichtbar* sind. Diese Fäden sollen nach oben gezeichnet und benannt werden. (Das können Eltern, Freunde, ganz wichtige Ziele, Gott sein.)

Für das Malen des „Spinnennetzes" ist es wichtig, daß jede(r) die Möglichkeit hat, ungestört den eigenen Gedanken nachzuhängen. Von daher ist es wichtig, daß jede(r) Raum für sich hat. Meditationsmusik könnte eine gute Hilfe zur Konzentration sein.

Haben alle Jugendlichen ihr „Netz" gemalt, kommt man wieder in der Sitzrunde zusammen. Nun stellt jede(r) sein/ihr Netz und die Fäden, die es tragen, vor.

Der/die GruppenleiterIn sollte hierbei darauf achten, daß jede(r) mit seinen/ihren Eintragungen ernst genommen wird. Dazu ist es sehr wichtig, daß das Gespräch in einer guten Atmosphäre verläuft und daß jede(r) an die Reihe kommt. Es ist natürlich möglich, daß man den/die gerade vortragende(n) TeilnehmerIn zu einzelnen Eintragungen befragt.

Wenn noch Zeit und Interesse vorhanden ist, können Lk 12,16–21 oder die unten angeführte Version von Lk 12,16–21 bedacht werden. Dabei kann gefragt werden, wie wir erkennen, was im Leben wirklich wichtig ist.

Werde ich leben?

Und wenn ich noch mehr Geld besitze,
werde ich es noch gewinnbringender anlegen.
Sie werden noch mehr Zinsen zahlen,
und ich kann noch mehr Geld machen.
Wenn ich dann
Geld Geld Geld Geld Geld Geld
habe,

werde ich leben.

„Aber Gott sprach zu ihm:
Du Narr! Noch in dieser Nacht wird man dein Leben
von dir zurückfordern.
Wem wird dann all das gehören,
was du angehäuft hast?
So geht es jedem,
der nur für sich selbst
Schätze sammelt,
aber vor Gott
nicht reich ist." (Lk 12,20 +21)
(Irmi Spangenberger)

Die Lk-Stelle oder die angeführte Variation können auch auf einen Plakatkarton geklebt werden, und die Jugendlichen können nun einen *„stummen Dialog"* führen, d.h. jede(r) schreibt auf den Plakatkarton seine/ihre Gedanken zur Bibelstelle bzw. seine/ihre Fragen und Antworten zu den Gedanken der anderen auf.

Zeit:
1 – 1½ Stunden

3 „Alle Ringe kreisen um eine Mitte" – Meine Nähe und Distanz zu Gott –

Material:

- Ein DIN-A3-Blatt mit großer Aufschrift: „Gott"
- Klebeband, dicke und dünne Stifte
- für jeden Spielteilnehmer ein aus Papier ausgeschnittener eßtellergroßer Punkt
- für jeden Spielteilnehmer 3 rote und 3 grüne Zettel (DIN-A6)

Gruppengröße: 7 – 20 Personen

Inhalt:

„Ich kreise um Gott, um den uralten Turm,
und ich kreise jahrtausendelang;
und ich weiß noch nicht: bin ich ein Falke, ein Sturm
oder ein großer Gesang."

aus : R.M. Rilke, Ausgewählte Gedichte, Suhrkamp Verlag, Frankfurt/M,1966, S. 14

Rilke spricht in diesem Gedicht von unserem Bemühen, die Mitte in unserem Leben zu finden, uns der Mitte zu nähern. Es gibt Zeiten, in denen wir die Nähe Gottes intensiv spüren. Es gibt aber auch Zeiten, da scheint uns Gott fern.

Ziel dieses Bausteins ist es, spielerisch diesen Gedanken nachzugehen und gleichzeitig zu fragen, was uns von Gott entfernt, was uns ihm näher bringt.

Methode:

Für dieses Spiel braucht man eine größere freie Fläche. An eine Wand befestigt der/die KatechetIn das Schild mit der Aufschrift „Gott". Der/die KatechetIn spielt das Spiel nicht mit, da es wichtig ist, sich ganz auf das Spiel und die Jugendlichen zu konzentrieren.

Jede(r) Jugendliche erhält seinen/ihren eßtellergroßen Punkt. Er/sie schreibt seinen/ihren Namen mit einem dicken Filzstift auf diesen Punkt. Ist wieder Ruhe eingekehrt, erläutert der/die KatechetIn den nächsten Schritt. Jede(r) Jugendliche hat nun die Aufgabe, durch Vor- und Zurückgehen seinen/ihren Ort zu finden, wo er/sie sich in seiner/ihrer Nähe oder Distanz zu Gott einordnet. Dort legt er/sie seinen/ihren Punkt nieder. Im Suchen seines/ihres Ortes können sich die Jugendlichen an ihren Mitspielern orientieren oder auch ganz nach ihrem Gefühl gehen.

Manche Mitspieler tun sich möglicherweise zunächst schwer, sich darauf einzulassen. Der/die KatechetIn sollte sie ermuntern, es einfach einmal zu versuchen. Im Laufe des Spiels können Teilnehmer ihren Punkt durchaus näher an das Schild heran oder auch weiter davon weg legen.

Ist ein Teilnehmer mit diesem Teil der Übung fertig, setzt er sich an den Rand des Raumes und schweigt weiterhin, bis alle anderen ihren Ort gefunden haben.

Nun erhält jede(r) 3 rote Kärtchen und einen Stift. Auf jedes der Kärtchen kann er/sie einen Grund bzw. ein Ereignis notieren, der bzw. das ihn/sie veranlassen würde, seinen/ihren Punkt weiter von dem Schild wegzurücken. Frage: „Was würde dich von Gott weiter entfernen?"

Ist ein(e) TeilnehmerIn mit diesem Teil der Übung fertig, legt er/sie seine/ihre ausgefüllten Kärtchen auf dem Boden an seinen/ihren Punkt an (siehe Skizze). Danach setzt er/sie sich wieder an den Rand und wartet schweigend, bis der/die letzte TeilnehmerIn fertig geworden ist.

Nun erhält jede(r) 3 grüne Kärtchen. Auf jedes der Kärtchen kann er/sie einen Grund bzw. ein Ereignis notieren, der bzw. das ihn/sie veranlassen würde, seinen/ihren Punkt näher an das Schild zu rücken. Frage: „Was würde dich Gott näher bringen?"

Hat er/sie die Übung beendet, legt er/sie seine/ihre ausgefüllten grünen Kärtchen auf den Boden an seinen/ihren Punkt und setzt sich danach schweigend hin.

Sind alle Teilnehmer fertig, fordert sie der/die KatechetIn auf, im Raum schweigend herumzugehen und sich alle Kärtchen in Ruhe durchzulesen.

Im anschließenden Gespräch haben alle Jugendlichen die Möglichkeit, ihre Gefühle und Erfahrungen, die sie während des Spiels hatten, zu äußern.
Mögliche Leitfragen könnten sein:

- Was fiel euch leicht, was schwer?
- Was hat euch bewogen, euren Punkt dorthin zu legen, wo er jetzt liegt?
- Was ging in euch beim Durchlesen der anderen Kärtchen vor?
- Möchtet ihr einigen anderen Teilnehmern noch etwas sagen?

Wichtig ist bei der Reflexion, daß jede(r) Jugendliche zunächst bei sich bleibt und erst in einem zweiten Schritt sich zu den anderen TeilnehmerInnen äußert. Der Katechet sollte auch darauf achten, daß im Laufe des Gesprächs jede(r) zu Wort kommt.

Zeit: ~ 1 ½ Stunden

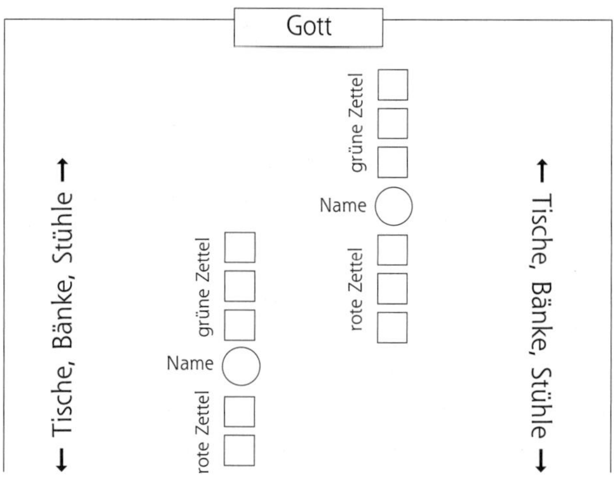

4 „... Auf Adlerflügeln" (Tanz)

Material:
- Taizé-Lied „Meine Hoffnung und meine Freude"
- für die „Mitte": blaue und braune Tücher, Blumen, Kerze, evtl. Bild eines fliegenden Adlers
- Text „Auf Adlerflügeln" (S. 147)
- Art Fotokopiervorlage zum Falten (S. 148)
- Stifte

Gruppengröße:
10 – 20 Personen

Inhalt:
Hoffnung leben heißt, die Spannung aushalten zwischen Bedrohung und Glaube an Rettung, zwischen Dunkelheit und Licht (vgl. Röm 8,22-26). Hoffnung bedeutet: ich kann die Bedrohung aushalten, weil ich glaube, daß mein Weg nicht in den Abgrund führt, sondern in Gottes Liebe endet. Diese Spannung zwischen Bedrohung und Rettung wird in faszinierender Weise in Dtn 32,11 (narrative Version vgl. S. 147) ausgedrückt. Gott will keine „ängstlichen Nesthocker". Er will, daß wir fliegen lernen, auch wenn dies ein Prozeß ist, der uns Angst macht und vor Abgründe führt. Die Geschichte von den Adlern, die ihre Jungen auffangen, wenn sie aus dem Nest fallen, gibt Mut und Zuversicht, daß Gott uns immer wieder auffängt, wenn unsere Flugversuche scheitern.

Das Lied aus Taizé „Meine Hoffnung und meine Freude" (vgl. S. 149) greift den Gedanken des „Getragenwerdens" auf. Die Musik ist ruhig und harmonisch – weit entfernt von Chaos und Abgrund. Sie vermittelt das Gefühl: „Ich bin geborgen, ich bin sicher!"

Das Lied führt den Gedanken der Hoffnung weiter. Es erinnert an Jesus, der geflogen ist wie ein Adler (Jesu Leben), der in die Tiefe gestürzt ist (Jesu Tod), der aber von Gott in seiner großen Liebe aufgefangen wurde (Auferweckung). Wenn wir uns an Jesus erinnern, macht uns das Mut, fliegen lernen zu wollen („Christus meine Zuversicht!").

Methode:
Die Gruppe sitzt um die „Mitte", der/die GruppenleiterIn erzählt die Geschichte „Auf Adlerflügeln" (vgl. S. 147).

Zentrum des sich anschließenden Gespräches kann der Gedanke sein, daß „fliegen lernen" (= erwachsen werden) bedeutet, das Nest zu verlassen, Gefahren ausgesetzt zu sein, dabei aber die Hoffnung zu haben, daß Menschen/Gott uns auffangen/auffängt, wenn unsere „Flugversuche" scheitern.

Mögliche Fragen:
- In welcher Situation sind die jungen Adler?
- Gibt es für den Menschen ähnliche Situationen?
- Was will uns die „Adlergeschichte" sagen?

Nach dem Gespräch können Umdrucke (Fotokopiervorlage vgl. S. O.; DIN-A4-Bogen längs und quer den gestrichelten Linien entlang falten) ausgeteilt werden. Jede(r) Jugendliche kann für sich überlegen, wo er/sie sich bedroht und getragen fühlt.

Die Karten werden nicht ausgewertet! Der Hinweis auf Jesus, der durch sein Leben erzählt hat, daß Gott uns auffängt, wenn wir fallen, leitet über zum Taizé-Lied.

Das Lied „Meine Hoffnung und meine Freude" (vgl. S. 149) kann nun gesungen und anschließend getanzt werden (2x). (Tanzanleitung vgl. S. 149).

Das Treffen kann enden mit dem russischen Segenswunsch:
„Gott schicke den Dieben Läuse,
den Frauen Nerze,
den Kindern Schmetterlinge;
uns allen aber einen Adler,
der uns auf seinen Flügeln
zu ihm trägt."

(Vgl. die Vertonung des Textes durch Siegfried Macht im Jugendbuch, S. 28)

Zeit:
ca. 3/4 – 1 Stunde

„Ich möchte Vertrauen wagen" (Vertrauensspiele)

Material:

- evtl. Tücher, um die Augen zuzudecken

Gruppengröße:

10 – 20 Personen

Inhalt:

In den Vertrauensspielen können die Jugendlichen ganzheitlich erfahren, was es heißt, „getragen, aufgefangen, geführt" zu werden.

Die Spiele vermitteln außerdem das Gefühl der Geborgenheit innerhalb einer Gruppe und fördern das Zusammengehörigkeitsgefühl.

Methode:

1. *Das menschliche Fließband*

„Je zwei Spieler stehen sich gegenüber und fassen sich über Kreuz an den ausgestreckten Händen. Ein Mitspieler legt sich am Anfang der Kette auf die ersten Händepaare und wird durch harmonische Auf- und Ab-Bewegungen nach hinten durchgereicht. Am Ende der Kette wird er vorsichtig abgelassen. Die Wirkung ist noch größer, wenn dieser Spieler ganz entspannt ist und seine Augen schließt.

Man sollte allen Teilnehmern die Möglichkeit geben, sich durchreichen zu lassen."

(aus: Hans Georg Lang, Soziale Spiele, Ein Weg zur Friedenserziehung, Katzmann Verlag, Tübingen, 1984, S. 40).

2. *Rückwärtsfallen und Auffangen*

„A. Wir gehen paarweise zusammen: die Partner sollten etwa gleich groß und gleich stark sein. Sie stellen sich im Abstand von etwa einem Meter hintereinander auf. Dann läßt sich der vordere Spieler nach hinten fallen, und der hintere fängt ihn auf. Der vordere Spieler muß dabei völlig entspannt bleiben. Der Abstand zum „Fänger" kann innerhalb des Sicherheitsbereichs variiert werden. Nach einigen Versuchen Positionswechsel.

B. Wir gehen nun zu dritt zusammen. Der Spieler in der Mitte läßt sich nach vorn und nach hinten fallen. Für ihn kommt es darauf an, immer lang ausgestreckt zu bleiben. Ebenfalls Positionswechsel.

C. Eine Gruppe von sechs bis sieben Spielern steht in einem engen Kreis, ein Spieler in der Mitte. Dieser kann sich nun außer nach vorn und hinten auch nach allen Seiten fallen lassen und wird von dort wieder in die Mitte zurückgebracht. Es ist wichtig, daß dieser Spieler entspannt ist und seine Augen geschlossen hat. Mit den Füßen sollte er in der Mitte des Kreises fest stehenbleiben."

(aus: Hans Georg Lang, a.a.O, S. 41)

3. *Der Körper-Aufzug*

„Der Spielleiter erklärt: Wir teilen uns in kleinere Gruppen mit etwa je sieben Personen. Jede Gruppe bestimmt einen Spieler, der von den anderen in eine Position über Kopfhöhe gehoben wird. Er wird dort eine bestimmte Zeitlang gehalten und dann ganz langsam wieder auf den Boden abgelassen. Dieser Spieler sollte völlig entspannt sein und die Augen geschlossen haben."

(aus: Hans Georg Lang, a.a.O., S. 41 u. 42)

4. *Blindschleiche*

„Die Mitspieler gehen in einer Schlangenformation hintereinander her, indem jeder seine Hände auf die Schultern seines Vor-Gängers legt. Nur der „Kopf" der Schlange kann sehen. Die anderen sind durch Kapuzen oder Augenbinden daran gehindert. Der Kopf der Schlange ist es auch, der den „Leib" zu führen hat, auch über Hindernisse hinweg. Er übernimmt damit die Verantwortung für die Gruppe."

(aus: Basset, Klaus, Spielen und spielen lernen, Das Spielebuch der Stuttgarter Jugendhäuser, Katzmann Verlag, Tübingen 1985, S. 28)

5. *Blinde führen*

„Ein „Blinder" wird von einem Sehenden auf verschiedene Weise geführt – Hand in Hand, mit der Hand am Rücken, auf dem Scheitel, auf der Schulter. Oder sie sind aneinandergefesselt – mit einer Binde um den linken Arm des einen und den rechten des anderen, mit zusammengebundenen Beinen. Oder sie verständigen sich mit Hilfe von Stäben, die sie tragen. Um nur ein paar Beispiele zu nennen, die sich beliebig und phantasievoll ergänzen lassen. Es geht gemeinsam durch einen Raum, durch ein Haus, durch die Umgebung. Zusammenstöße mit Gegenständen oder Personen müssen vermieden, Hindernisse gemeinsam überwunden werden. Dies alles geschieht schweigend, damit jeder seiner Aufgabe, seiner Situation ganz hingegeben sein kann. Während der Führende seine Verantwortung für den Gefährten, der auf ihn angewiesen ist, umsichtig wahrnimmt, wird dieser versuchen müssen, Unsicherheit und Verkrampfung gegen das Wohlgefühl wachsenden Vertrauens und entspannten Sichgehenlassens einzutauschen."

(aus: Basset Klaus, a.a.O, S. 29 u. 30)

Zeit:

- unterschiedlich je nach Gruppengröße und Spielart.
- Zeitdauer liegt auch im Ermessen des Spielleiters.

6 „Bilder von Gott"

Material:
- Geschichte „Die Blinden und der Elefant" (vgl. S. 150)
- meditative Musik, Kassettenrecorder
- ca. 50 Kärtchen pro Person, auf denen verschiedene Gottesbegriffe stehen, vgl. S. 150, ca. 3 leere Kärtchen pro Person
- Stifte
- Korb

Gruppengröße:
8 – 12 Personen

Inhalt:
„Deus semper maior" (Gott ist immer größer). Menschliches Denken ist auf Bilder und Begriffe angewiesen, doch Gott ist immer größer als diese. Diese Einsicht wird in der Geschichte von den Blinden und dem Elefanten (vgl. S. 150) anschaulich vor Augen geführt.

Die Jugendlichen stehen lebensgeschichtlich an einem Punkt, an welchem sie übernommene Gottesbilder in Frage stellen und loslassen. Sie versuchen, neue Wege in ihrer Beziehung zu Gott zu gehen und eigene Gottesvorstellungen zu formulieren.

Das Spiel von Heribert Scherer (entnommen aus: H. Rimmele, C. Straub, Zwischen 18 und 30, Freiburg, 1993, S. 80 – 84) gibt den Jugendlichen die Möglichkeit, sich der Vielzahl der Gottesbilder bewußt zu werden und die für sie wichtigsten zu suchen.

Methode:
Zunächst kann der/die GruppenleiterIn die Geschichte von den Blinden und dem Elefanten (vgl. S. 150) erzählen oder vorlesen und Parallelen zu den Versuchen menschlicher Gotteserkenntnis ziehen.
Anschließend bekommt
1. jede(r) TeilnehmerIn ein Päckchen mit 50 Kärtchen. „Drei davon sind leer. Darauf kann jede(r) drei Begriffe von Gott schreiben, die ihm/ihr ganz besonders wichtig sind.
2. Die TeilnehmerInnen bewegen sich im Raum. Der Spielleiter oder die Spielleiterin beginnt, eine Rahmengeschichte zu erzählen vom „Unterwegssein, auf der Reise sein" ...
   z.B. „Ihr wandert allein durch die Welt, es geht einen steilen Berg hinauf. In eurem Rucksack sind 50 Gottesbegriffe. Das ist viel zu schwer. Laßt die Hälfte zurück ... Welche sind wichtig? Welche braucht ihr nicht?"
   Die TeilnehmerInnen haben ca. 5 – 10 Minuten Zeit, sich zu entscheiden. Die ausgesonderten Kärtchen legen sie in einen Korb.
3. Dann geht die Reise weiter ... Alle gehen im Raum umher ... evtl. eine kurze Zeit mit Musik zur Entspannung.
   „Ihr trefft jetzt auf eurer Reise eine Person (oder zwei Personen – je nach Größe der Gruppe). Mit einem Boot wollt ihr einen Fluß zusammen überqueren. Aus Platzgründen ist es notwendig, daß ihr euch gemeinsam auf 20 Begriffe einigt und den Rest zurücklaßt. Versucht, eure Vorschläge zu begründen und gegenseitig zu hinterfragen." Zeit: 10 Minuten.
4. Die Reise geht weiter...
   „Zwei Boote treffen sich auf dem Fluß. Eines ist leck. Um gemeinsam im anderen weiterfahren zu können, müßt ihr weitere Begriffe über Bord werfen. Einigt euch gemeinsam auf die 15 wichtigsten Begriffe." Zeit: 15 Minuten.
5. Die Reise geht weiter ...
   Ein paar Takte Musik zur Entspannung ...
   „Ihr findet eine kleine Insel im reißenden Fluß. Damit alle Platz haben, laßt weitere Begriffe zurück: Einigt euch auf die 10 wichtigsten." Zeit: ca. 15 Minuten.
   ... usw. bis alle TeilnehmerInnen zusammen sind und sich für möglichst wenige Begriffe entschieden haben (z.B. 5). Wichtig: Jede(r) TeilnehmerIn hat ein Vetorecht für *einen* Begriff. So soll verhindert werden, daß jemandes Gottesbegriff total wegdiskutiert wird.
   Natürlich sind Zeitbegrenzungen bei einem solchen Gespräch immer problematisch, aber trotzdem wichtig.
6. Nach einer Pause ist eine Reflexion in der Gesamtgruppe wichtig: Was haben die einzelnen erlebt? Was ist ihnen aufgefallen? Wie leicht/schwer fielen die Entscheidungen, die Begründungen?

(aus: Helena Rimmele/Christa Straub, Zwischen 18 und 30, Verlag Herder Freiburg 4. Auflage 1997, S. 80 - 81)

Zeit:
ca. 1 ½ Stunden

7 „Ich frage nach dem Sinn." (Schreibwerkstatt)

Material:

- Brief (S. 151) fotokopiert für jede(n) TeilnehmerIn
- Papier
- Stifte
- evtl. ruhige Musik, Kassettenrecorder

Gruppengröße:
10 – 18 Personen

Inhalt:
Die Fragen nach dem Sinn stößt bei vielen Jugendlichen auf ein existentielles Interesse. Die Jugendlichen leben in einer Situation der Loslösung vom Elternhaus, verbunden mit der Infragestellung übernommener Weltanschauungen und Wertvorstellungen und der Suche nach neuen Lebensmustern. In dieser Situation des Umbruchs stellt sich die Fragen nach dem Sinn.

In diesem Baustein werden die Jugendlichen zunächst motiviert, den eigenen Standpunkt zu formulieren.

Im Gespräch können dann persönliche Beziehungen, soziale Aufgaben und die Bejahung des einzelnen von Gott her als mögliche Aspekte von Sinnerfahrung angesprochen werden.

Methode:
Der/die GruppenleiterIn liest zunächst den „Brief einer 17jährigen" (vgl. S. 151) vor und bittet dann die Jugendlichen, ihre eigenen Theorien über den Sinn des Lebens aufzuschreiben. Den Jugendlichen sollte nun viel Zeit gegeben werden. (Um eine konzentrierte, ruhige Atmosphäre zu schaffen, kann leise Hintergrundmusik gespielt werden.)

Nach der Einzelarbeit werden die unterschiedlichen Sinnentwürfe vorgelesen und im Gespräch nochmals Möglichkeiten von Sinnerfahrung benannt.
Mögliche Fragen:

- In welchen Erfahrungen scheint Sinn auf?
- Worin wurde der Sinn des Lebens entdeckt?
- Was steht einer Erfahrung von Sinn im Wege?

Von den Jugendlichen werden oft Liebe, Freunde, gesellschaftlicher Erfolg und Anerkennung als Erfahrungsfelder von Sinn genannt.

Die Annahme durch Gott als Grund von Sinnerfahrung scheint vielen Jugendlichen schwerer zugänglich.

Um den Jugendlichen von diesem Weg zu erzählen, könnte (nochmals) auf den „Brief eines Studenten" (Jugendbuch S. 11) eingegangen werden.
Frage:

- Wonach sehnt sich der Student?

Das Gedicht von Kurt Marti könnte den Jugendlichen die Erfahrung näherbringen: „Ich bin unendlich viel wert, mein Leben ist wertvoll und sinnvoll, weil Gott ja zu mir gesagt hat!"

ich wurde nicht gefragt bei meiner zeugung und die mich zeugten wurden auch nicht gefragt bei ihrer zeugung niemand wurde gefragt außer dem Einen und der sagte ja	ich wurde nicht gefragt bei meiner geburt und die mich gebar wurde auch nicht gefragt bei ihrer geburt niemand wurde gefragt außer dem Einen und der sagte ja

Kurt Marti: geduld und revolte. die gedichte am rand. © Radius Verlag, Stuttgart 1994

PS: Die Jugendlichen können ihre Sinnentwürfe, schön geschrieben, graphisch gestaltet, fotokopieren und binden, so daß jede(r) ein „Sinnbuch" erhält.

Zeit:
ca. 2 Stunden

II.5. DIE ÄSTE DES BAUMES – WONACH SEHNE ICH MICH? WONACH STRECKE ICH MICH AUS?

ZIELSATZ:
Wir fragen, was wir von unserer Zukunft erwarten und erhoffen, wonach wir uns sehnen, wonach wir uns ausstrecken.

„Und hätte ich drei Wünsche frei ..."

Material:
- Märchen „Die drei Wünsche" (S. 154)
- alter Hut (wenn möglich Zylinder)
- für jede(n) TeilnehmerIn 3 Zettelchen
- Stifte
- evtl. Geschichte „Jesus im Verbrauchermarkt" (S. 152 f.)
- Plakatkarton
- evtl. Zeitschriften mit Werbeanzeigen
- evtl. Gedicht „Mein Einkaufsnetz muß Löcher haben" (S. 153)

Gruppengröße:
bis 20 Personen

Inhalt:
Die Vorstellung, im Leben Wünsche frei zu haben, ist sehr alt. Viele Märchen erzählen davon, und sicher haben schon viele Jugendliche den Traum von der Erfüllung eigener Wünsche geträumt.

In diesem Baustein werden Wünsche, Träume und Hoffnungen bewußt wahrgenommen. Es wird gefragt, wodurch unsere Wünsche und Hoffnungen beeinflußt werden. Es wird aber auch gefragt, ob wir alle Wünsche und Träume aus eigener Kraft realisieren können. Sind alle Wünsche erfüllbar? Käuflich?

Gibt es Dinge im Leben, die Geschenk sind?

Methode:
Der/die GruppenleiterIn liest das Märchen „Die drei Wünsche" vor (oder erzählt es). Anschließend „verwandelt" sich der/die GruppenleiterIn in eine „Fee", die den Jugendlichen drei Wünsche gewährt. Dazu hat der/die GruppenleiterIn einen „Zauberhut" (=einen alten Zylinder) mitgebracht, in dem leere „Wünschezettel" liegen. Jede(r) darf nun drei leere „Wünschezettel" ziehen. Jede(r) schreibt (in *Druckschrift*, um die Anonymität zu wahren) auf jeden Zettel einen Wunsch und legt die „Wünschezettel" nun wieder in den Zauberhut zurück. Die „Fee" mischt die Zettel.

Nun ziehen die Jugendlichen jede(r) jeweils drei Zettel und lesen die Wünsche vor (durch diese Methode bleibt die Anonymität erhalten).
Der/die GruppleiterIn notiert die Wünsche auf Plakatkarton. Folgende Fragen könnten das Auswertungsgespräch bestimmen:
- Gibt es gemeinsame Wünsche?
- Zeigen sich Unterschiede, wenn ihr eure Wünsche betrachtet?
- Wie sind die genannten Wünsche zu verwirklichen? (Frage nach der Käuflichkeit).
- Wodurch werden unsere Wünsche beeinflußt?
- Gibt es im Leben Dinge, die wir nur geschenkt bekommen können?

Die Geschichte „Jesus im Verbrauchermarkt" (S. 152 f.) könnte nun gelesen werden. Anschließend könnte gefragt werden:
- Welche Wünsche werden in der Konsumgesellschaft aufgegriffen, wie wird mit ihnen umgegangen?
- Wie wirkt Jesus im „Verbrauchermarkt"?
- Welche Kritik übt Jesus am Umgang mit den Wünschen in der Konsumgesellschaft?

Zum Abschluß könnten die Jugendlichen in Kleingruppen die Geschichte „Jesus im Verbrauchermarkt" zu Ende schreiben. Anstelle der Geschichte „Jesus im Verbrauchermarkt" könnten auch Reklamebilder aus Zeitschriften analysiert werden (Welche Wünsche werden ins Bild gesetzt?) und der Text „Mein Einkaufsnetz muß Löcher haben" (S. 153) vorgelesen werden. Auch hier würde sich die Frage anschließen:
- Welche Wünsche werden in der Konsumgesellschaft aufgegriffen, wie wird mit ihnen umgegangen?

Zeit:
1 – 1 ½ Stunden

2 „... und pflanze meine Träume ein" (Tanz zum Lied: „Ich habe mir ein Floss gebaut.")

Material:

- Texte des Liedes (vgl. Jugendbuch S. 33)
- evtl. Musikinstrumente
- evtl. Lied: „Ich habe mir ein Floß gebaut" in der Version auf der MC „Das Leben tanzen" grün von der Musikgruppe Taktwechsel
  Vertrieb: Josef Wilhelm, Straßburger Ring 123, 97084 Würzburg
- evtl. Kassettenrecorder
- für die „Mitte": grüne Tücher, Blumen, Kerzen, Pflanzschale, Weizenkörner
- evtl. meditative Musik
- Tanzanleitung (S. 155)

Gruppengröße:
bis 21 Personen

Inhalt:
Das Lied „Ich habe mir ein Floß gebaut" greift die Sehnsucht der Jugendlichen auf, ihren Träumen nachzugehen. Gleichzeitig wird deutlich, daß Träume auf die Wirklichkeit treffen („der Alltag holt mich ein"; „... und treff auf große Wellen";) und dadurch oft in Frage gestellt werden („ich kehre mit den Fluten um und strande.") Die letzte Strophe ermutigt, Träume zu realisieren, um zu leben („ich pflanze meine Träume ein und lebe.")

Im Singen und Tanzen des Liedes können diese Gedanken ganzheitlich nachvollzogen werden.

Methode:
Die TeilnehmerInnen und der/die GruppenleiterIn setzen sich zunächst um eine gestaltete „Mitte":

Der/die GruppenleiterIn liest nun die Geschichte „Wir verkaufen nur den Samen" vor:

Wir verkaufen nur den Samen
Ein junger Mann betrat im Traum einen Laden. Hinter der Theke stand ein Engel. Hastig fragt er ihn: „Was verkaufen Sie, mein Herr?" Der Engel antwortete freundlich: „Alles, was Sie wollen." Der junge Mann begann aufzuzählen: „Dann hätte ich gern das Ende aller Kriege in der Welt, bessere Bedingungen für die Randgruppen der Gesellschaft, Beseitigung der Elendsviertel in Lateinamerika, Arbeit für die Arbeitslosen, mehr Gemeinschaft und Liebe in der Kirche und ... und ..."

Nun ermutigt der/die GruppenleiterIn die Jugendlichen, ihren Träumen nachzugehen (meditative Musik kann eine ruhige Atmosphäre schaffen).

Nach einiger Zeit liest der/die GruppenleiterIn die Geschichte nochmals vor – diesmal auch das Ende.

Wir verkaufen nur den Samen
Ein junger Mann betrat im Traum einen Laden. Hinter der Theke stand ein Engel. Hastig fragt er ihn: „Was verkaufen Sie, mein Herr?" Der Engel antwortete freundlich: „Alles, was Sie wollen." Der junge Mann begann aufzuzählen: „Dann hätte ich gern das Ende aller Kriege in der Welt, bessere Bedingungen für die Randgruppen der Gesellschaft, Beseitigung der Elendsviertel in Lateinamerika, Arbeit für die Arbeitslosen, mehr Gemeinschaft und Liebe in der Kirche und ... und ..."
Da fiel ihm der Engel ins Wort: „Entschuldigen Sie, junger Mann, Sie haben mich falsch verstanden. Wir verkaufen keine Früchte, wir verkaufen nur den Samen."
Quelle unbekannt

Jetzt werden die Jugendlichen aufgefordert, in Gedanken den Traum auszuwählen, den sie „einpflanzen" wollen, für dessen Realisierung sie sich einsetzen wollen. Die Jugendlichen nehmen nun Weizenkörner und pflanzen sie in die Pflanzschale in der Mitte.

Nachdem Liedtexte verteilt wurden, kann das Lied „Ich habe mir ein Floß gebaut" eingeübt werden. Anschließend kann das Lied singend oder nach Musik (vgl. „Material") getanzt werden.
(Tanzanleitung von Gertrud Prem vgl. S. 155)

Zeit:
ca. 1 – 1 1/2 Stunden

3 „Magier des 21. Jahrhunderts"

Material:
- Umdrucke „Magier des 21. Jahrhunderts" (S. 156 f.)
- Arbeitsblätter
- Stifte

Gruppengröße:
9 – 30 Personen

Inhalt:
Die Jugendlichen haben bestimmte Wünsche und Hoffnungen an die Zukunft. Was ist wichtig in ihrem Leben, worauf kommt es an, welche Gaben und Fähigkeiten gilt es zu entwickeln? Diese Wünsche werden in diesem Spiel personifiziert durch „Magier des 21. Jahrhunderts", von denen eine begrenzte Anzahl ausgewählt werden darf. Das Spiel will den Jugendlichen helfen, wichtige Lebensziele für sich zu formulieren und in der Gruppe auszutauschen.

Methode:
1. Zunächst bearbeiten die Jugendlichen in *Einzelarbeit* den Umdruck „Magier des 21. Jahrhunderts" und das Arbeitsblatt und wählen jeweils die 5 Magier, die sie am meisten und am wenigsten schätzen, aus. Sie versuchen, in wenigen Sätzen ihre Wahl zu begründen. Dafür haben sie 20 Minuten Zeit.
2. Anschließend bilden die Jugendlichen *Dreiergruppen* und tauschen sich über ihre Wahl aus. Dabei bedenken sie zunächst die Wahl der einzelnen. Erst dann suchen sie nach Gemeinsamkeiten bzw. Unterschieden in der Wahl ihrer Magier. (Vgl. die Fragestellungen für die Gruppenarbeit auf dem Arbeitsblatt.) 20 Minuten stehen für die Gruppenarbeit zur Verfügung.
3. In *Einzelarbeit* konzentrieren sich die Jugendlichen auf den Magier, der in ihrer Wahl die größte Wertschätzung erfahren hat, unter der Fragestellung: Was kannst du selbst tun, um etwas von dem zu erreichen, was der Magier für dich tun könnte? 15 Minuten stehen dafür zur Verfügung
4. Im *Plenum* kann nun das Spiel unter folgenden Fragestellungen ausgewertet werden:
   - Wie hat euch das Experiment gefallen?
   - Wann wart ihr am stärksten engagiert?
   - Worüber denkt ihr noch nach?
   - Was ist noch zu sagen?

(nach. Ulrich Schabel (Hg.), Das hätt' ich nicht gedacht, Freiburg 1994, S. 91–95. Hier in Anlehnung an: Klaus W. Vopel: Magier des 20. Jahrhunderts. In: ders.: Interaktionsspiele für Jugendliche, Teil 4 (Lebendiges Lernen und Lehren, Bd. 23). Übung Nr. 16. Salzhausen, iskopress. 6. Auflage 1997, 40–44.

Zeit:
1 1/4 – 1 1/2 Stunden

4 „Der Traumbaum ..."

Material:
- Decken oder Iso-Matten (von den Teilnehmern mitgebracht)
- oder: Teppich bzw. Teppichfliesen
- Kassettenrecorder
- Meditationsmusik
- Text der Traumreise (vgl. S. 158)

Gruppengröße:
beliebig

Inhalt:
Diese Traumreise versucht auf meditative Art und Weise, die Jugendlichen mit ihren Wünschen, Sehnsüchten und Hoffnungen zu konfrontieren.

Methode:
Eine Einführung in die Methode der Traumreisen kann auf S. 32 nachgelesen werden.

Alle TeilnehmerInnen legen sich bequem hin. Musik wird leise eingespielt. Nach ca. 1–2 Minuten liest der/die GruppenleiterIn langsam den Text der Traumreise (vgl. S. 158) vor.

Nach der Traumreise haben die TeilnehmerInnen die Möglichkeit, ihre Erfahrungen mitzuteilen.

Mögliche Impulsfragen:
- Wie ist es euch auf der „Reise" ergangen?
- Welchen Wunsch habt ihr vom Traumbaum mitgenommen?

Zeit:
ca. 30 Minuten

5 „An die Wand gekritzelt" – Graffiti erzählen von unseren Träumen –

Material:
- Kameras (evtl. Polaroid zum Sofortentwickeln der Bilder)
- Stifte und Blätter
- evtl. Plakatkarton u. Klebstoff (wenn mit den Fotos und den gesammelten Graffiti eine Ausstellung gestaltet werden soll)
- Text „Mit wachen Augen durch das Land" (vgl. S. 159)

Gruppengröße:
10 – 20 Personen

Inhalt:
Graffiti an Hausmauern, in Toiletten und auf Schulbänken erzählen etwas über die Wirklichkeit, aber auch über die Sehnsüchte, Träume, Ängste und Verdrängungen der Schreiber.

Ziel des Bausteins ist es, Graffiti der Umgebung aufzuspüren und nach den Sehnsüchten und Wünschen zu fragen, die sich hinter ihnen verbergen. Aber auch die Kritik an der Realität, die in Graffiti angesprochen wird, soll thematisiert werden.

Methode:
Zu Beginn kann die Grafik (Jugendbuch S. 22) angesehen und gefragt werden, was hinter dem Spruch „Guckt euch in die Augen, nicht in die Glotze" steckt.

Die Jugendlichen erhalten dann den Auftrag, in ihrer Umgebung (Schule, Büro, Arbeitsplatz, Kneipe, Jugendtreff ...) Graffiti aufzuspüren. Besonders schöne Graffiti können dabei fotografiert werden.

In der Sammelphase sollte keine Zensur ausgeübt werden (auch wenn einige geschmacklose Graffiti gefunden werden).

Die Gruppe trifft sich dann und wertet die Graffiti aus (z.B. Systematisieren der Graffiti nach Bereichen wie Schule/Lehrer; Beruf; Freundschaft; Sexualität; Umwelt; Politik u.a.)

In einem weiteren Schritt kann zu den einzelnen Bereichen gefragt werden:
- Welche Sehnsucht, welcher Wunsch steckt hinter dem Graffiti?
- Welche Kritik wird geübt? (Auch hinter einer Kritik steckt ein Wunsch!)
- Warum werden Wünsche und Kritik nicht offen geäußert? Warum werden Graffiti heimlich an die Wand gekritzelt?
- Sind unter den Graffiti religiöse Symbole oder Anspielungen? Wie werden sie verwendet? Welche Rückschlüsse lassen sie zu?
- Welche diskriminierenden, „rassistischen" Schmierereien wurden gefunden? Wie gehen wir damit um? Haben „Wünsche" Grenzen?
  Hier kann der Artikel „Mit wachen Augen durch das Land" (vgl. S. 159) vielleicht Anstoß zum Gespräch oder auch zu einer gemeinsamen Aktion der Jugendlichen sein.

Am Ende des Gespräches könnte das Lied: „Wenn einer alleine träumt" gesungen werden.

Es könnte darauf hingewiesen werden, daß Träume dann eine Chance haben, verwirklicht zu werden, wenn sie (in einer Gruppe) geäußert werden und gemeinsam Schritte zur Realisierung überlegt und gegangen werden.

Wenn noch Zeit, Kraft und Lust vorhanden sind, können die Jugendlichen mit den Fotos von gelungenen Graffiti eine kleine Ausstellung zusammenstellen.

Zeit:
1 ½ Stunden, hinzu kommt Zeit für das Aufspüren und Fotografieren der Graffiti

6 Ein gemeinsamer Abend mit den Eltern: „Eure Gegenwart war unsere Zukunft"

Material:

- gestaltete „Mitte": Kerzen, Ast, Sterne, Steine
- Lied „Ich habe mir ein Floß gebaut" (Jugendbuch S. 33)
- Umdrucke, Stifte
- Fotos der Eltern, als sie so alt waren wie ihr am Firmkurs beteiligte(r) Tochter/Sohn
- Geschichte vom Seepferdchen (Jugendbuch S. 6)
- evtl. von den Eltern mitgebrachte Puddings, wenn das Gespräch an einem Abend stattfindet

Gruppengröße:

5 – 8 Jugendliche und ihre Eltern

Inhalt:

Das Gespräch *zwischen* den Generationen eröffnet manchmal ungeahnte Perspektiven, gerade wenn es erfahrungsbezogen und persönlichkeitsorientiert geführt wird. In dieser Gesprächsrunde von Jugendlichen und ihren Eltern geht es um Erwartungen, Hoffnungen und Befürchtungen auf die Zukunft hin. Dabei sollen die Eltern ihre Situation einbringen, als sie so alt waren wie ihr(e) am Firmkurs beteiligte(r) Tochter/Sohn.

Methode:

Die Jugendlichen und ihre Eltern setzen sich mit dem Gruppenleiter um die „gestaltete Mitte".

Als Einstieg könnte das Lied „Ich habe mir ein Floß gebaut" (Jugendbuch S. 33) gesungen oder die Geschichte vom Seepferdchen (Jugendbuch S. 6) erzählt werden.

Anschließend erhalten Eltern und Jugendliche je einen Umdruck, den sie still für sich bearbeiten (vgl. S. 160). Danach beginnt das Gespräch. Hierzu ist folgender Gesprächsverlauf denkbar:

1. *Die Jugendlichen stellen ihre Eltern vor*, wie diese im Alter von 15 – 17 Jahren wohl waren. Dabei versuchen sie, deren Wünsche an ihre damalige Zukunft zu formulieren. Währenddessen lassen die entsprechenden Eltern ein Foto von sich herumgehen.
2. Die *Eltern* haben *nach dieser Runde* (aber erst dann !!!) die Möglichkeit, darauf zu reagieren: „Was löst die Einschätzung Ihres Sohnes/Ihrer Tochter bei Ihnen für ein Gefühl aus?"
3. Die *Eltern* nennen ihre Erwartungen, Hoffnungen und Befürchtungen an die Zukunft, als sie so alt waren wie ihre Kinder heute. Sie versuchen auch zu bedenken, was davon eingetroffen ist, bzw. was sich nicht bewahrheitet hat. Mögliche Zusatzfragen: „Was war das für eine Zeit, in der Sie groß geworden sind? Ist das mit heute zu vergleichen?"
4. Die *Jugendlichen* gehen auf die Äußerungen ihrer Eltern ein: „Wenn ihr das von euren Eltern so hört, wie geht's euch damit? Findet ihr euch darin wieder, sind das auch eure Erwartungen, Hoffnungen oder Befürchtungen? Was ist anders als früher?"
5. *An alle:* „Wenn wir hinter unseren Erwartungen zurückbleiben, Wünsche sich nicht erfüllen, wir im Leben Niederlagen erleiden, wie können wir mit diesen Narben umgehen?"
6. Inwieweit ist Zukunft überhaupt planbar? Muß Wesentliches nicht als Geschenk angenommen werden? Welche Rolle kann hier der Glaube spielen?
7. Welche Rolle spielen soziale Fähigkeiten, welche Rolle andere Menschen bei der Bewältigung von Zukunft?"
8. An die *Eltern*: „Was würden Sie Ihrem Sohn/Ihrer Tochter für die Zukunft wünschen?"
9. An die *Jugendlichen*: „Eure Eltern haben ja auch noch Zukunft vor sich. Welchen Wunsch hättet ihr für eure Eltern?"

Zum Schluß des Gespräches kann noch einmal das Lied „Ich habe mir ein Floß gebaut" (Jugendbuch S. 33) gesungen werden. Anschließend kann die „Puddingparty" beginnen.

Anmerkungen: Dieses Gespräch zwischen den Generationen könnte auf einen Abend gelegt werden, damit möglichst viele Eltern anwesend sein können.

Es ist auch denkbar, an diesem Abend alle Eltern und Jugendlichen des Firmkurses einzuladen. Einstieg und Abschluß wäre dann gemeinsam. Die Gesprächsrunden würden, wie oben beschrieben, in Kleingruppen stattfinden.

Zeit:

1 ½ – 2 Stunden

7 „DEN TRÄUMEN TRAUEN" (ABRAHAM)

Material:
- für eine „Mitte": dunkelblaue Tücher, Kerzen, unterschiedliche Sterne aus gelbem Plakatkarton
- Stifte
- meditative Musik
- Lied „Ich habe mir ein Floß gebaut" (Jugendbuch S. 33)
- Lied „Kleines Senfkorn Hoffnung" (Jugendbuch S. 37)

Gruppengröße:
10 – 20 Personen

Inhalt:
„Willst du ein Schiff bauen, rufe nicht die Menschen zusammen, um Pläne zu machen, die Arbeit zu verteilen, Werkzeuge zu holen und Holz zu schlagen, sondern lehre sie die Sehnsucht nach dem großen, endlosen Meer".
(Antoine De Saint-Exupéry)

Die Sehnsucht nach dem „großen, endlosen Meer" ist wesentlich für unser Leben, ist wesentlich dafür, daß wir sehnende und suchende Menschen bleiben, die die Erde menschlich und wohnlich gestalten wollen.

In der Banalität, im Einerlei unseres Alltags verblassen aber nicht selten unsere großen Träume, und wir verlernen die Sehnsucht.

In meditativer Art und Weise will dieser Baustein mit Abraham bekanntmachen. Die Jugendlichen lernen Abraham kennen als einen, der seinen Träumen traute und sie zu leben suchte, obwohl vieles dagegen sprach.

Methode:
Die Jugendlichen und der/die GruppenleiterIn sitzen um die als „Sternenhimmel" gestaltete „Mitte."

Zunächst könnte das Lied „Ich habe mir ein Floß gebaut" (Jugendbuch S. 33) gesungen werden. Der/die GruppenleiterIn spricht dann (wenn möglich frei bzw. mit eigenen Worten) folgenden Text:

„Ja, Träume, die hab' ich schon. Und manchmal ist meine Sehnsucht so groß, daß ich glaube, ich halte den Alltag nicht mehr aus.

Und dann wieder wird der Alltag, mit all dem, was eben so getan werden muß, übermächtig, und meine Träume werden klein und kleiner, und plötzlich kann ich mich kaum noch an sie erinnern.

Und trotzdem – tief drinnen – da sehne ich mich nach einem Leben voller Entdeckungen, Begegnungen und Abenteuern."

– meditative Musik –

„Ich möchte euch von einem erzählen, der seiner Sehnsucht traute.

Er lebte mit seiner Familie, geschützt und gesichert. Er hatte Kontakte und Geld. Eigentlich fehlte ihm nichts. Und trotzdem hörte er eines Tages eine Stimme in sich, die sagte: „Geh fort, verlaß deine Sicherheiten, geh' in ein neues Land!"

Und er ging. Er machte sich auf den Weg, fort von Bekanntem und Vertrautem. Ins Ungewisse. Er machte sich auf den Weg, fort von Menschen, die er liebte. Er wußte nicht, wem er begegnen würde. Alles würde neu und unbekannt für ihn sein. Schwer würde es werden. Ein Wandern durch Wüsten und über Berge.

Aber er träumte davon, wie es sein würde, wenn er dort ankommt, wo seine Sehnsucht ein Zuhause hat.

So brach er auf und ging seiner Sehnsucht nach. *Abraham* hieß dieser Mann."

– meditative Musik –

„In Abraham können wir uns wiedererkennen.

Wir haben ein Zuhause, Menschen, die uns lieben und die wir lieben, genug Essen, Geld – und trotzdem, da ist eine Stimme, die sagt: „Geh fort, verlaß deine Sicherheiten – geh in das Land, wo deine Sehnsucht ein Zuhause findet!"

Dieses Weggehen, das jeder von uns wagen muß, um sein eigenes Leben zu finden, kann schmerzlich sein – *ein Wandern durch Wüsten*. Und dieses Fortgehen ist mit Schwierigkeiten und Anstrengungen verbunden – *ein Wandern über Berge*."

– meditative Musik –

„Abraham zog durch fremde Länder, durch Wüsten, über Berge. Er wurde ein alter Mann, aber das Land seiner Sehnsucht hatte er immer noch nicht erreicht. Er zweifelte, ob sein Weg der richtige war, ob seine Träume trogen. Eines Abends, er saß nachdenklich und zweifelnd in seinem Zelt, war sie wieder da, die Stimme, die sagte: „Abraham, es geht weiter. Du wirst ins Land deiner Sehnsucht kommen. Tritt aus dem

Zelt. Sieh zum Himmel und zu den Sternen. Sie sind ein Zeichen dafür, daß deine Sehnsucht sich erfüllt."

Die Bibel schreibt, daß Abraham starb, alt und lebenssatt – angekommen im Land seiner Sehnsucht."

– meditative Musik –

„Wir haben den Himmel mit den Sternen hier in unsere Mitte geholt. Die Sterne können für uns ein Zeichen sein, daß wir trotz unserer Zweifel und Unsicherheiten das Land unserer Sehnsucht erreichen werden.

In der Mitte liegen viele Sterne. Nehmt jeder einen und schreibt darauf, wie eure Sehnsucht heißt, was ihr euch am meistern in eurem Leben wünscht. (Eure Wünsche bleiben anonym.)"

Während leise, ruhige Musik gespielt wird, nehmen die Jugendlichen die Sterne und schreiben ihre Sehnsucht nieder. Anschließend legen sie die Sterne (die beschriftete Seite nach unten!) in die „Mitte."

Am Ende kann das Lied „Kleines Senfkorn Hoffnung" (Jugendbuch S. 37) gesungen werden und das folgende Gebet gesprochen werden:

Der Ort, wo meine Sehnsucht aufgehoben scheint,
ist oft so fern
und manchmal doch zum Greifen nah.
Ich wünsche mir so sehr,
daß meine Sehnsucht endlich doch zur Ruhe kommt,
und weiß,
sie irrt umher, solang ich lebe.
Nur eins erbitt ich mir von Dir, mein Gott.
Laß meine Sehnsucht ein Zuhause finden.

Zeit:
ca. 1 Stunde

8 „Zukunft der Jugend – Jugend – ohne Zukunft?" – Gespräch mit Kommunalpolitikern oder Kreisjugendpflegern –

Material:
./.

Gruppengröße:
8 – 12 Personen

Inhalt:
Die Arbeitslosigkeit gehört als Dauerproblem zum Alltag unserer Gesellschaft. Der Sozialstaat gerät an seine Grenzen. Die Zukunft der Erde ist angesichts der Grenzen des Wachstums und der Umweltbelastung bedroht und der Friede durch Reichtum auf der einen und Elend auf der anderen Seite gefährdet. Für Jugendliche sind dies drängende (und deshalb vielleicht verdrängte!!!) Probleme, die Angst und Resignation auslösen. Was wird die Zukunft bringen – bringt sie überhaupt noch etwas? Die – oft auch diffusen – Zukunftsängste zu benennen und Möglichkeiten der Problembewältigung zu diskutieren, ist Ziel dieses Bausteins.

Eine gute Möglichkeit könnte es sein, KommunalpolitikerInnen bzw. Orts- oder KreisjugendpflegerInnen oder entsprechende Fachleute zu einem Gespräch einzuladen, in welchem es vor allem um diese Fragen geht.

Methode:
Es ist angebracht, daß die Gruppe im Vorfeld des Gespräches Schwerpunkte überlegt, die angesprochen werden sollen. Diese könnten dann der eingeladenen Person vorab zur Kenntnis gegeben werden, damit sie sich entsprechend vorbereiten kann. Mögliche Fragekomplexe können sein:

- Welche Ängste haben vor allem junge Menschen bezüglich der Zukunft?
- Wo sind Ansätze vorhanden, die zeigen daß zukünftige Probleme angemessen bewältigt werden können?
- Wo und wie wird in unserem Ort mit Gefahren, die uns in Zukunft drohen, in der Gegenwart umgegangen?
- An welchen Fähigkeiten sollten junge Menschen heute besonders arbeiten, damit sie auf zukünftige Probleme angemessen reagieren können?
- Gibt es Bereiche, wo der einzelne einen Beitrag zur Zukunftssicherung leisten könnte?
- Inwieweit ist die Zukunft überhaupt planbar? Wo sind Grenzen?
- Welcher Umgang sollte ein Christ mit der Zukunft und möglichen drohenden Gefahren haben?

Zeit:
1 1/2 Stunden

III. Katechetische Einheit:
Wo meine Sehnsucht ein Zuhause hat

1. **Leben Jesu**

Eines Tages kam einer, der hatte eine Wärme in seinen Worten, eine Freiheit in seinem Handeln, einen Helfer in seinen Ängsten

1 bis 8

2. **Leiden und Sterben Jesu**

Eines Tages kam einer, der hatte eine Treue in seinem Leiden, einen Gott in seinen Schreien

1 bis 7

3. **Auferweckung Jesu**

Eines Tages kam einer, der hatte ein Leben in seinem Tode, eine Auferstehung in seinem Grabe

1 bis 7

III.1. Leben Jesu

Zielsatz:

Wir begegnen Jesus und erfahren,

- *daß Jesus von Gottes vergebender und den Menschen annehmender Nähe erzählt hat.*
- *daß Jesus in seinem Leben Begrenzung, Ängste, Einengung durchbrochen und die Menschen so befreit hat.*
- *daß Jesus durch sein Reden und Handeln ein neues Verhalten der Menschen untereinander (Geschwisterlichkeit, Versöhnung, Friede, Liebe) ermöglicht hat.*
- *daß Jesus in seinem Tun und Reden von einem Leben erzählt, wie wir es uns wünschen, und daß er so für uns der sein kann, bei dem unsere Sehnsucht ein Zuhause hat.*

1 Meine Beziehung zu Jesus (Jesusbilder)

Material:

- Darstellungen von Jesus (vgl. S. 161 ff.), mehrere vergrößerte Fotokopien pro Bild
- für eine „Mitte": Tücher, Kerze
- verschiedenfarbige Plakatkartons, Stifte, Farben, Pinsel, Wachsmalstifte, Klebstoff
- evtl. Texte „Jesus war" (S. 164), „Jesus ist der Christus" (S. 165)

Gruppengröße:
ca. 10

Inhalt:
Die Begegnung der Jugendlichen mit der Person Jesu beginnt nicht bei Null. Jede(r) hat eine eigene Geschichte, ein eigenes Jesusbild, geprägt durch Elternhaus, Kommunionkurs, Religionsunterricht usw. Sich dieser unterschiedlichen Prägungen bewußt zu werden, ist Ziel dieses Bausteins.

Methode:
In die gestaltete „Mitte" werden unterschiedliche Jesusbilder (vgl. S. 161 ff.) gelegt.

Jugendliche und KatechetIn setzen sich um die „Mitte." Der/die KatechetIn geht zunächst darauf ein, daß jede(r) mit einem anderen Vorverständnis der Person Jesu begegnet. Nun ermutigt der/die KatechetIn die Jugendlichen, das Jesusbild aus der „Mitte" zu nehmen, das den eigenen Vorstellungen am nächsten kommt. Den Jugendlichen wird genügend Zeit gegeben, sich ein Bild auszuwählen. (Dabei ist es durchaus möglich und akzeptabel, wenn der/die eine oder andere sich mit keinem der ausgelegten Bilder identifizieren kann.)

Mit dem gewählten Bild gestalten die Jugendlichen nun ein Plakat zum Thema: „Mein Jesusbild – meine Beziehung zu Jesus." Folgende Fragen können Hilfe bei der Plakatgestaltung sein:

- Weshalb habe ich das Bild gewählt?
- Was hat mich besonders angesprochen?
- Wie und was wurde mir in meiner Kindheit von Jesus erzählt?
- Was fasziniert mich an der Person Jesu?
- Was ist für mich fremd an der Person Jesu?
- Was interessiert mich an der Person Jesu?

Nach einer Stillarbeitsphase trifft sich die Gruppe wieder um die „Mitte." Die Jugendlichen stellen nun ihr Plakat vor.

Interessierte Gruppen können zum Abschluß noch gemeinsam die Texte von Hermann Mahnke „Jesus war" (S. 164) und „Jesus der Christus" (S. 165) lesen.

Mögliche Fragen:

- Wodurch sind die unterschiedlichen Jesusbilder geprägt?
- Wie wird das Gottesverhältnis Jesu beschrieben? Was bedeutet dies?
- Jesus fragt auch uns: „Ihr aber, für wen haltet ihr mich?"

Zeit:
1 1/2 – 2 Stunden

2 „Was wissen wir über den historischen Jesus?"

Material:
- Testbögen (vgl. S. 166)
- Stifte
- Texte über den historischen Jesus (vgl. S. 167 f.)

Gruppengröße:
bis 20 Personen

Inhalt:
Hat Jesus wirklich gelebt? Was wissen wir über den historischen Jesus?

Diese Fragen sind vor allem für die Jugendlichen von Interesse, die sich sehr sachorientiert der Person Jesu nähern.

Mit Hilfe eines Fragebogens können die Jugendlichen in diesem Baustein zunächst ihr Vorwissen abklären, um dann in einem zweiten Schritt durch einen Text einige wesentliche Informationen über das Leben Jesu zu erhalten. So eignet sich dieser Baustein auch als informative Einführung in das Leben Jesu.

Methode:
Zunächst erhalten die Jugendlichen einen Testbogen (vgl. S. 166), mit dessen Hilfe sie ihr Vorwissen über das Leben Jesu abklären können.

Im gemeinsamen Gespräch wird sodann der Test ausgewertet.

Abschließend wird der Text: „Was wissen wir über den historischen Jesus?" nach der Vaesteras-Methode erarbeitet:

Vaesteras-Methode: Die Jugendlichen lesen den Text zunächst in Stillarbeit und notieren am Rand jeweils die zutreffenden Symbole:

💡 = da ist mir ein Licht aufgegangen
⚡ = diese Aussage ärgert mich
? = das verstehe ich nicht, da habe ich eine Frage
! = das finde ich richtig,
das finde ich gut

Der/die GruppenleiterIn liest nun Abschnitt für Abschnitt den Text vor und befragt die Jugendlichen nach den von ihnen getätigten Zeichen.

Zeit:
ca. 1 – 1 1/2 Stunden

3 „Und beschreibe den Himmel, der uns blüht" (Collage, Szene, Pantomime zur Reich Gottes Botschaft Jesu)

Material:
- eine große Papierbahn
- verschiedenfarbiges Tonpapier und/oder Transparentpapier, vorbereitete Blüten
- Scheren, Stifte, Klebstoff, Farben, Pinsel
- Lied „Komm, bau ein Haus" (Troubadour für Gott)
- evtl. Musikinstrumente
- bibl. Texte zu
  - Mt 13,44–46
  - Mt 13,31–32
  - Mk 1,15

  oder Bibeln
- Requisiten zu Mt 13,44–46:
  - Schatzkiste
  - Perle
- evtl. Schminke für die Pantomime
- Texte der Europ. Ökumenischen Versammlung in Basel 1989, „Umkehr" (vgl. S. 169)

Gruppengröße:
ca. 9 – 12 Personen

Inhalt:
Jesu Reden und Handeln ist geprägt von seiner Reich Gottesbotschaft.

Nirgends finden wir so etwas wie eine inhaltliche Beschreibung oder eine Definition dessen, was Jesus unter Reich Gottes versteht. Jesus hat denjenigen, die zu ihm kamen, nicht erklärt, was Reich Gottes ist, er hat sie vielmehr aufgefordert: „Folge mir nach" (Mk 1,17) oder: „Kommt und seht!" (Joh 1,39). Wer erfassen will, was Jesus mit Reich Gottes meint, muß sich auf Jesus einlassen, muß mit ihm leben.

Dennoch seien hier einige Elemente der Reich Gottes-Botschaft Jesu skizziert.

Reich Gottes meint:
- Gottes vergebende und den Menschen annehmende Nähe
- Heilung und Befreiung des Menschen von allem, was ihn am Menschsein hindert (Krankheit, unmenschliche Umstände, Kommunikationsunfähigkeit etc.)
- ein neues Verhalten der Menschen untereinander (Geschwisterlichkeit, Versöhnung, Friede, Liebe)
- Fülle des Lebens *für alle*
- Überwindung des Todes

Dieses Reich Gottes wird uns Menschen geschenkt, und dennoch müssen wir uns dafür entscheiden, umkehren und alles auf eine Karte setzen, damit das Reich Gottes auch in unserem Leben wachsen kann.

Der Baustein „und beschreibe den Himmel, der uns blüht" will die Jugendlichen mit der Reich Gottesbotschaft vertraut machen. Er will aufzeigen, daß die Reich Gottesbotschaft Jesu viele Wünsche und Träume der Jugendlichen anspricht und so der Ort sein kann, wo unsere Sehnsucht ein Zuhause findet.

Methode:
Zunächst kann das Lied: „Komm, bau ein Haus, das uns beschützt" gesungen werden.

Im Lied wird ein Bild vom „Himmel" beschrieben. Die Jugendlichen werden nun aufgefordert, gemeinsam in einer großen Collage einen „Himmelsbaum" zu gestalten. In die Blüten des „Himmelsbaumes" sollen die Träume und Vorstellungen der Jugendlichen vom „Himmel" eingetragen werden:

Nachdem gemeinsam der „Himmelsbaum" betrachtet wurde, zeigt der/die GruppenleiterIn, daß Jesus in seiner Botschaft unsere Sehnsüchte aufgegriffen und gesagt hat, daß sich in ihm, in seinem Reden und Handeln dieser „Himmelsbaum" (dieses Reich Gottes) schon verwirklicht.

Der/die GruppenleiterIn erzählt nun kurz wesentliche Elemente der Reich Gottesbotschaft Jesu (vgl. Inhalt) und heftet dabei die entsprechenden Blüten an den „Himmelsbaum":

Der/die GruppenleiterIn stellt nun die Frage:
- Wie können aus diesen Blüten des „Himmelsbaumes" Früchte werden?

Um dieser Frage nachzugehen, wird die Gruppe in drei Kleingruppen geteilt:

1. Mt 13,44–46: die Gleichnisse vom Schatz und von der Perle
Die erste Kleingruppe erhält die Gleichnisse vom Schatz und von der Perle mit dem Auftrag, diese Gleichnisse szenisch darzustellen.
2. Mt 13,31–32: das Gleichnis vom Senfkorn
Die zweite Kleingruppe erhält das Gleichnis vom Senfkorn (Mt 13,31–32) mit dem Auftrag, das Gleichnis pantomimisch darzustellen.
3. Mk 1,15: „Die Zeit ist erfüllt, das Reich Gottes ist nahe. Kehrt um, und glaubt an das Evangelium!"
Die dritte Kleingruppe erhält diesen Vers mit der Frage:
- Wer/was muß sich in unserer Gesellschaft ändern, damit das Reich Gottes („der Himmelsbaum") heute bei uns wachsen kann?

Des weiteren bekommt diese Kleingruppe einen Auszug aus Verlautbarungen der Europäischen Ökumenischen Versammlung in Basel 1989 (vgl. S. 169) mit dem Auftrag, die von der Gruppe aufgestellten Forderungen mit denen der Europäischen Ökumenischen Versammlung zu vergleichen.

Zum Schluß bringen die Kleingruppen ihre Ergebnisse in die Gesamtgruppe ein. Evtl. kann noch einmal das Lied: „Komm, bau ein Haus" gesungen werden.

Zeit:
ca. 1 1/2 Stunden

4 „Der Blinde antwortete: Rabbuni, ich möchte wieder sehen!" (Mk 10,51)

Material:

- für die „Mitte": schwarze Tücher, Blindenstock, Blindenbinde, dunkle Brille, Kerze
- Tücher, um die Augen der Jugendlichen zu verbinden.
- evtl. Lied von Klaus Hoffmann/Sonja Hoffmann: „Blinde Katharina", (Songbuch 2, hrsg. von KJG Verlagsgesellschaft, Düsseldorf 1995)
  CD: Klaus Hoffmann, Ich will Gesang, will Spiel und Tanz, ND 74263
- CD-Player
- Meditationstext über die Heilung des Bartimäus (vgl. S. 170)

Gruppengröße:
8 – 12 Personen

Inhalt:
Jesu Heilszusage wird konkret spürbar in seinen *Heilungen*. Begrenzungen, Ängste, Einengung werden in der Begegnung mit Jesus durchbrochen und Heil als Befreiung aus den Fesseln der Angst, Abhängigkeit und Egozentrik erfahrbar. Diese Befreiung mündet dann ein in die Hinwendung zu Gott und den Mitmenschen.

Heilung in diesem Sinne sollen die Jugendlichen in diesem Baustein kennenlernen.

Zunächst sollen sie die Situation des Blindseins nachempfinden, sodann im übertragenen Sinne „Blindheit in ihrem Alltag" aufspüren. Am Beispiel der Bartimäusgeschichte können sie dann vielleicht erahnen, was es heißt, im Glauben sehen zu lernen.

Methode:
Die Gruppe sitzt um die gestaltete „Mitte" und hört oder singt das Lied von der „blinden Katharina".

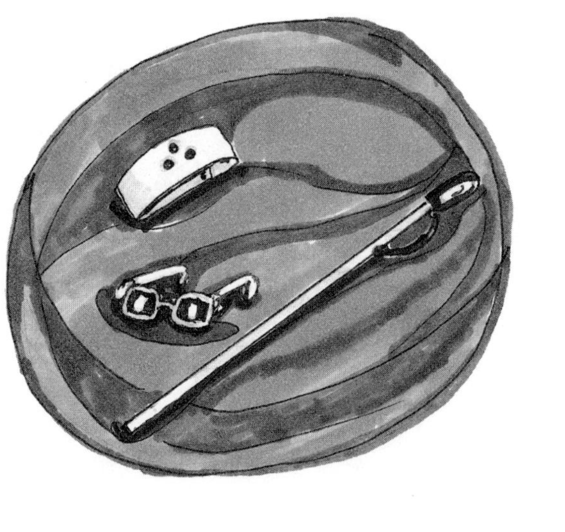

Der/die GruppenleiterIn ermutigt die Jugendlichen, sich für ca. 30 Min. die Augen verbinden und führen zu lassen. Jeweils zwei Jugendliche gehen nun gemeinsam durch den Raum und die nähere Umgebung (ein Sehender – ein „Blinder" – nach ca. 15 Minuten Rollentausch!)

Nach dieser Phase des Nachempfindens trifft sich die Gruppe und tauscht ihre Erfahrungen aus.

- Wie habe ich mich als „Blinder" gefühlt?
- Wie habe ich mich als Sehender erlebt?

Im Anschluß daran versucht der/die GruppenleiterIn, die Jugendlichen für unsere alltägliche Blindheit zu sensibilisieren. Dies kann geschehen, indem er/sie auf gängige Sprichworte („Scheuklappen vor den Augen haben", „Tomaten auf den Augen haben", „den Wald vor lauter Bäumen nicht sehen", „blind sein für andere", „nicht rechts und links sehen" etc.) hinweist und nach dem jeweiligen Erfahrungshintergrund fragt. Der/die GruppenleiterIn kann aber auch Situationen aus dem eigenen Leben erzählen, wo er/sie „mit Blindheit" geschlagen war.

Die Jugendlichen versuchen nun in Kleingruppen, Situationen in ihrem Alltag zu benennen, in denen sie bewußt oder unbewußt weggeschaut haben, „blind" waren:

- Wann sind wir in unserem Alltag blind?
- Warum sind wir blind?
- Was öffnet uns manchmal die Augen?

Die Jugendlichen können ihre Ergebnisse auch als Szene spielen. Es erscheint uns wichtig, daß der/die Gruppenleiterin im Auswertungsgespräch auf folgendes hinweist:

- Es sind nicht immer Bequemlichkeit, Böswilligkeit und Desinteresse, die uns wegschauen lassen. Sehr häufig sind es auch die eigene Angst und das Gefühl der Ohnmacht, wenn wir den „Dingen nicht ins Auge schauen" können. Wenn Jesus in Mt 10,51 zum blinden Bartimäus sagt: „Dein Glaube hat dir geholfen!", so könnte damit gemeint sein: Im *Vertrauen*, daß Gott mein Leben trägt, kann ich auch den Dingen ins Auge schauen, die mir Angst machen.

Im Anschluß an das Gespräch liest der/die Gruppenleiter/In die Geschichte vom blinden Bartimäus (Mk 10,46–52) nach der Version von Sigrid Berg (vgl. S. 170) vor. Bei der Textstelle „Herr, ich will sehend werden. Und es geschieht" stellt der/die GruppenleiterIn eine Kerze in die „Mitte" und entzündet diese.

Am Ende könnten die Fragen gestellt werden:

- Was will ich?
- Was will ich sehen lernen?

Zeit:
1 ½ – 2 Stunden

„Wie gelähmt" (Die Heilung des Gelähmten Mk 2,1-12)

5

Material:
- für jede(n) TeilnehmerIn einen DIN-A3-Bogen
- für die „Mitte": Tücher, Krücken, Wanderschuhe
- Plakatkartonstreifen mit der Aufschrift:

Mein Sohn/meine Tochter, ich trage mit, was dich belastet (nach Mk 2,5)

- Bibeln bzw. Mk 2,1–12 als Umdruck für jedes Gruppenmitglied
- DIN-A3-Bögen mit der Aufschrift: wie gelähmt ...
- evtl. Jugendbuch S. 39

Gruppengröße:
ca. 10 –12 Personen

Inhalt:
Die Erfahrung „da war ich wie gelähmt" ist den Jugendlichen durch Prüfungssituationen bekannt. Ebenso kennen sie die Befangenheit gegenüber Autoritäten oder gegenüber der „ersten großen Liebe", die eigene Ausdrucksmöglichkeiten lähmen kann.

Ausgehend von diesen Erfahrungen wird in diesem Baustein versucht, eine Identifikation mit dem Gelähmten in der Bibel (Mk 2,1–12) zu ermöglichen. So können die Jugendlichen vielleicht erahnen, was es bedeutet, wenn Jesus sagt: „Mein Sohn, deine Sünden sind dir vergeben!" (Mk 2,5): Befreiung aus der Angst vor Schuld und Versagen, um neue Schritte zu wagen – auf eigenen Füßen.

Methode:
Der/die GruppenleiterIn und die Jugendlichen sitzen um eine gestaltete „Mitte":

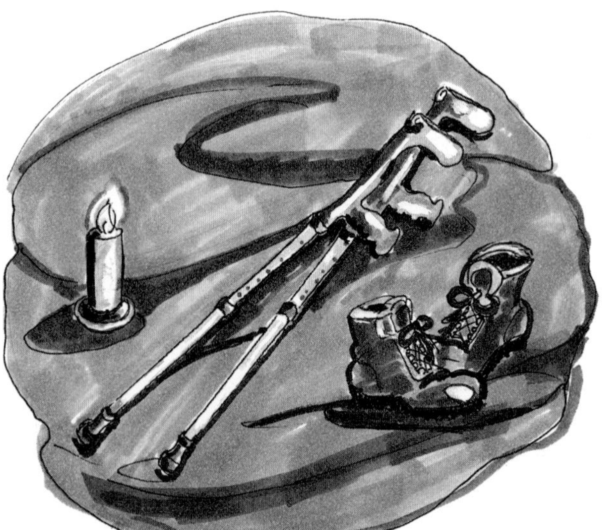

Der/die GruppenleiterIn liest folgenden Text vor:

„Wie gelähmt"

Kennst du das Gefühl?
Du siehst sie auf dich zukommen:
Das Auto – das dir die Vorfahrt nimmt
die Prüfung – Aufgaben, Zahlen, Fragen,
einen Menschen – verehrt und begehrt,
und plötzlich läuft nichts mehr:
die Hand ist unfähig, das Lenkrad zu wenden,
das Blut kennt nicht mehr den Weg ins Gehirn,
die Sprache verliert sich zwischen den Stimmbändern
und du
bist
wie gelähmt."
(Irmi Spangenberger)

Im Gespräch können nun Situationen benannt werden, in denen sich die Jugendlichen „wie gelähmt" fühlten.

Die Jugendlichen versuchen ein *„mind-mapping"* (= eine Gedankenlandkarte: durch Skizzen, Bilder, Pfeile, Sätze werden Gedanken und Zusammenhänge zu Papier gebracht) zum Thema „wie gelähmt".
Dazu erhält jede(r) TeilnehmerIn einen Bogen DIN-A3 Papier mit der Aufschrift „wie gelähmt"

und folgende Arbeitsaufträge:
- Erinnere dich an Situationen, in denen du „wie gelähmt" warst!
- Wodurch entstand die „Lähmung"?
- Was könnte in solchen Situationen helfen?
- Versuche, deine Gedanken durch eine Skizze (= Bilder, Sätze, Pfeile) zum Ausdruck zu bringen!

Jede(r) arbeitet nun still für sich.
Ein Beispiel für „mind-mapping":

Die Jugendlichen stellen nach einiger Zeit ihre Arbeiten vor. Die „Gedankenlandschaften" werden dann um die „Mitte" gelegt.

Im Auswertungsgespräch ist es wichtig, daß der/die GruppenleiterIn darauf hinweist, daß es „Lähmung" nicht nur als einmalige Erfahrung im Augenblick des Schocks oder der Angst gibt. Es gibt auch *schleichende, unauffällige Formen des „Gelähmt-seins":*

Ein Leben ohne Eigeninitiative, ein „Sich-treiben-Lassen" ohne bewußte Entscheidung, das Gefühl „ich werde gelebt von den Bedürfnissen und Interessen anderer, meine Initiative, meine Entscheidungsfähigkeit, mein Lebenswille sind wie gelähmt, mein Leben droht einzuschlafen. Es scheint, als komme ich über einen bestimmten Punkt nicht hinaus aus Angst, etwas falsch zu machen, schuldig zu werden, den Erwartungen nicht zu entsprechen".

Vielleicht ist den Jugendlichen das Gefühl des „Gelähmt-Seins" auch aus belasteten Beziehungen bekannt: Gespräche, die nur um einen Punkt kreisen, Argumente, die sich immer wieder wiederholen, die Atmosphäre eisig, das Miteinander ohne Bewegung – wie gelähmt, geprägt durch Aufrechnen und Anrechnen vermeintlicher Schuld. Wenn die Jugendlichen nun gemeinsam mit dem/der GruppenleiterIn *die Geschichte von der Heilung des Gelähmten* (Mk 2,2–12) *lesen*, wird es ihnen leichter möglich sein, sich mit dem Gelähmten zu identifizieren.

Nach dem gemeinsamen, ruhigen Lesen sollten den Jugendlichen Raum gegeben werden, den einen oder anderen Gedanken zu äußern.

Es scheint uns wesentlich, daß der/die GruppenleiterIn im folgenden darauf hinweist, daß Jesus zum Gelähmten ja zunächst nicht sagt „Steh auf und geh!" (was normalerweise zu erwarten wäre!), sondern daß Jesus der Lähmung dadurch begegnet, daß er sagt: *„Mein Sohn, deine Sünden sind dir vergeben!"* Damit meint er: „Mein Sohn/meine Tochter, ich trage mit, was dich belastet."

Der/die GruppenleiterIn kann an dieser Stelle einen Streifen Plakatkarton mit diesem Satz in die „Mitte" legen und hierzu einige Erläuterungen geben:

Die Anrede „Mein Sohn ..." zeigt, daß die Begegnung mit Jesus geprägt ist durch Vertrauen und Annahme.

Und wenn Jesus weiter sagt: „deine Sünden sind dir vergeben." (Mk 2,5), so spricht er an, was auch uns Bewegung und Leben schenkt, wenn wir aus Angst vor Versagen und Minderwertigkeit wie gelähmt sind: die Annahme unserer Stärken, aber auch unseres Versagens, unserer Schwäche und Schuld durch Gott.

Im Hebräischen gibt es eigentlich gar kein Wort für „vergeben". Das Wort der Bibel heißt „tragen", „mittragen" (vgl. Eugen Drewermann, Das Markus-Evangelium, Erster Teil, Olten 1987, S. 235).

Wenn wir uns in unserem Versagen und in unserer Schwäche getragen wissen von Gott und von Menschen um uns, dann können wir unseren Weg gehen, frei und ohne Angst.

Nach dieser kurzen Erläuterung durch den/die GruppenleiterIn könnten die Jugendlichen sich jeweils ein „mind-mapping-Plakat" zum Thema „wie gelähmt" (nicht das eigene!) wählen und überlegen, wie die dargestellte „Lähmung" im Geiste Jesu überwunden werden könnte. Falls noch Zeit ist, könnte das Lied: „Eines Tages kam einer" (Jugendbuch S. 39) gesungen werden.

Zeit:

1 ½ – 2 Stunden

6 „... Wenn dich einer auf die rechte Wange schlägt, dann halt ihm auch die andere hin."

Material:
- Bilder von E.O. Plauen (S. 171)
- evtl. Text von J. Zink zum Thema „Gewaltlosigkeit" (S. 172)
- Bibeln bzw. Texte von Mt 5,38-42
- evtl. „Gandhi" - Film (erhältlich in kirchl. Medienstellen oder im öffentlichen Videoverleih)
- Fernseh- und Videogerät
- Stifte, Papier, Klebstoff, Scheren

Gruppengröße:
10 – 18 Personen

Inhalt:
Die Gewaltbereitschaft in unserer Gesellschaft scheint zuzunehmen. Offene, aber auch versteckte Formen von Gewalt sind den Jugendlichen nicht fremd.

So ist es sinnvoll, sich exemplarisch mit einer Forderung Jesu aus der Bergpredigt auseinanderzusetzen: mit der Forderung auf den Verzicht von Vergeltung. Die Forderung Jesu, der Gewalt nicht mit Gegengewalt zu begegnen, meint: „Du sollst im Kampf gegen das Böse auf das Mittel verzichten, dessen sich das Böse bedient, nämlich die Gewalt." (Jörg Zink)

Nur dann besteht die Chance, den Teufelskreis der Gewalt zu durchbrechen.

Ziel dieses Bausteins ist es, daß die Jugendlichen über ihre Gewalterfahrung sprechen können und daß sie sich dann mit der Forderung Jesu auseinandersetzen.

Methode:
Zunächst erhalten die Jugendlichen Bilder von E.O. Plauen (vgl. S. 171), mit denen sie in Kleingruppen eine eigene Bildgeschichte gestalten können.

Nachdem die Kleingruppen ihre Bildgeschichte vorgestellt haben, ermutigt der/die GruppenleiterIn die Jugendlichen, ihre Erfahrungen mit Gewalt darzustellen. Dazu bilden die Jugendlichen nochmals Kleingruppen.

Arbeitsauftrag für die Kleingruppen:
- Wann begegnet mir Gewalt in meinem Alltag?
- Wie gehe ich mit erlebter Gewalt um?
- Wählt eine der besprochenen Situationen und gestaltet sie als Szene. Spielt diese dann der Gruppe vor!

Vielleicht ist es sinnvoll, die Jugendlichen darauf hinzuweisen, daß es auch subtile Formen von Gewalt gibt (vgl. manches Lehrer- oder Schülerverhalten etc.).

Nachdem die Kleingruppen ihre „Szenen der Gewalt" der Gesamtgruppe vorgespielt haben, konfrontiert der/die GruppenleiterIn die Jugendlichen mit Mt 5,38ff.

Bergpredigt Jesu:
„Ihr wißt, daß es heißt: Auge um Auge, Zahn um Zahn.
Ich aber sage euch: Ihr sollt euch überhaupt nicht gegen das Böse wehren. Wenn dich einer auf die rechte Backe schlägt, dann halte ihm auch die linke hin ... Wenn dich einer um etwas bittet, dann gib es ihm!"
(Mt 5,38ff.)

Falls sich das freie Gespräch schwierig gestalten sollte, sind folgende Fragen möglich:
- Sind die Forderungen Jesu realistisch?
- Welches Risiko geht derjenige ein, der die Forderung Jesu erfüllt?
- Welche Chance eröffnet sich bei Befolgung der Forderung Jesu?

Mit intellektuell aufgeschlossenen Gruppen könnte gemeinsam der Text von Jörg Zink „Gewaltlosigkeit" (S. 172) gelesen werden.
Mögliche Fragen für ein Gespräch über den Text:
- Worin sieht Zink den Kern des Gebots der Gewaltlosigkeit?
- Wie begründet Zink den Gewaltverzicht?
- Welche Möglichkeiten, erlittener Gewalt zu begegnen, gibt es? (Flüchten, Kämpfen, Diplomatie, Widerstand durch Gewaltlosigkeit)
- Soll man zu Unrecht und Gewalt schweigen?
- Welche Schritte des gewaltlosen Widerstands ging Jesus?
- Was fordert Zink von der Politik?
- Warum machen Feindbilder das Leben bequem?

Lohnenswert, wenn auch zeitaufwendig ist es, gemeinsam den Film „Gandhi" sich anzusehen. Gandhis Leben war geprägt von gewaltlosem Widerstand. Er war davon überzeugt, daß es ein Zeichen von Mut und Tapferkeit ist, auf das intuitive Zurückschlagen zu verzichten, daß sich die Wahrheit jedoch nicht anders durchsetzt. Wie Jesus glaubte Gandhi, daß Haß und Rache nur zerstören, während Gewaltlosigkeit die Spirale der Gewalt zerstören kann.

Zeit:
1 – 1 1/2 Stunden (ohne Gandhi-Film)

7 Das Leben Jesu: Wie Jesus handelte, und was er für wichtig hielt - eine Anfrage an uns. (Ein Spiel)

Material:

- 1 Plakatkarton (DIN-A1) mit aufgemaltem Spielplan (vgl. Vorlage S. 173)
- Spielsteine, persönliche Symbole der MitspielerInnen sind auch möglich
- 2 Würfel
- Bibeln
- Stifte/Buntstifte
- numerierte Ereigniskarten (S. 174 ff.), evtl. vergrößern.
- Hinweise zu einigen Ereigniskarten für den/die KatechetIn (S. 181 f.)
- 1 Set an Sonderkarten („Kokoschka-Bild") (S. 179)
- Preis für den Sieger, der dann allen anderen etwas abgeben darf.

Gruppengröße:

5 – max. 7 Personen

Inhalt:

Viele Jugendliche wissen nur wenig über Jesus. Zwar ist er vielen aus Kindheitstagen als Teil ihrer Frömmigkeitsgeschichte vertraut, doch beginnen viele ihn mit zunehmendem Alter zu verlieren. Er ist für ihren Alltag oft nur wenig relevant, gehört er doch mehr der „religiösen Sonderwelt" an.

In diesem Baustein soll versucht werden, Fakten zum Leben Jesu aufzuarbeiten, Inhalte seiner Botschaft mit heutigen Verhaltensweisen ins Gespräch zu bringen. Des weiteren sollen die Jugendlichen mit Jesusbildern aus der Kunst konfrontiert werden. Jugendliche sollen in die Lage versetzt werden, in der Auseinandersetzung mit Positionen Jesu eigene Standpunkte kritisch zu überdenken.

Methode:

1. *Spielvorbereitung*
   Auf einem Plakatkarton in Größe DIN-A1 ist der Spielplan (vgl. dazu die Vorlage auf S. 173) aufzumalen. Die vergrößerten Ereigniskarten werden am besten der längeren Haltbarkeit wegen auf Plakatkarton in Größe DIN-A6 geklebt und der Reihe nach geordnet.
2. *Spielverlauf*
   - Die MitspielerInnen würfeln *zunächst mit einem Würfel* und ziehen der Reihe nach vor.
   - Gelangt ein(e) SpielerIn auf ein *Ereignisfeld* (durch einen Stern gekennzeichnet), so zieht er/sie die oberste Ereigniskarte, liest sie laut vor und beantwortet sie spontan, so gut er/sie kann. Hat er/sie seinen/ihren Gedanken gesagt, kann er/sie die Frage bzw. den Gesprächsgegenstand zur allgemeinen Diskussion freigeben. Erst jetzt dürfen die anderen sich äußern, auch wenn es ihnen noch so sehr unter den Nägeln gebrannt hat. Ist das aufgeworfene Problem auf der Ereigniskarte für die Gruppe angemessen und den Umständen entsprechend behandelt, dann kommt der Nächste mit Würfeln an die Reihe.
3. *Zu beachten ist folgendes:*
   - Gesprächsleiter für die momentan zu bearbeitende Ereigniskarte ist der Würfler. Er gibt die Frage für die Gruppe frei und beendet auch seine Gesprächsrunde.
   - Die Rolle des/der Katecheten/in besteht darin, in der Gesprächsleitung zu unterstützen und sich mit um das Zustandekommen eines Gespräches über das aufgezeigte Problem zu bemühen. Ansonsten sollte er/sie sich ruhig ein wenig zurückhalten und sich im „Hören" üben, da sich sonst das Gespräch zu sehr auf ihn konzentrieren würde. Auf Anfrage kann er/sie Sachinformationen miteinfließen lassen.
   - Ist die Spielgruppe sechs und mehr Mitspieler stark, bietet es sich an, ab einem bestimmten Zeitpunkt mit zwei Würfeln zu spielen.
   - Im Spiel sind vier Rollenspiele zu biblischen Geschichten vorgesehen. Wichtig ist jeweils die Phase nach Beendigung des Spieles.
     Hier sind folgende Fragen möglich:
     - Wie erging es dir während des Spiels? Konntest du dich in deine Rolle hineinfinden? Wie hast du dich in deiner Rolle erlebt?
     - Wie hast du die anderen erlebt?
     - Was ist dir über Jesus und deine Beziehung zu ihm deutlich geworden?
   - Ergeben sich aus dem Gespräch (Sach-)Fragen, die von der Gruppe und dem/der Katecheten/in nicht zufriedenstellend gelöst werden können, können diese notiert und nach dem Spiel einem(r) Theologen/in vorgelegt werden.
4. *Sieger des Spieles* ist, wer zuerst ins Ziel gelangt. Ist die für das Spiel festgesetzte Zeit erreicht, endet das Spiel. Sieger ist dann, wer am weitesten vorgerückt ist.
5. *Ziel des Spieles* ist ein lebendiges, möglichst offenes Gespräch über die aufgeworfenen Probleme und Fragen.

Zu beachten:

Die Ereigniskarten weisen unterschiedliche Schwierigkeitsgrade auf, manche Karten sind möglicherweise nicht für jede Firmgruppe geeignet. Deshalb müssen vor Spielbeginn die Karten im Hinblick auf die jeweilige Gruppe geprüft und gegebenenfalls Karten aussortiert werden. Sinnvoll ist es dann, neue Karten mit Blick auf die Gruppe zu entwickeln.

Zeit: 1 ½ – 3 Stunden

8 Was ist wichtig? – Lebensentwürfe im Vergleich

Material:
- Testbögen „Was ist wichtig in meinem Leben?" (S. 183)
- Textcollage, Jugendbuch S. 42
- Stifte

Gruppengröße:
ca. 8 Personen

Inhalt:
Lebensentwürfe hängen von unseren Erfahrungen ab. Was wir als gut und richtig erleben, versuchen wir in unser Wertesystem zu integrieren, damit unser Leben auch zukünftig gelingen kann. So ist unser Leben geprägt von Grundentscheidungen, die wir irgendwann einmal mehr oder weniger bewußt gefällt haben bzw. in die wir hineingewachsen sind. Sich dieser Wertsetzungen einmal bewußt zu werden, soll Ziel dieses Bausteins sein. Darüber hinaus sollen die Jugendlichen ihre Position konfrontieren mit oftmaligen Lebenshaltungen in unserer Gesellschaft und mit den Seligpreisungen in der Bergpredigt Jesu. Dieser Baustein ist besonders geeignet für diskussionsfreudige Gruppen.

Methode:
Die Jugendlichen erhalten zunächst die Testbögen „Was ist wichtig in meinem Leben?" und bringen in Einzelarbeit die dort aufgeführten Punkte in eine Rangfolge. Im anschließenden Gespräch stellen die Jugendlichen ihre Einteilungen vor und begründen ihre Wertsetzungen.
Für das weiterführende Gespräch in der Gruppe sind folgende Fragen möglich:
1. Gab es auffällige Übereinstimmungen bei der Festsetzung der einzelnen Rangfolgen?
2. Gab es gravierende Unterschiede?
3. Bei welchen Werten seht ihr Schwierigkeiten, sie in unserer Gesellschaft zu verwirklichen?

In einem weiteren Schritt wird die Textcollage zu Mt 5,3–10 aus dem Jugendbuch S. 42 in verteilten Rollen gelesen.
Für das weitere Gespräch ist folgender Verlauf denkbar:
1. Vergleicht die kursiv gedruckten Aussagen mit den normal gedruckten.
2. Welche Aussagen entsprechen eurer Vorstellung von einem glücklichen Leben?
3. Sind die Seligpreisungen unrealistisch oder Weg zu einem geglückten Leben?
4. Sind die Seligpreisungen Jesu Trost oder Vertröstung?

Hier ließe sich anfügen, daß Jesus die Zusagen der Seligpreisungen gelebt hat. Wenn Christen heute barmherzig sind, Frieden stiften usw., dann wird die Botschaft Jesu wirklich.

Zeit:
ca. 1 ½ Stunden

III.2. Eines Tages kam einer, der hatte eine Treue in seinem Leiden, einen Gott in seinen Schreien.

Zielsatz:

Wir begegnen Jesus in seinem Leiden und Sterben und erfahren,

- *daß Jesus sich mit den Leidenden solidarisiert hat.*
- *daß Jesus gezeigt hat, wie der Mensch in der Verlassenheit des Leids darauf vertrauen kann, daß Gott ihn nicht untergehen läßt. (Gott aber zeigt in der Auferweckung, daß dieses Vertrauen nicht trügt.)*
- *daß Jesus in seinem mitleidenden Leben, Sterben und in seiner Auferweckung erzählt hat, daß Gott das Leid des Menschen nicht gleichgültig ist, daß Gott sich vielmehr als der mitleidende zeigt.*

1 „Der letzte Tag Jesu" (Die geschichtlichen Ereignisse des Todes Jesu)

Material:

- Fotos der Orte, an denen sich Jesus an seinem letzten Tag aufhielt (vgl. S. 184 ff.)
- für eine „Mitte": schwarze und violette Tücher, Kreuz
- evtl. Texte „Warum mußte Jesus sterben?" (S. 186 f.)

Gruppengröße:

ca. 8 – 12 Personen

Inhalt:

In diesem Baustein werden den Jugendlichen die geschichtlichen Ereignisse des Todes Jesu nähergebracht.

Für den/die KatechetIn eignet sich als inhaltliche Vorbereitung die Lektüre des Buches von G. *Lohfink, Der letzte Tag Jesu, Freiburg 1981*. Es ist kurz, informativ und leicht zu lesen. Falls der/die KatechetIn keine Zeit für die inhaltliche Vorbereitung hat, ist es empfehlenswert, eine(n) Theologen/in als Referenten/in einzuladen.

Methode:

Die Jugendlichen und der/die GruppenleiterIn sitzen um die „Mitte":

- schwarze Tücher mit dem Kreuz verweisen auf den Tod Jesu.

- violette Tücher, als Weg gestaltet, symbolisieren den Leidensweg Jesu.

Der/die GruppenleiterIn bzw. der/die ReferentIn legt nun nacheinander Bilder der verschiedenen Stationen des Leidensweges Jesu auf den „violetten Weg" und erläutert dabei zu jedem Bild den dazugehörigen historischen Hintergrund:

1. *Tempel* (vgl. Bild S. 184)
   Tempelreinigung und Tempelwort Jesu als letzter Anstoß zum Todesbeschluß der jüd. Obrigkeit
   (vgl. Lohfink, a.a.O., S. 24–26).
2. *Ölberg* (vgl. Bild S. 184)
   Die Verhaftung Jesu
   (vgl. Lohfink, a.a.O, S. 27–30).
3. *Palast des Kajaphas* (vgl. Bild S. 185)
   Nachtsitzung des Hohen Rates.
   Dort Messiasbekenntnis Jesu, das vom Hohen Rat als Gotteslästerung gesehen wird. Auf Gotteslästerung steht nach jüd. Gesetz die Todesstrafe. Da die jüd. Obrigkeit jedoch keine Blutsgerichtsbarkeit besitzt, wird Jesus zu Pilatus gebracht
   (vgl. Lohfink, a.a.O, S. 30–42).
4. *Prätorium des Pilatus* (vgl. Bild S. 185)
   Bei Pilatus beginnt ein neues Verfahren nach römischem Recht unter römischem Vorsitz. Der „Fall Jesus" wird vom Hohen Rat unter einem anderen Aspekt zur Anklage gebracht:
   Jesus wird als „politischer Aufwiegler" angeklagt. Somit könnte er nach römischem Recht verurteilt werden. Pilatus, der den Juden gegenüber feindlich eingestellt und ansonsten skrupellos ist, hält Jesus für harmlos. Um mit seiner Auffassung sicherzugehen, holt er ein außergerichtliches Zeugnis bei Herodes Antipas ein (vgl. Lohfink, a.a.O, S. 43–53).

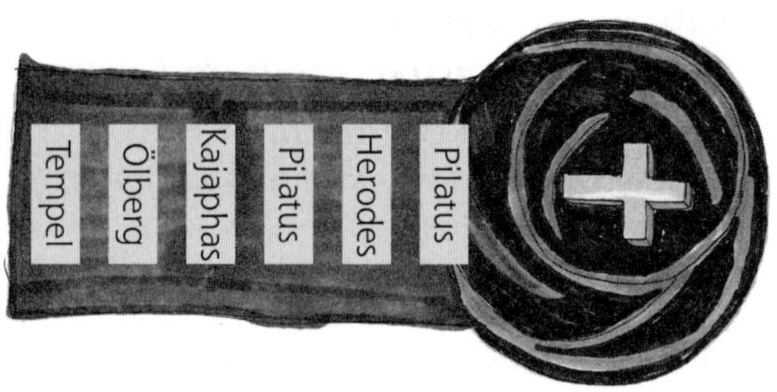

5. *Königlicher Palast der Hasmonäer* (vgl. Bild S. 186) Herodes möchte ein Wunder sehen, doch Jesus schweigt. Die Stimmung des Königs schlägt um. Er verhöhnt Jesus. Mit einem Prunkgewand wird Jesus zu Pilatus zurückgeschickt, d.h. Jesus ist ungefährlich, eine lächerliche Figur. Zu diesem Zeitpunkt ist ein Freispruch noch möglich (vgl. Lohfink, a.a.O., S. 53–55).
6. *Prätorium des Pilatus* (vgl. Bild S. 185) Pilatus spricht Jesus aber nicht frei, sondern bietet den Juden Jesus zur Amnestie an. Damit will er die Amnestie des Barrabas, der bei einem Terrorakt festgenommen worden ist, verhindern.

In der jüdischen Amnestie-Abordnung befinden sich Freunde und Verwandte des Barrabas. Diese formieren Sprechchöre gegen Jesus: „Kreuzige ihn! Kreuzige ihn!" (Mk 15,13f)

Die Taktik des Pilatus ist nicht aufgegangen. Da er Jesus zur Amnestie angeboten hat, hat er die Schuld Jesu öffentlich bestätigt. Pilatus muß nun Jesus zum Tode verurteilen (vgl. Lohfink, a.a.O. S. 55–64).

Der Kreuzweg Jesu beginnt.

Zusammenfassend und weiterführend kann zum Abschluß noch der Text von Mack, Volpert, „Warum mußte Jesus sterben" (vgl. S. 186 f.) nach der Vaesteras-Methode (vgl. S. 15) gelesen werden.

Zeit:
1 – 1 ½ Stunden

Anmerkung:
In einigen Punkten besteht in der exegetischen Forschung Uneinigkeit, z.B. ob Jesus bei Herodes Antipas überhaupt war.

Zur Vertiefung des Themas seien als weiterführende Literatur empfohlen:

- K. Kertelge (Hrsg.), Der Prozeß gegen Jesus, Freiburg u.a. 1988
- G. Dautzenberg u.a. (Hrsg.), Zur Geschichte des Urchristentums, Freiburg u.a. 1979
- K.A. Speidel, Das Urteil des Pilatus, Stuttgart 1976

2 Der Kreuzweg Jesu – mein „Kreuzweg" im vergangenen Jahr (Symbolmeditation)

Material:

- für die „Mitte": schwarze Tücher, Lederbeutel mit Geld, Kelch, Strick, Dornenkrone, einfaches Holzkreuz
- Plakatkartonstreifen mit der Aufschrift:

Glaube ist der Vogel, der singt, wenn die Nacht noch dunkel ist.

- Meditationstext mit Fragen zur Besinnung (S. 188)
- meditative Musik, Kassettenrecorder

Gruppengröße:
8 – 12 Personen

Inhalt:
In diesem Baustein wird der Kreuzweg Jesu anhand von Symbolen betrachtet und meditativ nachempfunden. Anschließend wird den Jugendlichen die Möglichkeit gegeben, ihren „Kreuzweg" des vergangenen Jahres zu betrachten.

Methode:
Die Gruppe sitzt um die „Mitte", die zunächst nur durch ein schwarzes Tuch und eine Osterkerze gestaltet wird.

Der/die GruppenleiterIn zeigt nun die einzelnen Symbole (Geldbeutel, Kelch, Strick, Dornenkrone, Kreuz) und erläutert diese (vgl. Text S. 188 – ohne Fragen zur Besinnung!). So werden nacheinander die Symbole in die „Mitte" gestellt. Nun erhält jede(r) TeilnehmerIn Anregungen seinen/ihren „Kreuzweg" des vergangenen Jahres zu meditieren (vgl. Meditationstext mit Fragen zur Besinnung S. 188). Jede(r) TeilnehmerIn ist nun ca. 20 Minuten allein und entscheidet sich für mindestens ein Symbol, das er/sie meditiert.

Anschließend wählen sich die Jugendlichen jeweils eine/n GesprächspartnerIn, um sich über „den Kreuzweg" des vergangenen Jahres auszutauschen (20 Minuten). Es sollte jedoch respektiert werden, wenn einige Jugendliche lieber mit sich alleine sein möchten.

Zum Abschluß legt der/die GruppenleiterIn einen Plakatkarton mit dem Satz „Glaube ist der Vogel, der singt, wenn die Nacht noch dunkel ist." (Rabindranath Tagore) in die „Mitte". Der Satz wird vorgelesen und gefragt:

- Welche Hoffnung habe ich?

In der Stille (evtl. ruhige Meditationsmusik im Hintergrund) klingt das Treffen aus.

Zeit:
ca. 1 – 1 ½ Stunden

3 Gekreuzt (naturale Meditation von E. Gruber/B. Hintersberger)

Material:
- für jede(n) TeilnehmerIn ein Aststückchen von 25 cm Länge. (Die Aststückchen sollen frisch und geschmeidig sein. Schößlinge von Flieder und Obstbäumen eignen sich gut.)
- evtl. für die „Mitte": dunkle Tücher, Holzkreuz, Kerzen, Aststückchen

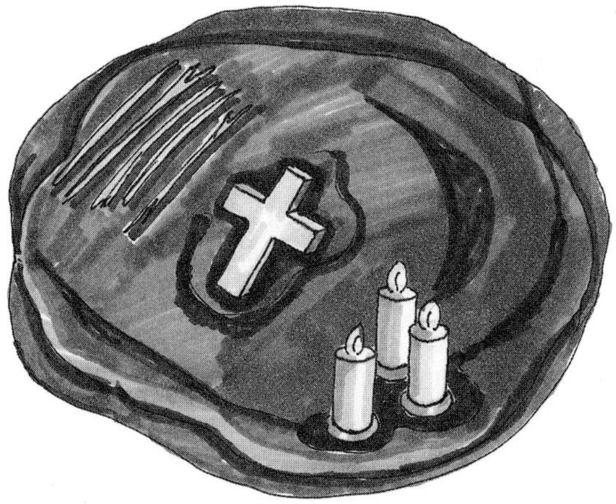

Gruppengröße:
ca. 10 Personen

Inhalt:
In dieser naturalen Meditation wird den Erfahrungen des Gebrochen-Seins nachgespürt. Das Kreuz in unserem Alltag, aber auch die Chancen, die daraus erwachsen, wenn wir unser Kreuz annehmen, sind Inhalt dieses Bausteins.

Methode:
Um die „Mitte" sitzend, könnte die Gruppe zunächst gemeinsam das Lied von Bob Dylan „Blowing in the wind" singen. Der/die GruppenleiterIn verteilt dann die Aststückchen, so daß jede(r) TeilnehmerIn ein Aststückchen in der Hand hält (vgl. S. 189).

Während der/die GruppenleiterIn die Meditation liest, führen alle bei den sieben angegebenen Schritten das Entsprechende aus.

„Ich bin gekreuzt" (S. 189)

Zeit:
~ 3/4 Stunden

4 ......für uns .... (Jesu stellvertretendes Leiden – Film Parabel)

Material:
- Filmprojektor
- 16 mm Film: Die Parabel, USA 1964, T. Rook/R. Forsberg, 22 Min., (auszuleihen bei Kreisbildstellen oder Diözesanmedienstellen)

Gruppengröße:
ca. 8 – 20 Personen

Inhalt:
Der Film erzählt vom großen Zirkus „Leben". Am Ende steht der Tod eines Menschen, der starb, weil er anders war. In den Szenen des Films steht der weiße Clown im Mittelpunkt, der stellvertretend für andere Zirkusleute Arbeitslast, Demütigung, Bedrohung auf sich nimmt und dadurch den Zorn der „Herrschenden" hervorruft. Er ist für die einen Befreiung, für die anderen Ärgernis. Zum Schluß wird er in der Zirkuskuppel getötet (eindeutiger Hinweis auf die Kreuzigung). Am Ende des Films zieht der Zirkus weiter, und wieder reitet – wie zu Beginn – eine Gestalt auf einem Maultier hinter dem Zirkus her. Es ist der Mörder des weißen Clowns, der nun selbst die Rolle des Clowns übernommen hat.

In diesem Film werden das Handeln und Sterben Jesu als stellvertretendes Leiden und Sterben interpretiert. Auf diese Weise kann den Jugendlichen eine christliche Deutung des Todes Jesu nähergebracht werden. Das Mitleiden Jesu geht so weit, daß er das Leiden und Sterben der Menschen auf sich nimmt und sie dadurch befreit. (Vgl. u.a. 1 Petr 2,21–25; 1 Kor 15,3; Röm 3,25; Jes 53)

Methode:
Nach dem gemeinsamen Anschauen des Filmes könnten die Jugendlichen zunächst spontan äußern, welche Bilder ihnen durch den Kopf gehen. Beim anschließenden Auswertungsgespräch könnten folgende Fragen hilfreich sein:
- Welche Personen/Personengruppen treten auf, und wie verhalten sie sich?
- Wie ist ihr Verhalten zu beurteilen?
- Kannst du Ähnlichkeiten zwischen dem Handeln des Clowns und dem Handeln Jesu entdecken?
- Wie könnte man die Schlußszene interpretieren?

Am Ende des Gespräches könnte gemeinsam das Lied: „Eines Tages kam einer"..... (Jugendbuch S. 39) gesungen werden.

Zeit:
ca. 1 Stunde

5 „Viele sind voller Mitleid" - (Tanz)

Material:

- „Zeitungsnotiz" (S. 190)
- Lied „Viele sind voller Mitleid" (S. 191)
- evtl. Musikinstrumente
- evtl. für eine „Mitte": schwarze und gelbe Tücher, zwei Holzstäbe, (Oster-) Kerze
- Chassidische Geschichte „Mitleiden können" (S. 190)

Gruppengröße:

12 – 20 Personen

Inhalt:

Petrus sieht bei der Verklärung Jesu diesen in einer Welt, die vom Leid nicht mehr berührt werden kann, und er möchte diese Situation festhalten („Laß uns drei Hütten bauen ..." Mk 9,5). Jesus aber geht zurück, den „Berg hinunter", er geht seinen Leidensweg, wissend, daß Befreiung vom Leid nicht dadurch geschieht, daß er am Leid vorbeigeht. Er weiß, daß Befreiung vom Leid geschieht, indem er durch das Leid hindurchgeht. Jesus solidarisiert sich in seinem Leben mit den Leidenden, ja er leidet selber am Kreuz. Er zeigt dabei, wie der Mensch in der Verlassenheit des Leids darauf vertrauen kann, daß Gott ihn nicht im Leid untergehen läßt – und Gott zeigt in der Auferweckung, daß dieses Vertrauen nicht trügt. Jesus erzählt uns so in seinem „mitleidenden" Leben, Sterben und in seiner Auferweckung, daß Gott das Leid des Menschen nicht gleichgültig ist. Gott zeigt sich in Jesus als der Mitleidende. Dies kann uns die Kraft geben, mitleidend dem Leiden zu begegnen. Das Lied und der Tanz von Siegfried Macht greifen diese Gedanken auf.

Methode:

In wenigen Sätzen führt der/die GruppenleiterIn ins Thema ein (vgl. Inhalt). Anschließend kann die Zeitungsnotiz über Joni Eareckson (vgl. S. 190) vorgelesen werden.

Das Lied von Siegfried Macht „Viele sind voller Mitleid" (S. 191) wird nun mehrmals – wenn möglich auch im Kanon – gesungen.

Der Kanon kann dann um die „Mitte" herum getanzt werden (Tanzanleitung vgl. S. 191). Sollte der Kanon in der Kirche getanzt werden, vgl. 2. Teil der Tanzanleitung (S. 191) von Siegfried Macht.

Die chassidische Geschichte vom Mitleiden könnte zum Schluß vorgelesen oder erzählt werden.

Zeit:

ca. 1/2 – 3/4 Stunde

6 Golgota ist überall (Leid Jesu – Leid der Welt – eine Collage)

Material:

- Text „Golgota" (Jugendbuch, S. 45)
- Tageszeitungen, Magazine, Wochenzeitungen
- eine große Papierbahn bzw. zwei Tapetenbahnen aneinandergeklebt
- Klebstoff, Scheren, Stifte, Farben
- meditative Musik
- CD-Player bzw. Kasettenrecorder

Gruppengröße:

ca. 10 Personen

Inhalt:

In diesem Baustein sollen sich die Jugendlichen des Leids, der Not heute bewußt werden und spüren, daß es Golgota auch heute noch gibt: Was man damals Jesus angetan hat, wird auch heute noch Menschen angetan. So kann weiter bewußt gemacht werden, daß wir Leid erfahren, aber auch anderen Leid zufügen, daß wir in ungerechte, Leid verursachende Strukturen verwoben sind.

Methode:

Die Gruppe sitzt um eine große Papierbahn, auf die ein Kreuz gezeichnet ist.

Der/die GruppenleiterIn ermuntert dann die Jugendlichen, Leiderfahrungen heute als Collage, Zeichnung, Text auf die Papierbahn um das Kreuz herum zu malen, kleben oder schreiben.

Um eine gesammelte Atmosphäre zu schaffen, empfiehlt es sich, eine ruhige Musik im Hintergrund zu spielen.

Nach einer Phase der Einzelarbeit stellen die Jugendlichen ihre Arbeiten vor. Schwerpunkte eines Auswertungsgespräches könnten sein:

- Was habe ich dargestellt?
- In welcher Beziehung stehe ich zum dargestellten Leid (Täter – Opfer) ?
- Wie kann ich dem Leid begegnen?

Zum Abschluß wird der Text „Golgota" (vgl. Jugendbuch S. 45) vorgelesen.

(Es ist durchaus möglich, daß „Golgota" für einige Jugendliche ein Fremdwort ist. So erweist es sich als sinnvoll, daß der/die GruppenleiterIn zunächst den Begriff erklärt).

Zeit:

1 – 1/2 Stunden

7 Das Leiden und Sterben Jesu (Eine Szene aus der Passionsgeschichte mit Ton gestalten)

Material:
- Ton, Wasser, Messer, Unterlagen, Gefäße, Brennofen
  oder: falls kein Brennofen vorhanden ist, Keraplast (erhältlich beim ALS-Verlag oder in Bastelgeschäften)
- Kassettenrecorder
- meditative Musik
- Bibeln

- für eine „Mitte": schwarze Tücher, Stacheldraht, Kerze

Gruppengröße:
ca. 10 Personen

Inhalt:
In diesem Baustein sollen auf meditative und kreative Art und Weise der letzte Tag Jesu, sein Leiden und Sterben nacherlebt werden.

Methode:
Zunächst setzt sich die Gruppe um die gestaltete „Mitte".

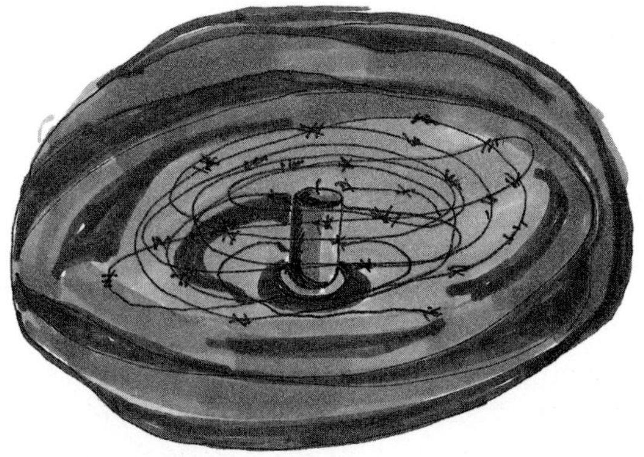

Der/die GruppenleiterIn führt ins Thema ein, indem er/sie die Symbolik des Stacheldrahtes in der „Mitte" erklärt: Der Stacheldraht symbolisiert die verletzenden, harten, schmerzenden Erfahrungen in unserem Leben – das Leid, den Tod. Leiden und Sterben Jesu sollen im Mittelpunkt des Treffens stehen.

Der/die GruppenleiterIn liest nun gemeinsam mit den Jugendlichen die Passionsgeschichte (MK 14,1–15,47 oder Mt 26,1–27,66 oder Joh 18,1–19,42). Die Jugendlichen erhalten dann Ton /Keraplast. Der/die GruppenleiterIn bittet die Jugendlichen, sich einen Ort im Raum zu suchen und die Szene aus der Passionsgeschichte, die sie am meisten beeindruckt hat, mit Ton zu gestalten. Dazu kann meditative Musik gespielt werden. Vielleicht können die Jugendlichen in ihr Arbeiten auch Leid und Tod in unserer Welt mit einbeziehen:

Wo werden heute Menschen verraten, gefoltert, getötet? (Jede(r) Jugendliche sollte seine getonte Passionsszene auf eine feste Unterlage legen!)

Nachdem den Jugendlichen genügend Zeit zum Tonen gegeben wurde, trifft sich die Gruppe um die Mitte.

Die getonten Passionsszenen werden um die „Mitte" gelegt. Dabei erzählen die Jugendlichen von ihrem „Werk" und ihren Erfahrungen beim Tonen:
- Was habe ich dargestellt?
- Warum diese Szene, diese Figur?
- Wie ist es mir ergangen?

Am Ende der Gesprächsrunde kann der/die GruppenleiterIn die Kerze inmitten des Stacheldrahtes anzünden. Die brennende Kerze erzählt mit ihrem Leuchten vom christlichen Glauben, daß das Dunkel der Welt überwunden wird durch Gott, der Jesus nicht im Leid untergehen ließ.

Zeit:
ca. 1 – 2 Stunden

III.3. Auferweckung Jesu – Eines Tages kam einer, der hatte ein Leben in seinem Tode, eine Auferstehung in seinem Grabe

Zielsatz:

Wir begegnen Jesus, dem Auferstandenen und erfahren, daß Auferweckung bedeutet:

- *Leid und Tod haben in der Welt nicht das letzte Wort.*
- *Gott ist ein Gott, der in seiner Liebe unser Leben begleitet, der das Leben will und nicht den Tod.*
- *Gottes Liebe endet nicht mit unserem Tod.*
- *Gottes Liebe wendet sich gegen die lebensfeindlichen, tödlichen Mächte mitten in unserem Leben.*

1 Wo sind die Beweise? (Briefe an den „ungläubigen Thomas")

Material:

- für die „Mitte":
- Tücher, Fotoapparat, drei Filmrollen, Osterkerze
- Stifte
- Texte: „Lieber Thomas" (S. 192), und „Ostern – Hoffnung über den Tod hinaus" (S. 193)
- Bibeln (evtl.)

Gruppengröße:

ca. 8 Personen

Inhalt:

Die Evangelien berichten, daß Jesus nicht im Tod geblieben ist, daß er vielmehr auf neue Weise lebt. Die Evangelien bezeugen nur, *daß* Jesus auferweckt wurde, über das „*Wie*" geben sie keine Auskunft. Die Erfahrung der Auferweckung kann man wissenschaftlich weder beweisen noch widerlegen.

Dennoch ist gerade für Jugendliche, die mit dem empirisch-naturwissenschaftlichen Denken großgeworden sind, die Frage nach der Faßbarkeit und Beweisbarkeit der Auferstehung von Bedeutung.

Sie stehen so in enger Verwandtschaft mit dem „ungläubigen Thomas" der Bibel, der auf die Nachricht der anderen Jünger: „Wir haben den Herrn gesehen" (Joh 20,25a) antwortet: „Wenn ich nicht die Male der Nägel an seinen Händen sehe und wenn ich meinen Finger nicht in die Male der Nägel und meine Hand nicht in seine Seite lege, glaube ich nicht." (Joh 20,25b)

Ziel dieses Bausteins ist es, die Jugendlichen in dieser ihrer Fragerichtung ernst zu nehmen, ihnen aber in einem zweiten Schritt aufzuzeigen, daß der Glaube wie auch das Vertrauen und die Liebe sich empirisch-naturwissenschaftlichen Denkkategorien entziehen, daß sie nicht meßbar, prüfbar oder beweisbar sind, daß sie nur erfahrbar werden, wenn wir uns auf den Weg machen.

Methode:

Die Jugendlichen und der/die GruppenleiterIn sitzen um die gestaltete „Mitte":

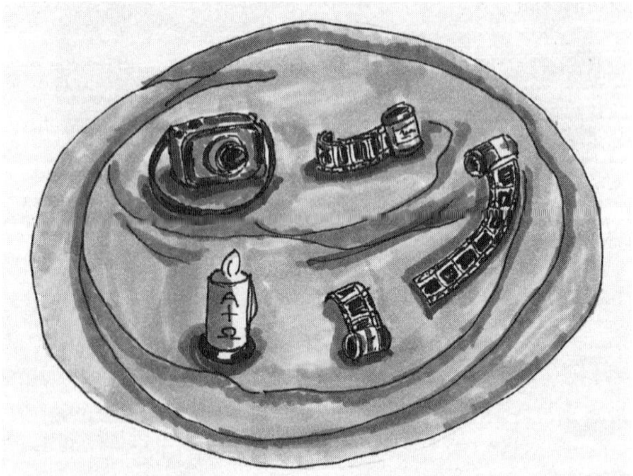

Der/die GruppenleiterIn erzählt die Geschichte vom „ungläubigen Thomas" (vgl. S. 192).

Anschließend teilt er/sie den Text und Stifte aus und ermutigt die Jugendlichen, dem „ungläubigen Thomas" einen Brief zu schreiben. Jede(r) sollte sich einen Platz im Raum suchen, wo er/sie ungestört schreiben kann.

Nach einiger Zeit trifft sich die Gruppe wieder um die „Mitte" herum, und die Jugendlichen lesen ihre Briefe vor. Fragen nach Unterschieden, Gemeinsamkeiten oder Lösungsvorschlägen können das anschließende Gespräch bestimmen. Es könnte hier auch Joh 20,26–29 gelesen werden. Die Frage nach der Beweisbarkeit des Osterglaubens wird im Folgenden weiter thematisiert. Hierzu verweist der/die GruppenleiterIn auf die Kamera und die drei Filmrollen in der „Mitte" und stellt die Frage:

„Hätte es zu Ostern damals in Jerusalem schon Kameras gegeben und hätte man eine automatische Kamera am Grab Jesu postiert, was wäre dann zu sehen gewesen?"
Die Jugendlichen können zunächst spontan Vermutungen äußern. Sodann stellt der/die GruppenleiterIn drei mögliche Antworten vor.

1. *Antwort:* Auf dem Film sieht man nichts, weil nichts geschehen ist. Das Grab war nicht leer. Es blieb verschlossen. Die Auferweckung hat gar nicht stattgefunden.
2. *Antwort:* Auf dem Film sieht man nichts, da der Film total überbelichtet wurde, da das göttliche Licht des Auferstandenen so blendend war, daß die Filmschicht wie von einem Atomblitz getroffen sofort zerstört wurde.
3. *Antwort:* Auf dem Film sieht man nichts, weil das, was Auferweckung bedeutet, nicht mit den Kategorien von Raum und Zeit zu erfassen ist. Genausowenig wie Liebe, Vertrauen, Zuneigung fotografiert werden können, kann das Geschehen der Auferstehung in Bilder gefaßt werden.

Die Jugendlichen werden nun gebeten, einer dieser Antworten ihr begründetes Votum zu geben. Je nach Gruppensituation kann zum Abschluß

- der Text „Ostern – Hoffnung über den Tod hinaus" (S. 193) nach der Vaesteras-Methode (vgl. S. 15) gelesen oder
- der folgende Text vorgelesen werden:

Auferstehung
Ich kann nicht beweisen,
was unbeweisbar ist.
Ich kann nur erzählen
von meinem Vertrauen,
daß Gottes Liebe mich auffängt
an der Grenze jeden Todes.
Ich will nichts beweisen,
weil man Liebe nur leben kann
und weil Vertrauen nur wächst,
wenn man es wagt.
(Irmi Spangenberger)

Zeit:
1 ½ – 2 Stunden

2 Auferstehung Jesu – Auferstehung im Leben (Traumreise)

Material:
- Decken oder Iso-Matten (von den Teilnehmern mitgebracht) oder: Teppich bzw. Teppichfliesen
- Kassettenrecorder oder CD-Player
- Meditationsmusik: Deuter, Land of Enchantment, Deuter, Sands of Time, Hufeisen, Flötenzauber (ausgewählte Stücke) u. a.
- Text zur Traumreise (S. 194)
- evtl. Papier, Plakatkarton, Stifte, Wachsmalstifte, Farben, Pinsel
- Lied: „Manchmal feiern wir mitten im Tag" (Jugendbuch S. 55)

Gruppengröße:
beliebig

Inhalt:
Diese Übung versucht auf meditative Art und Weise, die Jugendlichen in Bildern ihrer eigenen Geschichte entdecken zu lassen, wo sich für sie „Auferstehung im Leben" ereignet haben könnte.

Methode:
Eine Einführung in die Methode der Traumreise kann in II. 1,1 (S. 32) nachgelesen werden. Alle TeilnehmerInnen legen sich bequem hin. Musik wird leise eingespielt. Nach ca. 1 – 2 Minuten liest der/die GruppenleiterIn langsam die Traumreise (vgl. S. 194) vor.

Nach der Traumreise sollte den TeilnehmerInnen Gelegenheit gegeben werden, ihre Erfahrungen mitzuteilen. (Evtl. werden mehrere Gesprächsgruppen mit eigenen GesprächsleiterInnen im Raum gebildet.) Mögliche Impulsfragen:
- Wie ist es euch auf der „Reise" ergangen?
- An welchen Bildern seid ihr besonders hängengeblieben?
- Auferstehung Jesu – Auferstehung im Leben: Seht ihr da Verbindungslinien?

Eine andere Möglichkeit der Auswertung könnte im *Malen* der Eindrücke und Bilder, die den TeilnehmerInnen während der Traumreise gekommen sind, liegen. Als Alternative sollte die Möglichkeit bestehen, einzelne Gedanken schriftlich festhalten zu können. Im anschließenden Plenum könnten die TeilnehmerInnen ihre Bilder bzw. Texte vorstellen, soweit sie das wünschen.

Zum Schluß könnte das Lied „Manchmal feiern wir mitten im Tag" (Jugendbuch S. 55) gesungen werden.

Zeit:
½ – 1 ½ Stunden (je nach Auswertungsmethode)

3 Vom Tod zum Leben

Material:
- die „Mitte": dunkle Tücher, zwei lange Springseile zum Legen einer Spirale, Osterkerze
- Zeichenblätter, Stifte, Farben, Wassermalfarben, Pastellkreide, Wachsmalstifte
- Lied: „Herr, bleibe bei uns"
- Bibel (Emmausgeschichte Lk 24, 13–35)

Gruppengröße:
10 – 20 Personen

Inhalt:
Die Jünger haben die Erfahrung gemacht, daß Leid und Tod in der Welt nicht das letzte Wort haben. Das Osterbekenntnis „Gott hat Jesus auferweckt" ist das Bekenntnis zu einem Gott, der in seiner Liebe unser Leben und Sterben begleitet und dessen Liebe nicht mit unserem Tod endet. Gott *wendet* den Tod zum Leben.

Eine *„Wende-Geschichte"*, in der deutlich wird, daß Gott die Dunkelheit unseres Lebens wendet, ist die Emmausgeschichte (Lk 24,13-35). Die Jünger Jesu kehren Jerusalem den Rücken, obwohl die Frauen ihnen berichtet hatten, daß Jesus lebt. Die zwei Jünger können dies jedoch nicht glauben. So gehen sie in die falsche Richtung, weg von Jerusalem. Trauer und Hoffnungslosigkeit begleiten sie. Aber Jesus geht mit ihnen – in die falsche Richtung –, er hält ihre Fragen und Zweifel aus. Er versucht, ihnen mit Worten den Sinn des Geschehenen zu deuten, doch können die Jünger ihn nicht verstehen. Immer weiter gehen sie den Irrweg, die Sackgasse. Jesus geht diesen Weg mit. Er sagt nicht: „Ihr geht verkehrt." Er kann warten.

Die Nacht bricht herein – Ausdruck der Trostlosigkeit und Ratlosigkeit der Jünger.

Sie laden Jesus ein, bei ihnen zu bleiben, wenn es dunkel wird. Erst als Jesus das Brot bricht und es mit ihnen teilt, erkennen sie ihn als den, der sein Leben und Leiden mit den Menschen geteilt hat. Sie verstehen, daß Jesus so von Gott erzählt hat, der Anteil hat am Leben der Menschen, der die Menschen im Leben, aber auch im Tod nicht allein läßt.

Den Jüngern gehen die Augen auf: Gott ist bei uns – in unserem Leben und in unserem Tod. Gott hat Jesus auferweckt. Noch in der gleichen Nacht brechen sie auf. *Sie kehren um, sie wenden sich* von Emmaus nach Jerusalem, vom Tod zum Leben.
Diese „Wendegeschichte" kann im Symbol der Doppel-Spirale ausgedrückt werden:

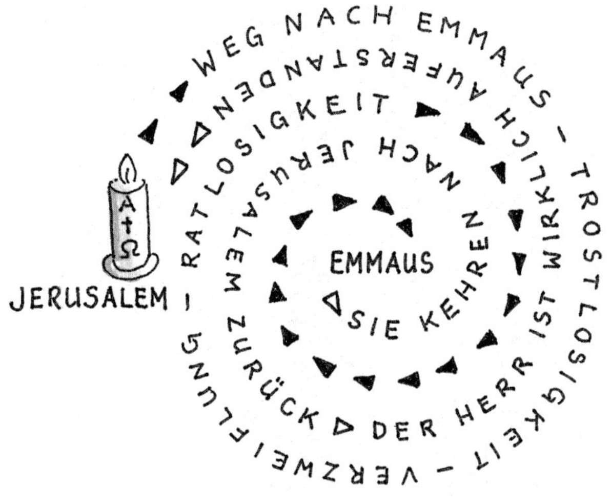

Bei aller Vieldeutigkeit ist die Doppel-Spirale auch ein Auferstehungssymbol. Sie führt aus der Enge in die Weite, aus der Ausweglosigkeit zum Ziel, vom Tod zum Leben.

Methode:
Die Gruppe sitzt um die „Mitte", die zunächst nur aus schwarzen Tüchern und einer Osterkerze besteht.

Der/die GruppenleiterIn entzündet die Osterkerze und beginnt mit der Erzählung der Emmausgeschichte (vgl. Inhalt; vgl. Lk 24,13–35). Das Springseil wird in einem großen Bogen von der Kerze weggelegt, um den Weg der Emmausjünger weg von Jerusalem, den Ort der Auferweckung, zu symbolisieren.

Im weiteren Verlauf der Geschichte legt der/die GruppenleiterIn mit dem Springseil die Spirale bis zur „Mitte" und erzählt die Geschichte bis zu dem Punkt, wo die Emmausjünger Jesus bitten: „Bleib doch bei uns; denn es wird bald Abend, der Tag hat sich schon geneigt." (Lk 24,29)

Hier kann gemeinsam der Kanon „Herr, bleibe bei uns!" gesungen werden.

Die Emmausgeschichte wird zu Ende erzählt. Gleichzeitig werden mit einen zweiten Springseil (evtl. in einer anderen Farbe) die Wendung und der Weg zurück nach Jerusalem gelegt.

Der/die GruppenleiterIn erzählt dann davon, daß es uns in unserem Leben oft ähnlich geht wie den Emmausjüngern: Oft gehen wir in die falsche Richtung, verirren uns in eine Sackgasse, sind ratlos, verzweifelt und einsam.

Die Emmausgeschichte kann uns Mut machen, daß wir darauf vertrauen, daß Jesus auch dann bei uns bleibt und daß wir „Wendung", Hinwendung zum Leben, erfahren dürfen.

Die Jugendlichen können nun mit Wasserfarben, Wachsmalstiften, Pastellkreiden etc. eine Doppelspirale zum Thema *„Vom Tod zum Leben"* malen oder evtl. auch schreiben.

Nach einer Phase der Stillarbeit trifft sich die Gruppe, und jede(r), der/die will, stellt seine/ihre Spirale vor.

Zeit:
1½ – 2 Stunden

4 Was bedeutet die Auferweckung Jesu für mich? – Ein Gespräch mit Gemeindemitgliedern

Material:
- Gudrun Pausewang, Die Heimkehr (Jugendbuch S. 53 f.)
- Lied „Manchmal feiern wir mitten im Tag" (Jugendbuch S. 55)
- Zettel, Stifte
- für eine „Mitte": dunkle Tücher, Stein, Blumen, Kerze

Gruppengröße: 7 – 10 Personen

Inhalt:
Der Glaube, daß Gott auch unser Leid wenden will, hat immer auch seinen Ort im Leben von Christen: Wo in Trauer und Tod Trost erfahren wird, wo neuer Sinn entsteht, wo aus Krise und Krankheit neue Hoffnung, neues Leben geboren werden, wo Frieden und Versöhnung wachsen können, wird Auferstehung heute erfahrbar.

In jeder Gemeinde gibt es Menschen, die in ihrer Lebensgeschichte Spuren Gottes zu entdecken vermögen und über diese Erfahrungen sprechen können. In einem Gespräch mit den Jugendlichen Auferstehungserfahrungen zu benennen, soll Ziel dieses Bausteins sein.

Methode:
Spätestens 8 – 14 Tage vor dem Gruppentreffen könnten 2 – 3 Gemeindemitglieder angesprochen und zum Gespräch eingeladen werden.

Die Gruppe sitzt um eine „Mitte". Zunächst stellen sich alle GesprächsteilnehmerInnen kurz vor. Danach wird die Geschichte von Gudrun Pausewang „Die Heimkehr" vorgelesen.

Für das anschließende Gespräch könnten folgende Leitfragen hilfreich sein:
- Kann man das, was Kinder bei der Trennung ihrer Eltern erleben, als kleinen (sozialen) Tod bezeichnen?
- Was hat diese Geschichte mit Auferstehung zu tun?

Nach dem Gespräch teilt der/die GruppenleiterIn Stifte und Zettel aus. In einer Einzelarbeit von ca. 10 Minuten Dauer überlegen alle GesprächsteilnehmerInnen, wo sie Tod und Auferstehung in ihrer Umgebung erleben. Dabei sollte der Zusammenhang mit der Auferweckung Jesu durch Gott als ‚Ur-Erfahrung' hergestellt werden.

Im Anschluß an die Stillarbeit tragen die TeilnehmerInnen im Plenum ihre Gedanken vor und tauschen ihre Erfahrungen aus.

Zum Abschluß der Gesprächsrunde könnte das Lied: „Manchmal feiern wir mitten im Tag" gesungen werden.

Zeit: ca. 1½ Stunden

5 „Im Tod ist das Leben" (Weizenkorn-Meditation)

Material:

- für die „Mitte": Tonschale mit Erde, braune Tücher, Ährenstrauß, Osterkerze
- Schale mit Weizenkörnern
- Weizenkeimlinge in Servietten
  (10 Tage vor der Katechese Weizenkörner aussäen, an warmen Ort stellen und mit warmem Wasser begießen)
- Liedtexte: „Das Weizenkorn muß sterben" (Gotteslob, Nr. 620)
  „Eine Handvoll Erde" (Jugendbuch S. 24)
- meditative Musik, z.B. G. Telemann, Sonate für Oboe und Harfe; Internationale Meisterkonzerte, Edition 1

Gruppengröße:
10 – 12 Personen

Inhalt:
Die Erfahrung, daß im Tod neues Leben verborgen ist, ja daß wir erst zu leben beginnen, wenn wir etwas von uns geben, wenn wir uns hergeben, wenn wir „sterben", zieht sich wie ein roter Faden durch das Leben Jesu. Diese Erfahrung prägt auch Jesu Passion und Auferstehung: Jesus geht seinen Weg des Für-andere-Daseins konsequent bis zum Ende. Sein Tod ist jedoch der Beginn neuen Lebens, einer neuen Wirklichkeit.

L. Zenetti hat in seinem Lied „Das Weizenkorn muß sterben" dieses Paradox so formuliert: „im Tod ist das Leben".

Wer ein erfülltes Leben finden will, der muß geben, um sich zu finden, der muß loslassen, um zu gewinnen, der muß sterben, um zu leben. Sich hingeben, damit Neues entsteht – dies beobachten wir nicht nur in unserem Leben, dies beobachten wir auch in der Natur, z.B. beim Keimen eines Weizenkorns. Durch die meditative Betrachtung des Weizenkorns soll in diesem Baustein dem Paradox christl. Existenz nachgespürt werden: „Geheimnis des Glaubens: im Tod ist das Leben".

Methode:
Die Gruppe sitzt um eine „Mitte", die zunächst nur durch braune Tücher, eine brennende Osterkerze und einen Ährenstrauß gestaltet ist.

Zu Beginn könnte das Lied: „Eine Handvoll Erde" (Jugendbuch S. 24) gesungen werden. Der/die GruppenleiterIn reicht nun eine Schale mit Erde herum. Jede(r) sollte sich genügend Zeit nehmen, um die Erde zu fühlen, zu riechen, zu sehen. Ruhige Musik, die jetzt eingespielt wird, schafft eine meditative Atmosphäre. Haben alle die Erde betrachtet, wird die Schale in die „Mitte" gestellt.

Der/die GruppenleiterIn reicht nun eine Schale mit Weizenkörnern herum und bittet die Jugendlichen, sich ein Weizenkorn zu nehmen, in der Hand zu halten und zu betrachten.

Anschließend kann folgende Meditation gelesen werden:
„Das Weizenkorn mit seiner harten Schale fasziniert mich: eingetrocknet, verdorrt, in sich verschlossen liegt es da. Nichts läßt vermuten, daß Leben in diesem Weizenkorn steckt. Und wüßten wir es nicht aus Erfahrung, es fiele uns schwer zu glauben, daß aus so einem kleinen Ding eine große Ähre mit vielen Körnern wächst. Und doch ist in diesem kleinen Korn Leben: Wenn das Korn in die Erde gelegt wird, muß es zunächst die Dunkelheit, die Enge ertragen.

Aber allmählich wird das Korn durch die Nahrung aus dem fruchtbaren Boden, durch Wasser und Wärme fähig, seine enge Schale zu sprengen und zu keimen.

Das Korn stirbt nur scheinbar. Es verwandelt sich vielmehr zu neuem Leben."

Die Jugendlichen legen nun nacheinander ihr Weizenkorn in die Erde (Pflanzschale in der „Mitte").

Nach einer Zeit der Stille liest der/die GruppenleiterIn weiter:
„In meinem Leben ist es oft ähnlich. Auch ich brauche Nahrung für meine Seele und Wärme, um wachsen zu können. Aber ich muß mich öffnen, muß die Schale meines Ichs sprengen, muß etwas von mir hergeben, damit mein Leben gelingt. Nur wenn ich mein Leben mit anderen teile, kann Neues entstehen."

Stille

„Jesus hat dies gelebt: Er ist auf die Menschen zugegangen, er hat sein Leben geteilt, er hat sein Leben verloren und – so glauben wir – es dennoch gewonnen."

Stille

(Musik ausschalten).
Nun kann das Lied von L. Zenetti „Das Weizenkorn muß sterben" (Gotteslob Nr. 620) gesungen werden.

Anschließend verteilt der/die GruppenleiterIn an jede(n) einen Keimling (Korn mit Wurzel, etwas Erde und Sproß auf einer Serviette). Die Jugendlichen werden gebeten, beim Betrachten des Keimlings an Situationen in ihrem Leben zu denken, in denen sie etwas vom Geheimnis des Korns erfahren durften.
(Evtl. nochmals meditative Musik!)

Stille

Falls die Gruppensituation es zuläßt, kann noch über die Gedanken und Eindrücke während der Meditation gesprochen werden.

Wenn noch viel Zeit ist, kann gemeinsam ein Brot oder Brötchen gebacken werden und gemeinsam erzählt, gespielt und gegessen werden.

Zeit:
1 – 1½ Stunden (ohne Brotbacken)

6 „Licht, das die Dunkelheit vertreibt" (Bildbetrachtung, Malen, Tanzen)

Material:
- für die „Mitte": gelbe Tücher, Sonnenblumen, Osterkerze, Kreuz
- Diaprojektor
- Dia: Alfred Manessier (geb. 1911): Auferstehung, Farblithographie (1949) in: Bilder der Kunst zur Bibel, München 1980, Dia Nr. 48 (oft in kirchl. Medienstellen erhältlich)
- CD-Player
- Kanon von Pachelbel nach Hufeisen vgl. CD Hufeisen, Flötenzauber, EDL 2799-2
- DIN-A4-Zeichenblätter
- Wasserfarben, Pinsel
- Tanzbeschreibung „Sonnentanz" (S. 193)

Gruppengröße:
12 – 15 Personen

Inhalt:
Die Freunde Jesu wurden durch seinen Tod in ihren Hoffnungen erschüttert. Unsinniger und schrecklicher hätte das Leben Jesu nicht enden können. Waren Jesu Glaube und Leben von dieser Welt durchkreuzt worden?

Die Freunde Jesu machten jedoch die Erfahrung, daß Leid und Tod in der Welt nicht das letzte Wort haben. Sie haben erlebt, daß Jesus nicht im Tod blieb, daß er vielmehr lebt und auf neue Weise unter ihnen ist.

Auferweckung bedeutet: Die Dunkelheit des Leids und des Todes sind überwunden, das Licht des Ostermorgens überstrahlt die Nacht.

Die Symbolik von Dunkelheit und Licht findet sich auch in der Osternacht, wenn die Osterkerze das Dunkel des Kirchenraumes durchbricht und der Priester das „lumen Christi" anstimmt.

In dieser Tradition steht auch Manessier's Bild zum Thema Auferstehung. Manessier hat hier eine Sonne gemalt, deren leuchtendes Gelb Gottes lebensbejahende Wärme und deren Rot Gottes Liebe und schöpferische Kraft symbolisieren. Diese Sonne vertreibt die Dunkelheit. Die wenigen dunklen Flecken an den Rändern des Bildes lassen noch die Nacht erahnen, die dem Licht gewichen ist.

In diesem Baustein sollen die Jugendlichen durch Bildbetrachtung, Tanz und Malen ganzheitlich etwas von der befreienden Kraft der Osterbotschaft erfahren.

Methode:
Zu Beginn betrachtet die Gruppe gemeinsam das Bild von Manessier zum Thema „Auferstehung". Dabei ist es wichtig, daß zunächst nicht der Titel des Bildes bekanntgegeben wird. Die Jugendlichen sollen zuallererst ihre eigenen Eindrücke formulieren:
- Was seht ihr?

Erst in einem weiteren Schritt nennt der/die GruppenleiterIn den Titel des Bildes. Mögliche Fragen wären hier:
- Was will Manessier in diesem Bild über Auferstehung sagen?
- Welche Erfahrungen drücken sich in diesem Bild aus?

Im Anschluß an das Gespräch kann der/die GruppenleiterIn auf die Lichtsymbolik der Osternacht (vgl. Inhalt) eingehen.

Anschließend kann die Gruppe gemeinsam um die „Mitte" den Sonnentanz nach B. Wosien (Tanzanleitung vgl. S. 193) zum Kanon von Pachelbel tanzen. (Zunächst die Schritte ohne Musik einüben; dann mit Musik zweimal tanzen.)

Falls noch Zeit vorhanden ist und Interesse besteht, können die Jugendlichen nun selbst versuchen, ein Bild zum Thema „Auferstehung" zu malen.

Nach einer Phase der Stillarbeit werden die Bilder um die „Mitte" gelegt. Die Jugendlichen, die möchten, können nun ihre Bilder beschreiben und erläutern, welche Erfahrungen sie zum Ausdruck bringen wollten.

Am Ende kann noch einmal gemeinsam der Sonnentanz um die „Mitte" herum getanzt werden.

Zeit:
1 – 1½ Stunden

III

3

7 Auferstehung Jesu – Annäherungen in literarischen Texten Eine Wandzeitung

Material:

- evtl. Lied „Manchmal feiern wir mitten im Tag (Jugendbuch S. 55)
- stark vergrößerte Kopien der Gedichte, möglichst jedes in einer anderen Farbe (vgl. S. 195 – S. 197)
- Zeichenpapier in Größe DIN-A3 oder Plakatkarton
- Klebstoff, Scheren, Stifte, Zeitschriften
- gute Wachsmalstifte (mindestens 24 Farben) oder Wassermalfarben, Pinsel oder polychrome Farbstifte

Gruppengröße:

6 – 10 Personen

Inhalt:

Die Auferweckung Jesu und damit der Sieg Gottes über die Macht des Todes und der Aufstand gegen all das, was Leben vernichtet, ist Kern der christlichen Botschaft. In ausgewählten Gedichten der modernen Literatur wird die Auferweckung Jesu unterschiedlich gedeutet. Im folgenden seien die Gedichte in ihren Grundaussagen kurz interpretiert:

Für *Bert Brecht*[1] ist der Glaube an die Auferweckung, an ein Weiterleben nach dem Tod, Verführung, Betrug und Vertröstung des Menschen. Der Mensch wird durch diesen Glauben um die Fülle des Lebens hier auf der Erde gebracht.

Dem widerspricht *Hans Küng*[2] in einem „Anti-Gedicht", indem er auf der Folie des Brecht'schen Gedichtes wesentliche Worte ändert. Ist der Mensch nur auf das Diesseits bezogen, wird er um die Dimension der Transzendenz betrogen: Auch wenn das Leben am größten ist, steht noch mehr bereit. Das gibt eine große innere Gelassenheit dem Leben gegenüber.

Ein *„Gebet am Ostermorgen"*[3] aus Westafrika jubelt voller Lebensfreude und Dankbarkeit über die Erfahrung der Auferweckung Jesu. Die ganze Schöpfung, Vögel und Engel, der Beter selbst werden erfahren als von der Gnade Gottes umfangen. Ein Grund zum ausgelassenen Jubeln.

Rudolf Otto Wiemer beschreibt im *„Entwurf für ein Osterlied"*[4] seine Sehnsüchte und Träume von einer mit sich versöhnten Welt: Gott ist nahe, Sprachverwirrungen sind aufgehoben, Streit ist begraben, Eifersucht wird verwandelt, der Krieg ist endlich vergessen, die Grenzen sind aufgehoben, der Friede ist mitten unter uns und der Tod endgültig besiegt – und das alles vor dem Hintergrund einer unheilvollen, zerrissenen Welt.

Kurt Marti[5] wendet sich gegen einen Auferstehungsglauben, der vertröstet auf Gerechtigkeit nach dem Tod angesichts ungerechter Strukturen, mit deren Hilfe die Mächtigen ihre Macht über die Machtlosen ausüben. In der Auferweckung werden diese Unterschiede aufgehoben. Der Glaube an die Auferstehung beinhaltet aber auch, schon jetzt mit Hilfe Gottes gegen die ungerechten Verhältnisse anzugehen und damit gegen alles, was Leben tötet: Auferstehung heißt Aufstand gegen den Tod.

In einem weiteren Gedicht aus dem Band *„Leichenreden"* ruft *Kurt Marti*[6] auf, nicht den Tod zu feiern, sondern den, „der ein Gott von Lebendigen ist", nicht Trauer zu tragen, sondern das Leben in seiner Härte und Schönheit dankbar zu preisen. Als Gott von Lebendigen reicht sein Arm über den Tod hinaus.

Dorothee Sölle[7] begreift die Auferstehung als Impuls, uns zu befreien von Vorurteilen, Anmaßung, Angst und Haß, aber auch als soziale Verantwortung für die Gestaltung der Welt auf das Reich Gottes hin. Die Botschaft der Auferstehung wird begriffen als Glaube, daß die Welt zum Guten hin veränderbar ist, daß es sich lohnt, daran zu arbeiten.

Marie Luise Kaschnitz[8] beschreibt die Erfahrung von Auferstehung „mitten am Tage". Sie erlebt diese als eine Vorwegnahme einer „geheimnisvollen Ordnung". Das Leben geht weiter „seinen Gang", doch erahnen wir Auferstehung als Erfahrung von Tiefe, die als leicht, unverwundbar und unser Leben hellmachend beschrieben wird.

In einem 3. Gedicht von *Kurt Marti*[9] aus den „Leichenreden" weiß er keine Antwort auf die Fragen nach dem Wie und Wann der Auferstehung der Toten, nicht einmal auf das „Daß" der Auferstehung der Toten. Die Unbeantwortbarkeit dieser Fragen enthebt uns jedoch nicht von der Verpflichtung, Auferstehung zu leben – heute und jetzt.

Methode:

Die TeilnehmerInnen sitzen im Kreis. Zu Beginn könnte die Gruppe das Lied singen: „Manchmal feiern wir mitten im Tag". Anschließend führt der/die KatechetIn ins Thema ein. Inhaltlich könnte er sich an den Ausführungen von R. Mack, D. Volpert, „Ostern – Hoffnung über den Tod hinaus" (vgl. S. 193) orientieren.

Die Jugendlichen werden nun darauf hingewiesen, daß es in der modernen Literatur eine ganze Reihe Versuche gibt, die sich mit der Auferweckung Jesu auseinandersetzen. Die Jugendlichen werden ermutigt, diesen Gedichten einmal nachzuhängen und den eigenen Standpunkt deutlicher zu sehen. Aufgabe der Jugendlichen ist es, eine Wandzeitung über jeweils ein Gedicht (die Gedichte von B. Brecht und H. Küng sind gemeinsam zu bearbeiten) anzufertigen. In der Gestaltung der Wandzeitung sind die Jugendlichen frei. Überschriften, Interpretation, Erfahrungen und Sehnsüchte der Jugendlichen, Collagen, Zeichnungen, gemalte Bilder, die die Aussagen des Gedichtes verstärken, kontrastieren, vertiefen oder weiterführen, können Ausdrucksmittel der Gestaltung sein.

Die Gedichte werden verteilt. In Einzelarbeit bearbeiten die Jugendlichen ihr Gedicht und gestalten ihre Wandzeitung. Sind mehr Teilnehmer als Gedichte vorhanden, können Gedichte auch parallel bearbeitet werden.

Der/die KatechetIn gibt gegebenenfalls Hilfen bei der Interpretation der Gedichte.

In einer Plenumsrunde stellen die Jugendlichen ihre Arbeiten vor. Vielleicht können die Arbeiten im Gemeindezentrum an geeigneter Stelle präsentiert werden.

Zeit:

1½ – 2 Stunden

IV. Katechetische Einheit:

Wie Sehnsucht ein Zuhause findet

1. „...da berühren sich Himmel und Erde"

1 bis 7

2. Allein findet keiner den Himmel – Schnupperkurs „Gemeinde"

1 bis 8

IV.1. „... da berühren sich Himmel und Erde"

Zielsatz:

Wir begegnen Menschen, die versuchen, ihrer Sehnsucht ein Zuhause und der Botschaft Jesu in ihrem Leben Raum zu geben.
Wir werden uns bewußt, daß wir Gemeinschaft brauchen, wenn wir unserer Sehnsucht nach dem „Reich Gottes" ein Zuhause geben wollen.

1 „... Da berühren sich Himmel und Erde"

Material:

- Lied „Wo Menschen sich vergessen" (Jugendbuch S. 57)
- evtl. Musikinstrumente
- blaue Tücher für die „Mitte"
- chassidische Geschichte „Der Himmel" (S. 198)
- evtl. Tanzbeschreibung (S. 198)

Gruppengröße:

ca. ab 8 Personen

Inhalt:

Das Lied von Thomas Laubach und Christoph Lehmann „Da berühren sich Himmel und Erde" benennt Augenblicke, wo das „Reich Gottes" schon hier und jetzt erfahrbar wird:

- in der Befreiung aus dem Gefängnis des eigenen Egoismus
- im Verlassen eingefahrener Routine
- in der Möglichkeit des Neuanfangs
- in der Gemeinschaft

Wo Menschen die Grenzen ihres Ichs sprengen, wo sie in Solidarität teilen und „WIR" sagen lernen, da berühren sich Himmel und Erde.

Diesen Gedanken greift die chassidische Geschichte „Der Himmel" (vgl. S. 198) auf und setzt ihn in Kontrast zur „Hölle", wo jeder nur auf das eigene Wohl bedacht ist. „Himmel" und „Hölle" sind nicht jenseitige Begriffe. „Himmel" und „Hölle" erfahren wir jetzt und hier.

In diesem Baustein sollen die Jugendlichen ihren Erfahrungen vom „Himmel" nachgehen und weiterfragen, welche Konsequenzen sich für ihre Lebensgestaltung aus dieser „diesseitigen" Sichtweise von „Himmel" und „Hölle" ergeben.

Methode:

Die „Mitte" wird mit blauen Tüchern gestaltet, die als Symbol des „Himmels" gelten können.

Zunächst kann gemeinsam das Lied „Wo Menschen sich vergessen" (vgl. Jugendbuch S. 57) gesungen werden. Danach liest der/die GruppenleiterIn die chassidische Geschichte „Der Himmel" (vgl. S. 198) vor. Im folgenden Gespräch kann darauf hingewiesen werden, daß „Himmel" und „Hölle" Bilder für Erfahrungen sind, die wir mitten in unserem Leben machen (vgl. „Er/sie ist im siebten Himmel!", „Es ist himmlisch!", „Es war die Hölle!" etc.) Es kann gefragt werden:

- Wo erfahren wir „Himmel", wo „Hölle" (im privaten wie gesellschaftlichen Bereich!)?
- Wo und wie können wir dazu beitragen, daß „Himmel" wird: im privaten wie im gesellschaftlichen Bereich?

Sicher ist hier auch darauf hinzuweisen, daß ich als Mensch „Himmel" nicht machen kann, daß „Erfahrung des Himmels" vielmehr immer eine Bewegung auf Gott hin, aber auch von *Gott auf den Menschen zu* ist. Erfahrung von „Himmel" ist immer auch Geschenk, Erfahrung des Geistes!

Die Jugendlichen werden nun gebeten, zunächst einzeln zu überlegen, wo in ihrem Alltag oder in der Gesellschaft „Himmel" oder „Hölle" erfahrbar sind. Nach etwa 10 Minuten bilden die Jugendlichen Kleingruppen, in denen sie sich austauschen. Des weiteren erhalten sie den Auftrag, am Ende ihres Gespräches ein *Symbol* in die Gesamtgruppe mitzubringen, das für Erfahrungen von „Himmel" steht. Nach ca. 20 Minuten treffen sich die Jugendlichen um die „Mitte", erläutern ihre Symbole und legen diese auf die blauen Tücher in der „Mitte".

Gemeinsam wird nun nochmals das Lied „Wo Menschen sich vergessen" gesungen.

Falls noch Zeit vorhanden ist, können zum Lied Bewegungen erarbeitet werden. (Frage: „Mit welcher Gebärde können wir den Gedanken des Liedes ausdrücken?")

Es ist aber auch möglich, das Lied in festen Schritten und Gebärden nach der Tanzbeschreibung von Ulla Grysar (vgl. S. 198) zu tanzen.

Das Lied kann dann zum Abschluß nochmals gesungen und in Bewegungen ausgedrückt werden.

Zeit:

1 – 1½ Stunden

2 Wirkliche Christen

Material:
- Text „Legende vom Gaukler Pamphalon" (S. 199)
- Umdrucke, „Wirkliche Christen ..." (S. 200)

Gruppengröße:
10 – 15 Personen

Inhalt:
Dem „Himmel" hier in meinem Leben ein Zuhause geben, Reich Gottes verwirklichen hier und jetzt, versuchen, in der Nachfolge Christi zu leben – wie ist das möglich? Welche Einstellung zum Leben, welchen Lebensstil verlangt dies?

Die „Legende vom Gaukler Pamphalon" zeigt zwei extreme Einstellungen auf: Da ist der Säulensteher Hermius, der zurückgezogen in der Wüste lebt und nur Gott dienen will. Und da ist auf der anderen Seite der Gaukler Pamphalon, der äußerlich nicht zu unterscheiden ist von den „Kindern dieser Welt", der durch sein Leben den Menschen dient.

Sicherlich gibt es zwischen diesen beiden Polen viele durch das tägliche Handeln gelebte Antworten auf die Frage: *Wie lebe ich heilig?*, d.h. wie kann ich in meinem Leben etwas durchscheinen lassen vom „Heil-sein", das ich schon erfahren habe, wie kann ich etwas von dem empfangenen Glück weitergeben, wie kann meine Sehnsucht Wurzeln schlagen?

Methode:
Zunächst liest der/die GruppenleiterIn die „Legende vom Gaukler Pamphalon" vor. Im Mittelpunkt des folgenden Gespräches könnten folgende Fragen stehen:
- Weshalb hat sich Hermius für ein Leben als „Säulensteher" entschieden?
- Was erkennt Hermius durch die Begegnung mit Pamphalon?
- Wie kann ich in der Nachfolge Christi leben? Was macht einen *„wirklichen" Christen* aus?

Im Anschluß an das Gespräch verteilt der/die GruppenleiterIn die Arbeitsbögen „Wirkliche Christen ..." (vgl. S. 200) und bittet die Jugendlichen, ca. 5 Aussagen, die für zutreffend gehalten werden, anzukreuzen.

Nach einer Phase der Stillarbeit trifft sich die Gruppe im Plenum und tauscht sich aus.

Zeit:
3/4 – 1 Stunde

3 Exemplarische Christen – Anfragen und Impulse

Material:
- für die „Mitte": rote Tücher, Kerze
- Fotokopien „Rätselhafte Persönlichkeiten" je 1 x (vgl. S. 201 – 212)
- Fotokopien der Lebensbeschreibungen der Heiligen je 4 – 6 x (vgl. S. 202 – 213)
- Stifte
- Briefpapier mit Anrede, z.B. (für jede Kleingruppe mind. 4 Bögen)

- rote und gelbe Plakatkartonstreifen (Größe: ca. 15 x 30 cm) Für jede Kleingruppe einen roten und einen gelben Streifen.

Gruppengröße:
8 – 16 Personen

Inhalt:
In diesem Baustein sollen durch eine Beschäftigung mit dem Leben von Heiligen und exemplarischen Christen die Fragen gestellt werden:
- Welche Anfragen stellen z.B. Filippo Neri, Charles de Foucauld an unsere Lebensgestaltung?
- Welche Impulse geben diese exemplarischen Christen unserem Leben?

Eine inhaltliche Auseinandersetzung mit den Heiligen und ihrer Verehrung findet sich im Aufsatz von Godehard Ruppert „Über die Verehrung der Heiligen" (S. 214).

Methode:
Die „Mitte" bilden rote Tücher mit einer Kerze. Auf den Tüchern liegen die Kurzportraits exemplarischer Christen (vgl. „Rätselhafte Persönlichkeiten S. 201 – 212).

Die Gruppe sitzt um die „Mitte". Zunächst kann das Lied „Wo Menschen sich vergessen" (vgl. Jugendbuch S. 57) gesungen werden. Der/die GruppenleiterIn liest nun die Kurzportraits vor (vgl. „Rätselhafte Persönlichkeiten"). Die Jugendlichen entscheiden sich für eine Person, mit deren Leben sie sich intensiver beschäftigen möchten. Dazu werden Kleingruppen (ca. 4 – 6 Personen) gebildet, z.B.

- Kleingruppe „Filippo Neri"
- Kleingruppe „Charles de Foucauld" usw.

Die Kleingruppen erhalten nun zusätzliches Material zu der von ihnen gewählten Persönlichkeit. In der Kleingruppe lesen die Jugendlichen nun die jeweilige Geschichte „ihres Heiligen". Nun teilt sich die Kleingruppe nochmals in zwei „Mini-Kleingruppen" (2 – 3 Personen).

Jede „Mini-Kleingruppe" erhält nun von dem/der GruppenleiterIn einen *Arbeitsauftrag:*

- Schreibt einen Brief an „eure Persönlichkeit"! Ihr könnt in eurem Brief nach Erfahrungen eures/eurer Heiligen fragen, seine/ihre Entscheidungen hinterfragen oder auch Bewertungen treffen.

In einem *ersten Schritt* schreiben nun beide „Mini-Kleingruppen" an „ihren Heiligen" einen Brief, z.B.

1. Mini-Gruppe

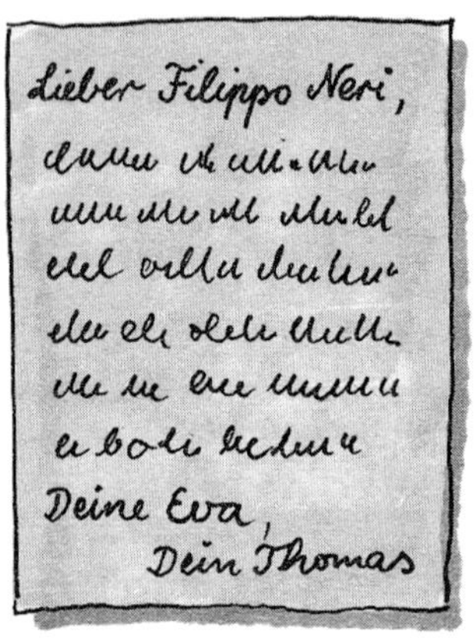

2. Mini-Gruppe

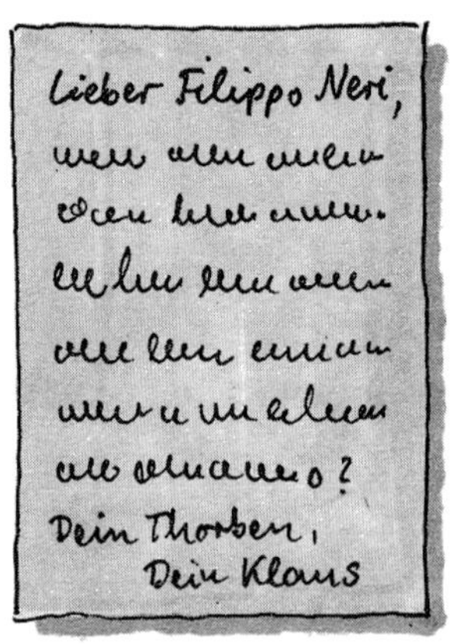

Beide Briefe werden unabhängig voneinander verfaßt. Sind die Briefe geschrieben, tauschen beide „Mini-Kleingruppen" ihre Briefe, d.h. z.B.

- Eva und Thomas erhalten den Brief von Thorben und Klaus
- Thorben und Klaus erhalten den Brief von Eva und Thomas.

Im *zweiten Schritt* erfolgt ein *Perspektivenwechsel*, d.h. die Jugendlichen werden nun gebeten, sich mit „ihrem Heiligen" zu identifizieren und als (z.B. Filippo Neri) den Brief der jeweils anderen „Mini-Kleingruppe" zu beantworten:

Arbeitsauftrag:

- Stellt euch vor, ihr seid (Filippo Neri, Charles de Foucauld ...) und erhaltet von .... einen Brief, den ihr nun beantwortet.

Wichtig:

Der/die GruppenleiterIn sollte die Jugendlichen ermuntern, sich auf dieses Experiment einzulassen und wirklich „in die Haut" der von ihnen gewählten Persönlichkeit zu „schlüpfen"!

Ist der briefliche Austausch über die gewählte Persönlichkeit abgeschlossen, erhält die Kleingruppe einen Brief der/des Gruppenleiters/In:

> Liebe ...!
> Ihr habt euch nun intensiv mit dem Leben von .... beschäftigt.
> Es wäre schön, wenn ihr nun als Expertengruppe folgende Fragen beantwortet:
> - Welche Anfragen stellt .... an *unser Leben?*
> - Welche Impulse für *unsere Lebensgestaltung* könnten von .... ausgehen?
>
> Notiert eure Antworten bitte auf die Plakatkartonkärtchen (Anfragen = rote Kärtchen; Impulse = gelbe Kärtchen) und bringt die Kärtchen und euer Statement mit in die Gesamtgruppe.
> Dein.........

Haben die Kleingruppen ihre Arbeit beendet, so trifft sich die Gesamtgruppe um die „Mitte".

Die Jugendlichen bringen nun ihre Impulse und Anfragen ein. Die auf Plakatkarton notierten Impulse und Anfragen werden in die „Mitte" gelegt.

Zum Abschluß kann noch einmal das Lied: „Wo Menschen sich vergessen" gesungen werden.

Zeit:

1½ – 2 Stunden

4 Wir machen unseren eigenen Heiligenkalender (ein Projekt)

Material:

- eine kleine Handbibliothek mit Büchern über Heilige, z.B.
  - Klaus Reblin, Wolfgang Teichert, Gottescourage, Geschichten vom ganz anderen Leben der Heiligen, Stuttgart 1981.
  - Georg Popp, Die Großen des Glaubens, Stuttgart/ Regensburg 1985.
  - Karl Böck, Menschen und Heilige, Donauwörth 1986, 2. Auflage.
  - Hans Conrad Zander, Gottes unbequeme Freunde, Heilige für unsere Zeit, Hamburg 1982.
  - Christian Feldmann, Gottes sanfte Rebellen. Große Heilige, Freiburg.
  - Hans Mayr (Hg.), Glaubenszeugen der Einen Kirche, Kassel 1984.
  - Christian Feldmann, Träume werden wahr. Menschen im Gegenwind unserer Zeit, Freiburg
  - Walter Nigg, Heilige im Alltag, Olten 1976.
  - Gisbert Kranz, Sie lebten das Christentum, 28 Biographien, Regensburg 6. Aufl. 1983.
  - Marietta Peitz u.a., Abenteurer Gottes, Menschen wie Mutter Theresa, Aachen/Trier 1976.
  - Instituto Historico Centroamericano, Sie leben im Herzen des Volkes, Lateinamerikanisches Martyrologium, Düsseldorf 1984.
- Plakartkarton
- Scheren
- Stifte
- Klebstoff
- Fotokopierer (evtl.)
- Schreibmaschine
- Computer (evtl.)

So kann der Gruppenraum als Redaktionszentrale eingerichtet werden.

Gruppengröße:

10 – 16 Personen

Inhalt:

Vgl. die inhaltlichen Vorbemerkungen zum Thema „Heilige" (S. 85)

Die Jugendlichen sollen sich in diesem Baustein durch die Erstellung eines „Heiligenkalenders" mit exemplarischen Christen auseinandersetzen und deren Leben als Impuls für und als Anfrage an unsere Lebensgestaltung begreifen.

Methode:

Ideal wäre es, wenn der Gruppenraum als „Redaktionszentrale" (Handbibliothek, Schreibmaschine, evtl. Kopierer, evtl. Computer, Stifte, Blätter, Scheren, Kleber usw.) eingerichtet werden könnte.

Im Rahmen eines Firmvorbereitungskurses empfiehlt es sich, den Heiligenkalender als Monats-Kalender (= 12 Heilige) zu konzipieren. (Ein Wochenkalender = 52 Heilige würde den Rahmen sprengen.)

In einer *ersten Phase (Planung)* müßte innerhalb der Gruppe geklärt werden:

- *Auswahlkriterien* (Wer wird in den Heiligenkalender aufgenommen? Nur klassische Heilige? Auch Persönlichkeiten der Gegenwart? Nur Christen? usw.)
- *Datensammlung.* (Welche Daten über Heilige sollen gesammelt werden?)
- *Gestaltung des Kalenders.* (Wie soll der Kalender gestaltet werden? Als Wandzeitung? Plakat? Abreißkalender?)
- *Zeitplan.* (In welcher Zeit soll der Kalender erstellt sein?)
- *Arbeitsplan.* (Wer beschafft wo von wem welche Daten? Wie soll eine Endauswahl der Kalender-Persönlichkeiten erfolgen? Wer arbeitet mit wem zusammen?)
- *Technische Planung.* (Wie soll der Kalender erstellt werden? Materialbedarf? Gerätebedarf?)

Bei der *Durchführung des Projektes* sollte der/die GruppenleiterIn mit auf die Einhaltung des Zeitplanes achten und evtl. bei Nichteinhaltung eine Gruppenentscheidung über Abbruch oder Fortführung des Projektes initiieren.

Bei der *Reflexion über das Projekt* kann folgendes bedacht werden:

- Sind wir mit dem Ergebnis zufrieden?
- Was ist gut gelaufen, was weniger gut?
- Was wäre das nächste Mal zu beachten?
- Was haben wir über Heilige gelernt?
- Welche Bedeutung haben die ausgewählten Persönlichkeiten für uns?

(vgl. H.K. Berg u. K. Doedens, Alternativer Heiligenkalender, in ru, 3/87)

Zeit:

je nach Entscheidung der Gruppe

5 „Stern der Hoffnung" – Aktion zugunsten der AIDS-Hilfe International

Material:

- Text „Allerheiligen" (S. 215 f.)
- Video-Film: Warum gerade ich? Krankheit und Schuld
  Dauer: 45 Minuten
  Themen: Hiobs Geschichte heute: Aidskranke, psychisch Kranke, KZ-Buchenwald

Der Film kann über die unten angegebenen Adressen kostenlos ausgeliehen werden.

Auf Anfrage sind Mitglieder der AIDS-Hilfe zu weiteren Informationen und Hilfen bereit.

Gruppengröße:
beliebig

Inhalt:
Im Frühjahr 1991 wurde in Paderborn die AIDS-Hilfe Sao Paulo e. V. gegründet. Sie ist aus einem privaten Freundeskreis der Krankenschwester Lisette Eicher entstanden, die seit 1988/89 in Sao Paulo drei Hilfswerke für verelendete Aidskranke aufgebaut hat.
Die Hilfswerke erfüllen folgende Aufgaben:

- Aufbau von ambulanten Pflegestationen in der Region Sao Paulo.
- Anmietung von Häusern in der Region Sao Paulo, die den obdachlosen HIV-Positiven und Aidserkrankten eine Bleibe sein sollen, wo sie gut versorgt und gepflegt werden können.
- Errichtung und Fertigstellung von Häusern auf der „Terra da Promessa" im Norden Sao Paulos für Aidskranke im Endstadium.
- Betreuung der HIV-positiven Mütter und ihrer Babies, sowie Adoptionsvermittlung für verwaiste Kinder.
- Verstärkung der staatlichen Aufklärungsarbeit über Aidsgefahren für Kinder, Jugendliche und Erwachsene in den Elendsvierteln der Region Sao Paulo.
- Arbeitsvermittlung für HIV-Positive, die ihre Arbeit verloren haben.

Die AIDS-Hilfe Sao Paulo e. V. hat es sich zum Ziel gesetzt, den finanziellen Rahmen für diese Arbeit sicherzustellen und die deutsche Öffentlichkeit über diese besondere Not zu informieren.

Der 1995 neu gegründete Verein *Stern der Hoffnung – AIDS-Hilfe International* will die Ziele der AIDS-Hilfe Sao Paulo übernehmen und in weiteren Hilfsprojekten in Brasilien und anderen Ländern verwirklichen.

Der Stern der Hoffnung – AIDS-Hilfe International ist vom Finanzamt Paderborn als gemeinnützig anerkannt und kann über Spenden und Mitgliedsbeiträge für steuerliche Zwecke Bescheinigungen ausstellen.

Weitere Auskünfte

- Lisette und Prof. Peter Eicher
  Friedrich-Ebert-Straße 28, 33102 Paderborn,
  Tel. 0 52 51/3 79 93, Fax 0 52 51/3 52 83
- Dr. Uwe Rheker, Borkumer Weg 8, 33102 Paderborn,
  Tel. 0 52 51/45 82

Bankverbindung
Volksbank Paderborn (BLZ 472 601 21)
Konto Nr. 882 979 7900

(Diese Informationen sind einer Informationsbroschüre der AIDS-Hilfe Sao Paulo e.V. entnommen).

In diesem Baustein sollen die Jugendlichen über die AIDS-Hilfe International informiert werden. Gemeinsam kann dann eine Aktion geplant und durchgeführt werden, deren Erlös der AIDS-Hilfe zugute kommt. So können die Jugendlichen ein wenig dazu beitragen, daß sich Himmel und Erde berühren.

Methode:
Der/die GruppenleiterIn liest zunächst den Bericht von Lisette Eicher „Allerheiligen" (S. 215 f.) vor. Im Gespräch können sich die Jugendlichen äußern, was sie beeindruckt, abgestoßen, nachdenklich gemacht hat. Der/die GruppenleiterIn erzählt dann von den Zielen und Aufgaben der AIDS-Hilfe (vgl. Inhalt). Im Anschluß kann die Gruppe gemeinsam eine Aktion für die AIDS-Hilfe planen.

Für die Planung und Durchführung der Aktion ist folgender Drei-Schritt möglich:

1. *Planung:*
   - Welche Aktion könnten wir durchführen? Was könnten wir tun?
   - Wie könnten wir unsere Ziele erreichen?
   - Wie sieht unser Zeitplan aus?
   - Wie organisieren wir die anfallende Arbeit? (= Arbeitsplan)
   - Welches Material, welche Geräte usw. benötigen wir? (= technische Planung)
2. *Durchführung*
3. *Reflexion*
   - Sind wir mit dem Ergebnis zufrieden?
   - Was ist gut gelaufen, was weniger gut?
   - Was wäre das nächste Mal zu bedenken?
   - Welche Bedeutung hatte die Aktion für uns?
4. *Feier*
   Am Ende des Projekts könnte eine kleine Feier die gelungene Aktion abschließen.

Zeit:
Unterschiedlich, je nach gewählter Aktion

6 Teilen lernen (Das Quadratspiel und 1 Kor 12,6–11)

Material:
Für jede Kleingruppe:
- 5 Briefumschläge (klein), 1 Briefumschlag (groß)
- Fotokopien der Anweisungen
- Pappe für 5 Quadrate (à 10 cm x 10 cm)
  (Die 5 Quadrate sind vor dem Spiel vom Gruppenleiter nach folgendem Plan zuzuschneiden und die Quadratteile in die jeweiligen Briefumschläge zu verteilen.)

Vorlagen für die Quadratteile

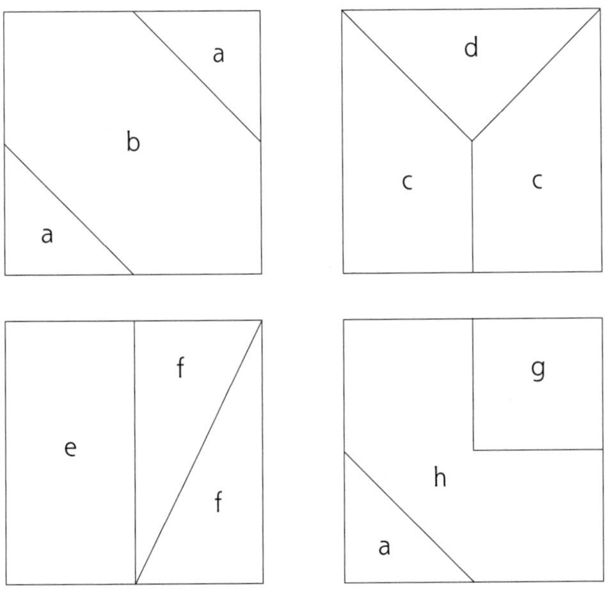

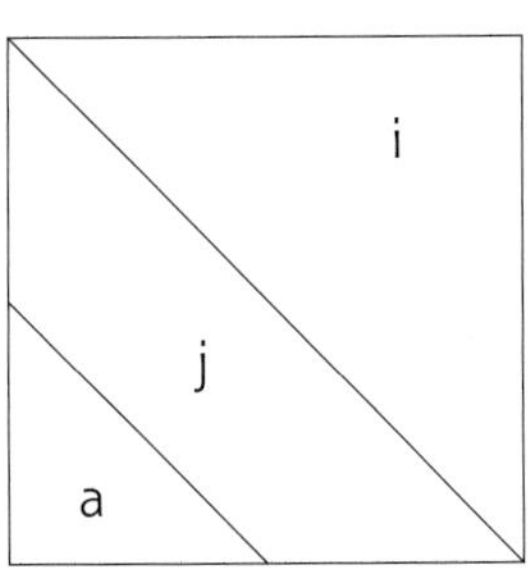

Folgende Stücke werden benötigt für

Umschlag A: i, h, e
Umschlag B: a, a, a, c
Umschlag C: a, j,
Umschlag D: d, f
Umschlag E: g, b, f, c

- 1 Kor 12,6–11 (Fotokopien), Stifte
- evtl. Papierbögen (DIN A 4)

Gruppengröße:
8 – 16 Personen

Inhalt:
Himmel und Erde berühren sich, wenn Leid überwunden, Hoffnung geweckt, Liebe gelebt wird. Himmel und Erde berühren sich, wenn Menschen lernen, miteinander zu teilen: ihr Geld, ihre Zeit, ihr Interesse, ihr Glück, ihre Begabungen und ihre Fähigkeiten.Im Mittelpunkt dieses Bausteins steht der Gedanke des Teilens.

Wo Menschen miteinander teilen, kann Neues entstehen, *wo Menschen die von Gott geschenkten Fähigkeiten für andere einsetzen, (er)öffnet sich der Himmel.*

Im 1. Korintherbrief Kap 12, Vers 6 – 11 wird dies so ausgedrückt:

„Es gibt verschiedene Kräfte, die wirken, aber nur den einen Gott: Er bewirkt alles in allen. *Jedem aber wird die Offenbarung des Geistes geschenkt, damit sie anderen nützt.* Dem einen wird vom Geist die Gabe geschenkt, Weisheit mitzuteilen, dem andern durch den gleichen Geist die Gabe, Erkenntnis zu vermitteln, dem dritten im gleichen Geist Glaubenskraft, einem andern – immer in dem einen Geist – die Gabe, Krankheiten zu heilen, einem andern Wunderkräfte, einem andern prophetisches Reden, einem andern die Fähigkeit, die Geister zu unterscheiden, wieder einem andern verschiedene Arten von Zungenrede, einem andern schließlich die Gabe, sie zu deuten. Das alles bewirkt ein und derselbe Geist: einem jeden teilt er seine besondere Gabe zu, wie er will."

Bevor sich die Jugendlichen mit dieser Stelle des 1. Korintherbriefes beschäftigen, erfahren sie im „Quadratspiel", welche Möglichkeiten das Teilen eröffnet.

Methode:
Zu Beginn werden Fünfergruppen gebildet, die jeweils um einen Tisch sitzen. Jeder Gruppe werden dann ein oder zwei Beobachter zugeteilt, die auf die Einhaltung der Regeln achten und das Verhalten der Spieler beobachten.

Jede Fünfergruppe erhält nun einen großen Umschlag, der fünf Briefumschläge enthält, die jeweils durch einen Großbuchstaben gekennzeichnet sind: A,B,C,D,E. Jeder Briefumschlag enthält in der oben angegebenen Ordnung Quadrat-Teile.

Die Jugendlichen erhalten nun (zuerst in der Großgruppe mit Gelegenheit für Rückfragen) folgende Anweisung. (Die *Anweisung* wird auf ein Blatt kopiert und jeder Gruppe gegeben).

Anweisung:
„In dem großen Umschlag, der auf eurem Tisch liegt, sind 5 weitere Umschläge. Jeder dieser kleinen Umschläge enthält verschieden geformte Teilstücke, aus denen Quadrate zu bilden sind. – Die Aufgabe jeder Gruppe ist es, wenn das Startzeichen gegeben wird, 5 Quadrate von genau gleicher Größe herzustellen. Die Aufgabe ist nicht eher beendet, bis jedes Mitglied ein vollständiges Quadrat von genau gleicher Größe wie alle anderen vor sich liegen hat. Während der Übung sind folgende Regeln zu beachten:
- Kein Mitglied darf sprechen.
- Kein Mitglied darf ein anderes um ein Teilstück bitten

oder in irgendeiner Weise signalisieren, daß es ein bestimmtes Teilstück braucht, das ein anderer ihm geben soll.

- Jedes Mitglied kann, wenn es will, Teilstücke in die Mitte des Tisches legen oder an ein anderes Mitglied geben, jedoch darf niemand direkt in die Figur eines anderen eingreifen.
- Jedes Mitglied darf Teilstücke aus der Mitte nehmen, aber niemand darf Teile in der Mitte des Tisches montieren". [1]

Ein(e) TeilnehmerIn öffnet jeweils den großen Umschlag und überreicht jedem Gruppenmitglied einen kleinen Briefumschlag.

Auf ein Startzeichen des Beobachters hin beginnt das Spiel.

Der Beobachter stoppt die Zeit, die vergeht, bis alle ihr Quadrat zusammengebaut haben.

„Nun sollen zuerst die Gruppenmitglieder unter sich über ihre Erfahrungen sprechen. Dann kann sich ein Auswertungsgespräch im Plenum anschließen, wo zuerst die Beobachter, dann alle Teilnehmer über Fragen wie die folgenden reflektieren:

- Wie fühlt man sich, wenn ein Mitglied ein wichtiges Teilstück festhält, ohne selbst zu sehen, daß es damit den Schlüssel zur Lösung in der Hand hält?
- Was empfanden die Teilnehmer, wenn ein Mitglied ein unrichtiges Quadrat fertig hatte und sich mit selbstzufriedenem Lächeln zurücklehnte? Was dachte der Selbstzufriedene?
- Welche Gefühle hatten die Teilnehmer gegenüber einem Langsameren?". [2]

(Das Quadratspiel ist bei Bernhard Grom veröffentlicht, vgl. Bernhard Grom, Methoden für den Religionsunterricht, Jugendarbeit und Erwachsenenbildung, Düsseldorf, 1979, S. 66-68

1) = Grom, a.a.O., S. 66

2) = Grom, a.a.O., S. 67 u. 68)

Von den Erfahrungen des Spiels ausgehend, kann nun der/die GruppenleiterIn darauf verweisen, daß es im Leben ähnliche Erfahrungen gibt: Schwierigkeiten loszulassen, abzugeben, zu teilen – aber auch die beglückende Erfahrung, daß Neues entsteht, daß Gemeinschaft gelingt, wenn jeder anderen etwas von sich gibt.

Es kann nun 1 Kor 12,6–11 nach der Vaesteras-Methode gelesen werden. (vgl. S. 15)

Falls noch Zeit vorhanden ist, könnte der Text aus dem Korintherbrief in Kleingruppen in die heutige Sprache übersetzt werden.

Zeit:
1½ – 2 Stunden

7 Allein findet keiner den Himmel (Meditation zum Märchen „Der selbstsüchtige Riese")

Material:
- Zum Legen einer „Mitte": Tücher (grün), Blumen, Blätter, Zweige, Steine, Perlen, Glitzersteine, weiße Blüten und viele andere (schöne) Dinge
- weiße Seidentücher
- Schachteln, mit Packpapier eingeschlagen, so daß die Jugendlichen darauf schreiben können
- Stifte/Filzstifte
- Liedtexte „Baut nicht noch mehr Mauern" (vgl. S. 217) und „Wo ein Mensch Vertrauen gibt" (vgl. S. 217)
- Meditationsmusik, Kassettenrecorder

Gruppengröße:
8 – 10 Personen

Inhalt:
Das Märchen „Der selbstsüchtige Riese" von Oscar Wilde beginnt in einem paradiesischen Garten, in dem Kinder spielen. In diesem Bild spiegelt sich all unsere Sehnsucht nach einer heilen Welt. All unsere Hoffnung nach einem Leben, wie es sein soll – im privaten wie im gesellschaftlichen Bereich –, ist in diesen wenigen Sätzen eingefangen.

Doch das Paradies wird zerstört. Der „Besitzer" des Gartens, ein Riese, kommt und schreit: „Mein Garten ist mein eigener Garten!", und er baut eine hohe Mauer um sein Eigentum, „sichert" sich sein Glück.

Die Folge der Abgrenzung, des „Für-sich-haben-Wollens" sind Kälte und Tod, im Märchen symbolisiert durch den Winter, der nicht mehr dem Sommer weicht.

Im weiteren Verlauf des Märchens wird gezeigt, wie aus dem verhärteten, selbstbezogenen Riesen eine liebesfähige Persönlichkeit wird.

Durch die Begegnung mit dem Kind, dessen Hilflosigkeit den Riesen anrührt, handelt dieser das erste Mal absichtslos. Die Liebe des Kindes weckt in ihm seine Sehnsucht nach Liebe und Leben, und dies bestimmt in Zukunft seine Beziehung zu den anderen Kindern. Er nimmt eine große Axt und reißt die Mauern nieder. Er beginnt, sein Leben zu teilen. So kommt der Riese endlich bei sich selbst an: Er wird zum Gebenden und Schenkenden, der selbst Beschenkter wird.

Dies ist die Botschaft Jesu, und so ist es auch nicht verwunderlich, daß der Riese am Ende seines Lebens im Kind Jesus erkennt.

Für uns, die wir unterwegs sind, unserer Sehnsucht ein Zuhause zu geben, kann dieses Märchen Erinnerung sein, daß Glück keine private und exklusive Angelegenheit ist. *Allein findet keiner den Himmel* und *im Reich Gottes ist Platz für alle.*

Methode:
Die Gruppe sitzt im Kreis. Ruhige Musik sorgt für eine meditative Atmosphäre. (Für die folgende Meditation wäre es gut, wenn zwei SprecherInnen (Gruppenteilnehmerlnnen) zur Verfügung ständen.)

Das im folgenden erzählte Märchen ist eine stark gekürzte Fassung des Märchens „Der selbstsüchtige Riese" von O. Wilde aus: ders., Werke in zwei Bänden. hrsg. von Rainer Gruenter, München/Wien[3]1977.

I Wie glücklich wir hier sind!

Erste(r) SprecherIn liest vor:
„Jeden Nachmittag, wenn die Kinder aus der Schule kamen, gingen sie in den Garten des Riesen, um darin zu spielen. Es war ein großer Garten mit weichem Gras, wunderschönen Blumen und zwölf Pfirsichbäumen. Die Vögel saßen in den Bäumen und sangen. Die Kinder waren glücklich." – Musik –

Zweite(r) SprecherIn fragt:
- Wo bin ich glücklich? – Pause –
- Wo fühle ich mich in unserem „Garten Kirche" wohl? – Pause –
- Was müßte gegeben sein, daß die Gesellschaft mir/uns zum „Garten" wird, wo wir uns wohl fühlen? (z.B. Arbeit, Wohnraum, Freizeit ....) – Pause –

Während Musik spielt, können die Jugendlichen ihre Gedanken in einer „Mitte" gestalten, indem sie gemeinsam mit Tüchern und Naturmaterialien „ihren Garten" legen, z.B.

II „Mein Garten ist mein eigener Garten!"
– Also baute er eine hohe Mauer.

Erste(r) SprecherIn liest vor:
„Eines Tages kam der Riese von seiner Reise nach Hause. Er entdeckte die Kinder in seinem Garten und schrie: ‚Mein Garten ist mein eigener Garten!' Er vertrieb die Kinder und baute eine hohe Mauer um den Garten." – Musik –

Zweite SprecherIn fragt:
- Kenne ich Situationen, in denen ich mauere, in denen ich meine Zeit, mein Interesse, meine Fähigkeiten, mein Glück nicht teilen will? Wie geht es mir dabei? – Pause –
- Wo mauern wir in unserer Gemeinde? Wovor meinen wir uns schützen zu müssen? (Vor Fremden? Vor Kindern? ...) – Pause –
- Welche gesellschaftlichen Mauern werden gebaut? (Mauern gegen Asylsuchende, Mauern gegen die Armut in der 3. Welt und bei uns ...) – Pause –

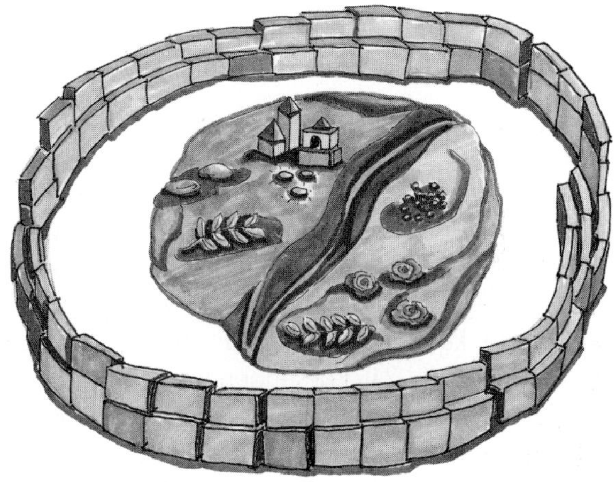

Mit leeren Schachteln wird nun um den Garten eine Mauer gebaut. Zuvor beschriften die Jugendlichen die Schachteln mit den Gedanken, die sie während der Meditation hatten.

III Der Frühling hat diesen Garten vergessen.

Erste(r) SprecherIn liest vor:
„Als der Frühling kam, machte er halt vor dem Garten des Riesen: Die Blumen und Bäume wollten nicht blühen, die Vögel nicht singen, weil keine Kinder im Garten waren. Auch der Sommer kam nicht. Der Herbst brachte jedem Garten goldene Früchte, nur nicht dem Garten des Riesen. So blieb es im Garten des Riesen Winter, und Nordwind und Hagel, Frost und Schnee tanzten zwischen den Bäumen."– Musik –

Der/die Zweite(r) SprecherIn legt dünne, weiße Seidentücher über den Garten in der „Mitte". – Stille -

IV Die Begegnung mit dem Kind
„... und riß die Mauer ein."

Erste(r) SprecherIn liest vor:
„Als eines Morgens der Riese erwachte, hörte er die

Stimme eines Vogels. Durch das offene Fenster drang der Duft des Frühlings. Und als der Riese in den Garten blickte, sah er etwas Seltsames: Die Kinder waren durch ein Loch der Mauer in den Garten gekrochen und saßen nun in den Zweigen der Bäume. Und die Bäume freuten sich so sehr über den Besuch der Kinder, daß sie sich in Blüten kleideten. Die Vögel zwitscherten vor Vergnügen.

In einem Winkel des Gartens jedoch war noch Winter. Unter einem kahlen Baum stand dort ein kleiner Junge und weinte. Er konnte nicht auf den Baum klettern. Das rührte das Herz des Riesen. Er wollte ihm helfen. So lief er in den Garten und hob den Jungen sanft in die Zweige des Baumes. Und mit einem Mal brach der Baum in Blüten aus. Vor Freude küßte der kleine Junge den Riesen. Der Riese aber bedauerte sehr, was er getan hatte und riß die Mauer ein."

– Musik –

Die Jugendlichen werden eingeladen, die Mauern zu öffnen (z.B. Tore zu bauen) oder auch niederzureißen. Die weißen Seidentücher, die Frost, Kälte und den Tod der Beziehungslosigkeit symbolisieren, werden vom Garten genommen!

– Pause –

Gemeinsam kann nun das Lied: „Baut nicht noch mehr Mauern" (S. 217) gesungen werden.

(Es soll hier bewußt darauf verzichtet werden, Lippenbekenntnisse zu formulieren, z.B. wo und wie können im privaten, kirchlichen und gesellschaftlichen Bereich Mauern eingerissen werden?

Die Gefahr, daß Antworten zu appellativ, plakativ und moralisch werden, erscheint uns zu groß. Wichtig ist uns, daß die Jugendlichen durch diese Geschichte erfassen, daß mauern und „bunkern" in den Tod führen – im privaten wie im gesellschaftlichen Bereich. *Sich öffnen, Mauern niederreißen, teilen dagegen bedeuten Leben.*)

V „.... heute sollst du mit mir in meinen Garten kommen, der da ist das Paradies."

Erste(r) SprecherIn liest vor.

„Von nun an durften die Kinder wieder im Garten spielen. Der Riese freute sich an den Kindern, doch den kleinen Jungen sah er nie wieder, obwohl er sich so sehr nach ihm sehnte.

Die Jahre vergingen. Der Riese wurde alt und schwach. Eines Morgens sah er im Garten unter einem blühenden Baum den kleinen Jungen wieder. Voller Freude lief er in den Garten, dem Kind entgegen.

Und als er dem Kind ganz nahe war, erkannte er auf dessen Handflächen die Male zweier Nägel und die Male zweier Nägel auf den kleinen Füßen.

‚Wer bist du?' fragte der Riese, und eine fremdartige Scheu überfiel ihn. Als er vor dem Kind niederkniete, sagte es zu ihm: ‚Du hast mich einst in deinem Garten spielen lassen. Heute sollst du mit mir in meinen Garten kommen. Ich hole dich ins Paradies.'

Und als die Kinder am Nachmittag in den Garten kamen, da fanden sie den Riesen tot unter dem Baum liegen, und er war ganz bedeckt mit weißen Blüten."

– Musik –

Die Jugendlichen können den Garten in der „Mitte" mit weißen Blüten schmücken.

Zum Abschluß kann das Lied „Wo ein Mensch Vertrauen gibt" (S. 217) gesungen werden.

Zeit:

ca. 1 Stunde

IV.2. Allein findet keiner den Himmel – Schnupperkurs „Gemeinde"

Zielsatz:
- *Wir sprechen über unsere Beziehung zu Kirche und Gemeinde.*
- *Wir formulieren unsere „Kirchenträume" und überlegen, wo und wie wir diese verwirklichen können.*
- *Wir absolvieren ein Gemeindepraktikum und versuchen so, unserer Sehnsucht ein Zuhause zu geben – in unserer Gemeinde.*

1 Kirchenbilder

Material:
- Karikaturen über die Kirche (vgl. S. 218 ff.) (mehrere Fotokopien pro Bild)
- für eine „Mitte": Tücher, Kerze
- evtl. leere Blätter und Stifte

Gruppengröße:
ca. 10 Personen

Inhalt:
Die Jugendlichen, die sich zum Firmvorbereitungskurs angemeldet haben, bringen ihr eigenes Kirchen- und Gemeindebild mit, geprägt durch Elternhaus, Religionsunterricht, öffentliche Meinung, Erfahrungen mit Kirche und Gemeinde usw.

Sich dieser Prägung bewußt zu werden, eigene und fremde Kirchenbilder zu reflektieren, soll Ziel dieses Bausteins sein.

Methode:
In eine gestaltete „Mitte" werden die unterschiedlichen Karikaturen über Kirche gelegt.

Nun ermutigt der/die GruppenleiterIn die Jugendlichen, das Bild aus der „Mitte" zu nehmen, das sie anspricht. Den Jugendlichen wird dann genügend Zeit gegeben, sich eine Karikatur aus der „Mitte" zu wählen. Falls die Jugendlichen sich von keiner Karikatur angesprochen fühlen, können sie selbst ihr Bild von Kirche auf ein leeres Blatt zeichnen.

Anschließend setzt sich die Gruppe wieder zusammen und jede(r) stellt ihr/sein gewähltes/gezeichnetes Bild vor.

Folgende Auswertungsfragen sind möglich:
- Weshalb habe ich das Bild gewählt?
- Was hat mich angesprochen, was hat mich befremdet?
- Welche Erfahrung von Kirche/Gemeinde steckt hinter der jeweiligen Karikatur?
- Welche Kritik ist evtl. in der Karikatur „verpackt"?

Zeit:
3/4 – 1 Stunde

2 „Kirche ist ..."

Material:
- für jede(n) TeilnehmerIn ein Arbeitsblatt „Kirche ist ..." (S. 222)
- Stifte
- „Drehscheibe" = eine große, runde Scheibe aus Plakatkarton, die in drei Teile geteilt ist. Jedes Segment ist beschriftet:
  - „gemeinsam beten"
  - „die Frohe Botschaft weitersagen"
  - „sich umeinander sorgen"

  Den Mittelpunkt bildet ein Kreis, der die Inschrift „Gott" „Jesus Christus" trägt:

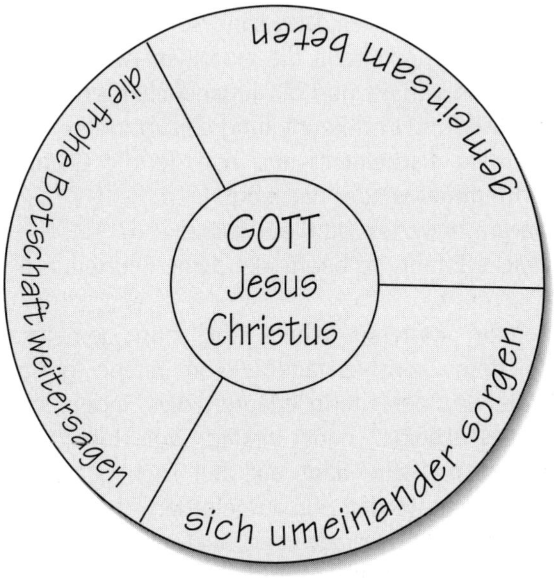

Gruppengröße:
ca. 10 Personen

Inhalt:
Ähnlich wie in Baustein 1 sollen die Jugendlichen zunächst ihre eigenen *Erfahrungen mit Kirche* zur Spra-

che bringen. Ebenso sollen sie aber auch *Meinungen über Kirche*, die in ihrer Umgebung ausgesprochen oder unausgesprochen vorhanden sind, kritisch reflektieren. Dieser Sichtweise von Kirche soll nun das *Selbstverständnis von Kirche* gegenübergestellt werden.

Zentrum des kirchlichen Selbstverständnisses ist die Verankerung in Gott und Jesus Christus: So ist z.B. unser Wort „Kirche" aus dem griechischen Wort „kyriaké" = „dem Herrn gehörig" entstanden.

Den Ruf Gottes hören, ihm antworten und einander dienen sind die zentralen Lebensvollzüge christlicher Gemeinde. Bereits die frühe Kirche kennt diese drei Grunddienste der Gemeinde:

- Martyria (Verkündigung)
- Liturgia (Gottesdienst)
- Diakonia (geschwisterliche Sorge)

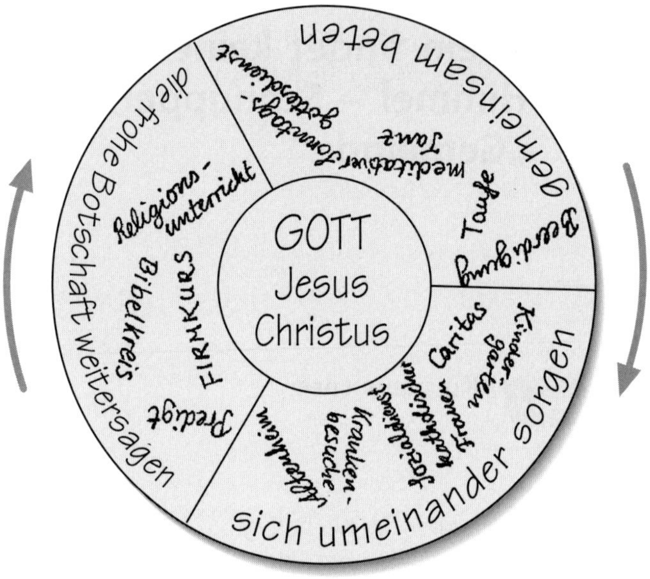

Diese drei Bereiche prägen auch heute die christlichen Gemeinden, selbst wenn sie je nach Situation unterschiedlich gewichtet sind. Als Vorbereitung auf das Gemeindepraktikum sollen die Jugendlichen die Grunddienste der Gemeinde näher kennenlernen, um sich dann für einen Bereich, in dem sie ihr „Praktikum absolvieren" wollen, zu entscheiden.

Methode:
Zunächst erhalten die Jugendlichen die Arbeitsblätter, um ihre eigene Position durch die Beschäftigung mit den angeführten Äußerungen zu formulieren (vgl. Arbeitsauftrag S. 222). In der Großgruppe wird dann der Text ausgewertet. Dies kann so geschehen, daß der/die GruppenleiterIn die einzelnen Aussagen der Reihe nach vorliest und die Jugendlichen ermuntert, ihre Bewertung und Beurteilung einzubringen.

Wichtig erscheint es uns, daß der/die GruppenleiterIn immer wieder nachfragt:

- Warum bewertest du diese Aussage so?
- Welche Erfahrung begründet deine Beurteilung?

In einem weiteren Schritt wird nun gemeinsam nach dem Selbstverständnis von Kirche gefragt. Der/die GruppenleiterIn erläutert dies, indem er/sie die „Drehscheibe" näher erklärt (vgl. Inhalt). Die „Drehscheibe" wird dann auf den Tisch gelegt. Die Jugendlichen werden nun aufgefordert, das „Kuchenstück", vor dem sie gerade sitzen, mit Gruppen, Bereichen etc. des Gemeindelebens zu beschriften.

Wenn alle mit einem Abschnitt fertig sind, wird die „Drehscheibe" vorsichtig weitergedreht, so daß jede(r) einen neuen Bereich vor sich hat. Dies wiederholt sich noch einmal.

Im anschließenden Auswertungsgespräch können die unterschiedlichen Gruppen und Bereiche des Gemeindelebens noch einmal näher vorgestellt werden.

Die Jugendlichen werden feststellen, daß sich die drei Grunddienste nicht klar voneinander abgrenzen lassen.

Am Ende könnten die Jugendlichen überlegen, in welcher Gruppe, bei welcher Aufgabe sie allein oder mit mehreren mitarbeiten möchten.

(Nähere Überlegungen zum „Gemeindepraktikum" vgl. Baustein 8).

Zeit:
$^3/_4$ – 1 $^1/_4$ Stunde

3 „Meine liebe Kirche ..." (Briefe an die Kirche)

Material:
- kopierte Briefbögen (vgl. S. 223), Stifte
- für die „Mitte": Tücher, Kreuz und Osterkerze, Bild von Papst, Bischof, Fotos aus dem Gemeindeleben, Foto der Pfarrkirche/des Gemeindezentrums, evtl. Fotos von sozialen Einrichtungen der Kirche in der Stadt
- ruhige Musik, Kassettenrecorder
- Text „Meine liebe Kirche" (Jugendbuch S. 63)

Gruppengröße:
6 – 8 Personen

Inhalt:
Die Einstellung der Jugendlichen gegenüber Kirche und Gemeinde ist meist ambivalent. Wie in Baustein 1 und 2 sollen auch in Baustein 3 positive Kirchenerfahrungen, Kirchenkritik und vielleicht auch Kirchenträume zur Sprache gebracht werden. Dies soll in Briefform geschehen. Den Briefen der Jugendlichen wird ein fiktiver Brief Jesu an die Kirche gegenübergestellt.

Methode:
Gruppenleiter und Jugendliche sitzen um eine gestaltete „Mitte":

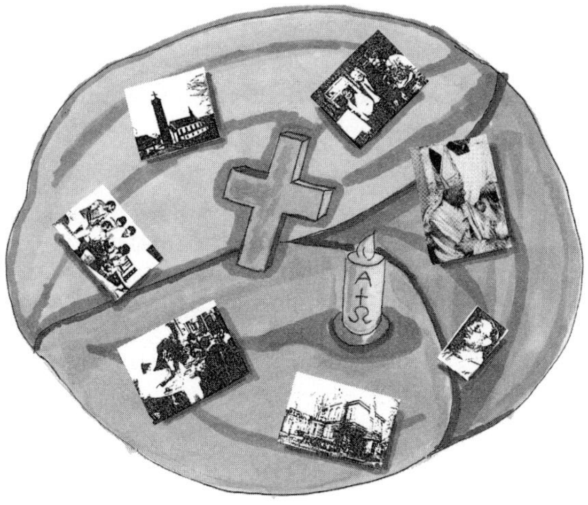

Der/die GruppenleiterIn weist auf die in der „Mitte" symbolisierten unterschiedlichen Erfahrungsbereiche von Kirche hin: Da wird Kirche von den Jugendlichen häufig mit Amtskirche, repräsentiert durch Papst und Bischof, identifiziert. Zum andern erfahren sie Kirche aber auch konkret in der Gemeinde vor Ort.

Die Jugendlichen erhalten einen Briefbogen (vgl. S. 223) und Stifte. Jede(r) kann sich nun einen ruhigen Platz suchen und seinen/ihren Brief an die Kirche, an die Gemeinde schreiben. Wichtig ist, daß der/die GruppenleiterIn darauf hinweist, daß *negative und positive* Erfahrungen zur Sprache kommen sollen.

Mögliche Fragen an die Briefschreiber wären (evtl. fotokopiert jedem/r TeilnehmerIn mitgeben!)
- Was bedeutet mir Kirche/Gemeinde?
- Wo fühle ich mich wohl/unwohl? Warum?
- Welche Kritik habe ich an Kirche/Gemeinde?
- Was beurteile ich positiv an Kirche/Gemeinde?
- Welche Wünsche habe ich an Kirche/Gemeinde?
- Was könnte ich selbst in die Kirche/Gemeinde einbringen?

Ruhige Musik kann eine Atmosphäre schaffen, in der es den Jugendlichen leichter fällt, zu schreiben. Nach der Einzelarbeit trifft sich die Gruppe, und die Jugendlichen lesen ihre Briefe vor. (Falls die Briefschreiber anonym bleiben wollen, sammelt der/die GruppenleiterIn die Briefe ein und liest sie vor.)

Nach der Lektüre eines jeden Briefes können folgende Fragen gestellt werden:
- Welche Erfahrungen wurden benannt?
- Kann ich diese Erfahrungen teilen?
- Welche Erfahrung kann ich nur schwer nachvollziehen?
- Welche Fragen habe ich an den Briefschreiber?

Bei den Auswertungsgesprächen ist es wichtig, die Kritik der Jugendlichen ernst zu nehmen und sie stehenzulassen! Sind alle Briefe vorgelesen und besprochen, könnte abschließend nochmals gefragt werden:
- Gab es *gemeinsame Kritik, Wünsche, positive Erfahrungen von Kirche?*
- In welchen Punkten gab es große *Unterschiede* in der Wahrnehmung und *Erfahrung* von Kirche?
- Gibt es Ansatzpunkte für ein *Engagement* in der Kirche?
  (Hier kann auf die Möglichkeit eines Gemeindepraktikums verwiesen werden – vgl. Baustein 8!)

Zum Abschluß kann der fiktive Brief „Meine liebe Kirche ..." (vgl. Jugendbuch S. 63) gelesen werden.

Folgende Fragen könnten ein Auswertungsgespräch bestimmen:
- Wer hat diesen Brief an die Kirche geschrieben?
- Welche Kritik wird geübt?
- Was können wir tun, damit die Kirche etwas vom Geist Jesu ausstrahlt?

Zeit:
1 – 1½ Stunden

4 Baustelle Kirche (Kirchenträume)

Material:
- Für die „Mitte": Tücher, Holzbauklötze (für jede(n) TeilnehmerIn 5 Bauklötze), Blumen, Efeu, Steine
- Filz- oder Folienstifte, Stifte
- Arbeitsblatt „Baustelle Kirche" (S. 224)
- Text von Bischof Homeyer „Kirche und Gemeinde – drei Aspekte" (S. 225)

Gruppengröße:
ca. 10 Personen

Inhalt:
Franziskus wurde 1182 in Assisi als Sohn eines reichen Tuchhändlers geboren.

Als junger Mann gab er viel Geld leichtfertig und gedankenlos aus und war als Lebemann Mittelpunkt der eleganten, jungen Leute seiner Heimatstadt. Ein Jahr Kriegsgefangenschaft und Krankheit veränderten ihn.

In der Kapelle von St. Damian vor den Toren Assisis glaubte Franziskus, die Worte Jesu zu hören: „Geh und richte meine Kirche wieder auf, die am Einstürzen ist!"

Franziskus kehrte nicht mehr nach Hause zurück. Er blieb in St. Damian und baute die kleine, verfallene Kirche wieder auf.

Erst später erkannte er, daß das Wort „geh und richte meine Kirche wieder auf, die am Einstürzen ist!" ein Bild war für die vom Verfall bedrohte Kirche, die nicht mehr überzeugte, die leidenschaftslos und ohne Kraft war.

Franziskus beließ es nicht dabei, über den Zustand der Kirche zu lamentieren, er träumte von einer besseren Kirche und *handelte*.

Die Kirchenerfahrung des Franziskus und die mancher Jugendlicher heute zeigen manche Parallelen: Viele Jugendliche erleben auch heute die Kirche als leidenschaftslos, resignativ und ohne Überzeugungskraft.

Und vielleicht haben einige auch noch nicht verlernt, „Kirchenträume" zu träumen. Die Fähigkeit, eine Vision von Kirche zu haben, ist aber die Voraussetzung für den Versuch, diese Wirklichkeit werden zu lassen.

In diesem Baustein sollen zunächst „Kirchenträume" bewußt gemacht werden, um in einem weiteren Schritt zu fragen: „Wo kann ich in der Gemeinde meinen Traum von Kirche nicht nur träumen, sondern auch leben?"

Methode:
GruppenleiterIn und Jugendliche sitzen um eine gestaltete „Mitte":

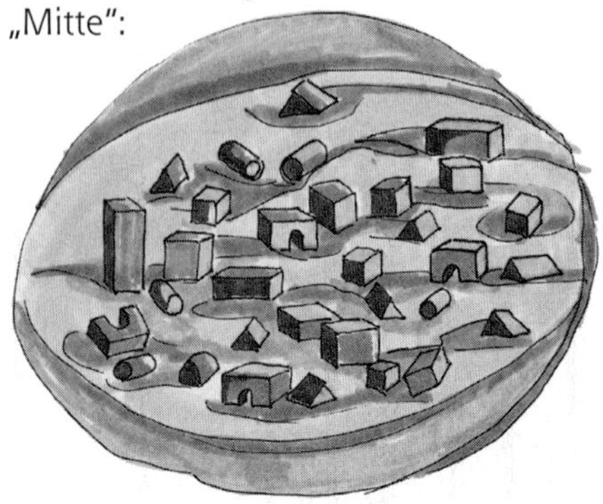

Der/die GruppenleiterIn erzählt die Vision des Franziskus in der Kirche von St. Damian (vgl. Inhalt).

Die Jugendlichen werden aufgefordert, sich ihres Kirchentraumes bewußt zu werden. Dazu nimmt jede(r) aus der Mitte fünf Bausteine. Weiter erhält jede(r) einen Filzstift und ein Arbeitsblatt (vgl. S. 224). Jede(r) soll sich nun zurückziehen und vom Arbeitsblatt fünf Begriffe auswählen, die ihm/ihr als Fundament für die Kirche der Zukunft besonders wichtig sind. (Wer eigene Begriffe benennen will, der darf dies natürlich tun!)

Die gewählten Begriffe werden dann auf die Bauklötze geschrieben.

Nach dieser Phase der Einzelarbeit trifft sich die Gruppe um die „Mitte", und die Jugendlichen bauen nun auf den Tüchern mit den beschrifteten Steinen „ihre Traumkirche". Dabei benennt zunächst eine(r) die ihm/ihr wichtigen Begriffe und beginnt mit dem Bau der „Kirche". Der/die zweite folgt, usw. Am Ende der Bauphase kann die Gruppe die Kirche noch mit Blumen, Efeu und Steinen schmücken.

Dann kann der Text von Bischof Homeyer „Kirche und Gemeinde – drei Aspekte" (vgl. S. 225) nach der Vaesteras-Methode (vgl. S. 15) gelesen werden.

Als weiterführende Fragen wären denkbar:
- Wird unsere Gemeinde allen drei Aspekten gerecht?
- Sind diese drei Aspekte auch in „unserer Traumkirche" vertreten?

Abschließend stellt sich die Frage:
- Was möchte ich von „unserer Traumkirche" verwirklichen?
- In welchen Bereichen der Gemeinde scheint mir dies möglich?

Hier würde sich die Frage eines Gemeindepraktikums (vgl. Baustein 8) anschließen.

Zeit:
ca. 1 – 1½ Stunden

5 Meine Nähe und Distanz zur Gemeinde St. ...

Material:

- 1 DIN-A3-Blatt mit großer Aufschrift „Gemeinde St. ..." (Name eintragen!)
- Klebeband
- für jede(n) Jugendliche(n) einen aus Papier ausgeschnittenen, eßtellergroßen Punkt (evtl. Eßteller und Scheren, wenn die Jugendlichen die Punkte selbst ausschneiden)
- evtl. ein Punkt mit dem Namen „Jesus"
- für jede(n) Jugendliche(n) 3 rote und grüne und 4 weiße Zettel (DIN-A6)
- dicke und dünne Stifte

Gruppengröße:
7 – 15 Personen

Inhalt:
„Kirche" wird von Jugendlichen oft nur sehr abstrakt als Großorganisation wahrgenommen, als „Amtskirche" schnell abgelehnt.

Konkret wird „Kirche" von jungen Menschen durch die Gemeinde vor Ort erlebt. Der Firmvorbereitungskurs ist so verstanden ein Teil ihrer Gemeinde- und Kirchenerfahrung. Darüber hinaus kennen die Jugendlichen „Kirche" durch Gottesdienstbesuche, durch Begegnungen mit Hauptamtlichen und Gemeindemitgliedern, evtl. durch Mittun im Rahmen der Jugendarbeit u.a. Positive wie negative Erfahrungen bestimmen Nähe und Distanz der Jugendlichen zur Gemeinde vor Ort.

Ziel dieses Bausteins ist es, diese Nähe und Distanz der Jugendlichen zu ihrer Gemeinde bewußtzumachen und formulieren zu lassen, was diese Beziehung in Bewegung bringen könnte.

Methode:

Für dieses Spiel braucht man eine größere freie Fläche. Die Jugendlichen erhalten Punkte, durch die sie ihre Nähe und Distanz zur Gemeinde bestimmen, indem sie diese Punkte an einen freigewählten Ort niederlegen. Anschließend notieren sie auf Kärtchen, was ihre Nähe oder Distanz zur Gemeinde vergrößern bzw. verringern würde. (Eine nähere Beschreibung des Spiels vgl. „Meine Nähe und Distanz zu Gott", II. 4,3 S. 49).

Als zusätzliche Variante erhalten die Jugendlichen 4 weiße Kärtchen. Auf jedes der Kärtchen kann eine Frage notiert werden, die sich mit der Gemeinde beschäftigt: „Was möchte ich über meine Gemeinde gern wissen, genauer erfahren?" Als Zusatzfrage ist auch denkbar: „Was würde ich gern einmal in meiner Gemeinde machen?" Hat er/sie die Übung beendet, legt er/sie seine/ihre ausgefüllten weißen Kärtchen auf den Boden an seinen/ihren Punkt und setzt sich danach wieder schweigend hin.

Im anschließenden Gespräch haben alle Jugendlichen die Möglichkeit, ihre Gefühle und Erfahrungen, die sie während des Spiels hatten, zu äußern (mögliche Auswertungsfragen vgl. II. 4,3 S. 49).

Wichtig bei der Reflexion ist, daß jede(r) Jugendliche zunächst bei sich bleibt und erst in einem zweiten Schritt sich zu den anderen TeilnehmerInnen äußert. Der/die KatechetIn sollte auch darauf achten, daß im Laufe des Gesprächs jede(r) zu Wort kommt.

Möglicherweise kommt man im Laufe des Gesprächs auf die konkrete Gemeinde vor Ort zu sprechen. Die weißen Kärtchen können für den/die Katecheten/in aufschlußreich sein, da hier mögliche Themenschwerpunkte für die weitere Beschäftigung mit der Gemeinde von den Jugendlichen angedeutet werden.

Als Erweiterung des Spiels wäre es jetzt denkbar, einen Punkt mit dem Namen „Jesus" in die Gruppe einzugeben. Die Gruppe müßte dann darüber entscheiden, wie Jesus zur Pfarrgemeinde St. ... stehen würde, was geschehen müßte, damit Jesus näher bzw. weiter entfernt zur Pfarrgemeinde stände.

Zeit:
ca. $1\frac{1}{2}$ Stunden

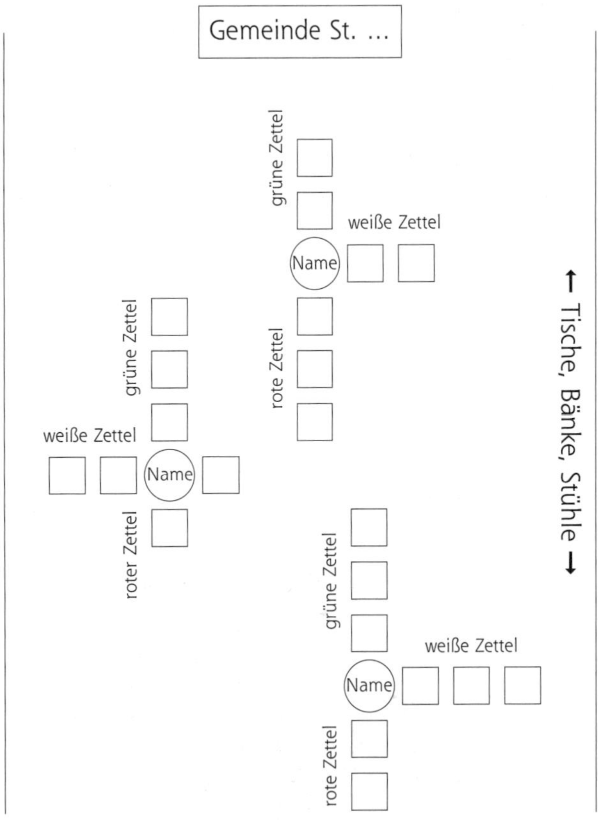

6 Unsere Gemeinde St. ...: Was ist uns wichtig im Leben der Gemeinde? Worauf kommt es uns an?

Material:
- Spielbögen (S. 227)
- für jede Kleingruppe einen Umdruck: „Richtlinien für die Gruppenentscheidung" (S. 226)
- für jede Kleingruppe: ein beschrifteter Plakatkarton, entsprechend vergrößerte Symbole und Klebstoff
- für die „Mitte": Tücher, Osterkerze, Bild der Gemeindekirche, Fragezeichen aus Pappe
- Text „Inkonsequent" (S. 226)
- Stifte

Gruppengröße:
8 – 16 Personen

Inhalt:
Wenn man sich die Entwicklung der vergangenen 30 Jahre anschaut, dann ist die Kirche einem enormen Wandel unterworfen gewesen:
- Klassische Frömmigkeitsformen wie Kreuzweg-, Mai- und Rosenkranzandachten werden weniger nachgefragt, dafür sind andere Formen wie Früh- oder Spätschichten, Meditationsgottesdienste, Kindergottesdienste entdeckt worden.
- Dem stetigen Rückgang des sonntäglichen Gottesdienstbesuchs in Deutschland (insgesamt oft mehr als 50 % im Laufe der letzten Jahrzehnte) steht eine wohl noch nie so große Anzahl kompetenter, ehrenamtlich engagierter Menschen in den Gemeinden gegenüber.
- Die Weitergabe des Glaubens an die junge Generation scheint in der Regel nicht mehr zu gelingen. In vielen Gemeinden gestaltet sich die Jugendarbeit schwieriger, in manchen hat sie sich längst verabschiedet.
- Das Problem des mangelnden Priesternachwuchses und auch mittlerweile bei den Berufsgruppen der Pastoral- und Gemeindereferenten/-innen verändert die Gemeinden, da die Versorgung mit Hauptamtlichen nicht mehr in gewohnter Zahl (auch aus finanziellen Gründen) gewährleistet scheint. Die Kirche wandelt sich von innen in einem rasanten Tempo.
- Aber auch Kirchenaustritte, eine offensichtliche Distanz zum Glauben und eine antikirchliche Haltung bei vielen Menschen zeigen, daß es nicht mehr selbstverständlich in unserer Gesellschaft ist, als Christ leben zu wollen.
  Der Druck von außen auf die Kirche und die Gemeinden wird größer.

Man spricht deswegen von einer Umbruchssituation, die die Kirche erfaßt hat. Wir verabschieden uns von der Gestalt der Kirche des 19. Jahrhunderts und erleben die Geburtswehen einer neuen, weithin noch unbekannten Gestalt von Kirche.

In einer Zeit, wo Vertrautes schwindet und Neues zart entsteht, ist es für Kirche und Gemeinde überlebenswichtig, sich von Zeit zu Zeit zu vergewissern, was wichtig und unaufgebbar ist.

Auch Jugendliche haben in der Regel gewisse Vorstellungen von und Erwartungen an ihre konkrete Gemeinde. Bestimmtes ist ihnen zentral, anderes gewichten sie geringer. Die eigene Position zu formulieren, in der Gruppe ins Gespräch zu kommen und sich auszutauschen, um Wesentliches von ‚Gemeinde' zu begreifen, soll Ziel dieses Bausteins sein.

Methode:
Die Gruppe sitzt um eine gestaltete „Mitte" herum.

Zu Beginn liest der/die GruppenleiterIn das Gedicht von Lothar Zenetti vor. Im anschließenden Gespräch ist es wichtig, daß der/die GruppenleiterIn auf die Veränderungen in der Kirche (vgl. Inhalt) hinweist. Diese verlangen immer wieder, vor Ort danach zu fragen, was denn für das Leben unserer Gemeinde am wichtigsten sein könnte.

Anhand des Spielbogens erklärt der/die GruppenleiterIn die einzelnen Symbole, die für einzelne Bereiche in der Gemeinde stehen (vgl. S. 227). Der/die GruppenleiterIn fordert nun die Jugendlichen auf, die Symbole in eine Rangfolge zu bringen, die die Wichtigkeit der Symbole und ihrer Inhalte ausdrückt. Das wichtigste Symbol erhält die Nr. 1, das zweitwichtigste die Nr. 2 und so weiter bis zur Nr. 12, dem unwichtigsten Symbol nach der Bewertung des(r) Jugendlichen. Dabei darf jede Zahl von 1 – 12 nur einmal vorkommen, und jedes Symbol muß mit einer Zahl versehen werden.

In einer 1. Runde bearbeitet jeder Jugendliche allein den ausgeteilten Spielbogen. Dafür stehen maximal 15 Minuten Zeit zur Verfügung. Für die 2. Runde, die Gruppenentscheidung, behält jede(r) Jugendliche seinen Spielbogen.

Für die 2. Runde werden Kleingruppen von 3 – 4 Jugendlichen gebildet, die, in getrennten Räumen tagend, eine Gruppenentscheidung unter Berücksichtigung der angegebenen Regeln versuchen sollen (vgl. „Richtlinien für die Gruppen-Entscheidung S. 226). Jede Kleingruppe erhält einen Umdruck mit den Richtlinien, 1 Plakatkarton mit Raster, 12 Kärtchen mit den aufgezeichneten Symbolen sowie Klebstoff.

Für die Bewertung und Festlegung der gemeinsamen Rangfolge haben die Gruppen 30 Minuten Zeit.

Die Symbolkärtchen werden in der von der Gruppe gewählten Reihenfolge auf den Plakatkarton geklebt.

1	2
3	4
5	6
7	8
9	10
11	12

In einer 3. Runde stellen die Kleingruppen ihre Rangfolge im Plenum vor.

Für das Auswertungsgespräch sind folgende Punkte von Wichtigkeit:

- Welche Symbole stehen ganz oben, welche ganz unten? Warum?
- Was hat uns in unserem Gespräch und bei der Entscheidung über die Reihenfolge der Symbole am meisten überrascht?
- Worüber und aus welchen Gründen haben wir am meisten „gestritten" oder am ehesten Übereinstimmung erzielt?

Zum Schluß der Gesprächs im Plenum könnte die Frage erörtert werden: Was machen wir mit dem Ergebnis? Ergibt sich für uns aus dem Spiel etwas?

Zeit:
ca. $1\frac{1}{2}$ Stunden
(nach einer Idee von Andreas Jungnitz, Hameln).

7 Miteinander verwoben

Material:

- 4 massive Kanthölzer, Nägel, Hammer, Schnur für Kettfäden
- Längere Stoffstreifen (ca. 1 cm breit)
- Wollfäden (verschiedene Farben und Stärken, gesponnen und ungesponnen)
- meditative Musik, Kassettenrecorder
- evtl. Lied „Wo 2 oder 3" (Jugendbuch S. 62)

Für den Webrahmen genügt es, vier massive Kanthölzer miteinander zu vernageln. Die Größe der Hölzer bzw. dann des Rahmens sollte sich nach der Größe der Gruppe richten (für eine Gruppe von ca. 6 – 8 TeilnehmerInnen genügt ein Rahmen in der Größe von 60 x 60 cm). Der Webrahmen ist nicht zu groß zu wählen, da sonst beim Weben zu große Lücken bleiben. Der Webrahmen wird an 2 sich gegenüberliegenden Seiten mit Nägeln in gleichmäßigem Abstand (ca. 1 cm) beschlagen, und die Nägel werden mit Kettfäden verbunden.

Die Stoffstreifen kann man aus preiswerten Baumwollstoffen oder aus Stoffresten reißen. Sie sollten nicht zu kurz sein, damit der Webrahmen beim Weben gefüllt wird. Es sollten möglichst unterschiedliche Stoffstreifen (unterschiedliche Farbgebung, unterschiedliche Webart usw.) bereitgehalten werden. Auch die Wollfäden sollten möglichst bunt und von unterschiedlicher Stärke sein.

Gruppengröße:
ca. 6 – 8 Personen

Inhalt:
Die Kirche selbst verwendet viele Bilder, um zu beschreiben, wie sie sich versteht: „Volk Gottes", „Leib Christi", „Braut Christi", „Mutter der Gläubigen", „Haus Gottes" usw.

Roger Schütz, der Prior von Taizé, beschrieb die Kirche einmal als „Gewebe ohne Modellzeichnung".

Schütz will damit ausdrücken, daß Kirche ein Ort ist, an dem alle in ihrer Verschiedenartigkeit Platz haben.

„Gewebe *ohne Modellzeichnung*", das heißt aber auch: Kirche ist nichts Fertiges, Kirche ist immer neu im Entstehen, und eines Tages wird sie zur Vollendung gelangen.

Im Bild des „Gewebes" können noch weitere Bedeutungsinhalte von Kirche entdeckt werden:

- Das *Weben* selbst verweist auf die Notwendigkeit gemeinsamen Tuns (die Webfäden werden erst durch Verknüpfung zum Ganzen). Das Weben verweist auch darauf, daß wir uns gegenseitig

Raum geben müssen, damit ein(e) jede(r) sich einbringen kann.

- Der *Rahmen* kann Zeichen dafür sein, daß Kirche und Gemeinde nicht im luftleeren Raum existieren. Kirche ist hineingestellt in Gottes Schöpfung mit dem Auftrag, hier heilbringend zu wirken.
- Die *Kettfäden* können Bild sein für den Transzendenzbezug von Kirche.

Im gemeinsamen Weben soll etwas von diesen Gedanken deutlich werden.

Methode:
Zu Beginn der Meditation liegt der Webrahmen in der Mitte des Raumes.

Meditative Musik schafft eine ruhige Atmosphäre. Jede(r) Jugendliche kann sich zunächst einen Stoffstreifen oder einen Wollfaden aussuchen.

Nachdem sich die Jugendlichen mit ihrem Stoffstreifen/Wollfaden um den Webrahmen gesetzt haben, kann der/die GruppenleiterIn mit der folgenden Webmeditation beginnen:

(Der/die GruppenleiterIn hält einen Stoffstreifen in der Hand).

Webmeditation „Miteinander verwoben"

„Ein Streifen Stoff in meiner Hand. Er regt mich an, über mein Leben nachzudenken.

Ein Streifen Stoff – ein Wollfaden. Wenn ich mich umsehe, entdecke ich, wie unterschiedlich die Streifen und Wollfäden sind – so unterschiedlich wie wir in unserer Persönlichkeit, unserer Lebensgeschichte, unserer Erfahrung sind. Da gibt es grobgewebte Stoffe und ganz feine, fast durchsichtige Stoffe. Da gibt es Menschen, die feinfühlig sind, und da gibt es Menschen von gröberer Machart, Dickhäuter, denen man einiges auf den Kopf zusagen kann, ohne daß es sie verletzt. – Musik –

Ein Streifen Stoff – abgetrennt von einer langen Stoffbahn, ein Wollfaden – genommen von einem großen Knäuel – sie sind Bild für unser Leben, das hervorgegangen ist aus der Lebensfülle Gottes. Gott gibt uns Leben aus seiner Lebensfülle.
Und Gott gibt uns die Freiheit, unser Leben zu gestalten:

- Wir könnten unsere Stoffstreifen und Wollfäden auf einen Haufen werfen – bunt, ungeordnet, ohne Ziel.
- Wir könnten unsere Stoffstreifen, unsere Wollfäden auch für uns behalten.
- Wir könnten Stoffstreifen und Wollfäden aber auch in den Webrahmen, der vor uns liegt, einweben. Wir könnten dabei unsere Stoffstreifen und Wollfäden miteinander verknüpfen und uns festmachen an den Kettfäden."

(Aufforderung zum Weben. Hier kann die Meditationsmusik lauter gestellt werden. Ein Korb mit weiteren Wollfäden und Stoffstreifen wird bereitgestellt, so daß die Jugendlichen nicht nur einen Streifen einweben).

Nach der Webaktion:
„Jede(r) von uns hat seinen/ihren Stoff in diesen Rahmen eingewebt. Aus vielen Streifen ist ein Teppich geworden, aus einzelnen Teilen ein neues Ganzes. Jede(r) hat dem/der anderen Raum gegeben. Nur so konnte sich jede(r) einbringen.
Wir haben ein Stück Freiheit aufgegeben und uns festgelegt. Wir haben etwas von uns aufgegeben, und trotzdem haben wir uns dadurch nicht aufgegeben.

Allein auf uns gestellt, hätten wir den Teppich nicht weben können.

- Wir waren darauf angewiesen, daß uns ein *Rahmen* zur Verfügung stand. Auch der Webrahmen kann Zeichen sein. So wie er uns zur Gestaltung zur Verfügung stand, so hat uns Gott diese Erde zur Gestaltung anvertraut. In diesem Rahmen können wir leben, mit diesem Rahmen müssen wir sorgsam umgehen. Wenn wir diesen Rahmen strapazieren, kaputtmachen, nehmen wir uns selbst die Möglichkeit zum sinnvollen Leben. – Musik –
- Aber noch etwas war wichtig, daß wir weben konnten: die *Kettfäden*. Sie verbinden das Oben mit dem Unten, man könnte auch sagen: den Himmel und die Erde, Gott und die Menschen. Ohne diese Verbindung von unten nach oben, von Welt und Gott bleibt der Rahmen hohl und leer.
  So können uns die Kettfäden ein Zeichen sein für die Verbindung zwischen Mensch und Gott – vor allem aber für den, der diese Verbindung zwischen uns und Gott hergestellt hat: für Jesus Christus. Er hat in seinem Tun und Reden, in seinem Sterben und Auferstehen die Fäden gespannt, die uns von Gott erzählen und uns mit ihm in Verbindung bringen.

Und so wie wir uns mit unseren Stoffstreifen an den Kettfäden festgemacht haben, so können wir uns auch an Jesus festmachen. Wenn wir uns mit ihm und miteinander verknüpfen, werden wir zu einem Teppich. Wir finden Halt und Orientierung. Wir erhalten die Möglichkeit, daß unser Leben zu einem leuchtenden, bunten Teppich, zu einem sinnvollen Leben wird. Wir erhalten die Möglichkeit, daß wir durch Jesus zu einer Gemeinschaft zusammenwachsen, in der jede(r) vorkommt und jede(r) gehalten wird."

– Musik –

Zum Abschluß könnte der Kanon „Wo 2 oder 3" (Jugendbuch S. 62) gesungen werden.

Zeit:
1 – 1½ Stunden

8 Schnupperkurs „Gemeinde"

Material:
- für die „Mitte": Tücher, Osterkerze
- von den GruppenleiterInnen mitgebrachte Symbole und gestaltete Plakate zu ihren Gruppen
- Listen zum Eintragen

Gruppengröße:
beliebig; alle TeilnehmerInnen am Firmkurs

Inhalt:
Gemeinde ist der Ort, wo Christen sich versammeln, nach Spuren Gottes in ihrem Alltag suchen und diese deuten, ihr Leben im Gottesdienst feiern und Gott danken, sich einander und den Schwachen zuwenden. Gemeinde ist so begriffen immer eine „Gemeinschaft von vielen kleinen Gemeinschaften", wo Menschen gemeinsam unterwegs ist, wo die Sehnsucht mancher ein Zuhause gefunden hat.

Manchen Jugendlichen wird die Gemeinde als etwas Fremdes und schwer Zugängliches erscheinen. Sie wird als Teil der Erwachsenenwelt erlebt. Jugendliche nehmen sie oft nur von außen wahr.

Der Firmvorbereitungskurs selbst ist allerdings auch ein Teil von Gemeinde, und er will auf Gemeinde hin öffnen.

Es könnte für Jugendliche eine Chance sein, für eine begrenzte Zeit (wenigstens 4 Wochen) einen Schnupperkurs „Gemeinde" in einer Gruppe oder in einem konkreten Projekt zu machen.

Von den Gruppen der Gemeinde eingeladen, zu kommen und zu sehen (vgl. Joh 1,39), Erfahrungen zu machen, Gemeinde von innen kennenzulernen, das soll Ziel dieses Bausteins sein.

Methode:
Rechtzeitig sollte mit den LeiterInnen von Gruppen in der Gemeinde, die für ein Praktikum der Jugendlichen in Frage kommen, der Rahmen, die Dauer und die Zielsetzung dieses Schnupperkurses „Gemeinde" abgesprochen werden. Ebenso sollten sie frühzeitig über dieses Treffen informiert und eingeladen werden.

Um die gestaltete „Mitte" sitzen alle KatechetInnen, Jugendlichen und die eingeladenen VertreterInnen der verschiedenen Gruppen.

Das Treffen könnte mit einem Lied begonnen werden. Anschließend könnte in bunt gemischten, frei gewählten Kleingruppen alternativ
- der 1. Baustein (Kirchenbilder)
- der 2. Baustein (Kirche ist ...)
- der 4. Baustein (Baustelle Kirche)

bearbeitet werden.
Nach maximal einer Stunde treffen sich die Gruppen wieder im Plenum. Es ist günstig, sich mit einem Lied zu sammeln.

Dann stellen die LeiterInnen der verschiedenen Gruppen ihre Gruppe vor. Zunächst erläutert jede(r) LeiterIn kurz einiges zur Gruppe:
- Was macht die Gruppe?
- Wer leitet sie, wer sind ihre Mitglieder?
- Wo trifft sie sich?
- Wann trifft sie sich?
- Wie viele Jugendliche können max. ihr Praktikum in der Gruppe absolvieren?

Anschließend wird das Symbol, das für diese Gruppe steht, in die „Mitte" gelegt.

Im Anschluß an die Vorstellungen haben die Jugendlichen die Möglichkeit nachzufragen.

In einer offenen Runde können die Jugendlichen dann noch einmal auf einzelne Leiter zugehen und sie befragen bzw. können sich untereinander besprechen.

An einer Wand des Raumes könnten zur Information werbend gestaltete Plakate mit den jeweiligen Infos über die Gruppen angebracht sein. Im Bereich dieser Plakate sollten dann Listen zugänglich sein, in die die Jugendlichen sich eintragen könnten.

Mit einem Lied könnte der Abend dann beendet werden.

PS.: In manchen Gemeinden wird es nur ganz wenige oder kaum Gruppen geben, die für einen „Schnupperkurs Gemeinde" in Frage kommen. Hier könnten die GruppenleiterInnen auch verschiedene Projekte anbieten, die sich über mehrere Wochen hinziehen, wie
- Jugendgottesdienst vorbereiten
- Seniorennachmittag gestalten
- Kindertag
- 3. Welt-Aktion
-
-
-

Zeit:
2 Stunden

V. KATECHETISCHE EINHEIT:

Der Sehnsucht ein Zuhause geben

1. Die Sache mit dem Fenster

1 bis 6

2. Grenzerfahrungen

1 bis 4

3. Auf dem Weg

1 bis 10

V.1. Die Sache mit dem Fenster – Verantwortung für die Welt

Zielsatz:

Wir werden uns bewußt, daß wir auch „in der Welt" unserer Sehnsucht ein Zuhause geben können.
Wir schauen in unsere nähere Umgebung, aber auch „in die Welt" und versuchen, die vorhandene Not zu entdecken.
Wir entscheiden uns gegebenenfalls für ein Projekt, führen es durch und versuchen so, Reich Gottes „in der Welt" ein wenig mehr Wirklichkeit werden zu lassen.

1 Die Sache mit dem Fenster (Einführungsbaustein für die Bausteine 2–5)

Material:

- fünf schwarze, dicke Plakatkartons DIN-A2
  Die Plakatkartons werden – wie in der Skizze aufgezeigt – in Form eines „Flügelaltars" (vgl. die Grundform des Hungertuches von Sieger Köder „Hoffnung den Ausgegrenzten" von 1996) zusammengeklebt. Die beiden „Außenflügel" rechts und links werden in der Mitte nochmals durchgeschnitten, so daß vier „Fenster" entstehen. Diese vier „Fenster" werden mit Tesafilm an den großen Plakatkarton (bestehend aus drei Plakatkartons) angeklebt.

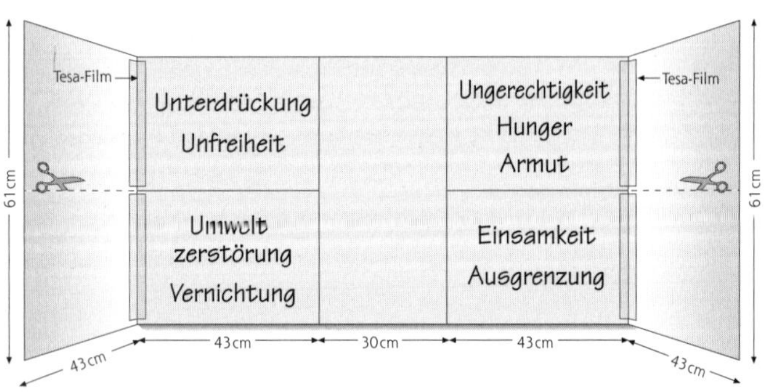

Auf die vier Felder des großen Plakatkartons werden die Begriffe Unfreiheit/Unterdrückung; Vernichtung/Umweltzerstörung; Hunger/Ungerechtigkeit/Armut; Einsamkeit/Ausgrenzung; geschrieben.
Der „Flügelaltar" kann auch stabiler und größer mit Hilfe einer Tischlerplatte/Preßspanplatte und Klavierband hergestellt werden. Dies ist aufwendiger, aber sicher lohnenswert.

- Zeitungen, Magazine
- Scheren, Stifte, Klebstoff
- „Der gebundene und sterbende Jesus"
  vom Hungertuch „Hoffnung den Ausgegrenzten" von Sieger Köder (1996), entweder als Postkarte oder die vergrößerte Farbkopie der Postkarte, zu bestellen bei Misereor, Mozartstraße 9, 52064 Aachen)
- Gedicht „Golgota" (Jugendbuch S. 45)

Gruppengröße:
ca. 20 Personen

Inhalt:
In der Bibel wird die besondere Stellung des Menschen mit seiner Gottebenbildlichkeit begründet: „Gott schuf den Menschen als sein Abbild; als Abbild Gottes schuf er ihn" (Gen 1,27): Die Würde des Menschen gewinnt von daher ihre ganze Tiefe. Deshalb ist sie unantastbar, allen Menschen gleich und Grundlage aller Menschenrechte.

Die im AT theologisch begründete Würde des einzelnen erhält im NT eine weitere Dimension in Jesus Christus. Jesus bejaht die Menschen bedingungslos, von ihm wissen sich die Menschen angenommen und können sich so in gegenseitiger Achtung entfalten. Jesus selbst sagt von sich, daß in seiner Liebe zu den Menschen die Liebe Gottes durchscheint und erfahrbar wird.

Nachfolge Jesu bedeutet so Hinwendung zum Nächsten, der Bruder oder Schwester ist.

Nachfolge Jesu heißt, den Menschen, vor allem aber den mühselig Beladenen, den Armen, den Schwachen und Entrechteten die ihnen gebührende Liebe und Würde zu geben.

Darüber hinaus scheint es heute entscheidend zu sein, den Blick für die Not in unserer Welt zu schärfen und Betroffenheit in konkretes Handeln umzusetzen.

Das wollen die Bausteine dieser katechetischen Einheit versuchen.

Baustein 1 führt in die Thematik „Verantwortung des Christen für die Welt" ein. Hier beschäftigen sich die Jugendlichen mit drängenden Fragen wie z.B. Unterdrückung, Umweltzerstörung, Ungerechtigkeit oder Ausgrenzung.

In den *Bausteinen 2 – 5* setzen sich die Jugendlichen intensiver mit diesen aktuellen Problemen und Fragen auseinander (durch Besuche oder Aktionen) und bringen diese in Beziehung zu Hoffnungsgeschichten der Bibel (vgl. Hungertuch „Hoffnung den Ausgegrenzten" von S. Köder). Die Bausteine 2 – 5 stellen alternative Vorschläge für arbeitsteilige Kleingruppen dar, d.h. am Ende von Baustein 1 entscheiden sich die Jugendlichen für *einen Problemkreis*, den sie in der kommenden Zeit in ihrer Kleingruppe intensiver betrachten, z.B.

1. *Kleingruppe:*
   Unterdrückung/Unfreiheit (= Baustein 2)
2. *Kleingruppe:*
   Vernichtung/Umweltzerstörung (= Baustein 3)
3. *Kleingruppe:*
   Armut/Ungerechtigkeit (= Baustein 4)
4. *Kleingruppe:*
   Ausgrenzung (= Baustein 5)

Zu *Baustein 6* treffen sich die Kleingruppen wieder als Gesamtgruppe, bringen ihre Erfahrungen ein, indem sie gemeinsam einen „Flügelaltar" mit den Bildern von S. Köder und eigenen Texten zu ihrem Problemkreis gestalten.

(In Gemeinden, in denen zu wenig Jugendliche am Firmvorbereitungskurs teilnehmen, müßten sich die Katecheten im Vorfeld für einen bzw. zwei Themenbereich(e) entscheiden.)

Methode:
In der Mitte des Sitzkreises liegt der „Flügelaltar" geschlossen.

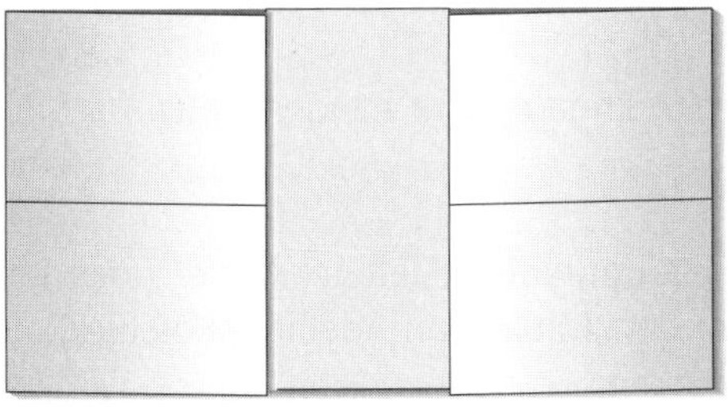

Der/die GruppenleiterIn erzählt die folgende Anekdote von Papst Johannes XXIII.:

„Papst Johannes XXIII. berief 1962 für alle überraschend ein Konzil ein, eine Zusammenkunft der Verantwortlichen in der Kirche. Das Konzil sollte u.a. über die Erneuerung der Kirche und die Aufgaben der Kirche in der Welt beraten.

Vom Papst Johannes XXIII. wird folgende Geschichte erzählt.

In einem Interview fragte ein Journalist den Papst, was er mit dem Konzil bewirken wolle.

Der Papst sagte nichts, sondern ging schweigend zum Fenster seines Arbeitszimmers und riß die Fensterflügel weit auf."

Der/die GruppenleiterIn öffnet nun nacheinander die „Fenster" des „Flügelaltares" und erzählt dabei von dem, was uns begegnet, wenn wir Fenster und Türen öffnen.

Wir begegnen:
- Unterdrückung
  („Fenster" links oben)
- Umweltzerstörung
  („Fenster" links unten)
- Ungerechtigkeit
  („Fenster" rechts oben)
- Ausgrenzung, Einsamkeit
  (Fenster" rechts unten)

Die Jugendlichen erstellen nun zu den vier Leitbegriffen in Kleingruppen Collagen.

Nach einiger Zeit treffen sich die Jugendlichen wieder um die Mitte. Jede Kleingruppe erläutert kurz ihre Collage und klebt sie auf den Plakatkarton an die entsprechende Stelle.

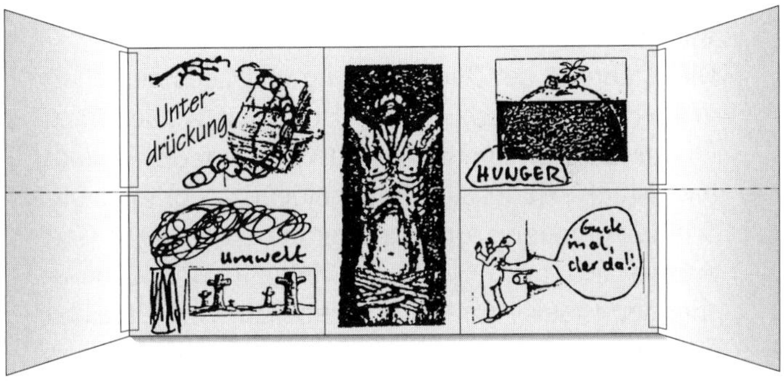

Der/die GruppenleiterIn klebt nun in die Mitte den Gekreuzigten von S. Köder.

Hier kann das Gedicht „Golgota" (vgl. Jugendbuch S. 45) vorgelesen werden.

Der/die GruppenleiterIn erläutert, daß Jesus, der in seinem Leben und Sterben sich als der Mitleidende gezeigt hat, uns ruft, ein Herz für unsere Mitmenschen zu haben, wenn wir ein sinnvolles Leben führen wollen. Ein Herz für die Mitmenschen haben heißt, sich die Not des Nächsten zu Herzen nehmen und Zeit, Kraft und auch Geld mit ihnen zu teilen.

Dabei scheint es wichtig, deutlich zu machen, daß es nicht darum geht, das Leid der ganzen Welt zu schultern – dies kann kein Mensch.

Aber sich im konkreten Bereich einsetzen für eine gerechtere Welt, dies erscheint möglich.

Ein Ansatzpunkt kann die Beschäftigung mit aktuellen Fragen und Problemen, eine Aktion für Menschen in Not sein.

So werden nun *Kleingruppen gebildet*, die sich in der kommenden Zeit (Zeitdauer der jeweiligen Besuche/Projekte sind jeweils in den Gemeinden abzustimmen) näher mit einem Problemkreis beschäftigen.

Zeit:
1½ – 2 Stunden

2 „Mirjam nahm die Pauke in die Hand"

Material:

- Für die „Mitte": grüne Tücher, eine große Kette, Fußspuren aus Tonkarton, Kerze
- Karten von der tanzenden Mirjam (zu beziehen bei: Misereor, Mozartstr. 9, 52064 Aachen, Telefon 0241/442-103. Doppelkarten „Mirjam" Best.-Nr. 745996)
- Geschichte von „Mirjam" (vgl. Jugendbuch S. 67)
- Lied „Mirjam" (vgl. S. 228)
- evtl. Kassettenrecorder
- evtl. „Mirjams Lied" auf der Kassette (vgl. S. 228)
- Tanzbeschreibung zu „Mirjams Lied" (vgl. S. 229)

Gruppengröße:
ca. 8 Personen

Inhalt:
Die Erfahrung der Unterdrückung und Gefangenschaft in Ägypten, der anschließenden Flucht und wundersamen Errettung am Schilfmeer vor den Verfolgern des Pharaos hat Israels Gottesbild entscheidend geprägt. Das Schilfmeerereignis gilt als Urerfahrung Israels. Gott erweist sich hier als Erretter, Befreier und Lebensspender Israels, der aus Knechtschaft in die Freiheit führt und aus höchster Not errettet. Dieses Urbekenntnis Israels findet seinen Ausdruck im Siegeslied der Mirjam, der Schwester von Mose und Aaron, die die Pauke in die Hand nimmt und gefolgt von den anderen Frauen singt: *„Singt dem Herrn ein Lied, denn er ist hoch und erhaben! Rosse und Wagen warf er ins Meer."* (Ex 15,21).

Sie preist Gott in Tanz und Lied in unbändiger Freude und antwortet so auf die von Gott geschenkte und ermöglichte Freiheit.

Das Siegeslied fordert auf, „mitzuwirken an der Befreiungsgeschichte, die Gott in dieser unserer Welt durch den Exodus Israels aus Ägypten und durch den Exodus Jesu aus der Macht der Sünde und des Todes in Gang gebracht hat" (Erich Zenger, Das Buch Exodus, Düsseldorf 1978, S. 202; zitiert nach: Bischöfl. Hilfswerk Misereor e.V. (Hrsg.), Materialien für die Schule Nr. 20, „Bilder erzählen von Hoffnung", Aachen 1996, S. 10).

Auf dem Bild von Sieger Köder tanzt Mirjam über dem Wasser und schlägt die Pauke. Ihre Haare flattern, ihr ganzer Leib ist in Bewegung. Sie trägt ein Kleid in den Farben des Regenbogens, dem Zeichen für die Treue Gottes. Die blutroten, vernichtenden Todeswasser färben sich hoffnungsvoll grün und machen eine Gasse frei: „Wenn das rote Meer grüne Welle hat, dann ziehen wir frei, heim aus dem Land der Sklaverei." (Wilhelm Willms) Durch die gewaltigen Wassermassen werden mit Stacheldraht bewehrte Mauern eingerissen: „Wenn der Stacheldraht rote Rosen trägt, dann bleiben wir hier, weil sich das Land gewandelt hat." (Wilhelm Willms).

Gott setzt sich für die Unterdrückten ein und fordert auf, die geschenkte Freiheit zu bewahren. Auch heute braucht es Menschen, die als Werkzeug Gottes sich einsetzen für Witwen, Waisen, Fremde, Landlose (Dtn 5,6–21), Rechtlose. (Nach Dr. Erwin Mock, Misereor, Aachen 1996, Prospekt zum Hungertuch von Sieger Köder).

In Amnesty International haben sich weltweit in mehr als 150 Staaten über 1,1 Millionen Menschen zusammengeschlossen, um sich für Menschen zu engagieren, die in ihren grundlegenden Menschenrechten unterdrückt werden. Sie setzen sich ein

- „für die Freilassung gewaltloser politischer Gefangener, d.h. von Männern und Frauen, die wegen ihrer politischen, religiösen oder anderen Überzeugungen, aufgrund ihrer Hautfarbe, ethnischen Herkunft, Sprache oder ihres Geschlechts inhaftiert sind und Gewalt weder angewandt noch befürwortet haben;
- für faire und zügige Gerichtsverfahren für alle politischen Gefangenen;
- gegen Folter und Todesstrafe, das „Verschwindenlassen" von Menschen und extralegale Hinrichtungen." (Entnommen aus: amnesty International, Sektion der Bundesrepublik Deutschland e.V. (Hrsg.), Taschenkalender 1997, S. 5 f.)
  In Deutschland gibt es rund 600 Amnesty-Gruppen, die für Kontakte mit Gewißheit offen sind. (amnesty International, D-53108 Bonn, Tel. 0228/983730, Fax 0228/630036; hier kann gegebenenfalls die Adresse der räumlich nächsten AI-Gruppe erfragt werden).
  Auch durch ihr Engagement handelt Gott.

Methode:
Die Gruppe sitzt um eine gestaltete „Mitte" (Idee für die Gestaltung der „Mitte" von Adelheid Koschick):

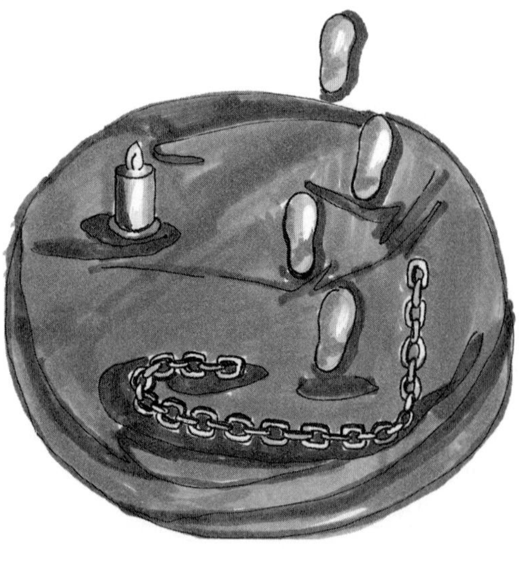

Die Jugendlichen äußern zunächst ihre Assoziationen zur „Mitte". Der/die GruppenleiterIn verteilt dann die Karten mit dem Bild der tanzenden Mirjam.

Die Jugendlichen betrachten das Bild und erzählen, was sie sehen:

- eine Frau, die eine Pauke schlägt und tanzt
- ihr Kleid hat die Farben des Regenbogens
- die Frau tanzt in einer „grünen Gasse" (Farbsymbolik!) zwischen roten Wellenbergen
- ein zerschnittener Stacheldraht trägt Rosen
- eine Mauer ist zerborsten
- die Frau blickt die Betrachter an

Die Jugendlichen betrachten weiterhin das Bild, während der/die GruppenleiterIn „Mirjams Geschichte" (vgl. Jugendbuch S. 67) vorliest (oder besser noch: in eigenen Worten frei erzählt!).

Das anschließende Gespräch könnte geprägt sein von der Frage:

- Mirjam schaut mich aus dem Bild heraus an. Was sagt sie mir?

Falls Interesse und Zeit vorhanden sind, könnte nun Mirjams Lied (vgl. S. 228) gesungen und dann in Bewegung umgesetzt werden (Tanzanleitung vgl. S. 229).

Mirjam erzählt die Geschichte von Gefangenschaft und Befreiung. Mirjams Geschichte ist auch eine moderne. Die Jugendlichen kennen subtile Formen der Unfreiheit in der westlichen Gesellschaft. Sie kennen aber auch die Berichte von politisch Verfolgten und Gefangenen. Mirjam erzählt von Gott, der auf der Seite der Unterdrückten steht, der sich auch *heute durch uns* stark machen kann für Rechtlose, Verfolgte und Gefangene. So wäre es sinnvoll, sich z.B. von AI (Adresse vgl. Inhalt) die Unterlagen über „den Gefangenen des Monats" zusenden zu lassen, sich mit dessen Schicksal zu beschäftigen und evtl. Protestbriefe an die zuständigen Stellen zu schreiben.

Denkbar wäre auch der Besuch bei der örtlichen AI-Gruppe.

Zeit:
je nach Umfang des Projektes

3 „Gasthaus Erde"

Material:

- Für die „Mitte": grün-braune Tücher, leere Getränkedosen, Joghurtbecher, Schachteln und sonstiger Müll, Blumen u. Efeu
- Text: „Das Gasthaus" von L. Tolstoi (vgl. Jugendbuch S. 69)
- Postkarten „Arche Noah" von Sieger Köder zu beziehen bei:
  Misereor, Mozartstr. 9, 52064 Aachen,
  Telefon 0241/442-103, (im 6er Set mit den anderen Motiven des Hungertuches erhältlich unter der Best.-Nr. 7 409 94, Preis DM 4,00)

Gruppengröße:
ca. 8 Personen

Inhalt:
In den vergangenen 150 Jahren erlebten die Menschen in Europa und Nordamerika einen ungeheuren technischen und materiellen Fortschritt. Unter dem Eindruck, die Welt mit ihren Flüssen und Meeren, ihren Ölseen unter den Wüsten, ihrer Luft und den gespaltenen Atomkernen gehöre ihnen, beuteten die Menschen in ungeahnter Intensität die Erde aus. Nun brachte der Fortschritt selbst die Krise mit sich. Ein Umkippen des ökologischen Gleichgewichts drohte. Schreckliche Zukunftsbilder tauchten auf.

Seit mehr als zwei Jahrzehnten wird von Zeitgenossen zum „verantwortlichen Umgang" mit der Schöpfung aufgerufen, wird auf biblische Zugänge verwiesen, die dies anmahnen.

Der Anfang unseres Glaubensbekenntnisses nennt eine wesentliche Grundorientierung auf die Schöpfung hin: „Ich glaube an Gott, den Vater, den Allmächtigen, den *Schöpfer des Himmels und der Erde.*" Die ganze Welt ist als Schöpfung Gottes, als seine Gabe zu sehen, die uns zur Aufgabe wird.

In den beiden Schöpfungsberichten der Bibel wird das Verhältnis des Menschen zur Schöpfung beschrieben: „... unterwerft die Erde euch und *herrscht* über die Fische des Meeres, über die Vögel des Himmels ..." (Gen 1,28). Im 2. Schöpfungsbericht wird der Lebensraum des Menschen als Garten bezeichnet, „damit er ihn bebaue und hüte" (Gen 2,15). Das „Behüten" gibt dem „Beherrschen" die Richtung, d.h. „Beherrschen" bedeutet nicht Ausbeutung und Unterdrückung, sondern Bewahren, Sorge tragen für. Nicht nur der Mensch verdient als einzigartiges Geschöpf Gottes Achtung, sondern allen Lebewesen und Dingen wohnt ein Wert inne, der einen Vorrang hat vor aller Brauchbarkeit. So trägt der Mensch Verantwortung für die Schöpfung immer in dem Bewußtsein, diese Gabe

Gottes an die nächste Generation weiterzugeben. Dieser Gedanke wird in der Geschichte „Das Gasthaus" von Leo Tolstoi aufgegriffen und erzählend entfaltet.

Die Noah-Geschichte (Gen 7,18–8,5) thematisiert das Versagen des Menschen bei der Erfüllung der Aufgabe, die Schöpfung zu bewahren. So hängt die Noah-Geschichte wie die Rückseite einer Münze mit den Schöpfungserzählungen zusammen.

Auf dem Bild von Sieger Köder ragt die Arche aus den Chaosfluten. „Ein großer, schwarzer Vogel, das Gefieder verklebt von Öl, kommt von unten ins Bild. Zeichenhaft steht der Vogel für die Umweltzerstörung, unter der Menschen, Tiere und Pflanzen, ja die gesamte Schöpfung leiden". (Bischöfliches Hilfswerk Misereor (Hrsg.), Materialien für die Schule Nr. 20 „Bilder erzählen von Hoffnung", Misereor Aachen 1996, S. 7). Symbole der Vernichtung und des Todes lagern in den Fluten: eine Mine, Panzerfäuste, ein Stahlhelm, Totenschädel, Fischgerippe, viele Dosen, ein untergehender Tanker, Grabsteine und Kreuze. „Emporgehoben aus den Todeswassern ruht die Arche auf dem Felsen, der Gott selbst ist." (Ebenda, S. 8)

Sieger Köder hat auf dem Bild der Arche „den Augenblick festgehalten, da Noah und die Menschen, die mit ihm in der Arche sind, die zum wiederholten Male ausgesandte Taube, die den Ölzweig im Schnabel hält, empfangen. Noah und die Seinen verkörpern die Menschen, die sich nach dem festen Land und der Freiheit aus dem Eingeschlossensein sehnen." (Ebenda, S. 6) Die verschiedenen Kontinente repräsentierend, ergreifen sie die Initiative auf ihrer Suche nach Befreiung, geben auch nach mehreren erfolglosen Versuchen nicht auf. Vor diesem Gott brauchen sie „nur die Hände offenzuhalten. Er füllt die leeren Hände, beschenkt mit seiner Gnade und Freundlichkeit, weil er seine Schöpfung für alle Zeit unter seinen Segen stellt." (Ebenda, S. 6) Der Regenbogen erinnert an diese Zusage Gottes, ist aber auch gleichzeitig Warnung an die Menschen, ihr Menschsein nicht zu verfehlen, indem sie die Erde als Lebensraum zerstören.

Methode:
Die Gruppe sitzt um die „Mitte". Der/die GruppenleiterIn liest die Geschichte „Das Gasthaus" (vgl. Jugendbuch S. 69) vor.
Im sich anschließenden Gespräch könnte zunächst gefragt werden, welche Bedeutung das Bild vom „Gasthaus Erde" für uns hat,
(z.B.
- wir sind nur für kurze Zeit auf der Erde → Vergänglichkeit
- wir haben die Erde nur von unseren Kindern geliehen
- die Erde ist nicht Besitz, den wir ausbeuten dürfen. Vielmehr ist sie Leihgut, das wir zu schützen, zu bewahren und zu teilen haben.)

In einem weiteren Schritt kann nach unserem Umgang mit dem „Gasthaus Erde" gefragt werden:
- Wie beurteilt Leo Tolstoi unseren Umgang mit dem „Gasthaus Erde"?
- Wie ist diese Auffassung Tolstois zu beurteilen?

Der/die GruppenleiterIn kann nun Sieger Köders Bild von der „Arche Noah" eingeben (Postkarten). Zunächst äußern die Jugendlichen ihre Beobachtungen, z.B.
- der bunte Regenbogen, der auch das Dach und die verbundene Hand erfaßt
- die große, weiße Taube mit dem Zweig im Schnabel
- die Arche (eher Bretterhütte als Schiff) mit der multikulturellen Besatzung
- das vergiftete Wasser, der untergehende Tanker, der sterbende Kormoran, Panzerfäuste, Fischgerippe, Totenschädel auf dem Grund des Wassers

Vertiefend kann noch gefragt werden
- nach der Situation der Menschen im Schiff
- nach dem Zustand der Schöpfung
- nach der Bedeutung von Taube und Regenbogen

Gegebenenfalls gibt hier der/die GruppenleiterIn Zusatzinformationen (vgl. Inhalt).

Zum Abschluß gehen die Jugendlichen in Kleingruppen. Sie erhalten folgenden Arbeitsauftrag:
- Was müssen wir tun (in der Schule, Familie, an unserem Wohnort, in Deutschland, in der Welt), damit das „Gasthaus Erde" bewohnbar bleibt/wird, damit sich der Bund Gottes mit den Menschen erfüllen kann? Wo können wir als Gruppe etwas tun? Schreibt und malt eure Gedanken auf!

Nach der Kleingruppenarbeit treffen sich die Jugendlichen um die „Mitte" und stellen ihre Vorschläge der Gesamtgruppe vor. Um nicht im bloßen „Reden-über" steckenzubleiben, ist es sinnvoll, daß einer der Vorschläge in die Tat umgesetzt wird (z.B. Grundstücke, Bäche von Müll säubern).

Es ist aber auch denkbar, mit der Gruppe die örtliche BUND-Gruppe zu besuchen, um sich zu informieren und hier evtl. ein kleines Projekt zu planen und durchzuführen.

Zeit:
unterschiedlich, je nach Umfang des Projektes

4 „GERECHTIGKEIT WILL ICH"

Material:
- Für die „Mitte": rote Tücher
- Ausschnitt „das Mahl" aus dem Hungertuch von Sieger Köder „Hoffnung den Ausgegrenzten" (in vielen Gemeinden ist das Hungertuch vorhanden)
- Geschichte von „Hilda, 16 Jahre" (vgl. S. 230)
- evtl. Postkarten mit dem Mahlmotiv (Bezugsquelle vgl. Baustein 2 u. 3)
- Liedtexte: „Brich mit den Hungrigen dein Brot" (vgl. Troubadour für Gott Nr. 535)
- evtl. Bibeln (Mk 6,30–44)
- Information für den/die GruppenleiterIn „Ursachen der Unterentwicklung" (vgl. S. 231 f.)

Gruppengröße:
ca. 8 Personen

Inhalt:
Deutschland und Westeuropa sind keine Insel, sondern Teil der einen Welt. Ein globaler Wettbewerb, die weltweite Arbeitsteilung, ein nahezu unbegrenzter Austausch von Informationen, Ideen, Gütern und Dienstleistungen verflechten die Welt miteinander und bringen die einzelnen Staaten in Abhängigkeit zueinander. Dabei zerfällt die Welt in einen reichen Norden und einen armen Süden. Die Folgen der Kolonialisierung, die klimatischen und geographischen Bedingungen, ungerechte wirtschaftliche und politische Verhältnisse und die Klassenunterschiede innerhalb der Länder der sogenannten 3. Welt sind oft Gründe für die Unterentwicklung, die sich in Krisen, kriegerischen Auseinandersetzungen, sozialer Not, Hunger, Armut und Vertreibung zeigt. (Vgl. auch den Text „Ursachen der Unterentwicklung", S. 231 f.; „Hilda, 16 Jahre", S. 230)

Hunger und Not in aller Welt zu bekämpfen, die Kluft zwischen den reichen und armen Ländern und innerhalb dieser Länder zu verringern helfen, Hilfe zur Selbsthilfe zu geben, Entwicklungsprozesse und Bewußtseinsveränderungen in Gang zu bringen, das haben sich die verschiedenen kirchlichen Hilfswerke und unzählige Eine-Welt-Initiativen zum Ziel gesetzt. Dabei versuchen sie nicht nur, Verhaltensweisen in den armen Ländern zu verändern, sondern gerade auch in den reichen Ländern.

So haben beispielsweise ungerechte Wirtschaftsstrukturen, mit Hilfe derer der reiche Norden den armen Süden ausbeutet, immer auch ihre Ursachen im Kaufverhalten der Menschen in Europa und in den USA. Hier versuchen Eine-Welt-Läden anzusetzen.

Sich für die verelendeten, in Not geratenen Menschen in den armen Ländern einzusetzen, ist deshalb nicht zuerst eine Frage der Barmherzigkeit, sondern der Gerechtigkeit. Mit daran zu arbeiten, Gerechtigkeit aufzurichten, bedeutet immer auch, am Reich Gottes mitzubauen. Nach dem Propheten Jesaja wird der Herr einst „für alle Völker ein Festmahl geben mit den feinsten Speisen, ein Gelage mit erlesenen Weinen." (Jes 25,6a).

Diese Zukunftsvision ist von Sieger Köder ins Bild gebracht worden. Zum „Festmahl für alle Völker" sind gleichberechtigt an einen reich gedeckten Tisch geladen: ein Afrikaner, ein Inder und ein Liebespaar, eine Frau, die sich an eine Hand schmiegt, eine Asiatin, ein kleiner Junge und ein alter Afrikaner. Eingeladener dieser Tischgemeinschaft ist Jesus selbst, „der das Brot bricht und dessen Antlitz sich im Becher spiegelt" (Mis. Arbeitsheft, a.a.O., S. 13). Hier am Tisch geht es nicht um romantische Verbrüderung, sondern darum, bei aller bleibenden Fremdheit in den anderen Schwester und Bruder Christi zu entdecken und miteinander zu teilen. Dieser Gedanke ist in der biblischen Geschichte von der Speisung der Fünftausend (Mk 6,30–44) thematisiert: Durch das Teilen werden alle satt. Und der Tisch ist auf den Betrachter hin offen. Auch er ist eingeladen, wie alle anderen, als gleichberechtigter Gesprächspartner am Aufbau des Reiches Gottes mitzuwirken und seinen Teil miteinzubringen. Dabei ist es notwendig, sich dem Zwang zur Auswahl zu stellen und sich *einem* Projekt zuzuwenden und sich gleichzeitig gegen viele andere zu entscheiden gemäß der Maxime: „Nah ist, was einem nahegeht."

Methode:
Die Gruppe sitzt um die gestaltete „Mitte". Der/die GruppenleiterIn liest (oder besser: erzählt frei!) die Geschichte von Hilda (vgl. „Hilda, 16 Jahre", vgl. S. 230). Folgende Auswertungsfragen wären möglich:
- Wodurch ist die Situation von Hilda bestimmt? (Merkmale der Unterentwicklung herausarbeiten!)
- Wo liegen die Ursachen für das Elend in der 3. Welt? (Vgl. hierzu die Informationen für den/die GruppenleiterIn „Ursachen der Unterentwicklung" S. 231 f.)

Nach dem Gespräch wird das Bild von Sieger Köder „das Mahl" betrachtet (entweder gemeinsam das große Hungertuch in der „Mitte", oder es erhält jede(r) TeilnehmerIn eine Postkarte mit dem Motiv „das Mahl").
Entdeckt werden könnte:
- ein reich gedeckter Tisch
- fünf Brote und zwei Fische (vgl. Mk 6,30–44)
- Menschen unterschiedlicher Kulturen sitzen an einem Tisch
- die von oben ins Bild ragenden Hände (die beim Gekreuzigten im Mittelteil des großen Hungertuchs fehlen) und das sich im Becher spiegelnde Gesicht Jesu
- der Tisch ist nach vorn hin offen – dies könnte eine Einladung an uns alle sein

Der/die GruppenleiterIn kann nun zur Vertiefung nochmals auf die fünf Brote und die zwei Fische auf dem Tisch hinweisen und erzählend die Geschichte von der Speisung der Fünftausend (Mk 6,30–44) in Erinnerung rufen. Eventuell kann dieser Text auch gemeinsam gelesen werden.
Folgende Fragen könnten ein nachfolgendes Gespräch bestimmen:

- Wie wird die Situation der Menschen am Anfang der Wundererzählung geschildert?
- Wie verhalten sich die Jünger?
- Wie verhält sich Jesus?
- Wodurch wendet sich die Situation?
  Weshalb werden alle satt?

In Mk 6,30–44 wollen die Jünger die Hungernden zunächst nach Hause schicken: Ein jeder solle für sich selbst sorgen! Jesus aber verweist auf die Möglichkeit des Teilens. Und im Teilen werden alle satt. Das ist das eigentliche Wunder: Wenn wir teilen, werden wir merken, daß alle satt werden, und wir werden erkennen, daß alle Platz am Tisch haben. So werden „das Mahl" und „der Tisch" Symbol für das Reich Gottes, in das Gott alle ruft.

Es könnte nun das Lied: „Brich mit den Hungrigen dein Brot" (vgl. Troubadour für Gott Nr. 535) gesungen werden.

Die Frage „*Wie sieht Teilen heute aus?*" schließt sich nun an.
Mögliche Antworten auf diese Frage kann die Gruppe in der Beschäftigung mit unterschiedlichen Projekten erhalten.

Folgendes wäre denkbar:

- Die großen, kirchlichen Hilfswerke führen übers Jahr verteilt Aktionen durch:
  Adveniat: Weihnachten
  Kindermissionswerk: Sternsinger (6. Januar)
  Misereor: 5. Fastensonntag, „Passionssonntag" (März/April)
  Renovabis: am Sonntag vor Pfingsten (Mai/Juni)
  Missio: letzter Sonntag im Oktober.
  Über die Pfarrämter können frühzeitig aktuelle Informationsmaterialien und Projektideen angefordert werden.
- In vielen Gemeinden bestehen Partnerschaften mit Gemeinden bzw. Einrichtungen in der sogen. 2. bzw. 3. Welt. Manche deutsche Diözesen sind auch Partnerschaften mit Diözesen in der sogen. 3. Welt eingegangen.
- Möglich ist auch, eine Aktion für das Projekt „Stern der Hoffnung" zugunsten der Aids-Hilfe International durchzuführen (vgl. S. 88)

Zeit:
je nach Projekt

5 „Ausgegrenzt" (Außenseiterspiel)

Material:

- Lied „Zieh den Kreis nicht zu klein" (vgl. Troubadour für Gott)
- Kasettenrecorder u. beliebige Kassette
- Postkarten zum Betesda-Bild vom Hungertuch von Sieger Köder (Bestelladresse vgl. Baustein 2)
- evtl. Text „Mein Bruder" (vgl. Jugendbuch S. 73)
- Kopien von Joh 5,1–9, Stifte

Gruppengröße:
ca. 8 Personen

Inhalt:
Das Evangelium erinnert uns immer wieder daran, daß Gott uns Menschen ohne unser Verdienst angenommen hat – wie der barmherzige Vater seine beiden verlorenen Söhne (vgl. Lk 15,11–32).

Eine besondere Vorliebe hat Gott aber gerade für die, deren Lebenschancen auf vielfältige Weise beeinträchtigt sind: für Fremde, Witwen, Waisen und Arme.

Ein besonderer Schutz gilt den Alten, die auf die Versorgung der Kinder angewiesen sind (Ex 20,12; 21,15.17). Es wird gefordert, den Unterdrückten, Waisen, Gebeugten und Bedürftigen zu ihrem Recht zu verhelfen und die Geringen und Armen zu befreien (Ps 82,3f.), so wie es Jahwe tut (Ps 146,5-9). Für sie wie für Betrübte, Hungrige, Unglückliche, Verzweifelte, Bedrängte ist zu sorgen (Sir 4,1–10).

Jesus nimmt Partei für Arme, Gefangene, Blinde und Zerschlagene (Lk 4,18f.), preist die Armen selig (Lk 6,20), ergreift Partei für Kinder (Mk 10,13–16) und sorgt sich um Kranke (Lk 17,11–19; Mk 2,1–12) und Besessene (Mk 1,21–28). In der Gerichtsrede am Ende des Matthäusevangeliums wird als das entscheidende Beurteilungskriterium die Solidarität mit hungernden und dürstenden, fremden, nackten, kranken und gefangenen Menschen genannt (Mt 25,31–36).

Diese „Option für die Armen" fordert uns auf, besonders auf die oft stummen, ausgegrenzten und an den Rand gedrängten Menschen unserer Gesellschaft zu achten.

Das Bild „Betesda" auf dem Hungertuch von Sieger Köder thematisiert das Ausgeschlossensein. Am Rande des Bildes, ja aus ihm herausgehend, sieht man einen Mann mit zwei Krücken. Er ist allein, hat keinen Menschen, der ihn schnell genug zum heilenden Wasser bringen könnte (vgl. Joh 5,1–9). Er scheint zu den Menschen zu gehören, die das Gefühl haben, daß es keine Rolle spielt, ob es sie gibt oder nicht gibt. Seine Augen sind geschlossen. Vielleicht denkt er in seinem Innern, wie befreiend es wäre, wenn er Menschen als Hilfe hätte. Verschärft wird dieser Schmerz des

Ausgegrenztseins noch dadurch, daß dem Afrikaner die beiden Frauen gegenübergestellt sind, die sich gegenseitig halten, oder die beiden Männer, die einen verletzten Schwarzen stützen, schließlich eine Frau, die aus einer Schale Wasser trinkt. „Alle dargestellten Figuren stehen teilweise bis zur Hüfte im Wasser. Dort spiegeln sich auch die Farben des Regenbogens und das Gesicht vom Mittelbild des Hungertuches". (Bischöfl. Hilfswerk Misereor e.V. (Hrsg.), Das Miseror Hungertuch „Hoffnung der Ausgegrenzten", Prospekt zum Hungertuch, Aachen 1996)

In der Heilungserzählung am Teich Betesda wendet sich Jesus dem Gelähmten zu und bringt ihn „ins Leben" zurück. Dabei wird besonders hervorgehoben, daß Jesus den Kranken nicht aufhebt, sondern ihn fähig macht, selbst aufzustehen und zu gehen und die Bahre zu nehmen.

Methode:
Zu Beginn könnte das Lied „Zieh den Kreis nicht zu klein" gesungen werden. Von hier aus kann der/die GruppenleiterIn darauf hinweisen, daß wir alle mit im Kreis, in der Gemeinschaft einer Gruppe leben möchten, daß es aber immer die Erfahrung des Ausgeschlossen-Seins gibt – im privaten wie im gesellschaftlichen Bereich. Falls in der Gruppe ein hohes Maß an Vertrautheit vorhanden ist, kann nun das *„Außenseiterspiel"* gespielt werden. Dazu muß zunächst für ausreichend Platz gesorgt werden. Bei dem gesamten „Spiel" ist es hilfreich, Musik im Hintergrund laufen zu lassen. Die Gruppe wählt nun jemanden, der/die beliebt ist und über ein ausgeprägtes Selbstbewußtsein verfügt. Der/die Ausgewählte wird nun zum „Außenseiter". Die restliche Gruppe spielt „Treffen, Begrüßen, Unterhalten". Alle Gruppenmitglieder laufen durch den Raum, schütteln Hände, erzählen, umarmen sich eventuell und unterhalten sich. Der/die „AußenseiterIn" geht ebenfalls durch den Raum und versucht, mit den anderen in Kontakt zu kommen. Schafft er/sie es, eine Hand zu schütteln oder ein Gespräch zu führen, hat er/sie gewonnen.

Die Gruppenmitglieder wehren jeden Kontaktversuch ab und weichen dem/der „AußenseiterIn" aus. Schaffen sie das, haben sie gewonnen.

Für die Auswertung können folgende Impulse hilfreich sein:

- Wie hat der/die „AußenseiterIn" versucht, Kontakt aufzunehmen? Bei wem? Wie haben die Angesprochenen darauf regagiert?
- Was hat der/die „AußenseiterIn" empfunden, gedacht? Wie hat er/sie die Gruppe erlebt?
- Hat sich die Art der Kontaktaufnahme im Laufe des Spiels verändert? (aggressiver? resignativer?)
- Wie hat sich die Gruppe erlebt?
- Gibt es im „Leben draußen" ähnliche Situationen?

(Dieses Spiel wurde entnommen dem Heft „Ideenreich 1/93 der Katholischen Studierenden Jugend".)

In einem weiteren Schritt kann nun nach den *„Außenseitern", „Außenstehenden", „Ausgegrenzten" in unserer Gesellschaft* gefragt werden (z.B. Sterbende, Alte, Kranke, Behinderte, Arbeitslose, Obdachlose ...)
Es kann weiter überlegt werden:

- Wie ist die Situation der „Ausgegrenzten"?
- Wie gehen wir, wie geht die Gesellschaft mit den „Ausgegrenzten" um?

Von hierher stellt sich die Frage:

- *Wie begegnet Jesus den „Ausgegrenzten" der damaligen Gesellschaft?*

Als Beispiel für das Zugehen Jesu auf die „Ausgegrenzten" kann nun Joh 5,1–9 nach der Vaesteras-Methode (vgl. S. 15) gelesen werden. Danach wird gemeinsam das Bild „Betesda" betrachtet.
Entdeckt werden könnte:

- die Gestalt des einsamen Kranken mit seinen Krücken
- die beiden Gruppen der einander Helfenden (rechts oben und links unten)
- die Frau, die Wasser trinkt
- die Spiegelung des Gekreuzigten im Wasser

Hier könnte darauf verwiesen werden:
Wo Menschen aufeinander zugehen und in Solidarität miteinander Leid tragen und bekämpfen, da spiegelt sich in ihrem Leben Jesus.

Wie Solidarität mit Leidenden und Ausgegrenzten heute konkret aussehen kann, wird deutlich im Bericht eines Jugendlichen über seinen behinderten Bruder (vgl. „Mein Bruder" Jugendbuch S. 73). Der Bericht kann gelesen werden, und es kann gemeinsam gefragt werden:

- Was beeindruckt mich?
- Welche Gefühle weckt der Bericht in mir?
- Welche Schwierigkeiten werden genannt?
- Was hilft der Familie in ihrer Situation?

Anstelle der Auseinandersetzung mit dem Bericht „Mein Bruder", kann im Anschluß an die Bildbetrachtung und -interpretation auch die Begegnung mit Menschen/Institutionen gesucht werden, die versuchen, sich der gesellschaftlichen Ausgrenzung von Menschen entgegenzustellen. Denkbar ist hier – je nach örtlicher Gegebenheit – der Besuch eines Hospizvereins, der Caritas, eines Behindertenheimes, von Pro Asyl, von amnesty international usw.

Zeit:
je nach Projekt

6 „Einen Regenbogen mach aus mir" (Abschlußbaustein für die Bausteine 1-5)

Material:

- Flügelaltar aus dem 1. Baustein
- Stifte, Papier, Kleber
- die vier Motive „Mirjam", „Noah", „Mahl", „Betesda" aus dem Misereor Hungertuch „Hoffnung den Ausgegrenzten" als Postkarte oder eine vergrößerte Farbkopie der Postkartenmotive (Bestelladresse für die Postkarten vgl. Baustein 1)
- Kreppapier in Regenbogenfarben
- Text „Die anderen Brücken" (vgl. S. 233)
- Lied „Regenbogen, Friedenszeichen" (vgl. S. 233)
- Lied „How many roads" (vgl. Troubadour für Gott, u. a.)

Gruppengröße:
ca. 20 Personen

Inhalt:
In den vergangenen Wochen haben die Jugendlichen sich in Kleingruppen mit jeweils einem der Themen des Hungertuches auseinandergesetzt: Unterdrückung („Mirjam"), Umweltzerstörung („Noah"), Ungerechtigkeit („Mahl") oder Ausgrenzung („Betesda"). Die bearbeiteten Inhalte und die gemachten Erfahrungen noch einmal transparent zu machen, soll im 1. Teil Ziel dieses Bausteins sein. Im Bemühen, an der „Heilung" der Welt mitzuarbeiten, gegen Leid, Ungerechtigkeit und Not anzugehen, erfährt der Mensch oft die Begrenztheit seines Tuns und das Angewiesensein auf die Hilfe Gottes. Die Erfahrung der Zuwendung Gottes kann dem menschlichen Tun Sinn, Tiefe und Segen verleihen. Das Symbol der Zusage und Treue Gottes ist der Regenbogen, dessen Farben sich in allen vier Bildern im Hungertuch wiederfinden. Gott läßt die Menschen bei ihrem Bemühen nicht allein. Im Zeichen des Regenbogens wird die Option Gottes für das Leben deutlich. Gott schließt einen Bund mit den Menschen, damit das wiederaufgenommene Experiment der Schöpfung auch gelingen kann.

Methode:
Zu Beginn sitzt die Gruppe um den von den Jugendlichen in Baustein 1 gestalteten „Flügelaltar". Es kann das Lied „How many roads" gesungen werden.

Der/die GruppenleiterIn bittet nun die Jugendlichen, der Gesamtgruppe etwas von den gemachten Erfahrungen mitzuteilen. Um dies zu ermöglichen, gehen die Jugendlichen zunächst nochmals in „ihre" Kleingruppe, z.B.

1. *Kleingruppe „Unterdrückung"*
   („Mirjam" → vgl. Baustein 2)
2. *Kleingruppe „Umweltzerstörung"*
   („Noah" → vgl. Baustein 3)
3. *Kleingruppe „Ungerechtigkeit"*
   („Mahl" → vgl. Baustein 4)
4. *Kleingruppe „Ausgrenzung"*
   („Betesda" → vgl. Baustein 5)

Jede Kleingruppe bekommt eine Postkarte oder vergrößerte Farbkopie ihres Motivs vom Hungertuch von Sieger Köder.

Die Kleingruppen erhalten nun den Auftrag, einen kurzen Erfahrungsbericht über ihr Projekt/ihren Besuch etc. zu schreiben und mit „ihrem Bild" (z.B. „Mirjam", „Noah", „Mahl" oder „Betesda") in Verbindung zu bringen.

Nach ca. 1/2 Stunde treffen sich die Jugendlichen wieder in der Großgruppe um den „Flügelaltar".

Der/die GruppenleiterIn verweist auf den „Flügelaltar" und auf die in Baustein 1 angefertigten Collagen, die jeweils einen Problembereich der gegenwärtigen Gesellschaft aufgreifen. Sodann erzählt jede Gruppe von ihrer Auseinandersetzung mit dem von ihr gewählten Problemkreis und stellt in diesem Zusammenhang „ihr Bild" und „ihren Text" vor.

Mit Bild und Text wird dann die entsprechende Außenseite des „Flügelaltars" gestaltet, z.B.

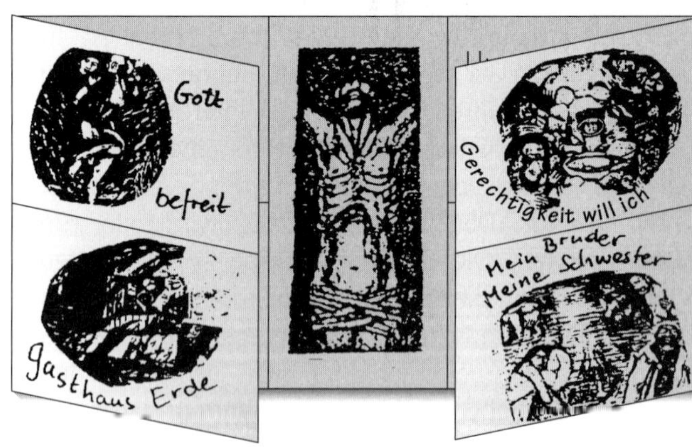

Der/die GruppenleiterIn liest nun die Geschichte „Die anderen Brücken" (vgl. S. 233) vor, und die Jugendlichen legen mit dünnen Kreppapierstreifen in den Regenbogenfarben einen Regenbogen um den „Flügelaltar".

Der/die GruppenleiterIn weist darauf hin, daß in allen Bildern von Sieger Köder die Farben des Regenbogens widerscheinen. Der Regenbogen soll Zeichen sein für die Zusage Gottes, den Menschen in seinem Bemühen, der Welt ein menschliches Antlitz zu geben, nicht allein zu lassen.

Zum Abschluß kann das Lied „Regenbogen, Friedenszeichen" (vgl. S. 233) gesungen werden.

Zeit:
1 1/2 – 2 Stunden

V.2. Grenzerfahrungen – Schuld und Vergebung

Zielsatz:

Wir werden uns bewußt,
daß wir auf unserem Weg immer wieder in „Sackgassen“ geraten können.
Wir sprechen darüber,
wie wir mit den Erfahrungen der eigenen Grenzen, des eigenen Scheiterns umgehen können.
Wir werden uns bewußt,
daß wir manchmal in uns „hineingekrümmt“ sind, daß wir weder uns, unsere Mitmenschen noch Gott wahrnehmen und uns so wesentliche Möglichkeiten zum Leben nehmen.
Wir erfahren,
daß Gott uns bedingungslos liebt. Wir werden uns bewußt, daß unser Vertrauen in die Liebe Gottes es uns ermöglicht, uns und unseren Möglichkeiten zu trauen und diese zu leben.

1 „Am Ziel vorbei?“

Material:
- Text: „Versuchungen – Sackgassen“ (Jugendbuch S. 75)
- 1 DIN-A1-Bogen für die Skizze (vgl. S. 234)
- für das Spiel:
  - 1 DIN-A1- oder DIN-A2-Bogen für das Spielfeld
  - Stifte
  - ein großer Briefumschlag
  - kleine Karten in drei Farben für die Ereigniskarten (grün, rot und gelb)
  - Würfel, Spielfiguren
- Lied: „Hilf, Herr meines Lebens “, EGB Nr. 622

Gruppengröße:
ca. 4 – 12 Personen
(bei 8 und mehr Jugendlichen muß das Spiel in zwei oder drei Kleingruppen gespielt werden, da es sonst zu lange dauert!)

Inhalt:
Fragt man Jugendliche nach ihren Assoziationen zum Stichwort „Versuchung“, so kommt zunächst spontan: „Milka – die zarteste Versuchung, seit es Schokolade gibt!“ oder „Versuchungen sind dazu da, um ihnen zu erliegen!“ Versuchung hat in diesem Verständnis den Beigeschmack des Verführerischen, Verlockenden, eigentlich Verbotenen, des Versprechens von Glück.

Im Wortstamm des Wortes „Ver-*such*-ung“ ist eine weitere Bedeutungsvariante angesprochen. Versuchung weist darauf hin, daß wir Menschen auf der Suche sind nach Sinn und Glück. In dieser Suche ist aber immer auch die Möglichkeit gegeben, getäuscht zu werden: das Falsche als das Echte zu sehen, den Schein als Wahrheit zu nehmen und so am Ende ins Leere zu laufen, anstatt ans Ziel zu gelangen. Es geht so letzten Endes darum: Wie kommen wir zum Ziel unseres Lebens? Wie wird es uns möglich, Scheinlösungen und Sackgassen als solche zu erkennen?

Die Versuchungsgeschichte in Mt 4,1–11 stellt sich diesen Fragen:
Jesus ist 40 Tage und 40 Nächte in der Wüste. In der Einsamkeit, Verlorenheit und Leere dieser 40 Tage, wo alles, was Halt und Richtung gibt, verschwunden ist, kommen die Fragen:
- Was brauche ich zum Leben?
- Was trägt überhaupt?
- Was gibt Sinn?

In der *„ersten Versuchung“* geht es um den **Hunger** des Menschen und damit um die Frage, was der Mensch am meisten braucht. Es wird die Möglichkeit vorgestellt, daß unser Hunger mit Brot gestillt werden kann. In einer ZDF-Jugendsendung, in der eine drogenabhängige Jugendliche, die eigentlich alles hatte, gefragt wurde, ob sie bereit sei, eine Entziehungskur zu machen, antwortete diese:

„Wenn du mir zeigst, wie ich das Loch in meiner Seele sonst stopfen kann!“ „Das Loch in meiner Seele stopfen“ – das kann nicht Brot, das kann nicht Geld. In diesem Sinne antwortet auch Jesus dem Versucher: „... der Mensch lebt nicht nur vom Brot, sondern von jedem Wort, das aus dem Mund Gottes kommt.“ (Mt 4,4; Dtn 8,3). Im Letzten lebt der Mensch nicht vom Geld und von materiellen Dingen, sondern davon, daß sein Leben Sinn hat, daß er von Gott angeredet, gemeint und gewollt ist.

Damit soll in unserer Zeit, in der jährlich Millionen Hungers sterben, keinerlei Gleichgültigkeit gegenüber dem Hunger Vorschub geleistet werden. Dies wäre geradezu sarkastisch. Vielmehr soll diese Botschaft den Reichen und Satten bewußt machen, daß sie sich mit Geld weder Sinn noch echte Sicherheit zu kaufen vermögen. Wer sich dessen bewußt ist, der kann vielleicht Materielles eher loslassen und in Solidarität teilen.

In der Situation der Versuchung stellt sich Jesus eine weitere Frage: „Wer gibt meinem Leben **Sicherheit**? Ist auf Gott Verlaß? Gibt es Beweise für unser Vertrauen in Gott?" Hinter der Aufforderung, Jesus solle sich von der Zinne des Tempels stürzen, steckt die Auf-forderung, Gott solle durch eine wundersame Errettung beweisen, daß das in ihn gesetzte Vertrauen nicht trügt. Auch diese Versuchung ist hochaktuell: Aufgewachsen in einer Welt, die Aussagen wissenschaftlich, empirisch zu beweisen sucht, haben wir oft vergessen, daß das Wesentliche unseres Lebens eben nicht meßbar, prüfbar und beweisbar ist, sondern des Vertrauens bedarf. Und so ruft Jesus auch hier ins Bewußtsein: „Du sollst den Herrn, deinen Gott, nicht auf die Probe stellen!" (Mt 4,7; Dtn 6,16)

Er weiß, daß wirkliches Vertrauen jenseits aller Beweise angesiedelt ist und daß ein durch Wunder bewiesener Gott nur ein Götze unserer Ängste wäre.

Noch eine letzte Frage wird aufgeworfen: **die Frage der Macht.** Viele Ausleger denken bei dieser Stelle daran, daß Jesus beim Anblick der Königreiche der Erde von der Vorstellung der Machtentfaltung verlockt worden sei.

Eugen Drewermann weist darauf hin, daß die Faszination eher darin gelegen haben muß, das Elend, die Not und die Unterdrückung in der Welt zu überwinden – gegebenenfalls im Pakt mit dem Teufel.

Können wir das Böse mit dem Bösen überwinden, gegen die Gewalt aufstehen mit Gewalt? Ist es erlaubt, unlautere Mittel einzusetzen, um das Gute zu erreichen?

Auch hier zitiert Jesus das AT (Mt 4,10; Dtn 6,13) und verweist auf Gott, der Israel von der Knechtschaft befreite, dem allein zu dienen sei. Dies bedeutet, daß allein in Gott die Macht liegt, die Menschen befreien kann, und daß allein Gott Respekt verdient.

Drei Versuchungen werden uns in Mt 4,1–11 vorgestellt, und damals wie heute scheinen sie Lösungen zu bieten, so einfach und brilliant, daß wir meinen, dies sei der Weg zum Ziel, auch wenn sie uns eher oder später in Sackgassen führen:

- Da wird uns Materielles angeboten, um unseren Hunger nach Sinn zu stillen.
- Da wird unserer tiefen existenziellen Unsicherheit Beweisbarkeit, Wissenschaftlichkeit und Sachlichkeit entgegengesetzt – als könne man Gott, Liebe und Glauben beweisen und messen.
- Da wird uns vorgegaukelt, alles sei machbar (egal auf welche Art und Weise!), alles sei in den Griff zu bekommen.

Jesus begegnet diesen Versuchungen, indem er sich an das Handeln Gottes in der Geschichte erinnert. Er weiß, daß wir durch das Labyrinth unseres Lebens nur finden, wenn wir im Vertrauen auf Gott unseren Weg suchen. Wer sich Gott überläßt, der bleibt nicht ohne Schutz. Ihm werden „die Engel dienen" (Mt 4,11).

Methode:
Die Gruppe betrachtet zunächst gemeinsam das Plakat (vgl. S. 234).
Die Jugendlichen formulieren, was „Ziel" ihres Lebens ist. Der/die GruppenleiterIn verweist nun darauf, daß wir alle wie das „kleine Männchen" auf dem Plakat unterwegs sind – dem Ziel entgegen. Der/die GruppenleiterIn erzählt davon, daß der Weg zum Ziel nicht immer geradlinig verläuft, daß vielmehr die Wege zu Sackgassen werden können, daß Ereignisse uns treffen, Personen uns begegnen können, die uns von unserem Ziel abbringen.

Es wird nun der Text „Versuchungen – Sackgassen" (vgl. Jugendbuch S. 75) gelesen.

Folgende Auswertungsfragen sind möglich:

- Welche Ziele/Sehnsüchte des Menschen werden im Text angesprochen?
  Der/die GruppenleiterIn notiert diese auf dem Plakatkarton „hinter der Ziellinie" (Gemeinschaft, Anerkennung, Liebe, Bewältigung von Problemen, Sicherheit, vgl. Skizze S. 234)
- Welche Vorschläge, dieses Ziel zu erreichen, macht der Versucher?
  Der/die GruppenleiterIn notiert diese auf dem Plakat auf Pfeile, die nach außen führen (Konsum, Beweise, Problemlösungen auf Kosten anderer, vgl. Skizze S. 234)
- Wie antwortet Jesus auf diese Vorschläge?
  Der/die GruppenleiterIn notiert die Ergebnisse auf Pfeile, die ins Ziel führen:
  - der Mensch ist von Gott gewollt
  - Liebe, Glaube, Vertrauen sind nicht beweisbar
  - Gott setzt Maßstäbe für menschliches Handeln (Maßstab = jeder Mensch ist von Gott gewollt, hat Würde und die gleichen Rechte) (vgl. Skizze S. 234).
- Was bringt mich im Leben näher an mein eigentliches Ziel?, Was führt mich von diesem Ziel ab?

Nachdem sich die Gruppe darüber ausgetauscht hat, werden die Jugendlichen gebeten, selbst ein Spiel zu entwerfen, ein „Lebensspiel". (Idee nach Martin Moser u. Helena Rimmele, „Den Heiligen Geist suchen und erleben", Freiburg, 1991, S. 66 u. 67).

Als Spielplan kann die Skizze auf Seite 234 dienen. Sie wird auf DIN-A1 oder DIN-A2 übertragen.
Die Jugendlichen erfinden nun „Ereigniskarten":

- Die *grünen Karten* werden mit dem beschriftet, was uns im Leben „unserem Ziel" näherbringt oder wo wir „ein gutes Gefühl haben" (z.B. „ich bin ehrlich – auch wenn es anders bequemer wäre", „ich kann mit mir allein sein – ich lerne mich in solchen Zeiten besser kennen", usw.)
- Die *roten Karten* werden mit dem beschriftet, was uns von Sinn und Ziel unseres Lebens entfernt, (z.B. „eigentlich bin ich nur an mir selbst intereressiert", „das Wichtigste ist, daß der Putz stimmt", „ich hetze von Termin zu Termin, ohne bei mir anzukommen!")
- Die gelben Karten sind Helferkarten. Sie werden nicht beschriftet

Alle Ereigniskarten werden gemischt und kommen in einen großen Briefumschlag.

Dann werden die Regeln des Spiels erläutert.
Die *Regeln* sind:

- Würfeln und dann die Spielfiguren entsprechend auf den Weg setzen.
- Kommt einer an einen Punkt mit abzweigender Sackgasse (= „weißer Punkt"), muß er blind eine „Ereigniskarte" ziehen.
- Zieht jemand eine *grüne Karte*, liest er diese vor, erläutert kurz, warum das auf der Ereigniskarte Aufgeführte ihn weiterbringt und würfelt dann nochmals.
- Zieht jemand eine *rote Karte*, liest er die Karte vor, erläutert kurz, warum das auf der Ereigniskarte Aufgeführte ihn in eine Sackgasse treibt und „betritt" die Sackgasse.
- Zieht jemand eine *gelbe Karte*, kann er einem, der bereits in einer Sackgasse sitzt, zum Helfer werden und ihn aus der Sackgasse befreien. Dabei kann der Spieler, der in der Sackgasse sitzt, formulieren, was dieser Helfer für ihn tun kann.
- Erscheint kein Helfer, darf der Spieler in der Sackgasse weiterfahren, wenn er eine „Eins" gewürfelt hat (wenn er also mit sich einig wurde)
- Das Spiel endet, wenn alle das Ziel erreicht haben.

Nach dem Spiel kann noch kurz reflektiert werden:

- Was ist beim Entwerfen und Spielen aufgefallen?
- Stimmen Spiel und Wirklichkeit überein?

Zum Abschluß kann das Lied „Hilf, Herr meines Lebens" (EGB Nr. 622) gesungen werden.

Zeit:
ca. 1½ Stunden

2 Licht und Schatten

Material:

- Für die „Mitte": schwarze Tücher, Kerze
- doppelseitige Karten in Form einer „Weiß-schwarz"-Maske (vgl. S. 237)
- meditative Musik, Kassettenrecorder
- Stifte
- Texte: - „Zwei Seelen" (S. 236/38)
  - „Der Mann und sein Schatten" (S. 236)
- Lied: „Sag ja zu mir, wenn alles nein sagt!" (Gotteslob Nr. 165)

Gruppengröße:
8 – 25 Personen

Inhalt:
Gott will, daß wir Gemeinschaft haben mit ihm und untereinander. Darin liegt das Glück des Menschen. Immer wenn wir die Erfahrung machen, daß wir uns selbst, unseren Mitmenschen und Gott etwas schuldig bleiben, merken wir, daß in uns etwas kaputtgeht, daß wir an unserem Menschsein vorbeileben. Wir erfahren unsere dunklen Seiten, unsere Schuld. Auf unsere Beziehung zu Mitmensch und Gott fällt ein Schatten.

Jugendliche haben in der Regel ein sehr feines Gespür für ihre „dunklen Seiten".

Auf die Frage: „Wann erlebst du deine dunklen Seiten?" antworteten SchülerInnen: „Wenn ich meine Wut an meinem Bruder auslasse", „Wenn ich etwas nicht gebe, obwohl ich es habe", „Wenn ich unehrlich mir selbst und anderen gegenüber bin", „Wenn ich andere im Stich lasse", „Wenn ich Problemen aus dem Weg gehe" usw...

Wie können wir nun mit unseren dunklen Seiten leben lernen? Eine asiatische Erzählung (vgl. S. 236) berichtet von einem Mann, der versuchte, seinem Schatten davonzulaufen, seine dunklen Seiten zu verdrängen. Das Verdrängen führte diesen Mann jedoch in den Tod.

Auch uns macht es krank, wenn wir unsere dunklen Seiten nicht wahrhaben wollen.

Die asiatische Erzählung endet mit dem Satz: „Wäre der Mann in den Schatten eines Baumes getreten, so hätte er seinen eigenen Schatten loswerden können."

Erinnert dieses Bild vom Mann im Schatten des Baumes nicht daran, daß wir Menschen eingeladen sind, uns auszuruhen im Schatten der Liebe Gottes? Gott weiß um unsere Schwächen und Fehler, um unsere Schuld, aber auch um unsere Sehnsucht, unser Bemühen und unsere Stärken. Von ihm dürfen wir uns angenommen und geliebt sehen in all den Facetten unserer Persönlichkeit.

Diese bedingungslose Liebe Gottes macht es uns möglich, uns selbst anzunehmen in unseren Stärken und Schwächen. Auf diese Weise beschenkt, können wir etwas von der Güte und Menschenfreundlichkeit Gottes weitergeben und unseren eigenen Schatten überspringen.

Methode:
Die Gruppe sitzt um eine gestaltete „Mitte":

Der/die GruppenleiterIn liest das Gedicht von Petrus Ceelen „Zwei Seelen" (vgl. S. 236) vor und verweist auf die in der „Mitte" liegenden schwarz-weißen Maskenkarten: Jeder von uns hat „helle Seiten" und „dunkle Seiten" im Erleben, im Fühlen, aber auch im Tun. Hier könnten die folgenden Aussagen von Jugendlichen auf die Frage: „Wann erlebst du deine dunkle Seite?" angeführt werden:

- Wenn ich meine Wut an meinem Bruder auslasse.
- Wenn ich etwas nicht gebe, obwohl ich es habe.
- Wenn ich unehrlich gegenüber mir selbst und gegenüber anderen bin.
- Wenn ich offenen Gesprächen aus dem Weg gehe und mich verkrieche.
- Wenn ich jemanden auslache wegen seines Aussehens oder sonstigem.
- Wenn ich anderen eine Falle stelle.
- Wenn ich andere im Stich lasse.
- Wenn ich etwas verspreche, was ich gar nicht halten kann oder will.
- Wenn ich, um einen Vorteil für mich heraus zu holen, andere überrumpele.
- Wenn ich meinen Eltern manches Mal für ihre Sorge zuwenig danke. Ich müßte ihnen viel mehr zeigen, daß ich mich bei ihnen wohlfühle und sie mag. Dann käme ich bestimmt mit ihnen besser aus.
- Wenn ich Problemen aus dem Weg gehe.
- Wenn ich fies zu anderen war.

Die Jugendlichen werden nun gebeten, sich eine Karte aus der „Mitte" zu nehmen, einen Platz im Raum zu suchen und für sich zu überlegen:

- Welche Stärken und Fähigkeiten besitze ich?
- Welche Schwächen habe ich? Wie gehe ich damit um?
- Wo bin ich mir, meinen Freunden, meiner Familie u.a., wo bin ich Gott etwas schuldig geblieben?

(Bevor sich die Jugendlichen zurückziehen, muß der/die GruppenleiterIn darauf hinweisen, daß das Geschriebene nicht vorgelesen und daß es von keinem anderen gelesen wird!!!!)

Den Jugendlichen wird jetzt Zeit gegeben, über sich nachzudenken. Dabei kann Meditationsmusik gespielt werden, um eine ruhige und gesammelte Atmosphäre zu schaffen.

Nach ca. 15 Minuten trifft sich die Gruppe um die „Mitte".

Der/die GruppenleiterIn erzählt von der Schwierigkeit, Schwächen zuzugeben, Fehler einzugestehen und zu den eigenen „Schattenseiten" zu stehen.

Allzu häufig laufen wir unserer „dunklen Seite" davon. Es wird nun die Geschichte „Der Mann und sein Schatten" (vgl. S. 236) vorgelesen. Besonders der letzte Satz der Geschichte *(„Wäre der Mann in den Schatten eines Baumes getreten, so hätte er seinen eigenen Schatten loswerden können.")* wird nochmals hervorgehoben und gedeutet (vgl. Inhalt): Wir sind eingeladen, in den Schatten der Liebe Gottes zu treten. Er nimmt uns an mit unseren Stärken und Schwächen. So lernen auch wir uns und die anderen anzunehmen, ja zu lieben.

Die Jugendlichen legen ihre „Maskenkarten" (zugeklappt, so daß die Schrift nicht sichtbar ist) in die „Mitte" zur Kerze (= Symbol für die Liebe Gottes). Hierbei kann der/die GruppenleiterIn oder auch der Priester jedem/jeder einzelnen die Hand auflegen und sprechen:

> *„Tritt ein in den Schatten der Liebe Gottes. Gott nimmt dich an mit deinen Stärken und Schwächen. Der Herr segne dich und behüte dich. Der Herr lasse sein Angesicht über dich leuchten und sei dir gnädig. Der Herr wende sein Angesicht dir zu und schenke dir Heil".* (Num 6,24-26)

Liegen alle Karten um die Kerze, kann zum Abschluß gemeinsam das Lied: „Sag ja zu mir, wenn alles nein sagt!" (Gotteslob. Nr. 165) gesungen werden.

Zeit:
3/4 – 1 Stunde

3 „Hineingekrümmt in mich selbst"

Material:

- Decken oder Iso-Matten
- Meditationsmusik, Kassettenrecorder
- Arbeitsbogen „Hineingekrümmt in mich selbst" (S. 239)
- Stifte
- für die „Mitte": Tücher, leere Schale, die Radierung von Hans Thoma (vgl. S. 239, vergrößert), Efeu, Kerze
- Lied „Meine engen Grenzen" (Jugendbuch S. 77)
- Körperübung „Hineingekrümmt" (vgl. S. 240)

Gruppengröße:

8 – 20 Personen

Inhalt:

Der Mensch findet sich im Du. Er braucht ein Gegenüber, das ihm Heimat, Liebe und Geborgenheit gibt. Die Erfahrungen des Angenommenseins, des Vertrauens kann der Mensch (sich selbst) nicht „machen". Er kann etwas dafür tun, aber im letzten sind sie Geschenk.

Entscheidend für das Gelingen des Menschseins ist eine Haltung der Offenheit und des Grundvertrauens, damit der Mensch zu dem finden kann, was Gott an Möglichkeiten in ihm grundgelegt hat.

So wie der Mensch sich ausstreckt zum Du, so gehört es auch zu seinem Wesen, daß er über sich selbst hinausfragt: „Woher komme ich?", „Warum lebe ich?", „Wohin gehe ich?" Diese Fragen bedürfen einer Antwort. Der Mensch ist so immer bestrebt, sein Leben in einen größeren Zusammenhang zu stellen.

Und dennoch gelingt es nicht immer, diese wesentlichen Dimensionen des Menschseins (die soziale und die religiöse) zu leben. Was hindert uns daran?

Eine entscheidende Rolle spielt dabei wohl unsere eigene *Angst*. Die Angst, nicht angenommen zu sein, nichts wert zu sein, enttäuscht zu werden, bewirkt, daß wir weniger lieben, weniger vertrauen und weniger offen sind. Wir trauen oft lieber unseren eigenen Sicherheiten als den Möglichkeiten, die in uns und in anderen schlummern und die Gott mit uns Menschen hat.

Ein Mensch, der voller Angst nur auf sich selbst gerichtet ist, der nicht fähig ist, sich auszustrecken zu seinen Mitmenschen und zu Gott, nimmt sich selbst die wesentlichen Dimensionen seines Lebens, er verkümmert in sich selbst. Er scheint nicht mehr aufrecht, sondern scheint sich in sich selbst zu verkrümmen. Dieses Bild vom „Hineingekrümmtsein des Menschen in sich selbst" („incurvatio in se ipsum") gebraucht Martin Luther, wenn er „Sünde" zu beschreiben sucht. Er sieht „Sünde" weniger im Übertreten vorgegebener Gebote und Verbote als vielmehr im Mangel an Vertrauen, Liebe und Hoffnung.

In der Bibel begegnet uns im Zöllner Zachäus ein „in sich hineingekrümmter Mensch". Zachäus traut den eigenen Sicherheiten, dem Geld, mehr als Gott. Es ist ihm wichtiger, Geld zu gewinnen als Freunde. Zachäus ist ein einsamer Mensch, der nicht zu sich selbst steht, der sich versteckt, um nicht gesehen zu werden.

Wie wird es ihm auf einmal möglich, sich zu ändern, sich zu öffnen und die bisherigen Scheinsicherheiten aufzugeben? Wie kann er sich auf einmal von jahrelanger Raffgier distanzieren?

Es ist die Wirkung eines einzigen Augenblicks, in dem Jesus Zachäus sein „Ansehen", seine Würde und seine Selbstachtung zurückgibt. Indem Jesus zu Zachäus geht, in sein Haus kommt, zeigt er ihm, daß er ihn annimmt, ihn achtet, ihm vertraut.

Jesus hilft dem Zachäus, unter den Augen Gottes seine eigenen Möglichkeiten zu entdecken: ein Mensch zu werden, der andere beschenkt, anstatt sie auszubeuten.

Und die Reaktion der übrigen Bewohner Jerichos? Als sie das Zugehen Jesu auf den Zöllner Zachäus gewahr werden, empören sie sich und sagen: „Er ist bei einem Sünder eingekehrt." (Lk 19,7). Für sie ist Gott nicht jene Wirklichkeit, die die Menschen mit sich versöhnt und zu sich selber bringt. Gott ist für sie jemand, der die gesellschaftlichen Unterschiede zwischen den Menschen, zwischen hoch und niedrig, gut und böse noch verstärkt. Sie können nicht wahrnehmen, welche Veränderung sich in Zachäus ereignet hat. Sie können gar nicht anders sprechen, weil sich in ihnen selbst nichts verändert hat. Sie rechnen nicht mit den Möglichkeiten Gottes mit uns Menschen.

Methode:

Die Gruppe sitzt um eine gestaltete „Mitte":

Der/die GruppenleiterIn gibt eine kurze Einleitung, indem er/sie auf das Bild in der „Mitte" verweist, auf den „in sich hineingekrümmten" Mann.

Die Jugendlichen können zunächst ihre Beobachtungen zum Bild äußern.

Mögliche Fragen:
- Was drückt die Körperhaltung des Mannes aus?
- Was fühlt der Mann?

Der/die GruppenleiterIn bittet nun die Jugendlichen, sich einen Platz im Raum zu suchen und sich auf eine Decke bzw. Iso-Matte zu legen. Nun kann mit einer einführenden Körperübung begonnen werden: Während ruhige Meditationsmusik spielt, liest der/die GruppenleiterIn den Text vor (vgl. S. 240)

Die Gruppe trifft sich nun wieder um die „Mitte", und der/die GruppenleiterIn ermutigt die Jugendlichen, über ihre Erfahrung mit der Körperübung zu sprechen:
- Wie habt ihr das „Hineingekrümmtsein" empfunden?

Anschließend deutet der/die GruppenleiterIn die Haltung des „In-sich-hineingekrümmt-Seins." („Hineingekrümmt - in - mich - selbst" bin ich, wenn ich nur mich selbst sehe, wenn ich die anderen, meine Umgebung und Gott nicht wahrnehme (vgl. Inhalt).

Die Jugendlichen erhalten nun den Arbeitsbogen (S. 239). Jede(r) kann für sich allein nach dem eigenen „In-sich-hineingekrümmt-Sein" fragen (Meditationsmusik schafft eine ruhige, gesammelte Atmosphäre).

Die Arbeitsbögen werden nicht vorgelesen (wichtig ist, daß der/die GruppenleiterIn dies vor der Stillarbeit sagt!!!).

Vielmehr trifft sich die Gruppe nach einiger Zeit um die „Mitte", und der/die GruppenleiterIn kann nun das folgende Gebet vorlesen:

GOTT,
Du kennst all das,
was krumm und verkrümmt
an mir ist.
Du weißt um meine Angst,
die mich unfähig macht,
mich auszustrecken
nach Dir,
nach meinen Eltern,
nach meinen Freunden.

Hineingekrümmt in mich selbst,
sehne ich mich danach,
aufrecht zu gehen,
offen zu sein.
Ich wünsche mir so sehr,
angenommen zu werden
mit allem,
was krumm an mir ist.
Dann wird sich meine Verkrümmung lösen,
und ich kann mich ausstrecken
nach den anderen
und nach Dir.
Amen

Eine einfache und doch spannende Methode, um einen Bibeltext neu kennenzulernen, ist ein *„Standbild"*.

Im Folgenden soll mit Hilfe dieser Methode die innere Wandlung des Zachäus dargestellt werden. Es wird jedoch zunächst bewußt darauf verzichtet, die Namen „Zachäus", „Jericho" oder „Jesus" zu nennen, da dann für viele Jugendliche die „Geschichte" bekannt, „alt" und nicht mehr denkwürdig ist.

So beginnt der/die GruppenleiterIn zu erzählen:
„Ich möchte euch von einem Mann erzählen, der sehr reich war. Sein Reichtum gab ihm Sicherheit: ‚Geld macht zwar nicht glücklich, aber es beruhigt!' Freunde? Nein, Freunde hatte er nicht. Die Leute nahmen es ihm übel, daß er nur für sich selbst sorgte. Mit diesem Ausbeuter wollte keiner etwas zu tun haben. Ja, fast hätte ich vergessen, es zu erwähnen. Er war *klein.*

Vielleicht war er klein, weil er nicht aufrecht ging, weil er den vielen, die er schon übers Ohr gehauen hatte, nicht mehr in die Augen sehen konnte. Oder war er klein, weil er ‚hineingekrümmt' war in sich selbst?"

Die Jugendlichen werden nun aufgefordert, „den Reichen" und „die Leute" in einem Standbild darzustellen. Dazu müssen sich einige Jugendliche bereiterklären, als Standbild zu fungieren, und einige, das Standbild zu stellen. Als Hilfe für die Gruppe von Jugendlichen, die das Standbild stellt, könnte der/die GruppenleiterIn fragen:
- Welche Haltung (sitzen, liegen, knien, stehen), welche Gestik, welchen Gesichtsausdruck hat „der Reiche", haben „die Leute"?
- Wie kann die Beziehung, die sie zueinander haben, ausgedrückt werden?

Als Standbild wäre denkbar z.B.

Während das „Standbild" stehenbleibt, erzählt der/die GruppenleiterIn weiter:
„Eines Tages kam ein Fremder in die Stadt. Er ging auf den Reichen zu, schaute ihn an und lud sich bei ihm ein. Der Reiche, von allen verachtet und gemieden, erfuhr durch den Fremden Anerkennung und Zuneigung. Er freute sich und nahm den Fremden bei sich auf."

Die Jugendlichen werden nun gebeten, die Person des „Fremden" in das 1. Standbild zu integrieren und Änderungen in Haltung, Gestik und Mimik der „Leute" und des „Reichen" vorzunehmen.

Mögliche Hilfestellung:
- Wie ändern sich Haltung, Gestik und Mimik beim Reichen?
- Wie ändern sich Stellung Gestik und Mimik der Leute?

Als Standbild wäre denkbar z.B.:

Vielleicht erkennen die Jugendlichen in dieser Geschichte die Perikope vom Zöllner Zachäus (Lk 19,1–10), vielleicht aber auch nicht. In jedem Falle kann nun jedoch gemeinsam Lk 19,1–10 gelesen werden.

Als Fragen für ein weiterführendes Gespräch wären denkbar:
- Was ermöglicht es dem Zachäus, die Haltung des „In-sich-hineingekrümmt-Seins" zu überwinden? (Bei der Betrachtung des Verhaltens Jesu kann der/die GruppenleiterIn darauf hinweisen, daß in Jesu Annahme des Zachäus sich die bedingungslose Annahme des Menschen durch Gott zeigt.)

(In Gruppen mit offener Gesprächsatmosphäre kann gefragt werden:
- Kennen wir ähnliche Situationen in unserem Leben: Wir sind „hineingekrümmt in uns selbst", und da fühlen wir uns angenommen und geliebt und werden fähig, uns zu öffnen auf andere, auf Gott hin?)
- Wie reagieren die Bewohner Jerichos? (Evtl. Vergleich mit den von den Jugendlichen gefundenen Lösungen.)

Am Ende kann das Lied „Meine engen Grenzen" (Jugendbuch S. 77) gesungen werden.

Zeit:
ca. 1 ½ Stunden

4 „Wie gut es tut zu wissen, dass dir jemand Zuflucht gibt."

Material:
- Kassettenrecorder, Meditationsmusik
- für die „Mitte": Tücher, eine große Schale, in der die Arbeitsbögen verbrannt werden können, Kerze, Vase mit vielen roten Rosen
- Arbeitsbögen (vgl. S. 242)
- ◆ Körperübung „Belastet" (vgl. S. 240)
- Stifte
- Feuerzeug
- Lied: „Meine engen Grenzen" (Jugendbuch S. 77)
- Lied von Reinhard Mey, „Zeugnistag" aus: CD: Reinhard Mey, „Mein Apfelbäumchen", Intercord 1989, INT 896.004; Text „Zeugnistag" (vgl. S. 243)

Gruppengröße:
beliebig

Inhalt:
In Freiheit kann der Mensch die Welt gestalten. In diesem Tun bleibt der Mensch oft hinter dem Anspruch, Leben zu schützen und zu pflegen, zurück. Ja, er beschädigt und zerstört Schöpfung und Leben. Er verletzt dabei nicht nur andere, sondern immer auch sich selbst, da dieses Handeln ihn nicht zum wahren Menschsein bringt. Schuldhaftes Handeln kann dem einzelnen die eigenen Grenzen erfahrbar machen, ihn belasten und bedrücken.

Die Karikatur von Ivan Steiger (vgl. S. 241) bringt dies zum Ausdruck.

Da ist ein Mensch unterwegs, niedergedrückt durch die übergroße Last der eigenen Identität, dargestellt durch den überdimensionalen Fingerabdruck. Der Fingerabdruck wirkt labyrinthisch und „spiegelt das undurchdringbare Durcheinander unseres Ichs, unsere vielen Wege, Sackgassen und Einbahnstraßen wider. Steiger stellt die Karikatur wohl unter das Motto des 142. Psalms (Verse 2–4)?:
Mit lauter Stimme schreie ich zum Herrn,
laut flehe ich zum Herrn um Gnade.
Ich schütte vor ihm meine Klage aus,
eröffne ihm meine Not.
Wenn auch mein Geist in mir verzagt,
du kennst meinen Pfad."
(vgl. S. 241)
Durch die Verknüpfung der Karikatur mit dem 142. Psalm bringt Steiger zum Ausdruck, daß wir der Vergebung bedürfen und daß wir diese Vergebung im großen „Du" Gottes finden.

Abbild der göttlichen Liebe kann die mütterliche und väterliche Liebe sein. Eltern bejahen ihr Kind trotz seiner Fehler und Grenzen. Sie lieben es jenseits aller erbrachten Leistung. So verstandene Liebe läßt die Kinder zu aufrechten Menschen heranwachsen, die fähig sind, die geschenkte Liebe weiterzugeben. Reinhard Mey besingt in seinem Lied „Zeugnistag" diese Annahme des Kindes durch die Eltern und das Befreiende, das in einer solchen Erfahrung liegt. Es wird den Jugendlichen von hierher nicht schwerfallen zu erfassen, welche befreiende Wirkung von der uns von Gott zugesprochenen Vergebung ausgehen kann.

Methode:
Es ist möglich, diesen Baustein im Kirchenraum durchzuführen und als Bußandacht und Versöhnungsfeier zu gestalten.

Da dieser Baustein sehr meditativ angelegt ist und von den Jugendlichen verlangt, sich selbst und das eigene Leben ruhig zu betrachten, empfiehlt es sich, mit einer Stilleübung zu beginnen.

Die Jugendlichen werden zunächst gebeten, sich einen freien Platz im Raum zu suchen – nicht zu nah beieinander.

Während ruhige Meditationsmusik spielt, leitet der/die GruppenleiterIn die Körperübung „Belastet" (vgl. S. 240) an.

Nach dieser Körperübung trifft sich die Gruppe um die „Mitte" und tauscht Erfahrungen aus.
Mögliche Fragen:
- Wie erging es euch?
- Was habt ihr gedacht?
- Was habt ihr gefühlt?
- Kann es im Leben Situationen geben, in denen man sich ähnlich fühlt?

Die Jugendlichen erhalten nun den Arbeitsbogen mit der Karikatur von Ivan Steiger (vgl. S. 241). Gemeinsam wird die Karikatur betrachtet.

Die Jugendlichen äußern ihre Beobachtungen. (Mögliche Frage: • Warum schleppt der Mann einen Fingerabdruck?)
Nach diesem Gespräch kann sich jede(r) einen ruhigen Platz suchen und für sich in Stille seine/ihre Situation bedenken: Was belastet mich? Wo bürde ich anderen Lasten auf? (vgl. Innenseite des Arbeitsbogens S. 242).

Bevor die Jugendlichen sich zurückziehen, ist es wichtig, daß der/die GruppenleiterIn darauf hinweist, daß die Aufzeichnungen *niemand* zu Gesicht bekommt. Meditative Musik schafft eine ruhige, gesammelte Atmosphäre.

Nach ca. 20 Minuten kommt die Gruppe wieder um die „Mitte" zusammen. Gemeinsam wird das Lied „Zeugnistag" von R. Mey gehört.

Im Anschluß deutet der/die GruppenleiterIn oder ein Priester das Gehörte: Im „Zeugnistag" stehen die Eltern zu ihrem Kind. Sie lieben es, auch wenn es ihnen und sich selbst etwas schuldig geblieben ist. Genauso nimmt Gott uns an – auch mit unserer Schuld. Diese bedingungslose Annahme Gottes befreit. Sie schenkt neue Lebensmöglichkeiten.

In der „Mitte" steht eine leere Schale. Die Jugendlichen können nun einzeln vortreten und ihre Aufzeichnungen in die Schale legen. Sie können damit zum Ausdruck bringen: ‚Was mich belastet, kann ich nicht alleine tragen. Ich brauche Gottes Zuspruch und Hilfe – ich lege alles, was mich belastet, in Gottes Hände.'

Nachdem die Jugendlichen ihre Aufzeichnungen in die Schale gelegt haben, kann der Priester jedem einzelnen die Hand auflegen und sprechen:

> „Gott liebt dich wie eine Mutter, wie ein Vater. Er nimmt dich an mit deinen Stärken und Schwächen. ‚Der Herr segne dich und behüte dich. Der Herr lasse sein Angesicht über dich leuchten und sei dir gnädig. Der Herr wende sein Angesicht dir zu und schenke dir Heil'". (Num 6,24–26)

Haben alle ihre Aufzeichnungen in die Schale gelegt, ziehen die Jugendlichen mit dem/der GruppenleiterIn bzw. Priester vor die Kirche und verbrennen die Aufzeichnungen in der Schale (= Symbol dafür, daß das, was mich belastet, bei Gott aufgehoben ist).

Anschließend trifft sich die Gruppe ein letztes Mal um die „Mitte". Als Symbol für die Liebe Gottes erhält jede(r) eine Rose.

Um zu verdeutlichen, daß durch Versöhnung neue Schritte möglich werden, kann zum Abschluß die Frage gestellt werden:
- Wo will ich Versöhnung weitergeben?
- Wo will ich Liebe leben?

Nach einer Zeit der Stille kann zum Abschluß gemeinsam das Lied: „Meine eigenen Grenzen" (Jugendbuch S. 77) gesungen werden.

Zeit:
1 1/2 – 2 Stunden

V.3. Auf dem Weg – Reflexion, Entscheidung, Zeichen der Firmung

Zielsatz:

Wir halten inne und schauen zurück auf die Zeit der Firmvorbereitung. (Bausteine 1 – 3)

Wir werden uns bewußt, daß wir uns entscheiden müssen, ob wir den eingeschlagenen Weg weitergehen wollen, ob wir gefirmt werden wollen. (Bausteine 4 + 5)

Wir lernen die Zeichen am Weg, die Zeichen der Firmung, verstehen. (Bausteine 6 – 10)

1 Ruach – Wenn das Heilige mich anhaucht.

Material:

- Lied „Wir haben Gottes Spuren festgestellt" (vgl. S. 244)
- Kassettenrecorder
- langsame Musik im 4/4 Takt
- für die „Mitte" und zum Legen des „Weges": Tücher, Foto mit einem Weg, Körbe mit Steinen, Edelsteinen, Pappsternen und Teelichtern, evtl. Fotos von der Firmvorbereitung, Symbole, die während des Firmvorbereitungskurses eine Rolle spielten, Markierungspunkte mit Daten des Firmvorbereitungskurses
- Tanzanleitung „Pilgerschnitt" (vgl. S. 244)

Gruppengröße:

8 – 12 Personen

Inhalt:

Im alten Pilgerschritt – drei Schritte vorwärtsgehen und dann einen Schritt lang verweilen, innehalten, rückwärtsschauen und die künftige Richtung prüfen – verdichtet sich, was am Ende des Firmkurses geschehen soll: Die Gruppe ist gemeinsam ein Stück des Weges gegangen. Nun soll gefragt werden: Welche Erfahrungen habe ich gemacht? Was fiel mir schwer auf diesem Weg? Wo bin ich, wo sind wir hinter meinen /unseren Möglichkeiten zurückgeblieben? Wo habe ich Verständnis, Freundschaft erlebt? Wo habe ich auf meinem Weg etwas von der Menschenfreundlichkeit Gottes erfahren?

Das Heilige ist anwesend mitten in unserem Alltag, nicht grell und schrill, vielmehr oft leise und unaufdringlich.

Es erscheint uns wichtig, die Jugendlichen sensibel zu machen für Erfahrungen, in denen uns das Heilige anhaucht und berührt. Im AT wird auf hebräisch für Geist das Wort „ruach" verwendet, was soviel heißt wie „Atem", „Hauch". Den „Heiligen Geist" in meinem Leben erfahren, bedeutet so:

Gott haucht mich an – mitten in meinem Leben ist er spürbar und gibt mir Lebenskraft.

Im Rückblick auf die gemeinsame Zeit der Firmvorbereitung kann gefragt werden: Wo habe ich etwas erahnt von dem geheimnisvollen Urgrund, der mein Leben trägt?

- Im Verständnis inmitten von Intoleranz und Desinteresse?
- In der Erfahrung des Geborgenseins inmitten von Heimatlosigkeit und Entwurzelung?
- In der Erfahrung, ich habe einen Namen, ich bin geliebt inmitten von Anonymität und Gleichgültigkeit?

Gemeinsam den Alltag betrachten und behutsam religiöse Erfahrungen als solche deuten zu lernen, ist Ziel dieses Bausteins.

Methode:

Die Gruppe sitzt um die „Mitte".

Der/die GruppenleiterIn verweist auf das Weg-Foto in der Mitte, auf Blumen, Sterne, Edelsteine, Steine und Fotos bzw. Symbole des Firmvorbereitungskurses.

All dies erinnert an die vergangene Zeit des Firmvorbereitungskurses.

Der/die GruppenleiterIn ermutigt die Jugendlichen, in der kommenden Stunde, den Weg, der gemeinsam gegangen wurde, noch einmal zu bedenken.

Zunächst lädt der/die GruppenleiterIn die Jugendlichen ein, noch einmal ein Stück Weg gemeinsam zu gehen. Die Gruppe tanzt im Pilgerschritt durch den Raum. (Tanzanleitung „Pilgerschritt" S. 244)

Zunächst wird in der „Schlange" getanzt. Dann schließt sich die Schlange zum Kreis. Die Jugendlichen setzen sich um die „Mitte". Der/die GruppenleiterIn kann nun den Pilgerschritt deuten:

Im Pilgerschritt wechseln Vorwärtsgehen und Innehalten. Der Pilgerschritt ermutigt, immer wieder aufzubrechen, aber immer wieder auch innezuhalten, sich umzuschauen und zu fragen: „Was war auf unserem Weg? Welche Erfahrungen haben wir gemacht?"

Die Jugendlichen werden nun gebeten, mit Hilfe

- der Tücher
- der Markierungspunkte mit den Daten des Firmvorbereitungskurses
- der Fotos vom Firmvorbereitungskurs
- der Symbole, die während des Kurses eine Rolle spielten

den Weg der Firmvorbereitung zu legen (evtl. muß hier der/die GruppenleiterIn mithelfen).

In einem zweiten Schritt sollen die Jugendlichen dann ihre persönlichen Erfahrungen auf diesem Weg durch Symbole, die sie an den Weg legen, ausdrücken:

- Was ist mir schwergefallen?
  (*Stein* an den Weg legen.)
- Was ist mir wichtig geworden?
  (*Edelstein* an den Weg legen.)
- Wo habe ich Verstehen, Freundschaft erlebt? Worüber habe ich mich gefreut?
  (*Blume* an den Weg legen.)
- Wo habe ich auf meinem Weg Gott erfahren?
  (Stern mit *Teelicht* an den Weg stellen.)

Wenn alle ihre Symbole an den Weg gelegt haben, kann jede(r) von seinen/ihren Erfahrungen sprechen. Dabei kann deutlich werden, daß die Jugendlichen ein Erlebnis ganz unterschiedlich wahrgenommen haben und deuten.

Der/die GruppenleiterIn kann zum Abschluß noch einmal auf die Spuren Gottes während der Zeit der Firmvorbereitung zu sprechen kommen. Er/sie kann verdeutlichen, daß die von den Jugendlichen markierten „Sternstunden" Erfahrung des „Heiligen Geistes", Anhauch des Heiligen, sind. Hier ist ein Verweis auf das Sakrament der Firmung möglich: Firmung bedeutet auch „Geistzusage", d.h. Gott sagt mir, daß er mich auf meinem Weg begleitet.

Zum Abschluß kann das Lied „Wir haben Gottes Spuren festgestellt" (vgl. S. 244) gesungen werden.

Zeit: 1 – 1½ Stunden

2 Der Weg zur Mitte

Material:

- Kassettenrecorder, meditative Musik
- Geschichte „Das Wasser des Lebens" (vgl. Jugendbuch S. 78)
- Arbeitsbogen (vgl. S. 245), Stifte
- für die „Mitte": schwarze Tücher, vergrößerte Fotokopie des Labyrinths von Chartres
- Kreppband zum Abkleben des Labyrinths oder Straßenmalkreide. Das Labyrinth kann auch mit Edding-Stiften auf eine Allzweckplane (Maße 6 m x 6 m) oder größer gezeichnet werden und ist so mehrfach einsetzbar

Gruppengröße:
ca. 8 Personen

Inhalt:
In diesem Baustein soll das Labyrinth von Chartres meditiert werden. In der Kathedrale von Chartres (geweiht am 24. Okt. 1260) ist dieses Labyrinth im Kirchenschiff angelegt. Das Labyrinth hat einen Durchmesser von 12,50 m, einen abschreitbaren Weg von 305 m und 11 Umgänge. In der christlichen Zahlensymbolik steht die Zahl 11 für Sünde und Unvollkommenheit. Das Labyrinth stellt also die Welt der Unvollkommenheit dar, durch die der Mensch gehen muß. Das Kreuz, das über die Windungen gelegt ist, bringt zum Ausdruck, daß dieser unvollkommenen Welt das Heilszeichen aufgeprägt ist, d.h. Christus ist Herr dieser unvollkommenen Welt, nicht das Böse.

Der Weg führt in vielen Schlangen zum Zentrum. Der Gehende meint, schon das Ziel erreicht zu haben, da führt der Weg wieder weg vom Zentrum an die Peripherie. Erst nach einem langen Weg mit vielen Wendungen, mit wechselnder Nähe und Distanz zum Zentrum findet der Gehende zur Mitte. Das Zentrum ist das eigentliche Ziel des Weges und bedeutet Eigentlichkeit, Gott, Christus. Deswegen ist das Zentrum des Labyrinths von Chartres als stilisierte Rose gestaltet. Die Rose gilt seit ca. 1000 n. Chr. als Christussymbol.

Im Nachgehen dieses Labyrinths können die Jugendlichen ihren Weg nachvollziehen: Ihren Aufbruch, ihre Suche, die Wendepunkte, die Nähe und Distanz zum Zentrum, zu Gott und ihre Sehnsucht, ins Zentrum zu gelangen. Die Nähe zum Zentrum des Labyrinths verweist auf die Erfahrung Gottes, auf die Erfahrung des Heiligen auf unserem Weg. Im Gespräch können die Jugendlichen für diese Erfahrungen sensibilisiert und auch bestärkt werden, ihre Sehnsucht nach dem Heiligen in ihrem Leben wach zu halten und sich immer wieder auf den Weg zu machen, um in die Lebensmitte zu gelangen. Die Geschichte „Das Wasser des Lebens" (vgl. Jugendbuch S. 78) erzählt vom Weg zur Mitte. Drei Brüder machen sich auf, um für ihren kranken Vater das Wasser des Lebens zu finden. Die „tüchtigen" Brüder, die stolz sind und eigentlich nur an sich denken, finden den Weg nicht.

Aber auch der jüngste, der das Wasser des Lebens finden will, muß viele Herausforderungen bestehen: Er muß mutig sein, darf sich nicht vom Reichtum blenden lassen, muß selbst seine Liebe zur Prinzessin warten lassen und muß das „Bett", die Trägheit und Müdigkeit, überwinden, um das Wasser des Lebens zu finden.

Die Geschichte zeigt die Gefahren auf unserem Weg zur Mitte, aber auch, wie wir das Wasser des Lebens finden können: Wenn wir gelassen, ausdauernd, tapfer und liebend unseren Weg gehen, werden wir in die Lebensmitte gelangen.

Methode:
Die Gruppe sitzt um die „Mitte" und betrachtet das Labyrinth von Chartres, seine Wendepunkte, seine Nähe und Distanz zum Zentrum:

Um den Jugendlichen den Wegcharakter des Labyrinths erfahrbar zu machen, kann das Labyrinth an einem ruhigen Ort (z.B. Gemeindesaal oder Parkplatz der Kirche) aufgezeichnet oder aufgeklebt werden. Zu meditativer Musik schreiten die Jugendlichen das Labyrinth ab, indem sie Fuß vor Fuß stellen. (Es ist darauf zu achten, daß die Jugendlichen nicht zu dicht hintereinander am Ausgangspunkt losgehen! Außerdem empfiehlt es sich, den Jugendlichen einen separaten Ausgang aus dem Zentrum aufzuzeigen, da sonst im Zentrum Platzschwierigkeiten entstehen.) Im Begehen des Labyrinths können die Jugendlichen die Länge des Weges, Zentrumsnähe und Zentrumsferne erfahren.

Im Anschluß daran erhalten die Jugendlichen einen Arbeitsbogen (vgl. S. 245). Die vier Fragen beantworten sie zunächst still für sich. Im anschließenden Gespräch um die gestaltete „Mitte" werden die Erfahrungen ausgetauscht.

Nach dem Gespräch liest der/die GruppenleiterIn die Geschichte „Das Wasser des Lebens" (vgl. Jugendbuch S. 78) vor.
Im Auswertungsgespräch kann gefragt werden:
- Warum bleiben die beiden ältesten Brüder in dieser Labyrinth-Geschichte in der Sackgasse stecken?
- Warum kommt der jüngste zum „Wasser des Lebens"?
- Welche Herausforderungen muß er bestehen?

Zeit:
ca. 1½ – 2 Stunden

3 „Einen Engel wünsch ich mir. Gottes Nähe möcht ich spüren."

Material:
- für die „Mitte": Weißes Seidentuch, Weiße Kerze, Streichhölzer
- Bibel: Gen 28,10–27
- viele Handzettel: „Einen Engel wünsch ich mir" (vgl.Kopiervorlage S. 246), Stifte
- Zeichenpapier, Farbe, Pinsel
- Kassettenrecorder, CD-Player
- meditative Musik
- Lied „Engel" auf der CD: M. Müller-Westernhagen, Halleluja, Warner Bros., Nr. 2292-46149–2; Noten des Liedes „Engel" von M. Maurenbrecher in: KJG-Songbuch 3, S. 135
- Gebet „Einen Engel wünsch ich mir" (Jugendbuch S. 81)

Gruppengröße:
ca. 8 Personen

Inhalt:
Die Sehnsucht nach dem Heiligen, nach Gott, ist in jedem Menschen grundgelegt. Wenn auch oft durch Alltäglichkeit und die Geschäftigkeit des Tages verschüttet, so brechen die Fragen „Warum?", „Woher?", „Wohin?" gerade an Wendepunkten, in Krisenzeiten, in der Nacht des Lebens immer wieder auf:

Jakob, der soeben seinen Bruder um dessen Erbe betrog, muß vor dessen Rache fliehen. Die Bibel schreibt, daß die Sonne untergegangen war, als Jakob seinen Kopf auf einen Stein legt, um zu schlafen. Er ist nicht weich gebettet, sein Weg ist hart und dunkel geworden. In dieser Nacht träumt Jakob, der Himmel sei offen, eine Leiter führe zum Himmel. Auf ihr steigen Engel Gottes auf und nieder. In diesem Traum spricht Gott Jakob seine Hilfe zu: „ Ich bin mit dir, ich behüte dich, wohin du auch gehst, und bringe dich zurück in dieses Land. Denn ich verlasse dich nicht, bis ich vollbringe, was ich dir versprochen habe." (Gen 28,15).

Jakobs Traum erinnert uns an unsere Sehnsucht: daß der Himmel offen ist und „Engel" uns die Nähe Gottes erfahrbar machen. Der Text von Reinhard Böcker beschreibt diese Sehnsucht nach der Nähe Gottes: „Einen Engel wünsch ich mir. Gottes Nähe möcht ich spüren."

Engel, Boten der Liebe Gottes, können wir alle sein. Nicht umsonst sagen wir zu Menschen, die uns in unserem Alltag helfen, die uns Zuneigung schenken: „Du bist ein Engel!"

Wenn ich den anderen „Engel" bin, aber auch, wenn ich in der Liebe und Zuneigung, die mir entgegengebracht werden, Gottes Liebe entdecke, dann

erfahre ich Gott, seinen Heiligen Geist, mitten in meinem Leben. Dann beginne ich zu leben. Manfred Maurenbrecher beschreibt diese Erfahrung in seinem Lied „Engel" so:
„Meine Seele war vereist
und mein Herz war längst vergreist,
alles, was ich dachte, war, warum?
Du hast mich in Licht getaucht,
hast mir gezeigt, daß, wenn ich glaub'
meine Sehnsucht Sterne schmelzen kann."

Methode:
Die Gruppe sitzt um eine gestaltete „Mitte".
Der/die GruppenleiterIn liest oder erzählt Gen 28,10–17 (Jakobs Traum). Anschließend malen die Jugendlichen in Gruppen von max. 4 Personen *schweigend gemeinsam* ein Bild zum biblischen Text. Dazu kann im Hintergrund meditative Musik gespielt werden. Sind alle Bilder gemalt, werden sie in die „Mitte" gelegt. Falls die Jugendlichen es wünschen, kann über ihre Erfahrungen während des Malens und über ihre Bilder gesprochen werden.

Der/die GruppenleiterIn verweist darauf, daß die biblische Geschichte, vielleicht auch die gemalten Bilder etwas von der menschlichen Sehnsucht erzählen, Gott im Leben zu erfahren.

Hier kann das Gebet von Reinhard Bäcker „Einen Engel wünsch ich mir" (vgl. Jugendbuch S.81) gesprochen werden.
Es kann gefragt werden:
- Wer ist „Engel"?
- Wer war mir in den vergangenen Wochen der Firmvorbereitung „Engel"? Durch wen habe ich etwas von Gottes Liebe und Menschenfreundlichkeit erfahren?

Die Jugendlichen erhalten kleine Zettelchen (vgl. S. 246) und jede(r) kann nun versuchen, – nach Möglichkeit – jeder/jedem in der Gruppe zu schreiben, wo und wann er/sie „Engel" für ihn/sie war. (Wir raten dringend davon ab, sofort nach der „Schreibaktion" die Zettelchen tauschen zu lassen. Die hierdurch entstehende Unruhe macht es unmöglich, noch gemeinsam das Lied „Engel" von Marius Müller-Westernhagen zu hören und zu tanzen.)

So werden nach der „Schreibaktion" die Jugendlichen gebeten, ihre Zettelchen an die Seite zu legen bzw. in ihre Hosentasche zu stecken.

Dann wird gemeinsam das Lied „Engel" von Marius Müller-Westernhagen gehört. Falls es die Gruppensituaton erlaubt, können zum Lied gemeinsam Gesten und Bewegungen entwickelt werden. Dann kann das Lied nochmals gemeinsam getanzt werden.

Zum Abschluß tauschen die Jugendlichen ihre Zettelchen aus.

Zeit:
ca. 1 – 1½ Stunden

4 Entscheidungsspiel: Firmung – ja oder nein

Material:
- Kopierte Rollenanweisungen (vgl. S. 247 f.)
- Kopien der Spielregeln (vgl. S. 247)
- Kohlepapier, mindestens 12 Blätter
- DIN-A4-Papier
- Stifte
- Büroklammern (mit denen die Blätter beim Schreiben zusammengehalten werden können)
- 6 Räume (für jede Gruppe einen, ein zentraler Raum für die Spielleitung)
- mehrere Plakatkartons, dickere Stifte

Gruppengröße:
10 – 20 Personen

Inhalt:
In der Taufe haben die Eltern versprochen, ihre Kinder im christlichen Glauben zu erziehen. Nun haben die Jugendlichen ein Alter erreicht, wo sie selbst entscheiden müssen, ob sie als Christ leben und zur christlichen Gemeinde gehören wollen. Diesem Bemühen wird in der Firmung die Hilfe Gottes zugesprochen.

Am Ende des Firmkurses, nachdem die Jugendlichen grundlegende Elemente des christlichen Glaubens kennengelernt haben, steht die Entscheidung an: Firmung – ja oder nein. Die Jugendlichen müssen fragen: Können wir die Zusage Gottes annehmen, daß er unser Leben schützend begleiten will? Wollen wir versuchen, unser Leben in der Ausrichtung auf Jesus zu gestalten? Wollen wir den Möglichkeiten Gottes mit jedem(r) von uns trauen? Inwieweit sind wir in unserer Entscheidung von Eltern oder Freunden, von Konventionen bestimmt?

Das alles einmal zu thematisieren und ins Gespräch zu bringen, soll Ziel dieses Bausteins sein. Mit Hilfe eines Schreibspiels, in dem die Jugendlichen in fremde Rollen schlüpfen, die unterschiedliche Positionen zu den aufgeworfenen Fragen einnehmen, soll ein ernsthafter Dialog ermöglicht werden.

Methode:
Für dieses Spiel werden 5 Räume für die einzelnen Rollen/Gruppen benötigt. Ein 6., zentral gelegener Raum wäre das Spielzentrum, der der Spielleitung zur Verfügung steht. Vor Beginn des Spiels ist es wichtig, die Jugendlichen in das Spiel einzuführen:

Es geht um die Frage, die kurz vor der Firmung ansteht: Will ich mich firmen lassen – ja oder nein? Und es geht um die ausführliche und ernsthafte Begründung dieser Entscheidung. Als Methode wird ein Schreibspiel gewählt, in dem die Jugendlichen nach Maßgabe ihrer Rollenvorgabe nur *schriftlich* miteinander ein Gespräch führen dürfen. Zudem dürfen sie auch nur über das Spielzentrum miteinander in Kontakt treten. Am Spiel sind die Jugendlichen A, die Jugendlichen B, die Eltern der Jugendlichen, die GruppenleiterInnen und der Pfarrer beteiligt.

Nachdem die Spielregeln (vgl. S. 247) erläutert wurden, werden die 5 etwa gleich großen Gruppen gebildet. Sie nehmen ihre Rollenanweisung, eine Kopie der Spielregeln und das benötigte Schreibmaterial mit in ihre Räume.

Hier versuchen sie, anhand ihrer Rollenvorgabe mit den anderen beteiligten Personen schriftlich ins Gespräch zu kommen.

Jeden Brief fertigen sie in dreifacher Ausfertigung an. Ein Exemplar verbleibt bei ihnen. Die beiden anderen bringen sie zur Spielleitung, die eines behält und das 3. Exemplar zum Adressaten bringt.

Es bietet sich für die GruppenleiterInnen an, zu Beginn des Spiels die einzelnen Gruppen aufzusuchen, um noch mögliche Fragen zu klären.

Ein(e) GruppenleiterIn legt in der Zwischenzeit auf einem Plakatkarton ein Gruppensoziogramm an, das für jeweils 30 Minuten gilt. Für jeden Brief wird hier dann ein Verbindungspfeil vom Absender zum Empfänger gezogen, auf den die Eingangsnummer des Briefes und die Uhrzeit notiert werden.

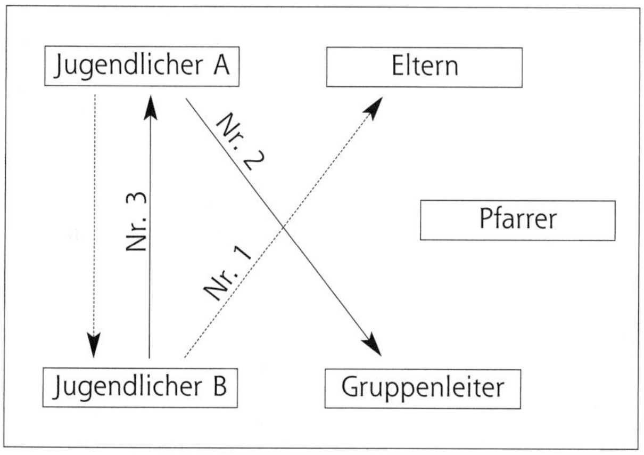

Mit Hilfe des Gruppensoziogramms ist es leichter, einen Überblick über die Häufigkeit des Dialogs und über die Dialogpartner zu behalten. Eine weitere Hilfe sind die gesammelten und numerierten Briefe, die bei der Spielleitung verbleiben. Alle 30 Minuten wird ein neues Soziogramm angelegt.

Die GruppenleiterInnen sollten vermeiden, Vorschläge zur Beantwortung der Fragen oder Lösungen zu aufgeworfenen Problemen zu unterbreiten. Sie haben aber die Möglichkeit, selbst bei Bedarf Briefe zu schreiben und neue Personen ins Spiel einzuführen (Kaplan, PastoralreferentIn, GemeindereferentIn, Pfarrgemeinderatsmitglied, eine bekannte Persönlichkeit aus der Gemeinde oder aus dem Ort, ...). So ist es möglich, neue Gesichtspunkte in die Diskussion einzuführen.

Sind nach Meinung der GruppenleiterInnen wesentliche Punkte in den Briefen aufgeführt worden und scheint die Ausdauer der Jugendlichen langsam zu erlahmen, bitten die GruppenleiterInnen alle Personen per Brief, das Spiel zu beenden und zu einer gemeinsamen Aussprache zusammenzukommen.

In der nun folgenden Auswertung haben die Jugendlichen zunächst die Möglichkeit, sich Luft zu machen und Gefühle zu äußern. In der Regel kommen sie angespannt aus den einzelnen Gruppen, da sie sich sehr in ihre Rollen hineinversetzt haben.

Mögliche weitere Gesprächspunkte könnten sein:

- Welche Argumente wurden von den einzelnen Personen für oder gegen die Firmung angeführt?
- Welche Argumente sind für euch die gewichtigsten?
- Was muß für dich geklärt sein, damit du dich firmen lassen kannst?

Variante:

Ist während der Vorbereitung des Spiels genügend Zeit vorhanden, könnte es den Reiz des Schreibspiels erhöhen, wenn man einzelne Rollen auf die konkrete Situation des Firmkurses umschreibt. So könnte das Spiel aufgrund seiner Aktualität noch mehr Brisanz entwickeln.

Zeit:

1½ – 2½ Stunden

5

Wegkreuzungen (Entscheidung)

Material:

- Symbole, die für die einzelnen Schritte des durchgeführten Firmkurses stehen
- leere Blätter, dicke Stifte, Tau
- Geschichte: „Der Wunderknabe" (vgl. Jugendbuch S. 82)
- Umdrucke „Deine Entscheidung" (vgl. S. 249)
- Stifte
- Bild mit Weggabelung

Gruppengröße:
7 – 10 Personen

Inhalt:
In diesem Baustein wird wie im vorhergehenden 4. Baustein die Entscheidung der Jugendlichen thematisiert: Firmung – ja oder nein. Mit Hilfe eines anderen methodischen Zugangs sollen die persönlichen Argumente der Jugendlichen ins Gespräch gebracht werden.

Methode:
In der Vorbereitung des Bausteins hat der/die KatechetIn Symbole zusammengetragen, die für die einzelnen Schritte des Firmkurses stehen: Baum, Wurzel, Baumscheibe, Erde, Spielkarte vom Leben Jesu-Spiel, ... Mit Hilfe der bereitstehenden Symbole wird nun der Firmkurs als Weg gelegt. Ein Tau kann als Wegbegrenzung dienen. Auf DIN-A4-Blätter können gegebenenfalls Situationen, die von den Jugendlichen im Gespräch genannt werden, notiert und auf den Weg gelegt werden. Ist der Weg fertig, legt der/die KatechetIn als letztes Symbol ein Bild mit einer Weggabelung (Firmung: ja oder nein), das für die anstehende Entscheidung stehen könnte.

Die Notwendigkeit, eine Entscheidung zu fällen, greift die Geschichte „Der Wunderknabe" (vgl. Jugendbuch S. 82) auf. Eine Entscheidung *für* etwas bzw. jemanden bedingt immer, daß man sich gleichzeitig *gegen* etwas bzw. jemanden entscheidet. Aber nur mit Hilfe einer Entscheidung gelingt es, den Weg weiterzugehen. Und es bedarf der Treue zu einer gefällten Entscheidung, um ein Ziel zu erreichen.

Im Anschluß an die Geschichte und ein kurzes ausdeutendes Gespräch erhalten die Jugendlichen den Umdruck „Entscheidung" (vgl. S. 249) und einen Stift und bearbeiten still für sich die Fragen:

- Will ich mich firmen lassen?
- Was spricht dafür? Was spricht dagegen?

Der mitabgedruckte Text „Kannst du ja dazu sagen?" verdeutlicht den Jugendlichen, um welche Entscheidung es bei der Firmung geht, was der Jugendliche bekennt und was Gott ihm zusagt.

Im Anschluß an die Einzelarbeit kommen die Jugendlichen wieder in der Gesprächsrunde zusammen und berichten nacheinander ihre Gedanken zur Entscheidung.

Im anschließenden Gespräch können möglicherweise noch offene Fragen erörtert werden. „Was macht die Entscheidung für manche(n) so schwer?"

Hier könnte der/die KatechetIn erläutern, daß die Firmung nicht den Endpunkt unseres Weges meint, sondern einen Wegstein markiert, wo ich einen Weg im Vertrauen auf Gott weitergehe. Wenn ich mich firmen lasse, kommt es darauf an, daß ich für diesen Augenblick „ja" sagen kann und mein Bemühen, als Christ leben zu wollen, verspreche. Die Dinge, die mir auf meinem Weg „morgen" begegnen, erfordern immer neu die Bewährung der getroffenen Entscheidung.

Zeit:
ca. 1¼ – 1½ Stunden

6 „Zeichen am Weg" (Zeichen der Firmung)

Material:

- *Wichtig*:
  Die Jugendlichen werden *vor dem* Treffen gebeten, einen Gegenstand mitzubringen, der ihnen besonders wichtig und wertvoll ist (z.B. einen Gegenstand, den ein lieber Mensch geschenkt hat; ein Gegenstand, mit dem eine schöne Erfahrung verbunden wird).
- für die „Mitte": rote und gelbe Tücher, Siegel oder Siegelring, Behälter mit Chrisam, Kreuz, Fotos mit den Handauflegungen von Bischof und Paten
- Geschichte „Die Sprache der Dinge" (vgl. Jugendbuch S. 84)
- Gebet um die „sieben Gaben des Geistes" (vgl. S. 250)
- evtl. meditative Musik, Kassettenrecorder

Gruppengröße:

8 – 12 Personen

Inhalt:

Der Zugang zu den Sakramenten ist für viele Jugendliche schwierig, da sie häufig keine Verbindung zwischen den sakramentalen Zeichen und ihrer Lebenswirklichkeit herstellen können. Auf der anderen Seite haben Jugendliche meistens einen ausgeprägten Sinn für Dinge, die ihnen kostbar und wichtig sind: ein Teddy, der Brief einer Freundin, eine getrocknete Rose.

In diesen Dingen, die wichtig und wertvoll sind, wird die Ebene der Brauchbarkeit und Nützlichkeit durchbrochen. Die Dinge beginnen zu reden. Sie rufen Erinnerungen hervor. Sie vergegenwärtigen wichtige Erfahrungen im Leben. Sie unterscheiden sich von all den anderen Dingen um uns herum durch die Beziehung, die wir zu ihnen haben.

Wie es persönliche „Heiligtümer" gibt, so gibt es auch Dinge, die vielen Menschen gemeinsam „heilig" sind (z.B. das Mahlhalten als Symbol der Freundschaft und Zusammengehörigkeit).

Auch die Kirche kennt Zeichen, in denen eine andere Wirklichkeit für die Gläubigen lebendig wird. „Sakrament" kommt aus dem lateinischen („sacrare") und heißt soviel wie „einem göttlichen Bereich überantworten". Sakramente sind in diesem Verständnis Zeichen, die auf eine „tiefere Wirklichkeit" hinweisen. So wird z.B. in der Eucharistie Gottes Liebe zu uns Menschen erfahrbar. Eine weitere Dimension der Sakramente sei noch angesprochen:

Ein Händedruck z.B. ist nicht nur Zeichen der Versöhnung. In ihm findet immer auch Versöhnung statt. Ein Kuß ist nicht nur Zeichen der Liebe. Er weckt auch Liebe. In ihm ereignet sich Liebe.

So sind auch die Sakramente nicht nur Erinnerung an Gottes Liebe. Indem wir die Sakramente feiern, ereignet sich Gottes Liebe.

Das Sakrament der Firmung wird gespendet durch die Salbung mit Chrisam auf die Stirn, durch Handauflegung und durch die Worte:
„Sei besiegelt durch die Gabe Gottes, den Heiligen Geist."

Das Zeichen der Handauflegung bedeutet: Gott beschützt dich. Gott steht zu dir. Gott beauftragt dich, als Christ zu leben.

Die Salbung bei der Firmung drückt aus: Du bist auserwählt. Du bist wertvoll. Du hast dich entschieden, als Christ zu leben. Du bist vom Geist Gottes erfüllt, d.h. Gott wirkt auch in deinem Leben.

In diesem Baustein soll den Jugendlichen über ihre persönlichen „Heiligtümer" ein Zugang zur Bedeutung des Sakramentes der Firmung eröffnet werden.

Methode:

Die Gruppe sitzt um die „Mitte":

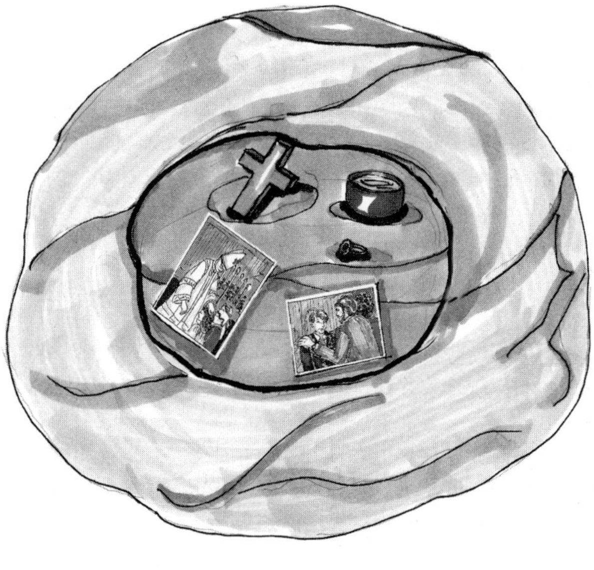

Die Jugendlichen werden gebeten, zunächst ihren mitgebrachten Gegenstand genau anzuschauen und sich an die Situation zu erinnern, in der der Gegenstand für sie bedeutsam wurde.

Der/die GruppenleiterIn lädt nun die Jugendlichen ein, von ihrem Gegenstand zu erzählen. Jeder, der erzählt hat, legt den Gegenstand auf die roten Tücher.

Im Anschluß an diese Runde kann gefragt werden:
- Was unterscheidet diese Gegenstände von gewöhnlichen?

Der/die GruppenleiterIn liest nun die Geschichte „Die Sprache der Dinge" (vgl. Jugendbuch S. 84) vor.

Hier kann überlegt werden, durch welche Zeichen, Gesten, Symbole wir Menschen Unsichtbares sichtbar, erfahrbar zu machen versuchen. (Wie drücke ich Gefühle wie z.B. Vertrauen, Liebe, Traurigkeit aus?)

Von hierher dürfte es den Jugendlichen möglich sein, Sakramente als Zeichen und Gesten zu begreifen, die auf das Unsichtbare verweisen:
Sakramente als eine Möglichkeit, in der die Beziehung zwischen Gott und Mensch lebendigen Ausdruck erhält.

In einem weiteren Schritt wird versucht, die *Zeichen und Gesten der Firmung* zu deuten.

Der/die GruppenleiterIn verweist auf die Zeichen, die auf dem gelben Tuch in der „Mitte" liegen und erklärt:

- **Foto mit der Handauflegung des Paten:**
  Bei der Firmung kommen die Jugendlichen, begleitet von den Paten, nach vorne. Der Pate/die Patin legt die rechte Hand auf die Schulter des Jugendlichen. Durch dieses Zeichen drückt der Pate/die Patin aus, daß er/sie für die Jugendlichen Wegbegleiter sein und ihm/ihr bei Schwierigkeiten helfen will.
- **Foto mit der Handauflegung des Bischofs:**
  Der Bischof legt die Hand auf den Kopf des Jugendlichen. Diese Geste ist Zeichen für den Schutz Gottes („Du umschließt mich von allen Seiten und legst deine Hand auf mich". Ps 139,5). Gott läßt die Jugendlichen auf ihrem Weg und in ihrem Bemühen nicht allein.
  Die Handauflegung ist auch ein Zeichen der Beauftragung. Sie ermutigt die Jugendlichen, aus ihrem Glauben heraus ihr Leben zu gestalten.
- **Chrisam**
  Der Bischof zeichnet mit Chrisam ein Kreuz auf die Stirn des Jugendlichen. Die Salbung mit Chrisam bedeutet:
  - Du bist wertvoll und wichtig. Du bist etwas Besonderes (vgl. die bibl. Tradition der Salbung zum Propheten, Priester oder König).
  - Wenn du als Christ leben willst, wirst du nicht allein gelassen. Gott schützt dich und gibt dir Kraft (vgl. Öl als Kraftstoff und Schutz, z.B. Sonnenöl).
- **Das Kreuz**
  Das Kreuzzeichen, das der Bischof den Jugendlichen auf die Stirn zeichnet, erinnert an Jesu Tod und Auferweckung. Dies bedeutet: Du sollst so leben, daß Jesus einen Platz in deinem Leben hat.
- **Der Name**
  Während der Bischof mit Chrisam ein Kreuz auf die Stirn des Jugendlichen zeichnet, spricht er:
  „N., sei besiegelt durch die Gabe Gottes, den Heiligen Geist."
  Der Bischof nennt den Namen jedes(r) einzelnen. Er will damit zum Ausdruck bringen: Du bist von Gott bei deinem Namen gerufen. Du bist von Gott gewollt und geliebt.
- **Siegel**
  Ein Siegel schützt vor Fälschung. Es prägt. Wenn der Bischof sagt:
  „Sei besiegelt mit dem Zeichen des Kreuzes!", so soll dies heißen, daß der Geist Jesu unser Leben prägen soll.

Zum Abschluß kann der/die GruppenleiterIn den Jugendlichen davon erzählen, daß der Bischof im Firmgottesdienst Gott bittet, die Jugendlichen in ihrem Leben zu begleiten. Er erbittet für sie die „sieben Gaben des Geistes". Um die Bedeutung dieser den Jugendlichen eher fremden „Begriffe" zu erschließen, kann am Ende in verteilten Rollen um diese Gaben gebetet werden (vgl. S. 250).

Es ist sinnvoll, nach jeder Bitte eine Weile still zu werden (evtl. mit Meditationsmusik im Hintergrund).

Zeit:
ca. 1½ Stunden

Anmerkung:
Baustein 6 ist in der oben dargestellten Form eine kurze Einführung in die Symbolik der Firmhandlung. Die folgenden Bausteine 7, 8 und 9 beschäftigen sich intensiv mit den Symbolen der Firmung. Auf sie kann zurückgegriffen werde, wenn mehr Zeit zur Verfügung steht.

7 „Hände sprechen"

Material:
- für die „Mitte": Tücher, aus Plakatkarton ausgeschnittene Hände
- Polaroidkamera und leere Filme
- falls keine Polaroidkamera zur Verfügung steht: Illustrierte, Zeitschriften, Bilder für eine Collage, Plakatkarton, Scheren, Klebstoff
- DIN-A5-Blätter, Stifte, Klebstoff
- Fotos mit den Handauflegungen von Bischof und Paten
- Decken
- Bibel (Jes 41, 10–13) oder Kopien dieser Verse
- meditative Musik, Kassettenrecorder

Gruppengröße:
ca. 8 Personen

Inhalt:
Hände können sprechen. Auch bei der Firmhandlung spielt die Sprache der Hände eine große Rolle. Der Bischof legt den Jugendlichen die Hand auf und spricht: „Sei besiegelt durch die Gabe Gottes, den Heiligen Geist!" Ein Zweifaches wird dadurch deutlich: Einerseits die Zusage Gottes: Ich bin bei dir, ich schütze dich, ich bin für dich da, ich wende mich dir zu. Andererseits ist die Handauflegung das Zeichen der Beauftragung und der Indienstnahme: Ich beauftrage dich, Zeugnis von mir zu geben. Ich nehme dich in den Dienst der Sache Jesu in Kirche und Welt.

Während der Firmhandlung steht der Pate hinter dem Jugendlichen und legt seine Hand auf dessen Schulter. Damit drückt der Firmpate/die Firmpatin aus: ‚Du bist nicht allein! Ich gehe mit dir! Ich stehe zu dir! Ich bin für dich da! Du kannst dich auf mich verlassen!' Durch den Paten wird die Nähe Gottes spürbar.

Methode:
Die Gruppe sitzt um eine gestaltete „Mitte": Tücher und 2 aus Plakatkarton ausgeschnittene Hände.

Zu Beginn geht es darum, die eigenen Hände bewußt wahrzunehmen, zu betrachten, zu entdecken: die Größe, die Form, die Nägel, die Finger, der Handrücken, die Handlinien, vielleicht Narben usw. Dann können die eigenen Hände mit den Händen des Nachbarn verglichen werden.

Eine spielerische Möglichkeit, die Hände zu entdecken, ist, Hände und Personen einander zuzuordnen. Dazu werden die Jugendlichen mit Decken verborgen, so daß nur die Hände zu sehen sind. Nun wird geraten, wem die jeweiligen Hände gehören.

Im Anschluß an die Betrachtung der Hände erhalten die Jugendlichen den Auftrag, eine Fotoreportage zum Thema: „Die Sprache der Hände" zu gestalten. Mit Hilfe einer Polaroidkamera, die sofort die Bilder entwickelt, können die Jugendlichen „sprechende Hände" dokumentieren, z.B. eine Faust, lockende Hände, geöffnete Hände, „Stinkefinger", scheltende Hände usw.

Jedes entwickelte Foto wird dann auf ein DIN-A5-Blatt geklebt und mit einem kleinen Kommentar versehen.

Falls keine Polaroidkamera zur Verfügung steht, können die Jugendlichen auch eine Collage zum Thema: „Sprechende Hände" erstellen. Dazu werden aus Illustrierten oder aus Bildern ganz unterschiedliche Hände ausgeschnitten. Auch durch diese Collagen kann über die Sprache der Hände nachgedacht werden.

Die Gruppe trifft sich nach einiger Zeit wieder um die „Mitte". Die Jugendlichen stellen ihre Fotos bzw. ihre Collagen vor. Im Anschluß an die Präsentation wird das Foto bzw. die Collage in die „Mitte" gelegt:

Nach einem Gespräch über die „Sprache der Hände" legt der/die GruppenleiterIn ein Foto mit der Handauflegung des Paten bei der Firmung in die Mitte. Es kann nun herausgearbeitet werden, was diese Geste bedeutet (vgl. Inhalt).

Nun legt der/die GruppenleiterIn ein Foto von der Handauflegung des Bischofs bei der Firmung in die Mitte. Auch hier kann in einem gemeinsamen Gespräch nach der Bedeutung dieser Geste gefragt werden (vgl. Inhalt). Ein besonderer Akzent soll dabei auf die Zusage Gottes „Ich bin bei dir!" „Ich bin für dich da!" Ich schütze dich!" gelegt werden.

Gemeinsam kann dazu Jesaja 41,10 + 13 nach der Methode des Bibel-Teilens (vgl. S. 15) gelesen werden.

Die Jugendlichen suchen sich einen guten Platz im Raum. Eine Körperübung (vgl. S. 250) kann das Beisammensein beschließen.

Zeit:
1½ – 2 Stunden

8 Wertvoll bist Du

Material:

- für die „Mitte": Tücher, ein Schälchen mit Salbe, evtl. Blumen und eine Kerze
- für die Salbe: Mandel-Fettphase, destilliertes Wasser, Duftöl (alles erhältlich in Geschäften, die Kosmetik zum Selbermachen vertreiben), Tiegelchen zum Abfüllen der Salbe (entweder von den Jugendlichen mitbringen lassen oder in Naturkosmetikgeschäften kaufen), Küchenwaage, Meßbecher, Elektroherd, Topf, Löffel, Tassen oder Schälchen zum Erhitzen der Fettphase und des destillierten Wassers

Gruppengröße:
ca. 8 Personen

Inhalt:
Bei der Firmung salbt der Bischof die Stirn des Jugendlichen mit Chrisam. Chrisam, ein Kosmetikum des Altertums, ist eine Mischung aus Olivenöl und Balsam. Öl und Salbe werden zum Schutz, zur Heilung oder zur Kräftigung auf die Haut aufgetragen. Sie dringen durch die Haut in den Menschen ein.

Die Salbung mit Chrisam macht die Zusage Gottes deutlich und erfahrbar: Ich erfülle dich. Ich heile dich. Ich schütze dich. Ich gebe dir Kraft. Ich mache dich unangreifbar. Ich mache dich attraktiv. Nach biblischem Zeugnis wird David mit Öl gesalbt (1 Sam 16,13). Auf diese Weise wird ihm der Geist Gottes übertragen. Er wird König im Auftrag Gottes. Salbung heißt dann: Ich gebe dir Würde.

Die Salbung macht einen Aspekt des Firmgeschehens erfahrbar: den Geschenkcharakter des Lebens und des Glaubens. Die Salbung verdeutlicht, daß ich Wesentliches in meinem Leben nicht machen kann: Vertrauen, Liebe, Glaube. In der Salbung geschieht etwas an mir. Ich werde gestärkt, bestärkt, attraktiv gemacht.

Durch die Herstellung einer Salbe, durch die Erfahrung des Salbens, aber auch durch die Bestätigung in der Gruppe sollen die Jugendlichen in diesem Baustein erfahren, was es heißt: Du bist etwas Besonderes. Du bist wertvoll.

Methode:
Die Gruppe sitzt um eine gestaltete „Mitte":
Der/die GruppenleiterIn verweist auf das Schälchen mit Salbe in der „Mitte" und erzählt davon, daß die Jugendlichen bei der Firmung vom Bischof gesalbt werden.

Um diese Symbolhandlung nachvollziehen zu können, soll zunächst eine Salbe hergestellt und ihre Wirkung ausprobiert werden.

Am besten mixt sich jede(r) eine eigene Salbe.

Rezept:
Der/Die GruppenleiterIn sollte zu Hause eine Fettphase herstellen. Zutaten für die Fettphase:

- 25 g Tegomuls
- 5 g Sheabutter
- 70 ml Mandelöl

Die Fettphase wird hergestellt, indem man Tegomuls, Sheabutter und Mandelöl im Wasserbad schmilzt, dann in ein Marmeladenglas füllt und dieses dann in den Kühlschrank stellt. Statt der selbsterstellten Fettphase kann auch Melkfett verwendet werden.

Beim Gruppentreffen nimmt jeder/jede Jugendliche 10 g Melkfett bzw. Fettphase (ca. 1 Teelöffel) und 20 ml destilliertes Wasser in eine Tasse. Fettphase und Wasser werden gemeinsam erhitzt. (Am einfachsten in einer Tasse in einem Topf im Wasserbad.)

Wenn sich die Fettphase im Wasser aufgelöst hat, werden 1–2 Tropfen Duftöl dazugegeben. Die Fettphase-Wasser-Mischung solange rühren, bis sie erkaltet ist, und danach in kleine Cremetiegelchen füllen.

Sind die Salben hergestellt, trifft sich die Gruppe wieder um die „Mitte". Die Jugendlichen können nun ihre Hände salben. Der/die GruppenleiterIn fragt:

- Wie wirkt die Salbe?
- Was könnte gemeint sein, wenn euch der Bischof bei der Firmung salbt?

Der/die GruppenleiterIn faßt am Ende das Gespräch zusammen: Bei der Firmung bedeutet die Chrisamsalbung: Du bist von Gott geschützt. Du bist wertvoll und wichtig für unsere Gemeinschaft und vor Gott.

Diese Wertschätzung kann nun durch die Übung *„positiver, heißer Stuhl"* nochmals zum Ausdruck gebracht werden. Der „positive, heiße Stuhl" ist eine Übung, bei der die Jugendlichen Wertschätzung formulieren bzw. annehmen lernen.

Neben dem Stuhl der/des Gruppenleiters steht ein freier Stuhl. Auf diesem Stuhl kann sich jede(r) setzen. Reihum sagen dann die anderen Jugendlichen demjenigen/derjenigen, der/die auf dem „heißen Stuhl" sitzt:

- was sie an ihm/ihr schätzen
- was an ihm/ihr wertvoll ist.

Der/die Jugendlichen auf dem „heißen Stuhl" hört sich dieses Feedback zunächst ohne Kommentar an.

Falls es die Gruppensituation zuläßt, kann der/die GruppenleiterIn am Ende das Salbenschälchen aus der „Mitte" nehmen, jedem Jugendlichen mit Salbe ein Kreuzzeichen auf die Stirn zeichnen und dabei sprechen: „Gott schützt dich! Gott schätzt dich! Vor Gott bist du unendlich wertvoll!"

Am Ende kann darauf hingewiesen werden, daß diejenigen, die gesalbt sind, „riechen", duften, d.h. wer so geliebt, wer so wertvoll ist, besitzt Ausstrahlung und Anziehungskraft.

Zeit: 1 – 1½ Stunden

9 Für wen gehst Du?

Material:
- Geschichte: „Für wen gehst du?" (vgl. S. 249)
- Kartoffeln, spitze Küchenmesser
- rote Tischkerzen oder Siegellack, Streichhölzer
- DIN-A4-Blätter, Stifte
- CD-Player oder Kassettenrecorder
- meditative Musik

Gruppengröße:
ca. 8 Personen

Inhalt:
Firmung wird als Besiegelung („Sei besiegelt durch die Gabe Gottes, den Heiligen Geist!") verstanden. Diese Bezeichnung stammt aus den ersten christlichen Jahrhunderten. In der Antike trugen Sklaven und Soldaten ein Siegel. Dadurch wurde erkennbar, in wessen Dienst sie standen, zu wem sie gehörten. Alle, die zu einer Gruppe gehörten, waren erkennbar am gleichen Siegel. Das Zeichen der Besiegelung bei der Firmung ist das Kreuz. Das Kreuz weist hin auf Leiden, Tod und Auferstehung Jesu. Den Jugendlichen wird bei der Firmung das Siegel Christi auf die Stirn gezeichnet. Es sagt: Du gehörst zu Jesus Christus. Du gehörst zu denen, die dieses Zeichen tragen. Du bist volles Mitglied der Kirche. Dein weiteres Leben soll bestimmt und geprägt sein von der Lebensart Jesu.

Methode:
Der/die GruppenleiterIn liest die Geschichte „Für wen gehst du?" (vgl. S. 249) vor.
Folgende Fragen können nun gestellt werden:
- Was würde ich tun, wenn ich so plötzlich angesprochen würde?
- Für wen gehst du? Wer ist dir wichtig? Für wen setzt du dich ein?

– Pause –

Anschließend deutet der/die GruppenleiterIn die Geschichte aus und erklärt die Bedeutung des Wortes „besiegeln":
Wie würde ich auf die Frage „Für wen gehst du?" reagieren?
Natürlich würde ich nach längerem Überlegen eine Antwort geben können. Einige Namen fallen mir ein. Aber welcher Name steht an erster Stelle, wenn ich mich festlegen müßte?
Meine Eltern, meine Kinder, mein Mann, meine Frau, mein Freund, meine Freundin, ... Gott? ...
– Pause –
In der Antike war leicht erkennbar, „für wen einer ging", zu wem einer gehörte. Sklaven und Soldaten trugen ein Siegel, woran sichtbar war, in wessen Dienst einer stand. Aus dieser Zeit stammt auch die Formulierung „Sei *besiegelt* durch die Gabe Gottes, den Heiligen Geist!". Während der Bischof dies bei der Firmung spricht, zeichnet er euch ein Kreuz auf die Stirn. Damit will er sagen: „Du trägst das Siegel Jesu. Du gehörst zu Jesus. Du gehörst zu denen, die dieses Zeichen tragen!"

Die Jugendlichen werden nun ermutigt zu überlegen, wofür sie „gehen", d.h., wofür und für wen sie sich einsetzen, wofür und für wen sie einstehen wollen. Jede(r) schreibt seine/ihre Gedanken als „Firmversprechen" nieder.

Hierzu ist den Jugendlichen viel Zeit zu geben. Ruhige Musik schafft eine gesammelte Atmosphäre. Am Ende schnitzen die Jugendlichen ihre Initialen (evtl. mit Symbolen wie Kreuz oder Fisch) in eine Kartoffel und drücken „ihr Siegel" in flüssiges Wachs unter ihr Firmversprechen.

Zeit:
1 Stunde

10 „Möge dein Weg dir entgegenkommen"

Material:

- für die „Mitte": Tücher, Blumen, evtl. Fotos vom Firmvorbereitungskurs, 1 Freundschaftsbändchen
- das afrikanische Märchen „Rafikis Zeichen" (vgl. S. 251 f.)
- evtl. Kassettenrecorder u. Kassette mit meditativer Musik
- Material zum Bändchenknüpfen
  - Stickgarn oder Häkelgarn (bunt)
  - Sicherheitsnadeln
  - Scheren
  - evtl. Anleitung zum Knüpfen von Freundschaftsbändchen, z.B. Marina Schories, Freundschaftsbänder selber knüpfen, Augsburg, 1995

Gruppengröße:
8 – 12 Personen

Inhalt:
Die Welt ist voller Zeichen für uns. Aber auch wir können Zeichen hinterlassen auf unserem Weg.

Das afrikanische Märchen „Rafikis Zeichen" erzählt von einem Vater, der die erwachsen gewordenen Söhne ins Grasland schickt, um Zeichen zu hinterlassen. Während der eine sichtbare Zeichen ins Gras knüpft und Zweige knickt, hinterläßt Rafiki Zeichen in den Herzen der Menschen.

Der Baustein will anregen, am Ende der Firmvorbereitung nochmals an die „Zeichen in den Herzen der Menschen" zu erinnern, die die Jugendlichen auf dem Weg der Firmvorbereitung hinterlassen haben.

Sichtbarer Ausdruck dieser „Zeichen in den Herzen" sind die Freundschaftsbändchen. Ihren Ursprung haben die Freundschaftsbändchen in Mittel- und Südamerika. Zum Beispiel schenken in Brasilien die Menschen zum Festa do Bonfim im Januar einander beschriftete Wunschbänder, die mit drei Knoten am Handgelenk befestigt werden.

Auch bei uns entdeckt man überall die farbenfrohen Freundschaftsbändchen, die Verbundenheit zum Ausdruck bringen und gleichzeitig mit guten Wünschen geschenkt werden.

Die Freundschaftsbändchen, die sich die Jugendlichen am Ende des Firmvorbereitungskurses schenken, sagen:

> Wir sind mit Gott und untereinander verbunden.
> „Möge dein Weg dir entgegenkommen, der Wind dir den Rücken stärken ... Und bis wir beide uns wiedersehen, halte der gute Gott schützend dich in seiner hohlen Hand."
> (Irischer Reisesegen)

Methode:
Die Gruppe sitzt um die „Mitte". Der/die GruppenleiterIn liest das afrikanische Märchen „Rafikis Zeichen" vor. Im anschließenden Gespräch können folgende Fragen gestellt werden:

- Kennen wir sichtbare Zeichen auf unserem Weg, wie sie Tambu hinterlassen hat? (Z.B. Erfolg, Prestige, Ansehen ...)
- Welche „Zeichen in den Herzen der Menschen" haben wir in den vergangenen Wochen und Monaten hinterlassen?
  Hier kann jede(r) in Ruhe überlegen. Meditationsmusik schafft eine gesammelte Atmosphäre.

Der/die GruppenleiterIn verweist auf das Freundschaftsbändchen in der Mitte und auf seine Bedeutung: Freundschaftsbändchen sind wie Zeichen, die wir in den Herzen der Menschen hinterlassen.

Die Jugendlichen knüpfen nun ein Freundschaftsbändchen. (Falls keine Experten fürs Freundschaftsbändchenknüpfen in der Gruppe sind, müßte der/die GruppenleiterIn sich vorher kundig machen, vgl. Literaturangabe unter der Rubrik „Material".)

Nach dem Knüpfen schenken die Jugendlichen „ihr" Freundschaftsbändchen einem(r) anderen. (Wie dies geschieht, ist von der jeweiligen Gruppensituation abhängig, z.B. „Wichteln").

Zeit:
ca. 1½ – 2 Stunden

C. Materialien

I.1. Kennenlernen

SPIEL: ZUR MITTE FINDEN

Der Weg zur Mitte

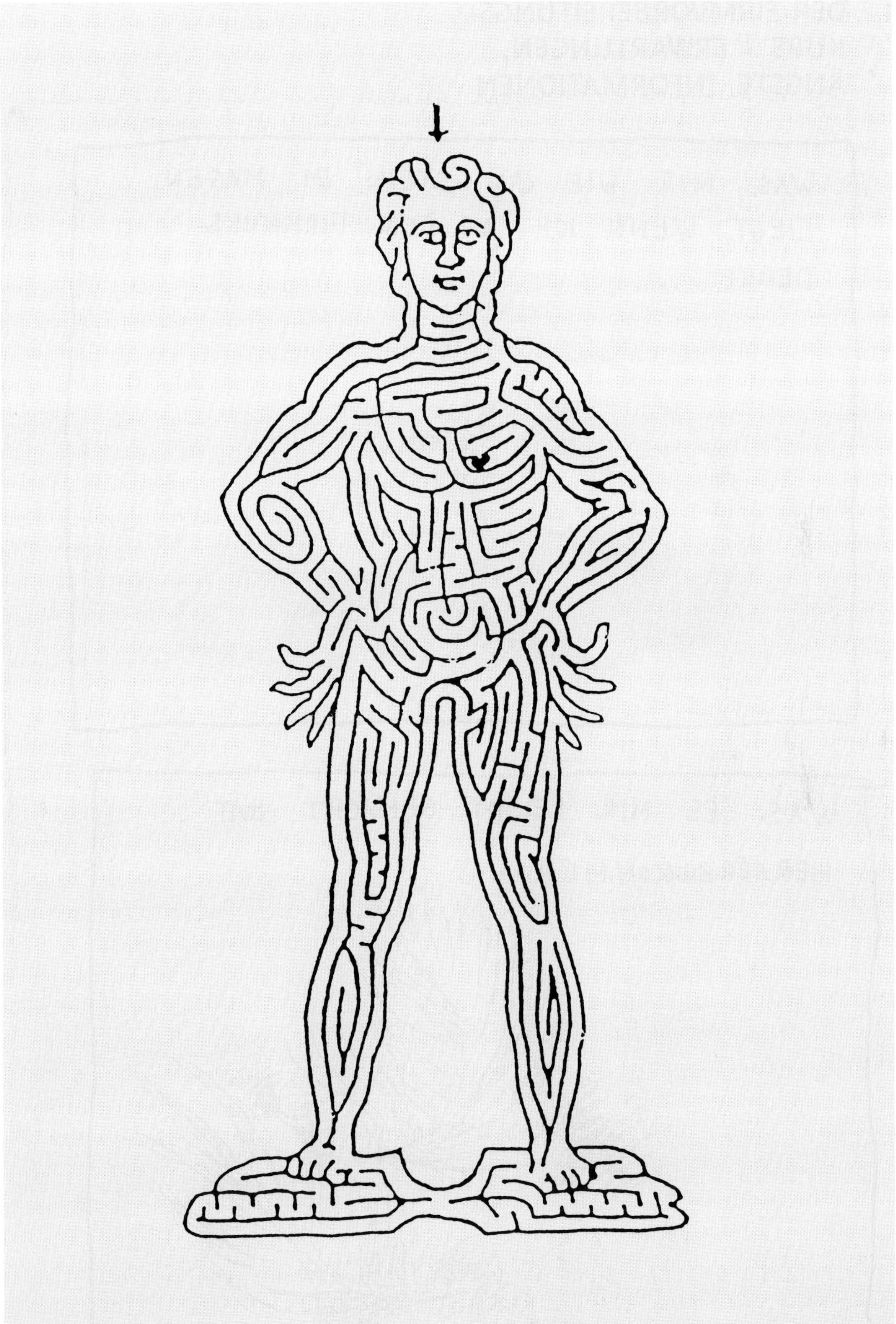

Holzschnitt von Francesco Segala, 16. Jh.

I.2. DER FIRMVORBEREITUNGS-KURS – ERWARTUNGEN, ÄNGSTE, INFORMATIONEN

WAS MIR WIE EIN STEIN IM MAGEN LIEGT, WENN ICH AN DEN FIRMKURS DENKE .....

WAS ES MIR LEICHT GEMACHT HAT HIERHERZUKOMMEN ...

II.1. **Ich bin Ich – Wie ein Baum, so ist mein Leben**

Traumreise „Wer bin ich?"

- Ihr sollt ganz bequem liegen.
  Sucht die für euch bequemste Position.
  Dabei liegen eure Arme parallel zu eurem Körper.
- Streckt euch noch einmal richtig aus.
- Betrachtet ein letztes Mal die Zimmerdecke über euch.
- Nun schließt langsam die Augen.
- Atme ein wenig tiefer als gewöhnlich. (30 Sek.)
- Langsam wird dein Atem ruhiger. (20 Sek.)
- Du liegst ganz ruhig da.
- Du liegst ganz schwer und entspannt auf dem Boden.
- Deine Hände und Arme sind ganz schwer.
- Dein Nacken und deine Schultern sind ganz schwer.
- Deine Füße und Beine sind ganz schwer.
- Dein Gesicht ist ganz entspannt und gelöst.
- Du bist ganz ruhig und entspannt.
- Du hast jetzt Zeit für dich.
- Nun kann deine Reise beginnen.
- In deiner Phantasie verläßt du jetzt diesen Raum.
- Du gehst nach draußen.
- Draußen scheint die Sonne. Es ist warm.
- Vor dem Haus liegt eine Wiese.
- Viele Blumen wachsen auf ihr.
- Sieh dir die Wiese etwas genauer an. (30 Sek.)
- Mit deinen Augen verfolgst du den Flug eines Schmetterlings.
- Du gehst mitten durch die Wiese und gelangst auf einen Weg.
- Diesen Weg gehst du nun entlang.
- Bäume säumen den Weg.
- Sie rauschen im Wind.
- Du lauschst dem Vogelgezwitscher.
- Du bist in einer lieblichen Landschaft.
- Es ist schön, diesen Weg zu gehen.
- In der Ferne siehst du einen kleinen See liegen. (20 Sek.)
- Du gehst auf den See zu.
- Du gelangst an das Ufer.
- Dein Blick geht über den See. Was siehst du alles? (30 Sek.)
- Der See liegt ganz ruhig.
- Du beugst dich vor und siehst, wie du dich im Wasser spiegelst.
- Du siehst im Wasser dein Gesicht.
- Du bückst dich, um dich klarer zu sehen.
- Du siehst deine Gesichtszüge:
- deine Lippen und Wangen,
- deine Nase,
- deine Haare,
- deine Stirn,
- deine Augen.
- Du schaust dir tief in die Augen.
- Du siehst dich an.
- Halte deinen Blick aus.
- Wer bist du? (30 Sek.)
- Wer bist du? (30 Sek.)
- Wer bist du? (30 Sek.)
- So wie du ist kein anderer Mensch.
- Du bist einmalig.
- Du bist ein Kind des Universums, nicht weniger als die Bäume und Sterne.
- Du hast ein Recht, hier zu sein.
- Du bist ein Geschenk Gottes an die Welt. (30 Sek.)
- Ein leichter Wind kommt auf.
- Er setzt die Wellen in Bewegung.
  Dein Spiegelbild verschwimmt.
- Du stehst wieder auf und läßt deinen Blick noch einmal über den See gleiten.
  Dann trittst du den Rückweg an.
- Du verläßt den See und kommst wieder auf den Weg.
- Du gehst den Weg zurück, bis du an die Wiese gelangst.
- Diese überquerst du.
- Nun betrittst du unser Haus und kommst in unseren Raum.
- Du kannst nun von der Phantasiereise zurückkehren und wieder aufwachen.
- Atme tief durch.
- Forme deine Hände zu Fäusten.
- Recke und strecke deine Arme.
- Strecke deinen ganzen Körper.
- Nun öffne langsam die Augen.

Persönlichkeitsprofil von ___________
für ___________

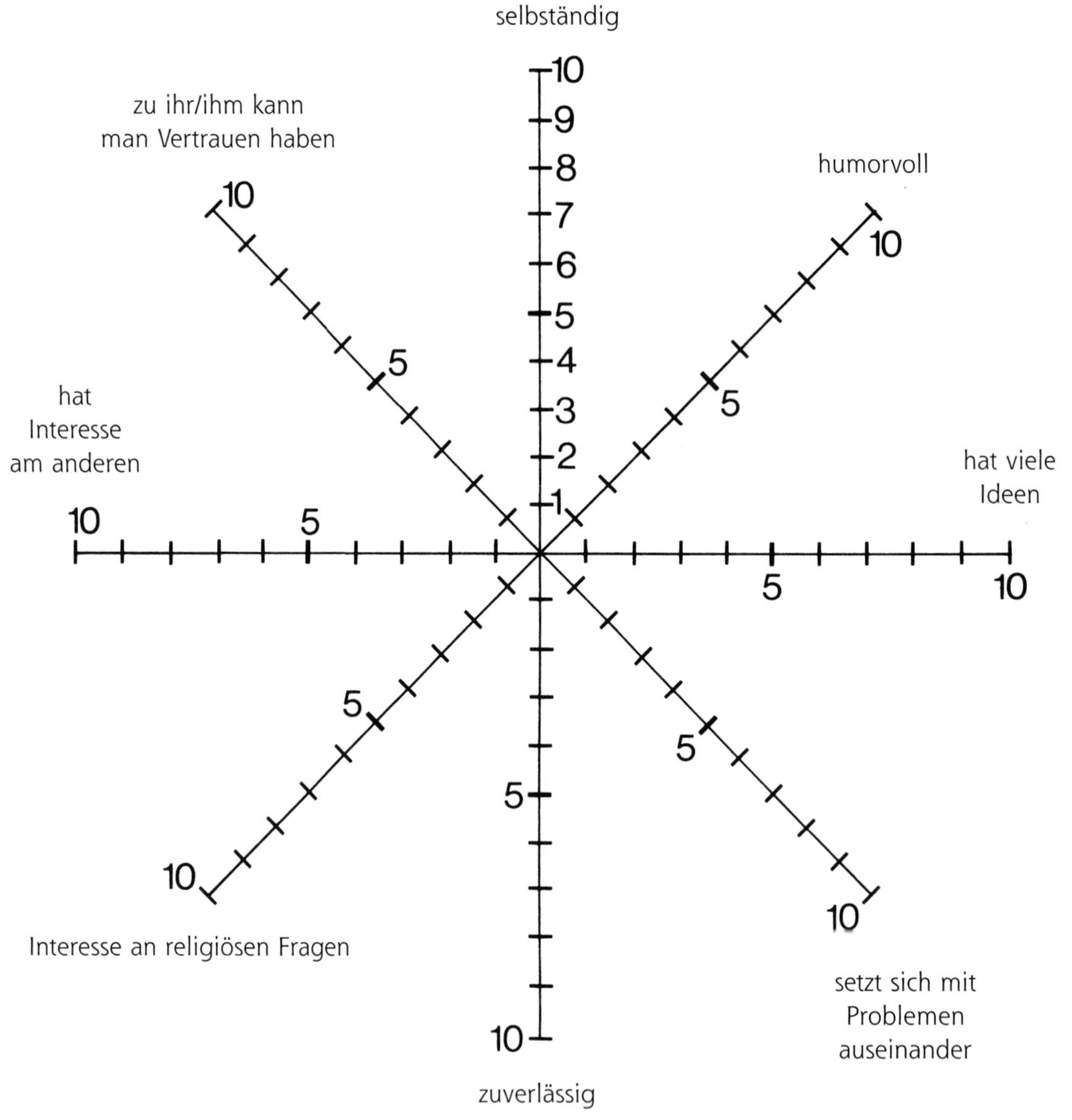

vgl. Josef Griesbeck, Eine Gruppe leiten, Don Bosco Verlag, München 1983,

II.2. Die Wurzeln des Baumes – Woher komme ich? – Was hat mich geprägt?

Traumreise:
„Blättern in den Bildern meiner Kindheit"

- Legt euch ganz ruhig auf den Boden, am besten auf den Rücken, die Arme parallel zum Körper.
- Schaut euch noch einmal um, dann schließt langsam die Augen.
- Achte auf deinen Atem.
- Atme ein und aus. Dein Atem kommt und geht. (40 Sek.)
- Du merkst, wie dein Atem immer ruhiger wird.
- Die Luft strömt in deinen Körper ein und verläßt ihn wieder leicht.
- Du liegst auf dem Boden und merkst, wie der Untergrund dich trägt.
- Stell dir vor, der Untergrund kommt dir entgegen, um dich zu halten.
- Du kannst ganz ruhig daliegen. Du brauchst dich nicht anzustrengen.
- Du kannst dich fallen lassen.
- Dein Körper ist ganz schwer.
- Du spürst deine Finger – Hände – Arme – deine Schultern und deinen Nacken.
- Du spürst deine Füße – deine Beine.
- Dein Körper ist ganz ruhig und entspannt.
- Du hast jetzt Zeit für dich.
- Zeit, in deiner Phantasie auf eine Reise zu gehen.
- In deiner Phantasie verläßt du jetzt den Raum.
- Du gehst nach draußen. Die Sonne scheint angenehm warm.
- Vor dem Haus ist ein Garten.
- Ganz viele Blumen wachsen dort.
- An manchen Blüten riechst du. (30 Sek.)
- Der Garten ist eingesäumt von alten Bäumen.
- In ihnen wohnen Vögel.
- Du verläßt den Garten, gehst durch ein Tor und gelangst auf einen Weg.
- Diesen Weg gehst du jetzt entlang. Er führt dich vom Garten weg.
- Bäume säumen den Weg. Sie rauschen im Wind.
- Es gefällt dir hier.
- Nach einer Weile kommst du an einen Berg.
- Am Fuß des Berges siehst du eine Tür.
- Während du näher kommst, öffnet sich die Tür einladend vor dir.
- Du trittst ein und gelangst in einen halbdunklen Gang. An den Wänden brennen Fackeln, die dir den Weg weisen.
- Du gehst den Gang entlang.
- Er führt dich immer tiefer in den Berg hinein.
- Am Ende des Ganges kommst du an eine Tür.
- Schau sie dir genau an. Wie sieht sie aus? (30 Sek.)
- Auch diese Tür öffnet sich für dich.
- Du kommst in einen halbdunklen Raum.
- In der Mitte des Raumes steht eine große, weiße Kerze. Sie ist bunt verziert.
- Du gehst auf die Kerze zu, setzt dich vor sie nieder.
- Mit den Händen umfängst du die Flamme.
  Sie wärmt deine Hände.
- Das Licht der Kerze verbreitet eine große Ruhe.
- Das Licht der Kerze erfüllt dich, gibt dir eine Ahnung davon, daß das Leben letztlich gut ist, du in der Hand Gottes geborgen bist.
- Das macht dich froh und glücklich.
- Du wendest deinen Blick von der Kerze weg.
- Neben der Kerze siehst du ein Fotoalbum liegen.
- Du nimmst es in deine Hände und schlägst es ganz hinten auf.
- Du entdeckst Fotos von dir.
  Du siehst dich mit deinen Freunden,
  dein Zuhause,
  deine Familie,
  Urlaubsfotos.
- Du fängst an, in dem Fotoalbum herumzublättern, und gehst immer mehr in deine Kindheit zurück, bis ins Babyalter.
- Du siehst Fotos mit Personen,
  die dich geprägt haben.
  Wen siehst du auf den Fotos?
- Schau dir die Fotos in Ruhe an. Nimm dir viel Zeit beim Blättern in den Bildern deiner Kindheit. (3 Minuten)
- Du wirfst einen letzten Blick auf die Bilder.
- Dann schlägst du das Album zu und legst es wieder an seinen Platz neben der Kerze zurück.
- Dein Blick fällt wieder auf die Kerze,
  deren Flamme langsam wieder ruhig wird.
- Du stehst wieder auf und verläßt ganz langsam den Raum. (15 Sek.)
- Die Tür schließt sich hinter dir.
- Du gehst den langen Gang wieder zurück. (20 Sek.)
- Nach einiger Zeit kommst du wieder ans Tageslicht.
- Du gehst den Weg mit den Bäumen zurück.
- Durchschreitest den Garten.
- Und betrittst wieder unser Haus.
- Und gelangst in unseren Raum.
  Langsam kannst du von der Phantasiereise wieder zurückkehren.
- Du streckst deine Arme aus, machst Fäuste.
- Dann spannst du alle Körpermuskeln an.
- Nun öffnest du langsam die Augen.

Familiensprüche

- Du wirst schon sehen,
  wie weit du kommst, wenn ...
- Das hätte ich mir bei meinen Eltern mal erlauben sollen!
- Was wir alles für dich getan haben – und das ist nun der Dank!
- Was sollen denn die Leute von uns denken!
- Wir wollen ja nur dein Bestes!
- Als anständiges Mädchen kannst du doch nicht so herumlaufen!
- Dafür bist du noch viel zu jung!
- Bring erst mal gute Noten heim, dann reden wir weiter ...
- Du weißt, daß wir immer für dich da sind!
- Bei uns früher – da herrschte noch Ordnung!
- Alles hat seine Grenzen.
- Solange du deine Füße ...
- Komm erst mal in meine Jahre.
- Halb so schlimm.
- Blut ist dicker als Wasser.
- Bei uns wird gegessen, was ...
- Der Apfel fällt nicht weit vom Stamm.
- Laß uns erst 'mal in Ruhe über alles reden.
- Mach sofort die Musik leiser!
- Na, wie war's denn in der Schule?
- Kopf hoch, auch wenn der Hals dreckig ist.
- Wenn das dein Papa erfährt!
- Wir halten zu dir.
- Mach doch, was du willst.
- Wie siehst du denn schon wieder aus?
- Du bist und bleibst unser Kind.
- Hauptsache, wir lieben dich ...
- Wie du meinst ...!
- Du machst das schon richtig ...!
- Ich bin stolz auf dich ...!
- Das hast du gut gemacht!

Die Heilige Familie, 1342
von Simone Martini, Walter Gallery, Liverpool.

Für die Eltern

1. Als Sie so alt waren wie die Jugendlichen jetzt:
   Was war damals für Sie wichtig?
   Was waren aus heutiger Sicht damals Ihre „Wurzeln"?

2. Was hat sich davon bis heute durchgehalten?

3. Wurzeln sind entscheidend für das Leben. Sie geben Halt, wenn Stürme toben, sie geben Nahrung.
   Welche Wurzeln wünschen Sie den Jugendlichen?

Für die Jugendlichen

1. Wie stellst du dir deine Eltern vor, als sie so alt waren wie du jetzt?
   Wie würdest du deine Eltern beschreiben?

2. Was ist für dich ganz wichtig? Was gibt dir Halt, was sind deine Wurzeln?

3. Was ist aus deiner Sicht heute und in Zukunft unbedingt notwendig, daß das Leben gelingen kann?

II.3. Das Erdreich – Wo ich lebe und leben lasse – Was bedroht mich? Was brauche ich zum Leben?

Liebe ist …

**Ein Irrtum, welcher sehr verbreitet
und manchen Jüngling irreleitet,
ist der, daß Liebe eine Sache,
die immer nur Vergnügen mache.**
Wilhelm Busch

Definitionen, Meinungen, Sprichwörter

1. **Liebe ist ein Kind der Freiheit.** *E. Fromm*
2. **Liebe ist Eitelkeit und Selbstsucht vom Anfang bis zum Ende.** *L. Byron*
3. **Wer seinen Hund liebt, muß auch seine Flöhe lieben.** *Bantu-Weisheit*
4. **Liebe und tu, was du willst.** *Augustinus*
5. **Liebe ist Geduld, Sex ist Ungeduld.** *E.Segal*
6. **Geht das Geld aus, stirbt auch die Liebe.** *Japanisches Sprichwort*
7. **Wer seinen Mann liebt, heiratet ihn nicht.** *Schülerin, 20 Jahre*
8. **Liebe bedeutet verzeihen, was unverzeihlich ist.** *G. K. Chesterton*
9. **Liebe kommt einer Bitte zuvor.** *Sprichwort*
10. **Eine liebende Frau ist eine Sklavin, die ihrem Mann die Ketten anlegt.** *G. B. Shaw*
11. **Wenn Leute sich lieben, dann bleiben sie jung füreinander.** *P. Ernst*
12. **Das Edelste in der Liebe ist das Vertrauen zueinander.** *J. Grosse*
13. **Einen Menschen lieben heißt einwilligen, mit ihm alt zu werden.** *A. Camus*
14. **Die Liebe ist der einzige Weg, auf dem selbst die Dummen zu einer gewissen Größe gelangen.** *H. de Balzac*
15. **Liebe ist, den anderen so zu nehmen, wie er ist.** *K. Grove*
16. **Liebe besteht nicht darin, in den anderen hineinzustarren, sondern darin, gemeinsam nach vorne zu blicken.** *A. de Saint-Exupéry*
17. **Die meisten Menschen brauchen mehr Liebe, als sie verdienen.** *M. v. Ebner-Eschenbach*
18. **Eine Flaumfeder kann einen Kieselstein rund schleifen, wenn sie von der Hand der Liebe geführt wird.** *H.v. Hofmannsthal*
19. **Seit ich dich liebe, bin ich nur noch ich, wenn ich nicht mehr ich bin.** *T. Tsumo*
20. **Macht können wir durch Wissen erlangen, aber zur Vollendung gelangen wir nur durch Liebe.** *R. Tagore*

PARTNERSCHAFT

In den folgenden Thesenblöcken findest du unterschiedliche Aussagen zur Partnerschaft. Kreuze unten an, welche These jeweils deiner eigenen Meinung entspricht oder am nächsten kommt.

Illustration: Quentin Blake

1. ☐ FREIHEIT UND GEBORGENHEIT sind in einer Partnerschaft gleich wichtig.
   ☐ Eine Partnerschaft muß vorrangig die persönliche Freiheit garantieren.
   ☐ Eine Partnerschaft muß vor allem Geborgenheit vermitteln.

2. ☐ VERTRAUEN ist unbedingte Voraussetzung für eine Partnerschaft.
   ☐ Ein gewisses Maß an Vertrauen reicht völlig aus.
   ☐ Vertrauen schenken ist ein zu großes Risiko.

3. ☐ ANPASSUNGSFÄHIGKEIT ist eine notwendige Forderung an beide Partner.
   ☐ Jeder soll so bleiben, wie er ist.
   ☐ Anpassung ist ein Zeichen von Schwäche.

4. ☐ GLEICHBERECHTIGUNG ist Grundlage jeder Partnerschaft.
   ☐ Es gibt unterschiedliche Führungsrollen von Mann und Frau.
   ☐ Der Tüchtigere der Partner soll die Führung übernehmen.

5. ☐ TREUE ist in einer Partnerschaft nicht unbedingt wichtig.
   ☐ Die Partner sollten sich Treue versprechen.
   ☐ Ohne Treue ist eine Partnerschaft überhaupt nicht möglich.

6. ☐ GEMEINSAME INTERESSEN zu haben, ist nicht erforderlich.
   ☐ Zu viele gemeinsame Interessen lassen zu wenig persönlichen Spielraum.
   ☐ Es sollten möglichst viele gemeinsame Interessen vorhanden sein.

7. ☐ TOLERANZ kann auch in einer Partnerschaft nur bedingt erwartet werden.
   ☐ Man muß den anderen akzeptieren, wie er ist.
   ☐ Man sollte versuchen, den Partner zu erziehen.

8. ☐ CHARAKTER und AUSSEHEN des Partners sind gleich wichtig.
   ☐ Die charakterlichen Eigenschaften sind entscheidend.
   ☐ Das Aussehen ist am wichtigsten.

9. ☐ ÜBERZEUGUNGEN (politische, religiöse) können ruhig verschieden sein.
   ☐ Die Überzeugungen der Partner sollten weitgehend übereinstimmen.
   ☐ Die Überzeugungen des anderen spielen keine Rolle.

10. ☐ MATERIELLE ASPEKTE sind für eine Partnerschaft bedeutungslos.
   ☐ Die Partnerschaft darf keine materiellen Einbußen mit sich bringen.
   ☐ Man muß auf materielle Vorteile verzichten können.

aus: Kontakte, Lese- und Arbeitsbuch für den Religionsunterricht in beruflichen Schulen, Bonifatius Druck-Buch-Verlag GmbH, Paderborn, 11. Auflage 1983, S. 108

Zettel-Interview

1. Ich kann mit meinem Freund/ meiner Freundin nur wenig über unsere Partnerschaft reden.	2. Ich glaube, ich sehe nicht gut genug aus, um einen Freund/ eine Freundin zu bekommen.	3. Viele Jungen/ Männer nutzen die Mädchen/ Frauen nur aus.	4. Mein Freund/ meine Freundin will nur schmusen, aber ich will mehr.
5. Ich habe Angst daß andere bemerken, wie unerfahren ich noch bin.	6. Weil ich noch keinen Freund/ keine Freundin habe, werde ich von den anderen aufgezogen.	7. Das erste Mal war für mich sehr schön.	8. An das erste Mal denke ich gar nicht gerne zurück.
9. Ich sehne mich nach Zärtlichkeit, aber noch nicht nach Sex.	10. Wenn ich mit einem Freund/ einer Freundin schlafe, dann muß es Liebe sein.	11. Ich weiß nicht, wie ich einen Freund/eine Freundin bekommen kann, der/die zu mir paßt.	12. Ich hebe mir Liebe und Sex für später auf. Meine Ausbildung ist mir jetzt wichtiger.
13. Ich habe Angst, mich mit AIDS zu infizieren.	14. Wenn Mädchen/Frauen sich sträuben, wollen sie die Jungs/Männer nur reizen.	15. Sexualität hat für mich auch etwas mit Moral zu tun.	16. Viele geben damit an, daß sie schon eine Menge Sexpartner/innen hatten.
17. Ohne Selbstbefriedigung halte ich mein sexuelles Verlangen nicht aus.	18. Nach der Selbstbefriedigung fühl ich mich immer irgendwie blöd.	19. Die meisten denken nicht genug an Verhütung.	20. Für mich ist Sex noch nicht so wichtig. Ich leide auch nicht unter sexuellem Druck.

Zerschneide das Blatt entlang der Linien! Sortiere die Zettel!
Linker Stapel: zutreffende Aussagen, rechter Stapel: nicht zutreffende Aussagen.
Die linken Stapel werden eingesammelt. Die Ergebnisse werden in Form einer Strichliste gesammelt und anschließend diskutiert.

Nach einer Anregung aus: Ina Philipps, Körpersprache der Seele, Übungen und Spiele zur Sexualität, Peter Hammer Verlag, Wuppertal 1989

Wir basteln eine Beziehungskiste

A	**I**	**R**
B	**J**	**S**
C	**K**	**T**
D	**L**	**U**
E	**M**	**V**
F	**N**	**W**
G	**O**	**Z**
H	**P**	

Was ist für eine funktionierende Partnerbeziehung wichtig?
Trage (möglichst) zu jedem Buchstaben einen „Beziehungs-Baustein" (Beziehungskisten-Brett) ein!
Wähle die 8 wichtigsten Bausteine/Bretter aus!
Klebe sie dann auf die bereitliegende Standard-Streichholzschachtel!
(Was hältst du eigentlich von dem Ausdruck „Beziehungskiste"?)

aus: Materialdienst des VKR-Niedersachsen, Verlag beate christmann,
Thema: Liebe, Partnerschaft und Ehe; 2.90., S. 15

II.4. **Der Stamm des Baumes – Was trägt mich?**

Haltegriffe

Ich wünsche dir
einen Haltegriff
für die Hand,
aber mehr noch:
einen Haltegriff
für die Seele.

Ich wünsche dir,
daß du gehalten wirst
von der Freundschaft
deiner Mitmenschen
und von der Liebe
deiner Angehörigen.

Ich wünsche dir,
daß du erkennst,
an was du dich
halten kannst
und was dich hält.
Erfahren sollst du,
daß du gehalten wirst
vom Gekreuzigten,
dessen Ostern nie endet.

Gerhard Eberts

Auf Adlerflügeln

Ich will dir von den Adlern erzählen. Hoch in den Bergen kannst du sie manchmal sehen. Sie kreisen und lassen sich plötzlich auf ihre Beute niederfallen. Echte Raubvögel. Ihre riesigen Flügel können zwei Meter weit sein. Kaum jemand hat ihr Nest aus der Nähe gesehen. Es liegt versteckt in den Felswänden. Meist legen die Adler zwei Eier. Und wenn sie ausgebrütet sind, haben der Vatervogel und der Muttervogel viel zu tun. Hin und her fliegen sie mit der Nahrung für die kleinen Adler. Aber dann, so erzählt man, passiert etwas Besonderes. Ich weiß nicht, wer es gesehen hat. Die großen Vögel bleiben weg. Sie lassen ihre Jungen allein. Nicht nur für ein paar Stunden; ganze Tage lang. Die Jungen piepen und werden immer ängstlicher. Sie haben Hunger. Werden sie sterben? Wenn sie beinahe ganz erschöpft sind, hören sie den Flügelschlag des Vaters. Hoch über dem Nest. Sie sind nicht verloren. Und nun ist auch die Mutter wieder da. Die Jungen strecken den mageren Hals und sperren den Schnabel auf. Doch die Mutter tut etwas Unerwartetes. Sie fliegt auf das Nest zu. Und schon ist es geschehen. Sie hat einen der kleinen Adler aus dem Nest gestoßen. Ängstlich flattert er mit seinen schwachen Flügeln. Er hat keine Kraft. Eine Zeitlang hält er sich in der Luft. Dann lassen ihn seine Flügel im Stich. Er beginnt zu stürzen.

Auf diesen Augenblick hat der Vater gewartet. Rasch fliegt er herbei, streift den kleinen Adler von unten und fängt ihn mit seinen Flügeln auf. Er bringt ihn zum Nest zurück. Gleich darauf fliegt die Mutter wieder auf das Nest zu und scheucht den anderen Jungadler über den Rand. Auch er taumelt ein wenig in der Luft, flattert mit seinen Flügeln und muß dann aufgeben. Auch dieses Junge läßt der Vater auf seinen Flügeln notlanden und trägt es ins sichere Nest zurück. So geht das nun jeden Tag ein paarmal, bis die Jungadler stärkere Flügel bekommen haben und selber fliegen können.

Wenn du an diese Adler denkst, verstehst du, wie Gott seine Menschen schützt. [...] Auch dich und mich. Wie ein Adler. Er sorgt. Aber er läßt uns manchmal allein. Er will, daß wir unsere Kräfte entfalten; daß wir selbständig werden. Aber er läßt uns nicht in die Tiefe stürzen, wenn wir am Ende sind.

vgl. Dtn 32,11

aus: Eleonore Beck, Paul König,
Meine Bilderbibel, Verlag Butzon & Bercker,
Kevelaer [5]1994, S. 68 f.

Gott schicke den Dieben Läuse,
den Frauen Nerze,
den Kindern Schmetterlinge;
uns allen aber einen Adler,
der uns auf seinen Flügeln zu ihm trägt.

(Russisch)

Wer mich auffängt …

Was mich bedroht …

Meine Hoffnung

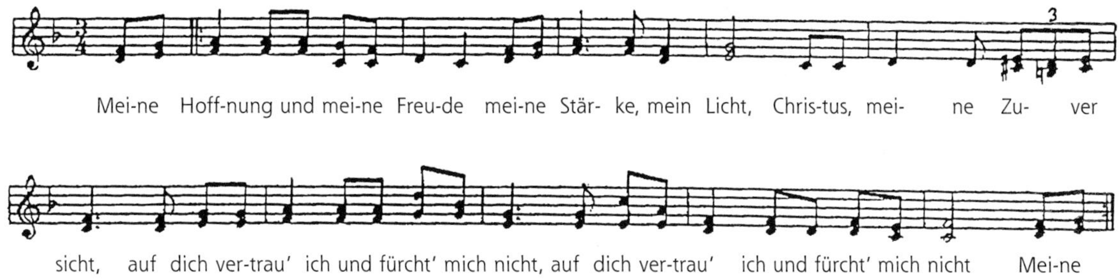

Gesänge aus Taizé, 1988-89,
Ateliers et Presses de Taizé, 71250 Cluny, France.

Tanz zum Lied „Meine Hoffnung"

Liedtext:	**Gesten/Schritte**
	1-4 wird nicht durchgefaßt, Blick zur „Mitte"
1) Meine Hoffnung	Hände heben, Handflächen nach oben 
2) und meine Freude,	wiegen (rechts – links) 
3) meine Stärke,	Hände senken bis auf Brusthöhe (= Kraft von oben in den Körper holen) 
4) mein Licht,	Lichtkreis mit den Händen umschreiben 
5) Christus	Hände durchfassen (Deutung: in Christus sind wir verbunden)
6) meine Zuversicht, auf Dich vertrau ich und fürcht mich nicht	Auf der Kreislinie, gegen den Uhrzeigersinn mit Blick in die Mitte tanzen: rechter Fuß ein Schritt seit, linker Fuß kreuzt vor dem rechten, rechter Fuß ein Schritt seit, linker Fuß kreuzt hinter dem rechten, ein Wiegeschritt (= rechts – links) 3x wiederholen (Deutung: Schritte, verschlungen wie unsere Wege –, dennoch können wir uns in der Hoffnung wiegen, daß Gottes Liebe uns auffängt)

(Klaus Bayer/Irmi Spangenberger)

Es war einmal, so erzählt Buddha, ein König von Benares, der rief zu seiner Zerstreuung etliche Bettler zusammen, die von Geburt an blind waren, und setzte einen Preis aus für denjenigen, der ihm die beste Beschreibung eines Elefanten geben würde. Zufällig geriet der erste Bettler, der den Elefanten untersuchte, an dessen Bein, und berichtete, daß der Elefant ein Baumstamm sei. Der zweite, der den Schwanz faßte, erklärte, der Elefant sei wie ein Seil. Ein anderer, welcher ein Ohr ergriff, beteuerte, daß der Elefant einem Palmenblatt gleiche, und so fort. Die Bettler begannen, miteinander zu streiten, und der König war überaus belustigt.

nach: S. Radhakrishnan

Herr	Helfer	Wunderbarer	Gott Abrahams	Heiland	Gewissen
Beobachter	Vater	Feuer	Ziel	Frage an mich	Geist
Jahwe	Guter Hirte	Allmächtiger	Befreier	Leben	Licht
Höchster	Schöpfer	unverständlich	Zauberer	Sinn	Zärtlichkeit
Beschützer	Kuschelgott	Gnädiger	Weg	Blitz und Donner	Liebe
der Ferne	Hirte	Mutter	Kraft	Unnahbarer	Fels
Menschgewordener	Zorniger	Freundin	der Eine	Ich	Geduldiger
feste Burg	Forschungsgegenstand für Theologen	Rächender	Meer	Wort	Helferin
Partner	Sonne	Vertraute	Antwort auf meine Fragen	Oberstes Prinzip	der ganz Andere
Strafender	Beschützerin	Retter	Heiliger	Nächster	tot

aus: Helena Rimmele / Christa Straub, Zwischen 18 und 30. Verlag Herder, Freiburg, 4. Auflage 1997, S.82 u. 83.

Eine 17jährige zum Thema „Sinn meines Lebens"

„Jede Stunde kommt es mir sinnlos vor, mein Leben.
Aufstehen, essen, lernen, essen, lernen, essen, schlafen ... dahinter sehe ich keinen Sinn.

Wir tun alles nur noch mechanisch, wir können uns nicht mehr auf den neuen Tag, auf die neue Woche freuen, wir sehen immer nur die Mühen und Sorgen, die sie uns bringen. Wir warten am Morgen darauf, daß die Arbeit, die Schule zu Ende ist, damit wir in die goldene Freiheit können. Doch auch dann können wir nichts mit der Freizeit anfangen, wir vergeuden die Zeit mit Fernsehen oder Autofahren. Doch das kann doch nicht der Sinn des Lebens sein.

Es muß doch etwas Höheres geben. Denn ich muß leben und darum auch einen Sinn dahinter sehen. Ich habe mir eine Theorie aufgestellt ...

aus: Hans Krömler (Hg.): Horizonte des Lebens, Vandenhoeck & Ruprecht, Göttingen 1979, 108ff.

II.5. DIE ÄSTE DES BAUMES – WONACH SEHNE ICH MICH? WONACH STRECKE ICH MICH AUS?

Jesus im Verbrauchermarkt

Ein Mann überquert die breite Ausfallstraße.
Riesige Schilder an einer Halle machen ihn neugierig: „Unser Markt – für ein besseres Leben." Der große Platz vor der Halle ist voll von Autos. Viele Leute haben den Kofferraum ihres Autos offen und packen aus Einkaufswagen Tüten und Kartons hinein. Der Mann bekommt einen Stoß von hinten und fällt beinahe auf einen Einkaufswagen: „Jesus, du bist doch Jesus!"

Kinder haben ihn angerannt. „Wir kennen dich vom Erstkommunionunterricht. Da hast du den blinden Bartimäus geheilt und den Mann, den sie durchs Dach gelassen haben."

Jesus geht in die Hocke, weil er sich so besser mit den Kindern unterhalten kann. Er bemerkt ein Mädchen unter ihnen, das einen zu kurzen Arm hat. Er fragt es nach seinem Namen. „So etwas hast du bestimmt noch nicht gesehen!" Ein anderes Kind hält Jesus ein Spielzeug hin. „Doch, es ist ein Hubschrauber", antwortet Jesus und will sich wieder dem Mädchen zuwenden. „Aber er kann wirklich fliegen. Er hat einen Elektromotor und einen Akku, den man wieder aufladen kann. Und das tollste ist, ich kann ihn fliegen lassen, und er kommt wieder zu mir zurück. Fernsteuerung! Kommt her, wir machen das!" Alle Kinder laufen hinter dem Jungen mit dem Hubschrauber her.

Jesus geht durch die gläserne Tür in den Einkaufsmarkt. Die Tür öffnet sich automatisch, als er sich ihr nähert. Überall hängen Plakate, auf denen besonders günstige Angebote gemacht werden. Es ist viel Betrieb. Eine ganze Menge Leute drängen sich bei der Einlaßschranke um die Einkaufswagen. Obwohl sie es eilig haben, bemerken sie den Mann. Auch die Kassiererinnen drehen sich um. Für einen Moment stehen die elf Registrierkassen still. In der Halle hört man deutlich die Musik, die sonst nicht zu verstehen war. Der Geschäftsleiter ist aufmerksam geworden. „Meine Damen, ich ziehe Ihnen die Pause von der Frühstückszeit ab." Die Kassen registrieren wieder, die Leute fahren an die Warengondeln. Jesus zieht einen Wagen aus der Reihe und will durch die Sperre. Der Geschäftsführer schneidet ihm den Weg ab. „Ich glaube, ich kenne Sie. Kommen Sie doch bitte mit in mein Büro." Obwohl seine Stimme völlig ruhig und bestimmt klingt, ist er innerlich erregt. Etwas wirklich Großes könnte in seinem Leben passieren. Der Geschäftsführer bittet Jesus, in einem Sessel Platz zu nehmen, kommt aber sofort zur Sache. „Ich weiß, Sie sind Jesus, Sie brauchen es gar nicht zu bestätigen. Ich möchte Ihnen ein Angebot machen. Arbeiten Sie für uns. Wir sind ein weltweites Unternehmen und könnten Ihnen garantieren, daß in kurzer Zeit jeder Mensch an Sie glaubt." Dann läßt er sich mit der Zentrale in Dortmund verbinden. Jesus versteht nicht viel von dem Telefongespräch, der Geschäftsführer flüstert fast nur. Schließlich wird er lauter: „Natürlich – wenn es wirklich Jesus ist. Wir nehmen eine entsprechende Klausel in den Vertrag." Dann legt er auf. „Die Zentrale ist einverstanden. Der PR-Chef meinte nur, man müsse die Wunder wohlüberlegt wirken, aber darüber können Sie noch mit ihm selbst verhandeln." Jesus ist aufgestanden. „Ich möchte diesen Markt für ein besseres Leben kennenlernen. Zeigen Sie mir Ihr Angebot."

Der Geschäftsführer führt Jesus durch die Abteilungen. „Für den Verbraucher haben wir unser Angebot in verschiedene Warenkörbe eingeteilt." „Lebensmittel, Bekleidung, Haushaltswaren, Kosmetik, Reisebüro", Jesus liest einige Schilder über den Warengondeln. „Damit wir aber mit unseren Waren wirklich für ein besseres Leben sorgen, haben wir noch eine Einteilung, die man nicht auf den Schildern lesen kann. Unsere psychologische Marktforschung hat nämlich erwiesen, daß in den Verbrauchern tiefe Wünsche liegen. Diese Wünsche können wir wecken und mit unseren Waren befriedigen." Als Jesus ihn mehrmals bittet, nennt der Geschäftsführer die Wünsche. „Wir sortieren unsere Waren hauptsächlich nach dem Wunsch der Verbraucher nach Liebe, nach Glück und nach Erfolg. Unser Leitspruch ist dabei: Jede Ware kann jeden Wunsch wecken und natürlich auch befriedigen."

Inzwischen steht der Geschäftsführer mit Jesus am Reisebüro des Marktes. Eine jüngere Verkäuferin redet den Geschäftsführer an: „Mit dem neuen Angebot haben wir großen Erfolg, ich hatte heute schon neun Buchungen." „Um welches Angebot handelt es sich?" will Jesus wissen. „Wir wecken mit diesem Angebot gleich alle drei Wünsche. Liebe, Glück und Erfolg – das bietet eine kosmetische Kur auf der Schönheitsfarm im Kurhaus Tanneck. Vor allem aber bieten wir diese Kur als Reise ins Glück an. Wer würde nicht glücklich sein, wenn er schöner und jünger werden kann?" Der Geschäftsführer drückt Jesus eine Schachtel in die Hand. „Wer nicht verreisen will, kann auch zu Hause jünger werden, zum Beispiel damit," Jesus liest den bunten Aufdruck der Schachtel: „Mehr junge, mehr glückliche Jahre – Zellaforte-Dragees."

Sie gehen weiter. „Den sichersten Verkaufserfolg haben wir allerdings immer noch im Bereich der Liebeswerbung. Die geht durch bis zum Autozubehör." In der Drogerie des Marktes fallen Jesus gleich mehrere Waren auf, die Liebe versprechen. Eine Sonnenmilch hat das Braun zum Verlieben, mit einem Parfum kommt die Zärtlichkeit. Am Juwelenstand hängt das Bild einer schönen Frau. Darauf steht sogar: „Gold ist Liebe". Jesus ist beeindruckt. „Unser Warennetz ist so feinmaschig, daß es keinen Wunsch durchläßt. Fragen Sie einmal die Verbraucherin dort, warum sie gerade zu dieser Seife greift." Jesus tut es. „Lux", antwortet die Frau, „die nimmt doch die Marianne Koch sogar!" „Der Wunsch nach Erfolg und Aufstieg", kommentiert der Geschäftsführer, „wird von unseren Waren noch zu wenig angesprochen. Wenn die Arbeitslosigkeit zur Dauer wird, werden wir uns da etwas einfallen lassen müssen." Die Schallplattenmusik, die die ganze Zeit überall im Markt zu hören war, wird plötzlich unterbrochen. „Nullvierzehn bitte von Nulleins auf Apparat drei." Die Ansage wird wiederholt. „Das bin ich", sagt der Geschäftsführer, „Dortmund will mich sprechen. Kommen Sie bitte mit, wir müssen die Verkaufsfläche ohnehin verlassen, gleich beginnt die Inspektion." Jesus folgt dem Geschäftsführer in sein Büro.

Nullvierzehn nimmt den Hörer und meldet sich. Nachdem er Dortmund eine Weile zugehört hat, spricht er in die Muschel. „Das sagen Sie ihm bitte selbst." Jetzt reicht er Jesus den Hörer.

„Hallo?"

„Hören Sie, Jesus?"

„Ich bin am Apparat."

„Wir ziehen unser Angebot zurück. Eine Blitzumfrage hat gezeigt daß für Ihre Wunder überhaupt keine Nachfrage besteht, das heißt, es stehen auch keine Wünsche für sie zur Verfügung." Jesus unterbricht Dortmund. „Sie sollten nicht von Wünschen sprechen, weil Sie die Leute mit Ihren Waren belügen. Ihr Angebot ist in Wirklichkeit ein Grab, in dem die Leute ihre Hoffnungen begraben sollen."

„Sie haben viel von Liebe gepredigt", antwortet die Zentrale, „aber die Wünsche, die Sie damit geweckt haben, haben Sie nicht erfüllt. Wir haben gemerkt, daß Ihre Wünsche und Hoffnungen über die Kräfte der Menschen gehen, ja, sie übersteigen uns. Deshalb haben wir die Wünsche und Sehnsüchte der Menschen verändert. Wir haben sie erfüllbar gemacht. Die größte Leistung unserer Zeit!"

„Sie sind ein Verbrecher", ruft Jesus in die Sprechmuschel, „weil Sie Seife verkaufen, die nur saubermachen kann – ‚aber soziales Ansehen damit versprechen!".

Dortmund will abbrechen: „Also noch einmal, wir ziehen das Angebot zurück, es gibt keine Lücke für Sie. Was Sie bieten, können wir besser befriedigen. Wenn wirklich jemand enttäuscht ist, weil er merkt, daß trotz Gold die Liebe ausbleibt, dann haben wir für solche Enttäuschung eine ganze Palette von Angeboten. Wir sind perfekt."

Es knackt in der Leitung, dann kommt das Freizeichen, die Zentrale hat aufgelegt. „Das war eine Beleidigung, ‚Verbrecher' hätten Sie nicht sagen dürfen", beginnt der Geschäftsführer, aber er fühlt sich eigenartig unterlegen in seinem eigenen Büro.

Jesus sieht ihn an: „Wenn man Liebe als Gold kaufen kann", sagt er, „stirbt die Hoffnung, daß Menschen sie erfüllen. Keiner braucht sich mehr anzustrengen. Wenn man durch eure Waren an Ansehen und Ruhm von Filmstars und reichen Leuten teilhat, verliert man die Hoffnung auf Gerechtigkeit und gleiches Ansehen für alle Menschen. – ..."

Peter Düsterfeld/Helmuth Rolfes (Hg.),
Unsere Hoffnung. Predigtmodelle zu einem
Bekenntnis des Glaubens in dieser Zeit,
Mainz 1976, S. 30-33. Rechte beim Autor.

Mein Einkaufsnetz muß Löcher haben

Im Supermarkt kaufte ich
Zahnpasta, Zigaretten, Brot,
Seife, Weinbrand, Parfüm,
Haushaltstücher, Marmelade,
Tiefkühlgerichte, Badezusätze,
Kekse und noch allerlei ...

Zu Hause suchte ich
zwischen Verpackungen
und Produkten
nach der Freiheit,
der Frische,
nach den Abenteuern
und der Liebe
und all den anderen
Stimmungen und Gefühlen,
die man mir
(nach Erwerb dieser Dinge)
versprochen hatte.

Als ich dann den Sekt für Verliebte
alleine trank,
abenteuerduftende Zigaretten vorm
TV-Western rauchte,
als sich niemand sofort in mich verliebte,
obwohl ich das betörendste Parfüm trug
(so stand es auf der Packung),
und als ich feststellte, daß die
Haushaltstücher und die Putzmittel
die Arbeit doch nicht von alleine machten,
sagte ich mir:

Mein Einkaufsnetz
muß Löcher haben

Kristiane Allert-Wybranietz
aus: Liebe Grüße – Verschenktexte, erschienen im
lucy körner verlag, 70701 Fellbach

DIE DREI WÜNSCHE

Es war einmal, und sicher war das schon vor sehr langer Zeit, da lebte ein armer Waldarbeiter in einem großen Wald, und an jedem Tag seines Lebens ging er aus dem Hause, um Holz zu fällen. So brach er auch eines Morgens auf, und seine Frau füllte ihm den Rucksack und hing ihm seine Flasche über den Rücken, damit er im Wald etwas zu essen und zu trinken habe. Er hatte sich eine große alte Eiche ausgesucht, von der er dachte, sie würde eine Menge guter Bohlen ergeben. Bei ihr angekommen, nahm er seine Axt in die Hand und schwang sie so gewaltig rund um seinen Kopf, daß man meinen konnte, er wolle den Baum mit einem Streich fällen. Aber er hatte noch keinen Schlag getan, da hörte er ein jammervolles Rufen. Und vor ihm stand eine Fee, die ihn anflehte, den Baum doch zu verschonen. Ihr könnt euch vorstellen, daß er vor Staunen und Schrecken wie benommen war und kein einziges Wort zu sagen vermochte. Schließlich aber fand er die Sprache wieder und sagte: „Gut, ich will tun, worum du mich bittest."

„Du hast dir selbst mehr Gutes getan, als du ahnst", antwortete die Fee. „Und damit du siehst, daß ich nicht undankbar bin, will ich die nächsten drei Wünsche, die du aussprichst, erfüllen, ganz gleich, was für welche es sein mögen." Damit war die Fee verschwunden, und der Mann hing seinen Beutel über die Schulter und die Flasche an seine Seite und machte sich auf den Weg nach Hause.

Aber der Weg war lang, und der arme Mann war noch regelrecht betäubt von dem Wunder, das er erlebt hatte. Und als er heimkam, war ihm der Kopf so wirr, daß er nichts wünschte, als sich hinzusetzen und auszuruhen. Sollte es vielleicht nur ein Trick der Fee gewesen sein? Wie kann man das wissen? Jedenfalls setzte er sich erst einmal neben den brennenden Herd, und als er so dasaß, wurde er hungrig, obwohl es noch lange nicht Zeit zum Abendessen war.

„Hast du denn das Essen nicht fertig, Frau?" fragte er sie. „Nein, um diese Zeit doch noch nicht", erwiderte sie. „Ach!" brummte der Holzfäller, „ich wünschte mir aber so sehr eine ganze Reihe schöner Blutwürste!" Kaum hatte er das ausgesprochen, da kam es, klirr, klirr und klack, klack: Aus dem Kamin prasselte eine Menge der schönsten Blutwürste, die ein Männerherz nur erfreuen können. Der Mann war wie erstarrt, die Frau noch dreimal mehr. „Was soll das denn heißen?" rief sie aus.

Lebendig stand alles, was am Morgen geschehen war, in dem Mann wieder auf, und er erzählte die ganze Geschichte, haargenau. Und je länger er erzählte, um so aufgeregter wurde seine Frau, und als er fertig war, brauste sie auf: „Du Narr du, Jan, o was bist du für ein Narr, ich wünschte wahrhaftig, die blöde Blutwurst säße dir an der Nase!"
Und ehe du „Jack Robinson" sagen könntest, saß der Mann da, und seine Nase war um eine Blutwurst länger geworden.

Er wollte sie abreißen, aber sie saß fest. Und die Frau wollte sie abreißen, aber sie saß fest. Und beide rissen gemeinsam, bis sie fast die Nase selbst abgerissen hätten – aber die Wurst saß fest.

„Was kann man denn nur noch machen?" fragte er.

„Das ist doch nicht schwer zu erraten", sagte sie, indem sie ihn ungerührt anstarrte.

Und der Holzfäller sah ein, was er schnell wünschen mußte, und so wünschte er, daß die Blutwurst ihm wieder von der Nase weggenommen würde. Plumps, da lag sie auf einem Teller auf dem Tisch. Und wenn Mann und Frau künftig auch nicht in einer goldenen Kutsche fahren oder Kleider aus Silber und Seide tragen konnten: Wenigstens hatten sie zu guter Letzt eine so prächtige Blutwurst zum Abendessen, wie sie sich ein Männerherz nur wünschen konnte.
(aus England)

aus: Karl Rauch (Hg.):
Märchen der europäischen Völker.
Bd.11: England, Schottland, Irland,
Hamburg, 1965

Tanzbeschreibung „Ich habe mir ein Floß gebaut"

(nach Gertrud Prem)

Tanzhaltung: Jeweils 3 - 6 Jugendliche bilden „ein Floß", indem sie sich mit gekreuzten Armen (rechts über links) verbinden.

Wird nach der Musik der Gruppe „Taktwechsel" getanzt, wiegt die Gruppe zunächst hin und her, bis der Gesang einsetzt.

1. rechter Fuß seitwärts nach rechts
   linker Fuß kreuzt vor dem rechten Fuß
   rechter Fuß seitwärts nach rechts

2. linker Fuß seitwärts nach links
   rechter Fuß kreuzt vor dem linken Fuß
   linker Fuß seitwärts nach links

3. rechter Fuß vorwärts
   linker Fuß vorwärts
   rechter Fuß vorwärts

4. linker Fuß rückwärts
   rechter Fuß rückwärts
   linker Fuß rückwärts

5. rechter Fuß vorwärts
   (tief gehen = „Welle machen")
   linker Fuß ran

   linker Fuß rückwärts (tief gehen)
   rechter Fuß ran

   rechter Fuß vorwärts (tief gehen)
   linker Fuß ran

   linker Fuß rückwärts (tief gehen)
   rechter Fuß ran

Wenn nach der Musik der Gruppe „Taktwechsel" getanzt wird, wird während des Instrumentalteils Nr. 6 getanzt. Ansonsten wieder bei Nr. 1 beginnen.

6. Arme (durchgefaßt lassen) heben und mit vier Schritten um die rechte Schulter drehen und Arme senken.

   Arme heben (durchgefaßt lassen) und um die linke Schulter wieder mit vier Schritten zurückdrehen und Arme wieder senken.
   Dann wieder bei Nr. 1 beginnen.

Am Ende des Liedes ohne Nr. 6 nur noch wiegen.

Zeichenerklärung

= Blickrichtung zur Mitte, Bewegung auf der Kreislinie nach rechts.

= Blickrichtung zur Mitte, Bewegung auf der Kreislinie nach links.

= Blickrichtung zur Mitte, Bewegung zur Mitte.

= Blickrichtung zur Mitte, Bewegung von der Mitte weg.

= Drehung um die rechte Schulter.

= Drehung um die linke Schulter.

Magier des 21. Jahrhunderts

Eine Gruppe von 15 Experten/innen, die über außergewöhnliche Fähigkeiten verfügen, hat sich bereit erklärt, den Teilnehmern dieser Gruppe zu helfen. Ihre übernatürlichen Fähigkeiten helfen auch in den schwierigsten Fällen. Wähle zunächst fünf Magier aus, deren Hilfe dir persönlich am wichtigsten ist, und kennzeichne sie mit einem Kreuz ...
Wenn du das getan hast, wähle die fünf Magier aus, deren Hilfe du am wenigsten schätzt. Kennzeichne sie mit einem Kreis ...

1. Prof. Beauty
– Spezialistin für Schönheit und gutes Aussehen
Durch eine schmerzfreie Operation kann sie dir jedes beliebige Aussehen geben. Dein Körper sieht zukünftig so aus, wie du es dir wünschst. Narben, Pickel, Kurzsichtigkeit, Figur und Kondition sind nie wieder ein Problem für dich.

2. Dr. h. c. B. Ruf – Expertin für Beruf und Jobs
Sie verschafft dir jeden gewünschten Ausbildungs- oder Studienplatz. Dazu erhältst du die Garantie, in deinem Beruf nie arbeitslos zu werden.

3. Scheich Methu-Salem
– Spezialist für angenehmes Altern
Durch seine Hilfe und Tips erreichst du mühelos ein hohes Alter. Und was noch besser ist: Dein Körper bleibt fit und deine Gesundheit tadellos. Schmerzen und Krankheit im Alter oder Dahinsiechen im Altersheim wirst du nie kennenlernen.

4. Prof. Superbrain
– Expertin für überdurchschnittliche Intelligenz
Sie trainiert deine praktische Intelligenz. Lernen macht dir überhaupt keine Mühe mehr, du hast einen hohen Intelligenzquotienten und kapierst immer sofort, um was es geht.

5. Sexy-Hexy und Don Juan
– Fachleute für Sexualität
Sie garantieren, daß du ein Mensch wirst, der sich auf sexuellem Gebiet gut auskennt und nie Schwierigkeiten haben wird. Du kannst nach Belieben Sex genießen und auch andere damit glücklich machen.

6. Dr. Tai-Gin-Seng
– fernöstlicher Experte für Vitalität
Sein Angebot: hervorragende Gesundheit und Immunität gegen jede Art von Krankheit oder Seuchen. Weder Cholera noch Aids sind für dich eine Gefahr mehr. Und: Nach Unfällen bist du in kürzester Zeit wieder völlig fit.

7. Dipl. Päd. Luise Liberty
Sie garantiert dir lebenslange Freiheit. Es gibt für dich, deine Familie und deine Freunde keinerlei Unterdrückung oder Unfreiheit. Selbst mächtige Politikerinnen und Politiker, die Polizei, Behörden oder Gesetze können dich nicht einengen.

8. Lucky Friend – Experte für Freundschaft
Bei ihm lernst du, wie man Freundinnen und Freunde findet und auch behält! Er zeigt dir, wie Freundschaften gelingen, so daß du dein Leben lang immer gute Freundinnen und Freunde haben wirst und nie alleine bist.

9. Michael Mighty
– ein Könner auf dem Gebiet der Verteidigung
Nach einer Begegnung mit ihm beherrschst du die Kunst, dich in jeder Situation perfekt verteidigen zu können. Ob im dunklen Wald, im Parkhaus oder der schmierigen Kneipe – niemand wird dir jemals Gewalt antun oder dich demütigen können. Du bleibst SiegerIn, ohne die anderen verletzen zu müssen. Angst vor Gewalt kannst du zukünftig vergessen.

10. Bert Dagoduck – das As der Finanzfachwelt
Er verschafft dir ein hohes Einkommen und alles Wissen über Geldanlagen oder Börsenbewegungen. Mit ihm an deiner Seite gibt es für dich eins nie mehr: nämlich Geldsorgen.

11. ZuZu Nai Gung
- Spezialistin für liebevolle Beziehungen
Sie hilft dir, die Liebe derjenigen zu gewinnen, die dir wichtig sind. Dein Leben wird von Liebe und Zärtlichkeit erfüllt sein.

12. Prof. O. Rakel – Experte für Zukunftsfragen
Du erlernst die Kunst, ein klein wenig in die Zukunft schauen zu können. Außerdem beantwortet er dir gerne deine Fragen über deine eigene Zukunft und gibt dir Ratschläge, wie du schlimme Schicksalsschläge vermeiden kannst.

13. Dr. Anna Lytika
– Spezialistin für unser Seelenleben
Sie hilft dir, dich selbst ausgezeichnet kennenzulernen. Das gibt dir große Selbsterkenntnis und großes Selbstvertrauen. Du weißt genau, wer du bist und was du kannst.

14. Mutter Manitou
– indianische Weise und Naturexpertin
Sie öffnet dir Augen und Ohren für die ganze Schöpfung. Du lernst die Sprache der Tiere und der Pflanzen und kannst mit ihnen in Kontakt treten. Du bist in völligem Frieden mit der ganzen Schöpfung.

15. Telly Pathikus
– Expertin für neue übersinnliche Fähigkeiten
Du lernst bei ihr, die Kräfte deines Geistes zu entfalten. Nur durch Willenskraft kannst du mit anderen auf telepathischem Weg in Kontakt treten, die Gedanken anderer teilweise lesen und manche Krankheit heilen.

aus: Ulrich Schabel (Hg.)
„Das hätte ich nicht gedacht", Verlag Herder,
Freiburg 2. Auflage 1996, S. 93 f.

Arbeitsblatt zu „Magier des 21. Jahrhunderts"

1. Überlege zunächst für dich selbst!

Notiere hier die Namen der fünf Magier, die du am meisten schätzt:

1. ______
2. ______
3. ______
4. ______
5. ______

Und notiere jetzt die Namen der fünf Magier, die du am wenigsten schätzt:

1. ______
2. ______
3. ______
4. ______
5. ______

Begründe mit einigen Sätzen deine Wahl:

______

2. Fragen für das Gespräch in der Kleingruppe

1. Wie kamen die einzelnen dazu, gerade diese Magier als wichtig/unwichtig zu betrachten?
2. Welche Lebensziele liegen der Entscheidung zugrunde?
3. Gibt es unter den gewählten Magiern welche, die aus dem Rahmen fallen?
4. Gibt es Gemeinsamkeiten in der Wahl der Magier?
5. Wo liegen die Unterschiede?

3. Überlege für dich!

Was kannst du tun, um etwas von dem zu erreichen, was der Magier dir im Spiel zu geben versprach?

______

aus: Ulrich Schabel (Hg.)
„Das hätt ich nicht gedacht", Verlag Herder
Freiburg 2. Auflage 1996, S. 95

Traumreise: „Der Traumbaum"

- Legt euch ganz bequem auf den Boden, am besten auf den Rücken, die Arme parallel zum Körper.
- Findet die Position, in der euer Körper zur Ruhe kommen kann.
- Nun schließt langsam die Augen.
- Achtet auf euren Atem.
- Spannt jetzt alle Muskeln eures Körpers so stark wie möglich an ... und laßt wieder los (10 Sek. anspannen, dann ca. 20 Sek. Pause).
- Wiederholt das: Spannt alle Muskeln so kräftig an, wie ihr könnt ... und laßt wieder los (10 Sek. anspannen, dann ca. 20 Sek. Pause).
- Nun spannt die Muskeln ein letztes Mal mit aller Kraft an ... und laßt wieder los (10 Sek. anspannen, dann 20 Sek. Pause).
- Atmet jetzt zehnmal tief ein und aus. Zählt jedes Mal, wenn ihr einatmet. (ca. 90 Sek.)
- Du fühlst, wie du jetzt langsam ruhiger wirst.
- Du fühlst, wie dein Blut durch deinen Körper fließt.
- Alles geht ruhig in seiner Bahn.
- Du gibst alle Spannung ab.
- Du bist ganz ruhig und entspannt.
- Du hast jetzt Zeit für dich.
- In deiner Phantasie kannst du jetzt auf eine Reise gehen.
- Du bist auf einer Mittelmeerinsel, die ganz von Wasser umgeben ist. (ca. 30 Sek. Pause)
- Vor dir liegt in einer sanft geschwungenen Bucht ein Strand.
- Der Sand ist ganz fein und weiß.
- Der Sand ist warm.
- Deine nackten Füße spüren den weichen, warmen Sand.
- Es ist ein gutes Gefühl.
- Du läufst den Strand entlang.
- Der Strand gehört dir ganz allein.
- Er ist menschenleer.
- Du spürst den warmen Wind.
- Die Haare flattern dir ins Gesicht.
- Du schmeckst das Salz des Meeres auf deiner Zunge.
- Die Wellen plätschern an den Strand.
- Du freust dich über die Ruhe.
- In dir ist eine große Ruhe.
- Du bist ganz ruhig, gelöst und entspannt. (20 Sek. Pause).
- Nun verläßt du den Strand.
- Du betrittst einen schmalen Pfad.
- Von schattigen Bäumen umsäumt, schlängelt er sich auf eine Anhöhe.
- Der Weg bergauf fällt dir nicht schwer.
- Oben angekommen, überblickst du die ganze Bucht und die Weite des Meeres. (15 Sek.)
- Du gehst den Weg weiter und gelangst an ein Gartentor.
- Es ist halb geöffnet.
- Du betrittst den Garten.
- Der Garten ist grün und blüht.
- Büsche, Sträucher und Palmen wachsen hier.
- Du siehst viele Blumen mit verschiedenfarbigen Blüten.
- Der ganze Garten duftet angenehm.
- In der Mitte des Gartens siehst du einen wunderschönen Baum.
- Du gehst auf ihn zu.
- Er ist alt, groß gewachsen und voller Blüten.
- Schau dir den Baum genau an.
- Der Baum ist voller Leben, voll Lebenskraft.
- Du legst dich in den Schatten des Baumes.
- Du betrachtest die Blätter, die sich im Wind leicht bewegen.
- Es scheint dir, als ob alle deine Wünsche, Sehnsüchte und Hoffnungen im Baum verborgen sind.
- Ganz deutlich siehst du jetzt deine Wünsche vor dir. Schau sie dir genau an. (90 Sek. Pause)
- Du stehst auf.
- Einen Wunsch, der dir wichtig ist, holst du dir aus dem Baum, um ihn mit dir mitzunehmen. (45 Sek.)
- Dann verläßt du langsam wieder den Garten,
- gehst den Pfad hinunter,
- den Strand entlang.
- Du kannst die Insel wieder verlassen und in unseren Raum zurückkehren.
- Behutsam kannst du die Phantasiereise beenden.
- Forme deine Hände zu Fäusten.
- Recke und strecke deine Arme.
- Strecke deinen ganzen Körper.

- Nun öffne langsam wieder die Augen.

Zivilcourage

Mit wachen Augen durch das Land

Haß-Schmierereien – gesehen und vernichtet. Wie eine Berlinerin rassistischen Parolen zu Leibe rückt

Im Berliner Villenvorort Wannsee, ganz in der Nähe ihrer Wohnung, hatte Irmela Schramm vor zehn Jahren einen rechtsradikalen Aufkleber entfernt. »Freiheit für Rudolf Hess« hatte darauf gestanden. »Ich wußte damals, daß in Wannsee ein führender und stadtbekannter Neo-Nazi lebte, der zuvor immer wieder vor allem türkische Bürger angegriffen hatte«, erzählt die 50jährige Heilpädagogin. Unbändige Wut habe sie gehabt, als sie mit einem Küchenmesser den Zettel abkratzte. »Ich will nicht zu denen gehören, die solche Schmiereien einfach übersehen«, sagte sie sich. Seitdem geht Irmela Schramm, wie sie es sagt, »mit wachen Augen durch das Land«. Was andere möglicherweise in der Hektik der Großstadt gar nicht wahrnehmen, ortet sie sofort. Aufkleber, gesprühte Parolen oder Graffitis mit rechtsradikalen, faschistischen und rassistischen Inhalten. »Wenn ich mit der S-Bahn durch die Stadt fahre, bin ich oft entsetzt, in welcher brutalen Weise zum Haß gegen Ausländer, Juden, Behinderte, aber auch Linke aufgrufen wird«, erzählt Irmela Schramm.

Die Heilpädagogin, die in Berlin behinderte Kinder unterrichtet, hat bald nach dem Entfernen des Aufklebers in Wannsee angefangen, systematisch alle Schmierereien zu fotografieren, bevor sie sie anschließend wegmacht. Etwa 3000 Fotodokumente sind so entstanden. In etlichen Schulen und Rathäusern Berlins sowie im Potsdamer Landtagsgebäude hat Irmela Schramm diese Fotos bereits ausgestellt. Der Titel: Haß-Schmierereien – gesehen und vernichtet. »Es ist wichtig, daß die Dokumente in öffentlichen Gebäuden sichtbar sind, weil ich die Menschen damit konfrontieren und sie zur Diskussion anregen will«, sagt Frau Schramm. Bundespräsident Roman Herzog verlieh ihr 1994 für das unerschrockene Engagement die Bundesverdienstmedaille. Doch Ehrungen und öffentliche Würdigungen sind Irmela Schramm nicht so wichtig. »Das, was ich mache, ist eigentlich nichts Besonderes.«

Mutiger sei sie im Laufe der Zeit bei ihren Aktionen schon geworden, berichtet sie. »Anfangs habe ich die Parolen und Zettel eher heimlich und unbeobachtet entfernt, jetzt mache ich das bewußt am Tage und öffentlich.« Irmela Schramm bittet Fahrgäste in der S-Bahn, mal zur Seite zu gehen, weil sie eine Schmiererei auf dem Sitz entfernen müsse. »Ich merke dann, daß die Leute mich anstarren und tuscheln.« Irmela Schramm spricht diejenigen, die ihr zusehen, auch an. Doch Sympathie oder gar Mithilfe gebe es kaum, eher spüre sie Unverständnis. »Meistens höre ich, daß doch alles keinen Sinn hat.«

Deshalb putzt Irmela Schramm weiter den Haß von Wänden und Mauern, weil sie überzeugt ist: »Wenn viele kleine Leute viele kleine Schritte tun, können sie diese Welt verändern.« Sie fordert das Bahnpersonal auf, für die Entfernung rassistischer Sprüche zu sorgen, auch wenn dessen Antwort stereotyp »Dafür bin ich nicht zuständig« lautet. Sie geht zur Polizei und erstattet Strafanzeige gegen Personen, die Parolen auf neonazistischen Flugblättern und Plakaten verbreiten und mit ihrem Namen verantworten. Was sie aber auf Polizeirevieren und bei Staatsanwälten erlebe, sei erschütternd. »Angestrengte Verfahren werden wieder eingestellt«, berichtet Frau Schramm.

FOTO: EPD/GLASER

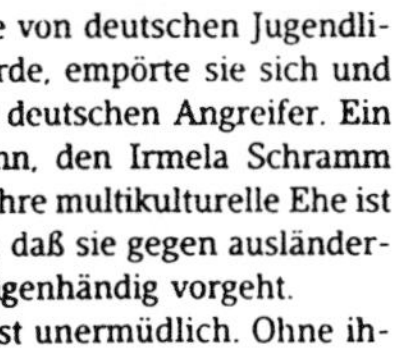
FOTO: PRIVAT

Ein Jahr nach dem Zweiten Weltkrieg kam sie in Stuttgart zur Welt. »Ich hatte bereits als Kind einen starken Gerechtigkeitssinn«. Als 1953 sowjetische Panzer in Ungarn auf Menschen schossen, regte Irmela sich darüber in der Schule auf. Im Internat ging sie gegenüber der Leiterin auf Distanz, »weil sie ständig die Polen beschimpfte«. Als Irmelas ältere Schwester einen Inder heiratete und dieser auf der Straße von deutschen Jugendlichen angepöbelt wurde, empörte sie sich und schämte sich für die deutschen Angreifer. Ein Ghanaer war es dann, den Irmela Schramm 1969 geheiratet hat. Ihre multikulturelle Ehe ist mit der Grund dafür, daß sie gegen ausländerfeindliche Parolen eigenhändig vorgeht.

Irmela Schramm ist unermüdlich. Ohne ihren Fotoapparat, das Aceton-Fläschchen mit der Aufschrift »Farbe bekennen«, Lappen und einen kleinen Spachtel geht sie nicht mehr auf die Straße. Und mittlerweile hat sie, wie sie sagt, »einen sechsten Sinn« für die Machwerke entwickelt. Manchmal reicht ihr »Handwerkszeug« nicht aus, wenn die Schmierereien zu großflächig sind. »Dann fotografiere ich alles und fahre am nächsten Tag oder am Wochenende noch mal hin, um es zu entfernen«, nicht selten mit einem Töpfchen Dispersionsfarbe und einer Einstreichbürste. Angst, daß die Haß-Schmierer sie einmal beobachten und angreifen könnten, hat sie nicht. »Nicht mehr«, verbessert sich die couragierte Frau, obwohl längst nicht immer alle Aktionen glimpflich abgehen. Vor kurzem erst forderte sie ein Wachschutzmann auf, das Entfernen von rassistischen Sprüchen an einem Bahnhof zu unterlassen. »Als ich mich weigerte und weitermachte, packte er mich, und ich schlug mit dem Hinterkopf auf das Pflaster«, erzählt Irmela Schramm. Doch auch die anschließende Gehirnerschütterung hielt sie nicht davon ab, weiterzumachen.

Vor allem an den Wochenenden ist Irmela Schramm gezielt unterwegs ins Berliner Umland. Sie hat eine Karte angelegt, auf der vermerkt ist, wo überall Parolen und Hetze gegen Ausländer und Juden verbreitet sind. Besonders die Bahnhöfe der kleinen ostdeutschen Städte seien oft regelrecht zugepflastert mit Haß-Schmierereien, berichtet sie. Doch auch in Bezirken des ehemaligen Westberlin, wie Rudow oder Wedding, vermutet Frau Schramm aufgrund der zahlreichen Parolen viele Rechtsradikale. Selbst im Urlaub wird die Heilpädagogin nicht müde, Sprüche von Wänden zu wischen, Hakenkreuze zu entfernen und vor allem immer mit Menschen ins Gespräch zu kommen. Wo immer es möglich ist, erklärt sie ihnen, um was es ihr geht. »Ich denke einfach, wenn vor allem junge Menschen ständig durch Zeichen und Sprüche – wenn auch indirekt – zum Rassismus aufgerufen werden, bleibt irgendwas hängen.« Das will sie nicht. Und so hat sie denn auch die meisten Bewunderer unter Jugendlichen. »Wenn ich in Schulen über meine Aktionen spreche, spüre ich Sympathie.« Dennoch weiß Irmela Schramm nichts von Nachahmern. Auch habe sich bisher noch niemand bereit erklärt, sie mal bei ihren Fahndungstouren zu begleiten. »Ach weißt du, ich würde gern mitkommen, doch heute habe ich gerade Gäste eingeladen«, heißt es dann.

Und was macht die couragierte 50jährige, wenn sie in ihrer knappen Freizeit mal nicht Sprüche wie »Juda verrecke« oder »Was die Juden hinter sich haben, steht den Türken noch bevor« mühselig abkratzt? Als Mitglied in zwei Berliner Friedensinitiativen beteiligt sie sich an Mahnwachen und Demonstrationen. »Es kommt vor«, sagt Irmela Schramm, »daß ich dafür schon mal Theater- oder Konzertkarten verfallen lasse.« ■ MONIKA HERRMANN

Publik-Forum, Zeitung Kritischer Christen, Oberursel, Ausgabe Nr. 11/96

Für die Eltern

1. Was waren Ihre Erwartungen, Hoffnungen und Befürchtungen an die Zukunft, als Sie so alt waren, wie Ihr Sohn/Ihre Tochter heute?
   Wo wollten Sie hin?

2. Was ist davon eingetroffen, was nicht?

Für die Jugendlichen

1. Wie würdest du deine Eltern beschreiben, als sie so alt waren wie du jetzt?
   Was haben sie sich wohl für ihre Zukunft gewünscht?

2. Was sind deine Erwartungen, Hoffnungen und Befürchtungen an die Zukunft?

III. 1. Leben Jesu

Alexamenos betet seinen Gott an.
Spottkruzifix römischer Legionäre
aus dem 3. Jahrhundert

Pierre Paolo Pasolini, „Das erste Evangelium"
Im Verleih ATLAS FILM, Duisburg

Der lachende Jesus wurde von einem amerikanischen Porträtisten für den Kapuziner-Pater P. Martin gemalt.

Oskar Kokoschka, 1945. Christus speist die hungernden Kinder, 1945,

aus: Schülermagazin „Underground" 1969.

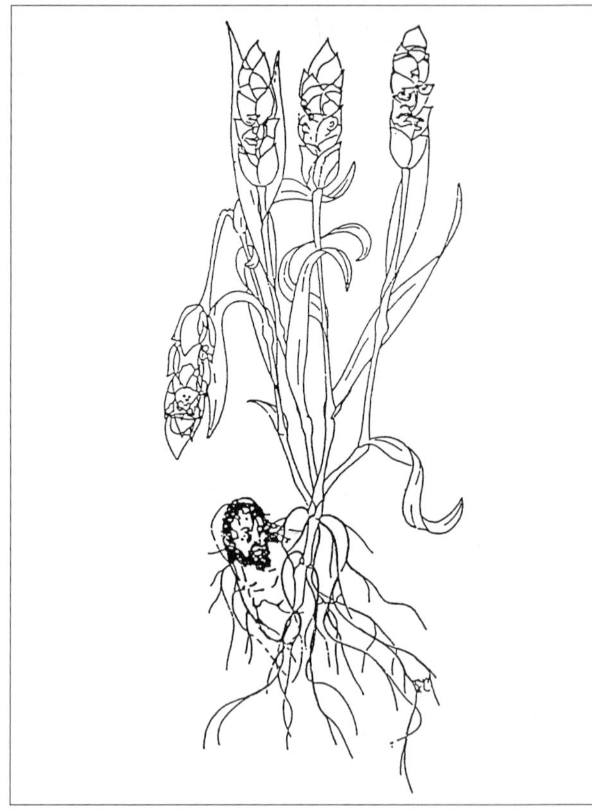

aus: Christmann W. (Hrsg.), Arbeitsblätter zum Thema Jesus Christus, VKR-Material-Dienst, Hannover 1988

Otto Pankok, Jesus zerbricht das Gewehr
Nachdruck mit Genehmigung von Eva Pankok, Hünxe

Frans Masereel, Es war einmal,
Europa-Verlag, Zürich 1954.

Fundort unbekannt

Le Beau Dieu, zwischen 1220 und 1230, Steinplastik an einem Portal der Kathedrale von Amiens

Die Gottesmutter von Jaroslawl, Russische Ikone, 15 Jh.

Frans Masereel „Hommage“, 1960, Holzschnitt

Jesus war

ein großer Weisheitslehrer

Viele Menschen sehen in Jesus einen großartigen Weisheitslehrer der Antike. – In der Tat hat Jesus wie ein jüdischer Rabbi (theologischer Lehrer) einen Jüngerkreis um sich versammelt und gelehrt. Von eindrücklicher Klarheit sind seine Gleichnisse, in denen er mit Anschauungsmaterial aus dem alltäglichen Leben z. B. etwas über das Verhältnis Gottes zu uns Menschen aussagte (Beispiel: Gleichnis vom verlorenen Schaf Lk 15,1–7). In der Bergpredigt etwa sind Worte Jesu aufbewahrt, die eine Bandbreite lebenswichtiger Themen aufgreifen. Wer in Jesus den großen Weisheitslehrer sieht, wird sich immer wieder auch mit der Bergpredigt beschäftigen.

ein frommer Jude

Viele Menschen sehen in Jesus einen frommen Juden, der die Menschen (wie ein Prophet) kompromißlos zu einem Leben aufrief, in dem Gott die ihm gebührende Rolle spielte. – In der Tat hat Jesus seine Zeitgenossen zur Beachtung des 1. Gebotes aufgerufen: „Niemand kann zwei Herren dienen; entweder wird er den einen hassen und den anderen lieben, oder er wird an dem einen hängen und den anderen verachten. Ihr könnt nicht Gott dienen und dem Mammon (Mt 6,24; s. auch Mt 7,13–14). – Auf die Frage eines Schriftgelehrten nach dem wichtigsten Gebot antwortet Jesus: „Du sollst den Herrn, deinen Gott, lieben mit ganzem Herzen, mit ganzer Seele, mit all deinem Verstand und mit aller deiner Kraft (5. Mose 6,4–5). Das andere ist dieses: Du sollst deinen Nächsten lieben wie dich selbst (3. Mose 19,18). Kein anderes Gebot ist wichtiger als diese beiden" (Mk 12,30–31).

ein Freund der sozial Schwachen und Verachteten

Viele Menschen fasziniert es, wie Jesus sich um sozial Schwache, um gesellschaftlich verachtete Menschen, ja um offenbare Sünder gekümmert hat.
– In der Tat hat Jesus sich schützend vor eine Ehebrecherin gestellt, die in flagranti beim Ehebruch ertappt worden war (Joh 8,3–11). Er pflegte die Gemeinschaft mit Prostituierten (LK 7,36–50) und den von Juden verachteten Zöllnern (Kollaborateure der römischen Besatzungsmacht, z.B. Mt 9,9–13; Lk 19,1–10).

ein Revolutionär

Viel Menschen bewundern an Jesus seine Radikalität und seinen revolutionären Geist, mit denen er gegen Traditionalismus, Selbstgerechtigkeit und geistliche Blindheit zu Felde zog. – In der Tat hat Jesus mit frommen Traditionen gebrochen, wenn sie dem Willen Gottes zuwider waren (z.B. Mk 7,1–23: Rein und Unrein/Korban*-Praxis). Die von vielen Menschen anerkannte, aus seiner Sicht jedoch hohle Frömmigkeit der Pharisäer hat er mit scharfen Worten gegeißelt (z. B. Mt 23,1–36: wider die heuchlerischen Pharisäer; Lk 18,9–14: Gleichnis vom Pharisäer und Zöllner).
*Korban: Tempelweihegaben, teilweise mißbräuchlich zum eigenen Vorteil eingesetzt. (Anm. d. Hrsg.)

ein Besessener

Es gab auch und gibt Menschen, die Jesus von Nazareth radikal ablehnten. Sie empfanden ihn als Gotteslästerer (Mk 2,7; 14,64); sie glaubten, daß er den Verstand verloren habe (Mk 3,21) oder von einem bösen Geist besessen sei (Joh 8,48). Sie unterstellten ihm gar, mit dem Teufel im Bunde zu sein (Mk 3,22).

An der Person Jesu scheiden sich die Geister

Man kann über Jesus also sehr unterschiedlicher Meinung sein, je nachdem, welche Seite seines Wirkens und seiner Worte man in den Mittelpunkt der Betrachtung rückt. Positiv bewerten Menschen Jesus, die ihn als Weisheitslehrer, als einen frommen Juden, als einen Freund der sozial Schwachen und Verachteten oder als Radikalen und Revolutionär betrachten. Wer ihn allerdings für einen Besessenen hält, der wird sich ganz von ihm und seiner Botschaft abwenden.

Allen diesen Meinungen über Jesus ist jedoch gemeinsam, daß sie in Jesus nur einen (besonderen) Menschen sehen, der vor etwa 2000 Jahren gelebt hat.

aus: Hermann Mahnke, Lesen und Verstehen Band II,
Die biblische Botschaft im Überblick,
Neues Testament, Vandenhoeck & Ruprecht,
Göttingen 1992, S. 324f.

Jesus ist der Christus

Das Neue Testament redet von Jesus jedoch ganz anders. Um seine wahre Bedeutung zum Ausdruck zu bringen, bekennt das Neue Testament: In Jesus von Nazareth begegnet uns der Mensch gewordene Gott ...

Das Zeugnis der Propheten

Schon die Propheten hatten ein Handeln Gottes zum Heil dieser Welt verheißen, bei dem Gottes Eintreten in diese irdische Welt in Gestalt eines Menschen ausgesagt wurde. Jesaja spricht von dem neugeborenen Heilsbringer Gottes so: „Denn uns ist ein Kind geboren, ein Sohn ist uns gegeben, und die Herrschaft ruht auf seiner Schulter; und er heißt Wunder-Rat, Gott-Held, Ewig-Vater, Friede-Fürst" (Jes 9,5). Das sind alles Gottesaussagen, die von dem neugeborenen Menschenkind gemacht werden. Ähnlich hatte auch der Prophet Micha von der Ankunft des zukünftigen heilvollen Herrschers aus Davids Geschlecht in der Stadt Bethlehem gesprochen, „dessen Ausgang von Anfang und von Ewigkeit her gewesen ist" (Micha 5,1). So kann man nur von Gott selber sprechen.

Jesu einmaliges Gottesverhältnis

Die Überzeugung, daß Jesus der menschgewordene Gott war, wurzelt nicht nur in der Prophetie, sondern vor allem auch in Jesu besonderem Gottesverhältnis, wie es die Jünger zu seinen Lebzeiten auf Erden und durch die Ostererfahrung erlebten. Während im Judentum zwar die Bezeichnung Gottes als „himmlischer Vater" bekannt war, so handelte es sich doch um eine respektvolle, distanzierte Anrede. Jesus hat Gott dagegen „Abba" (Mk 14,36) genannt (= Papa, Papi), ein Ausdruck familiärer Vertrautheit. Dieses Wort kennzeichnet die intime, innige Gemeinschaft und Verbundenheit Jesu mit Gott.

Jesus verstand sich in besonderer Weise als „Sohn" Gottes. In den ersten drei Evangelien (den synoptischen) spricht er stets von „seinem" Vater; während er mit Blick auf die Jünger von „eurem Vater" redet. Nie aber schließt er sich und die Jünger in der Weise zusammen, daß er von „unserem Vater" spricht (das „unser Vater" im „Vaterunser" bezieht sich auf die Gemeinschaft der Jünger: „Ihr sollt nun so beten: Unser Vater im Himmel": Mt 6,9).

Dieses besondere Sohnesverhältnis Jesu und die Ostererfahrung (Gott bekennt sich zu seinem bis zum Tod am Kreuz gehorsamen Sohn, weckt ihn von den Toten auf und erhöht ihn zu seiner Rechten, z. B. Mt 28,18–20) machten den Jüngern deutlich, daß Jesus in ganz besonderer Weise zu Gott gehört, daß er also der Sohn Gottes ist, ja daß Gott selber in ihm erschienen ist.

Jesus handelt an Gottes Stelle

Jesus handelt wie Gott, an seiner Stelle, wenn er etwa für sich die Vollmacht beansprucht, Sünden zu vergeben (Mk 2,5; die Schriftgelehrten empfinden das: „Was redet dieser so? Er lästert: Wer kann Sünden vergeben außer Gott allein?" Mk 2,7). Jesus handelt wie Gott, wenn er z. B. Gottes Wort des Alten Testaments verschärfte (Mt 5,21–32) oder gar außer Kraft setzt (Mt 5,33–45): „Ich aber sage euch!"

Jesus trat mit dem Anspruch auf, Gott besser zu kennen als alle Menschen, als alle theologischen Lehrer seiner Zeit (Pharisäer/Sadduzäer/Schriftgelehrte). Dieser Anspruch löste heftige Reaktionen aus. Manche klagten ihn der Gotteslästerung an (Mk 2,6–7; Mt 26,63–65). Manche sagten, er sei verrückt (Mk 3,21; Joh 10,20). Manche meinten, er sei vom Teufel besessen (Mk 3,22; Mt 12,24; Joh 10,20). Die Ablehnung seines Anspruchs, den wahren Gott zu verkündigen, ist der tiefste Grund für seine Kreuzigung!

Die Ostererfahrung

Nach Ostern dringen die Jünger und Apostel zu der vollen Erkenntnis Jesu als „Gottes Sohn" und „Gott" vor. Sie nennen Jesus den „Herrn" /griechisch: „Kyrios" – so bezeichnete man sonst Gott. Sie nennen ihn direkt „Gott" (Joh 20,26–28; Tit 2,11–13; 2. Petr 1,1). Sie beten zu ihm wie zu Gott (z. B. Stephanus in Apg 7,59–60). Sie erkennen und sehen ihn so sehr mit Gott ineins, daß sie auch Aussagen von Gott als dem Schöpfer, der von Ewigkeit her ist, auf Jesus übertragen (Joh 1,1–3,14; Kol 1,15–16; Hebr 1,1–3; vgl. auch Phil 2,5–11).

Die Frage, die Jesus seinen Jüngern stellte (Mk 8,29), richtet der zu Gott erhöhte Christus auch an uns:

„Ihr aber, für wen haltet ihr mich?"

aus: Hermann Mahnke, Lesen und Verstehen Band II, Die biblische Botschaft im Überblick, Neues Testament, Vandenhoeck & Ruprecht, Göttingen 1992,S. 326 u. 329f.

Test: Der historische Jesus

1. Hat Jesus wirklich gelebt?

a) Nein. Jesus ist eine Erfindung der Kirche.
b) Man weiß es nicht genau.
c) Ja. Es gibt römische Texte, die das belegen.

2. Wann wurde Jesus geboren?

a) 1.1. im Jahr 0.
b) 3 – 5 Jahre vor unserer Zeitrechnung.
c) 7 Jahre nach unserer Zeitrechnung.

3. Welcher Religion gehörte Jesus an?

a) Judentum.
b) Christentum.
c) Islam.

4. Wo wurde Jesus geboren?

a) Bethlehem.
b) Nazareth.
c) Jerusalem.

5. Zu welcher Zeit wurde das Neue Testament geschrieben?

a) Als Jesus noch lebte.
b) Zwischen 50 und 100 n. Chr.
c) Im 15. Jahrhundert.

6. Nenne und beschreibe ein Gleichnis, das Jesus erzählt hat!

7. Mit welchen Menschen (Berufe, gesellschaftliche Position) hat Jesus zusammengelebt?

8. Weshalb ist es äußerst unwahrscheinlich, daß die wirkliche Geburt Jesu am 24. Dezember war?

9. Weshalb wird trotzdem das christliche Weihnachtsfest am 24.12. gefeiert?

10. Wie und wann starb Jesus?

W. Christmann, aus: W. Christmann (Hrsg.), Arbeitsblätter zum Thema Jesus Christus, VKR-Material-Dienst, Hannover 1988

✂ ✂

Auflösung:

1.c) vgl. Text „Was wissen wir über den historischen Jesus"

2.b) vgl. Text

3.a) vgl. Text

4.a) oder b) vgl. Text

5.b) vgl. Text

6. Gleichnis vom verlorenen Sohn (Lk 15,11–32), vom verlorenen Schaf und von der verlorenen Drachme (Lk 15, 1–10), vom Senfkorn (Mk 4, 30–32), vom Sämann (Mk 4,1–9) u. a.

7. Zöllner, Dirnen, einfaches Volk, Frauen, Kinder, Kranke usw. (vgl. auch Text)

8. Nicht einmal das Geburtsjahr Jesu ist sicher.

9. Die Christen legten im 4. Jhdt. das Fest der Geburt Jesu auf den Termin, an dem im römischen Reich das Fest des Lichtgottes Mithras gefeiert wurde. Sie wollten damit sagen: „Christus ist unser Licht!"

10. Kreuzigung, wahrscheinlich am 7. April 30. (vgl. auch den Text „Warum mußte Jesus sterben?", S. 186)

Was wissen wir über den historischen Jesus?

Es ist noch gar nicht sehr lange her, da wurde von Skeptikern angezweifelt, ob es denn Jesus überhaupt gegeben habe. Das Ganze wäre doch wahrscheinlich eine Erfindung der Kirchen aus den ersten Jahrhunderten. Manche vermuten gar, die „Erfindung Jesu" habe erst im Mittelalter stattgefunden. Solche Spekulationen sind durch die historische Forschung erledigt. Selbst engagierte Kirchenkritiker, wie der SPIEGEL-Herausgeber Rudolf Augstein, zweifeln die tatsächliche Existenz Jesu nicht mehr an (vgl. sein Buch „Jesus Menschensohn"). Gestritten wird natürlich um die Bedeutung Jesu und um Glaubensaussagen wie „Sohn Gottes".

Die Evangelien, also die „Leben-Jesu-Geschichten" des Neuen Testamentes, berichten ausführlich über das Leben und Wirken Jesu. Heute wissen wir, daß sie zwar nicht zur Lebenszeit Jesu geschrieben wurden, aber doch unmittelbar danach. Das älteste Evangelium, das Markus-Evangelium, wurde schon vor dem Jahr 70 n. Chr. geschrieben, das heißt: weniger als 40 Jahre nach Jesu Tod. Das Johannes-Evangelium wurde als letztes um 100 n. Chr. geschrieben. Die Autoren der Evangelien waren also zeitlich noch relativ dicht dran an den Ereignissen um Jesus. Noch frühere Dokumente sind einige Briefe im Neuen Testament, die schon um das Jahr 50 datiert werden, also nur ca. 20 Jahre nach Jesu Tod.

Für eine Betrachtung des historischen Jesus sind die Texte des Neuen Testamentes allerdings nur bedingt geeignet. Warum? Die Autoren der Texte des Neuen Testamentes waren keine „neutralen" Geschichtsschreiber, sondern gläubige Anhänger Jesu, die vor allem seine Lehre und die Auferstehungsbotschaft verbreiten wollten. Man kann also nicht davon ausgehen, daß alle Details des Neuen Testamentes historisch korrekt sind. Allerdings liefern auch die Schriften des Neuen Testamentes bei kritischer Lesart einige Informationen über den historischen Jesus.

Sehr wichtig sind außerbiblische Quellen, von denen es leider nicht allzu viele gibt. Der jüdische Geschichtsschreiber Flavius Josephus berichtet an zwei Stellen knapp über Jesus und seine Anhänger. Wahrscheinlich ist eine Textstelle nachträglich von Christen überarbeitet worden. Die Römer Tacitus, Plinius und Sueton berichten über frühe Christen. Tacitus erwähnt auch die Verurteilung Jesu durch Pontius Pilatus.

Außer Texten des Neuen Testamentes und nichtchristlichen Textstellen hat die Forschung über das historische Leben Jesu noch allgemeine Erkenntnisse über das Leben, gesellschaftliche und politische Verhältnisse in Palästina zur Zeit Jesu benutzt, um sich ein Bild vom historischen Jesus zu machen.

Was weiß man heute über den historischen Jesus? Wahrscheinlich wurde Jesus vor dem Jahr Null geboren. Dafür sprechen u. a. die Angaben im Matthäus-Evangelium über Herodes den Großen, der schon im Jahr 4 v. Chr. gestorben ist. Auch Kepplers Berechnungen über eine besondere Sternenkonstellation (Stern von Betlehem) führen in das Jahrzehnt vor der Zeitenwende, haben jedoch für Historiker kaum eine Bedeutung. Weshalb wir den Beginn unserer Zeitrechnung nicht wirklich im Jahr von Christi Geburt ansetzen, ist nicht völlig klar. Wahrscheinlich haben sich Rechenfehler bei späteren Berechnungen eingeschlichen.

Der Geburtsort Betlehem gilt nicht als sicher. Hier könnte die Glaubensaussage wichtiger als die historische Zuverlässigkeit gewesen sein. Betlehem war die „Stadt Davids". Deshalb könnte es sein, daß Betlehem vor allem genannt wurde, um den Anspruch Jesu auf den Messias-Titel „Sohn Davids" zu untermauern.

Der Wohnort Nazareth kann jedoch als sehr wahrscheinlich angesehen werden. Nazareth war ein kleines völlig unbedeutendes Dorf. Wenn die Evangelien schon Nazareth angegeben haben, muß es wohl stimmen, denn wer würde freiwillig ein solches „Nest" als Geburtsort einer so bedeutenden Persönlichkeit wie Jesus Christus auswählen.

Jesus war Jude und hat als Jude gelebt und gepredigt. Zur Zeit des Nationalsozialismus hat man versucht, Jesus zu „arisieren", indem man ihm eine syrische Mutter und einen römischen Vater andichtete. Der Name „Jesus" war ein verbreiteter jüdischer Name, der sich mit „Jahwe hilft" oder „Gotthilf" übersetzen läßt.

Sein Vater war Zimmermann, und man kann davon ausgehen, daß Jesus, wie es damals üblich war, den gleichen Beruf erlernt hat. In den Evangelien werden auch Brüder und Schwestern Jesu genannt.

Als Muttersprache hat Jesus Aramäisch gesprochen, konnte die hebräische Bibel lesen und war wohl auch, wie viele Palästina-Juden, in der Lage, sich im Griechischen, der im Mittelmeerraum am weitesten verbreiteten Sprache, auszudrücken.

Über sein Äußeres ist nichts bekannt. Man kann nur vermuten, daß er ähnlich aussah wie Juden und Orientalen seiner Zeit, die auf Münzen und in Mumienporträts als bärtige Mittelmeertypen dargestellt wurden.

Jesus schloß sich der Bewegung Johannes des Täufers an, die sich um das Jahr 20 entwickelt hatte. Er ließ sich von Johannes taufen und hatte möglicherweise dabei sein entscheidendes Berufungserlebnis (vgl. Mk 1,9–11).

Nach der Taufe durch Johannes beginnt das öffentliche Wirken Jesu. Im Mittelpunkt seiner Botschaft standen die Ankündigung des angebrochenen Gottesreiches und die Aufforderung zur Nächstenliebe ohne Einschränkungen. Entsprechend seiner positiven Botschaft war er dem Leben stärker zugewandt als diejenigen endzeitlichen Propheten seiner Zeit, die vor allem vor dem Strafgericht Gottes warnten. Er mußte sich wegen seiner Lebensfreude sogar den Vorwurf „Fresser und Weinsäufer" (Mt, 11, 19) gefallen lassen.

Jesus scheute sich nicht, mit gesellschaftlich Verachteten Kontakt aufzunehmen. Prostituierten wendete er sich ebenso sensibel und menschenfreundlich zu wie den, wegen ihrer Zusammenarbeit mit den Römern verhaßten, Zöllnern. Auch scheute er sich nicht, Aussätzigen zu helfen. Bei den vielen Krankenheilungen, die Jesus zugeschrieben werden, verletzte er sogar das jüdische Sabbat-Gebot. Sein Durchbrechen des jüdischen Gesetzes hat ihn möglicherweise das Leben gekostet, da er in den Augen frommer Juden eine Gefahr für die Rechtgläubigkeit darstellte, indem er die vielen Einzelvorschriften des jüdischen Gesetzes durch sein allgemeines Liebesgebot ersetzte.

Sein öffentliches Auftreten hat wahrscheinlich nur ein Jahr gedauert. Die im Johannes-Evangelium angegebenen drei Jahre gelten als unwahrscheinlich.

Die Kreuzigung Jesu gilt als historisch relativ gut gesichert. In einzelnen Veröffentlichungen findet man sogar einen konkreten Termin: 7. April 30. Die Auferstehung Jesu entzieht sich natürlich der historischen Nachprüfung. Sie ist das zentrale Ereignis, von dem die Geschichte der Christen und der christlichen Kirchen ihren Ausgang nahm.

W. Christmann, aus: W. Christmann (Hrsg.), Arbeitsblätter zum Thema Jesus Christus, VKR-Material-Dienst, Hannover 1988

Umkehr

Gott bietet uns neues Leben und macht uns frei. Vergebung wischt indes die Folgen unserer früheren Fehler und Irrtümer nicht einfach weg. Wir bleiben an die Vergangenheit gebunden und müssen die Verantwortung für die entstandene Situation übernehmen. Aber Vergebung eröffnet uns von neuem die Perspektive des Reiches Gottes mit seinen erneuernden Kräften.
Gottes Vergebung zu suchen heißt, dem Ruf zur Umkehr (Metanoia) Folge zu leisten. Umkehr zu Gott bedeutet mehr als ein bloßes Annehmen der Vergebung. Umkehr bedeutet Änderung des Herzens, der Einstellung und der Geisteshaltung. Unsere Umkehr zu Gott verlangt, daß wir uns aktiv Gottes Gerechtigkeit zuwenden, Gottes Schalom annehmen und in Harmonie mit der ganzen Schöpfung Gottes leben.

Umkehr zu Gott (Metanoia) bedeutet heute die Verpflichtung, einen Weg zu suchen

- aus den trennenden Unterschieden zwischen Armen und Reichen, zwischen Mächtigen und Machtlosen,
- aus Strukturen, die Hunger, Entbehrung und Tod verursachen,
- aus der Arbeitslosigkeit von Millionen von Menschen,
- aus einer Welt, in der Menschenrechte verletzt und Menschen gefoltert und isoliert werden,
- aus einer Lebensweise, in der moralische und ethische Werte unterhöhlt, wenn nicht sogar verworfen werden.

in eine Gesellschaft, in der die Menschen gleiche Rechte besitzen und in Solidarität miteinander leben.

Umkehr zu Gott (Metanoia) bedeutet heute die Verpflichtung, einen Weg zu suchen

- aus Krieg und Ideologien, die das Göttliche in jedem Menschen mißachten,
- aus der Vergötzung sowohl der konkreten Strukturen der Gewalt wie des Militarismus,
- aus den destruktiven Folgen der für die Rüstung heute ausgegebenen Riesensummen,
- aus einer Situation, in der der Einsatz des Militärs oder die Drohung, es einzusetzen, notwendig erscheint, um die Menschenrechte zu bewahren oder durchzusetzen,

in eine Gesellschaft, in der Friedensstiftung und die friedliche Lösung von Konflikten unterstützt werden, und in eine Gemeinschaft von Völkern, die solidarisch zum Wohl der anderen beitragen.

Umkehr zu Gott (Metanoia) bedeutet heute die Verpflichtung, einen Weg zu suchen

- aus der Trennung zwischen dem Menschen und der übrigen Schöpfung,
- aus der Herrschaft des Menschen über die Natur,
- aus einem Lebensstil und aus wirtschaftlichen Produktionsweisen, die die Natur schwer schädigen,
- aus einem Individualismus, der die Integrität der Schöpfung zugunsten privater Interessen verletzt,

in eine Gemeinschaft der Menschen mit allen Kreaturen, in der deren Rechte geachtet werden.

Europäische Ökumenische Versammlung

Auszug aus dem Dokument der Europäischen Ökumenischen Versammlung Frieden in Gerechtigkeit, Basel 15.–21. 5. 1989,
in: Sekretariat der Deutschen Bischofskonferenz (Hrsg.), Arbeitshilfen 70, Bonn 1989, S. 24–27

Ich – Bartimäus – Eine meditative Identifikation

Wie jeden Morgen mache ich mich auf den Weg zu meiner Arbeit.

Ich kenne jeden Handgriff, jeden Schritt, die täglichen Abläufe und Bedürfnisse. Ich weiß um jede Unebenheit auf meinem Weg, jeden Stein, jede Straße, jede Kreuzung. Ich kenne die Engpässe, an denen die Menschen, die Autos sich stauen. Ich weiß, welche Spur mich am schnellsten ans Ziel bringt. Alles geht automatisch, Routine.

Mit den Gedanken bin ich noch daheim oder schon bei den kommenden Aufgaben. So achte ich kaum auf Menschen und Dinge um mich herum, nehme nur flüchtig wahr, was neben mir geschieht. Ich funktioniere, wie die vielen anderen um mich herum.

Am Stadtrand, meinem Arbeitsplatz, angekommen, verrichte ich meine gewohnte Arbeit. Nicht viel kann ich leisten. Ja, früher hatte ich einmal andere Pläne. Jetzt sitze ich hier und bettle. Neben mir steht meine Schüssel, bereit für die Almosen der Vorübergehenden. Meine Hoffnungen sind zerstoben.

Welch ein Leben! Es verläuft zwischen Schlafplatz und Stadttor. Jeden Tag das gleiche, von der Wohnung zum Arbeitsplatz, vom Arbeitsplatz zur Wohnung. Kein Gedanke an Veränderung, keine Hoffnung auf Rettung, auf Neues, auf Licht, auf Sehen. Trostlosigkeit als ständiger Begleiter. Tagaus, tagein Monotonie! Vielleicht will ich auch nicht nachdenken, will vieles nicht sehen, habe mich an dieses Leben gewöhnt, will mir keine Gedanken darüber machen, weder über mich, noch über andere.

Und dann höre ich von einem: Er hilft Armen und Verzweifelten, heilt Kranke und Blinde. Anderes Leben soll er geben; neue Möglichkeiten, neuen Sinn: Jesus.

Aber doch nicht mir! Ich habe mich nie um diese Dinge gekümmert. Wie soll ich zu ihm kommen, den Weg zu ihm finden?

Er ist hier. Er kommt hier vorbei, heißt es da plötzlich. Da bricht etwas auf. Da wird der Wunsch riesengroß, mehr von Jesus zu hören, mit ihm zu sprechen. Nichts hält mich zurück. Wenn ich ihn auch nicht richtig sehen, nicht einfach zu ihm gehen kann, so kann ich doch rufen, schreien, lauter und lauter. Einmal muß es heraus, der Frust, die Verzweiflung – und die fast schon vergessene Hoffnung.

Der Vorbeikommende muß mich doch hören. Zunächst jedoch hören mich die anderen. Und sie wollen es nicht. Es gefällt ihnen nicht, daß ich laut werde.

Sie sagen: „Sei doch still. Was soll dies Geschrei?" Oder es heißt: „Das bringt doch nichts. Da gehörst du nicht hin. Das ist nichts für dich! Sei still!" Oder auch: „Stör uns nicht! Hier gehörst du nicht hin. Du paßt nicht zu uns."

Was nun? Ich kenne das, wie sich Widerstand regt, wenn ich etwas anders machen will. Man wird zur Ordnung gerufen. Man hat kein Recht auf Sonderbehandlung. Man hat an seinem Platz zu bleiben. Erschrocken schweige ich. Wer traut sich schon, wenn alle dagegen sind. Doch dann lasse ich mich nicht einschüchtern. Ohne Rücksicht auf die anderen rufe ich noch lauter – gegen alle Drohungen und Beschwichtigungen.

Ich weiß, daß ich Hilfe brauche. Und hier ist der Mann, der mir Hilfe und Rettung bringen kann.
Und wirklich – Hände ergreifen mich. „Komm mit uns, wir führen dich zu Jesus. Er will dich sehen." Und ich lasse alles fallen. Mantel und Stock, Bettelschale und Arbeitsplatz bleiben hinter mir. Gleich stehe ich vor Jesus, gleich wird er mich heilen, gleich kann ich sehen, ganz neu beginnen.

Da höre ich ihn fragen: „Was willst du? Was soll ich für dich tun?"
Welch eine Frage!

„Ich möchte sehen", will es aus mir herausschreien. Aber dann stutze ich plötzlich, fange an zu grübeln. War ich übereilt? Was heißt jetzt sehen? Was heißt für mich sehen? Nichts gilt aus der Vergangenheit, nicht der Ort, nicht das bisherige Leben, der tägliche Weg, die Ordnung, die Versorgung, die Sicherheit. Will ich wirklich sehen? Will ich ganz neu anfangen? Wie wird das gehen? Wie komme ich zurecht?

Doch dann schiebe ich alle Bedenken zur Seite. Ich will sehen. Ich will neu anfangen, will sehen lernen, mich aufmachen aus meinem engen Winkel. „Herr, ich will sehend werden."
Und es geschieht.

Ich sehe neu, mich selbst und auch die anderen Menschen. Ich spüre, daß ich einen neuen Weg gehen werde, daß mein Leben sich verändern wird aus der Kraft, die mir mit der Heilung geschenkt wurde. Zwar bin ich oft ängstlich und unsicher und taste mich manchmal noch so vorwärts wie ein Blinder. Aber ich weiß, daß ich diesen Weg nicht allein gehen muß.

aus: Sigrid Berg,
Biblische Bilder und Symbole erfahren,
Kösel, München 1996

Stell dir vor, du sitzt mit deinem Bruder/Neffen/kleinen Freund auf einer Parkbank, als du plötzlich von einem Unbekannten belästigt und angegriffen wirst.
Wie würdest du reagieren?
Wähle von den angeführten Bildern so viele, wie du willst, aus und gestalte damit eine Bildergeschichte! (Die Reihenfolge der Bilder legt deine Phantasie fest. Gegen einen spritzigen Text ist auch nichts einzuwenden!)

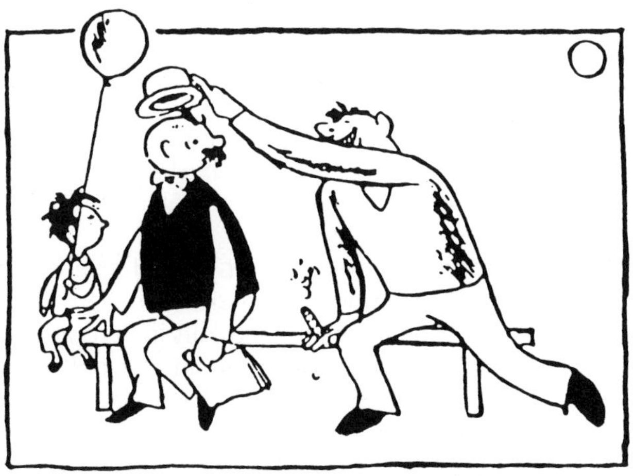

Gewaltlosigkeit

Jesus sagt: Ihr habt gehört,
daß eure Vorfahren ein Gesetz hatten:
Auge um Auge, Zahn um Zahn.
Ich aber sage euch:
Ihr sollt dem Bösen nicht mit Gewalt widerstehen.
Wenn dir einer einen Streich gibt
auf die rechte Backe,
dann biete die andere auch dar.

Das Wort offenbart seinen pointierten Sinn, wenn man sich klarmacht, daß der Schlag mit der rechten Hand auf die rechte Backe des Gegners ein Schlag mit dem Handrücken ist. Anders kann ich dem Gegner nicht auf die rechte Backe schlagen. Dieser Schlag mit dem Handrücken aber war Ausdruck nicht nur eines Angriffs, sondern einer schwerwiegenden Beleidigung. Wer sich einen solchen entehrenden Schlag gefallen ließ, wurde von Freund und Feind verachtet. Dem also, der dich so entehrend schlägt, dem biete auch die linke Backe, das heißt, dem gib die Erlaubnis, dich auch wirklich und mit Kraft anzugreifen.

Was meint Jesus? Er meint nicht: Du sollst das Böse gewähren lassen. Wohl aber meint er: Du sollst im Kampf gegen das Böse auf das Mittel verzichten, dessen sich das Böse bedient, nämlich die Gewalt. Denn wer Gewalt mit Gewalt beantwortet, mag immer sagen, es gebe kein anderes Mittel. Er sagt damit aber nur, daß ihm kein anderes einfällt. Er überwindet das System von Gewalt und Gegengewalt nicht, sondern befestigt es. Es kann durch ihn etwas Neues nicht geschehen. Er wird weder die Situation verändern noch die Person des Gegners.

Um der Menschen willen nach Gerechtigkeit zu suchen, ohne Gewalt anzuwenden, ohne Gewalt in Worte zu fassen und ohne Gedanken der Gewalt zu denken, das ist die letzte und aussichtsreichste Form, Verantwortung für andere Menschen zu übernehmen. Wer das versucht, zeigt, daß er willens ist, diese Welt mit anderen zusammen im Frieden zu bewohnen.
Wer sich davor fürchtet, dies außenpolitisch anzuwenden, könnte ein ausreichend lohnendes Experimentierfeld immer noch innenpolitisch vor sich haben. Bürgerinitiativen gewinnen ihre Glaubwürdigkeit durch die Gewaltlosigkeit ihres Vorgehens. Der Rechtsstaat hat seine Glaubwürdigkeit daraus, daß er gewaltfrei reagiert. Das ist kein Traum, sondern an unzähligen Stellen der jüngsten Geschichte bewährte Praxis, die sich zudem als ungemein erfolgreich erwiesen hat. [...]

Früher stellte man den inneren Frieden in einem Land dadurch her, daß man den Gegner totschlug oder den Untertanen prügelte. Wer heute Frieden schaffen will, muß erreichen, daß der, der den Frieden stört, sein Verhalten freiwilig ändert.
Man wundert oder ärgert sich seit zweitausend Jahren, daß Jesus sagt: Du überwindest das Böse nicht durch Dreinschlagen. Wobei zu ergänzen ist: Wenn du einen Buhmann brauchst, der böse ist und böse bleibt, dann magst du weiterhin das Schießeisen oder den Knüppel nehmen. Wenn du aber Gerechtigkeit schaffen willst, dann gilt der Satz: Es ist sinnlos, gegen Gewalt mit Gewalt vorzugehen.

Aber was soll man dann tun? Soll man schweigen zu Unrecht und Gewalt? Nein. Gerade nicht.

Aber man soll von Gerechtigkeit so sprechen, daß das Gegenüber zuhören kann; man wird Frieden fordern, ohne der einen von beiden Seiten beider Schuld zuzuschieben. Denn einen Alleinschuldigen gibt es so gut wie nirgends auf der Welt. Man wird nach den Gründen der Schwierigkeiten fragen und dem Gegner zubilligen, daß er vertretbare Gründe hat – weil das wahrscheinlich zutrifft.

Es lohnt sich, einmal nachzusehen, wie Jesus vorgegangen ist, jener junge Mann, der keine drei Jahre öffentlich tätig war und wie kein anderer Mensch die Welt verändert hat. Er räumte zunächst die Schuld der Beteiligten aus dem Weg. Er gab in einem zweiten Schritt die Freiheit, in der Gerechtigkeit gedeihen konnte, und erhob erst in einem dritten seine Forderungen. Diese Reihenfolge nennen wir übrigens das Evangelium. Sie ist in religiöser Hinsicht eine unerhörte Befreiung, vor allem, wenn wir Christen sie einmal richtig begreifen. Und sie könnte auch im Umgang mit Menschen privat und öffentlich eine Befreiung sein.

Sie bedeutet, in die Politik übersetzt: Ohne Furcht gütig sein. Ohne Haß klar in der Sprache. So gerecht, daß der andere sich ändern kann. So selbstkritisch, daß aus dem anderen kein Teufel wird. So geduldig, daß er sein Gesicht nicht zu verlieren braucht.

1914 schrieb der junge Pfarrer Siegmund-Schultze einen Brief an Kaiser Wilhelm II., in dem er das Ende des Krieges und die Bemühung um Frieden forderte. Der Kaiser schrieb an den Rand: „Das ist wahres Christentum, leider zur Zeit nicht praktikabel." Und dabei blieb es denn auch.

Heute fordern Spitzenpolitiker jeder Herkunft, die Kirche solle ihre Bergpredigt für sich behalten. Aber vielleicht käme mit einem Anfangskurs in Bergpredigt doch ein bißchen mehr Wahrheit in die politische Auseinandersetzung und ein bißchen mehr Glaubwürdigkeit. Vielleicht könnte man doch ein paar Feindbilder abbauen, die das Leben so bequem machen. Vielleicht könnte man doch behutsamer werden und kritischer gegenüber der eigenen Rechthaberei. Vielleicht ergäbe sich eine Gesinnung, in der man den Frieden verantwortlicher bewahrte – und erfolgreicher dazu. Es wäre manchem geholfen, wenn er sich die Bergpredigt wenigstens unter das Kopfkissen legte. Immerhin könnte er davon träumen, daß, wer zu einem Menschen eines anderen Volks sagt: Du Verbrecher!, in seinem Herzen bereits mitten im Krieg ist.

aus: Zink, Jörg, Wie übt man Frieden
Kreuz Verlag, Stuttgart 1982, S. 32-33.

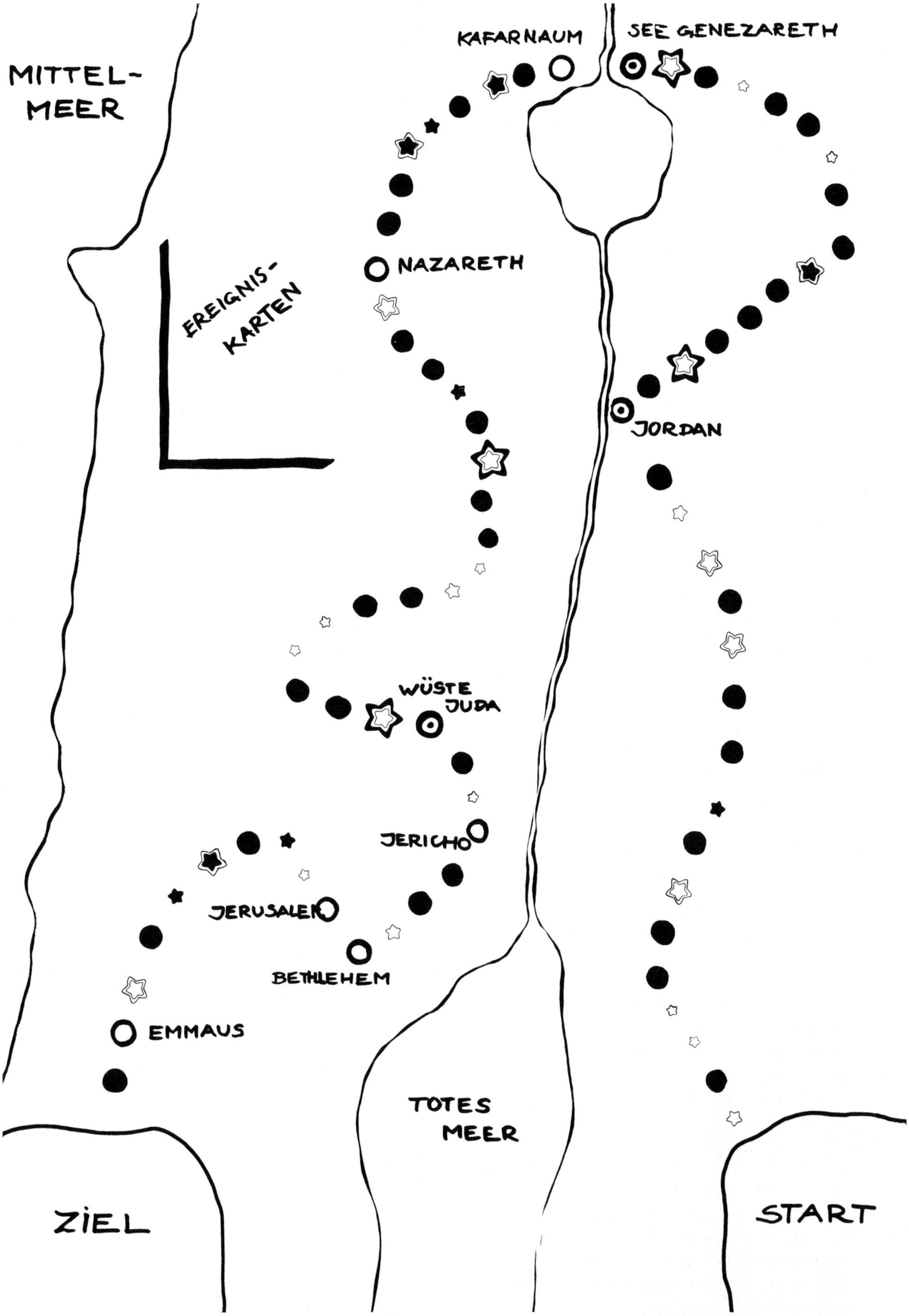
MITTEL-
MEER
KAFARNAUM
SEE GENEZARETH
EREIGNIS-
KARTEN
NAZARETH
JORDAN
WÜSTE
JUDA
JERICHO
JERUSALEM
BETHLEHEM
EMMAUS
TOTES
MEER
ZIEL
START

1

Wie ist dir als Kind Jesus nähergebracht worden?

2

Die Huldigung der Sterndeuter, Mt 2,1–2

Als Jesus zur Zeit des Königs Herodes in Bethlehem in Judäa geboren worden war, kamen Sterndeuter aus dem Osten nach Jerusalem und fragten: Wo ist der neugeborene König der Juden? Wir haben seinen Stern aufgehen sehen und sind gekommen, um ihm zu huldigen.

Fragen:

1. Welche Bedeutung haben Sternzeichen für mich?
2. Welche „Sterne" gibt es in meinem Leben?
3. Ist Jesus ein Stern – ein Star für mich?

3

Ziehe sofort zum Jordan!
Was hat Jesus hier erlebt?

4

Wie wirkt dieses Bild auf dich?

5

An deinem Arbeitsplatz oder in der Schule wird dein Kollege bzw. Mitschüler offensichtlich benachteiligt.
Wie verhältst du dich?

....

Vergleiche anschließend mit Mt 5, 6!

6

Ziehe 4 Felder vor. Kommst du auf ein Ereignisfeld, brauchst du keine Ereigniskarte zu ziehen.

7

Welches Gefühl hast du, wenn du an Jesus denkst?

8

Würdest du deinen Kindern von Jesus erzählen?
Wenn ja: warum und wie?
Wenn nein: warum nicht?

9

Damit es für dich schneller vorangeht, darfst du noch einmal mit 2 Würfeln würfeln.

10

Die Flucht nach Ägypten, Mt 2,13–14

Als die Sterndeuter wieder gegangen waren, erschien dem Josef im Traum ein Engel des Herrn und sagte: Steh auf, nimm das Kind und seine Mutter, und flieh nach Ägypten; dort bleibe, bis ich dir etwas anderes auftrage; denn Herodes wird das Kind suchen, um es zu töten. Da stand Josef in der Nacht auf und floh mit dem Kind und dessen Mutter nach Ägypten.

Fragen:

1. Gibt es Engel?
2. Bin ich schon für andere „ein Engel" gewesen?
3. Wer war für mich schon „ein Engel"?

11

Deine Freundin hat dir deinen Freund ausgespannt (bzw. dein Freund hat dir deine Freundin ausgespannt). Du hast Gelegenheit, sie/ihn 'reinzulegen: z.B. beim Chef anzuschwärzen oder in der Schule nicht abschreiben zu lassen.

Was würdest du tun?

....

Vergleiche anschließend mit Mt 5,5!

12

Die Geburt Jesu, Lk 2,6–7

Als sie dort waren, kam für Maria die Zeit ihrer Niederkunft, und sie gebar ihren Sohn, den Erstgeborenen. Sie wickelte ihn in Windeln und legte ihn in eine Krippe, weil in der Herberge kein Platz für sie war.

Fragen:

1. „Kein Platz mehr ..."
   Woran erinnert mich das?
2. Wofür habe ich Platz in meinem Herzen?
3. Welchen Platz nimmt Jesus bei mir ein?

13

Geld regiert die Welt, Ohne Moos nichts los! Oder?

....

Vergleiche anschließend mit
Lk 12,16–21

14

Ziehe sofort zum See Genesaret!

Am Nordufer liegt die Stadt Kafarnaum.

Was weißt du über diesen Ort? Was hat Jesus hier erlebt?

15

Mache zur Freude aller hier Versammelten 10 Kniebeugen vor. Anschließend rücke 3 Felder weiter. Kommst du auf ein Ereignisfeld, brauchst du keine Karte aufzunehmen.

16

Welche Eigenschaft von Jesus beeindruckt dich?

17

Jesus und die Ehebrecherin, (Joh 8,1–11)

Jesus aber ging zum Ölberg. Am frühen Morgen begab er sich wieder in den Tempel. Alles Volk kam zu ihm. Er setzte sich und lehrte es. Da brachten die Schriftgelehrten und die Pharisäer eine Frau, die beim Ehebruch ertappt worden war. Sie stellten sie in die Mitte und sagten zu ihm: Meister, diese Frau wurde beim Ehebruch auf frischer Tat ertappt. Mose hat uns im Gesetz vorgeschrieben, solche Frauen zu steinigen. Nun, was sagst du? Mit dieser Frage wollten sie ihn auf die Probe stellen, um einen Grund zu haben, ihn zu verklagen. Jesus aber bückte sich und schrieb mit dem Finger auf die Erde. Als sie hartnäckig weiterfragten, richtete er sich auf und sagte zu ihnen: Wer von euch ohne Sünde ist, werfe als erster einen Stein auf sie. Und er bückte sich wieder und schrieb auf die Erde. Als sie seine Antwort gehört hatten, ging einer nach dem anderen fort, zuerst die Ältesten. Jesus blieb alleine zurück mit der Frau, die noch in der Mitte stand. Er richtet sich auf und sagte zu ihr: Frau, wo sind sie geblieben? Hat dich keiner verurteilt? Sie antwortete: Keiner, Herr. Da sagte Jesus zu ihr: Auch ich verurteile dich nicht. Geh und sündige von jetzt an nicht mehr.

Verteilt die Rollen der beteiligten Personen dieser Geschichte und spielt sie nach.
Sprecht anschließend darüber, was ihr beim Spiel empfunden habt.

21

Wie wirkt dieses Bild auf dich?

George Grosz, Christus mit Gasmaske,
© VG Bild-Kunst, Bonn 1998

18

Bei einem Disco-Besuch macht dich jemand an. Wie verhältst du dich?
....

Lies anschließend Mt 5,39!

22

Ziehe sofort nach Nazareth!
Was weißt du über diesen Ort?
Was hat er mit Jesus zu tun?

19

Als sie dort waren, kam für Maria die Zeit ihrer Niederkunft, und sie gebar ihren Sohn, den Erstgeborenen. Sie wickelte ihn in Windeln und legte ihn in eine Krippe, weil in der Herberge kein Platz für sie war.
(Lk 2,6–7)

Fragen:

1. Kann man heute noch ein Kind in diese Welt setzen?
2. Die Geburt Jesu – etwas Besonderes?

23

Wir freuen uns auf drei Liegestütze von dir.
Für jeden erfolgreichen darfst du 1 Feld vorrücken.

20

Welche Eigenschaft von Jesus befremdet dich?

24

Ein Freund/eine Freundin hat dich sehr verletzt. Er/sie bittet dich um Verzeihung. Wie reagierst du? Was würdest du verzeihen, was nicht?
....

Lies anschließend Mt 18,23–35

25

Stell dir vor, jemand sagt zu dir:

„Wenn es dir mies geht, will ich bei dir sein und dir Mut machen. Und wenn du dich eingeengt fühlst, will ich mit dir nach Wegen aus der Enge suchen. Wenn du nicht mehr weiterweißt, will ich mit nach Lösungen suchen. Und wenn du seelisch verletzt bist, will ich bei dir sein und dich trösten."

Wie würde dies auf dich wirken?
Was wäre dieser Mensch für dich?
....

Vergleiche anschließend mit
Lk 4, 18b–19

26

Mt 14,22–32 gleich darauf forderte er die Jünger auf, ins Boot zu steigen und an das andere Ufer vorauszufahren. Inzwischen wollte er die Leute nach Hause schicken. Nachdem er sie weggeschickt hatte, stieg er auf einen Berg, um in der Einsamkeit zu beten. Spät am Abend war er immer noch allein auf dem Berg Das Bott aber war schon viele Stadien vom Land entfernt und wurde von den Wellen hin und her geworfen, denn sie hatten Gegenwind. In der vierten Nachtwache kam Jesus zu ihnen; er ging auf dem See. Als ihn die Jünger über den See kommen sahen, erschraken sie, weil sie meinten, es sei ein Gespenst, und sie schrien vor Angst. Doch Jesus begann mit ihnen zu reden und sagte: Habt Vertrauen, ich bin es; fürchtet euch nicht! Darauf erwiderte ihm Petrus: Herr, wenn du es bist, so befiehl, daß ich auf dem Wasser zu dir komme. Jesus sagte: Komm! Da stieg Petrus aus dem Boot und ging über das Wasser auf Jesus zu. Als er aber sah, wie heftig der Wind war, bekam er Angst und begann unterzugehen. Er schrie: Herr, rette mich! Jesus streckte sofort die Hand aus, ergriff ihn und sagte zu ihm: Du Kleingläubiger, warum hast du gezweifelt? Und als sie ins Boot gestiegen waren, legte sich der Wind.

Fragen:
1. Petrus verliert den Boden unter den Füßen. Kennst du ähnliche Situationen?
2. Nach welchem Strohhalm kann man in solchen Situationen greifen?
3. Könnte Jesus deine Rettung sein? Begründe deine Auffassung!

27

Jesus sagt zu ihm: Ich bin der Weg und die Wahrheit und das Leben; niemand kommt zum Vater außer durch mich. (Joh 14,6)

Fragen:
1. Was wünsche ich mir auf meinem Lebensweg?
2. Wovor habe ich Angst auf meinem Weg?
3. Könnte Jesus für mich Weg sein?

28

Man muß das Leben von der angenehmsten Seite nehmen. Man gönnt sich ja sonst nichts. Oder?
....

Lies dazu anschließend Mt 7, 13–14

29

Die Geschichte von der Heilung eines Gelähmten (Mt 9, 1–8)

Jesus stieg in das Boot, fuhr über den See und kam in seine Stadt. Da brachte man auf einer Tragbahre einen Gelähmten zu ihm. Als Jesus ihren Glauben sah, sagte er zu dem Gelähmten: Hab Vertrauen, mein Sohn, deine Sünden sind dir vergeben! Da dachten einige Schriftgelehrte: Er lästert Gott. Jesus wußte, was sie dachten, und sagte: Warum habt ihr so böse Gedanken im Herzen? Was ist leichter, zu sagen: Deine Sünden sind dir vergeben!, oder zu sagen: Steh auf und geh umher? Ihr sollt aber erkennen, daß der Menschensohn die Vollmacht hat, hier auf der Erde Sünden zu vergeben. Darauf sagte er zu dem Gelähmten: Steh auf, nimm deine Tragbahre, und geh nach Hause! Und der Mann stand auf und ging heim. Als die Leute das sahen, erschraken sie und priesen Gott, der den Menschen solche Vollmacht gegeben hat.

Verteilt die Rollen der beteiligten Personen und spielt diese Geschichte nach.
Sprecht anschließend darüber, was ihr beim Spiel empfunden habt.

30

Du hast Glück gehabt. Du darfst noch einmal würfeln.
Allerdings ziehst du dann mit der erwürfelten Punktzahl in die Gegenrichtung

31

Darauf sagte Jesus zu seinen Jüngern:

Wer mein Jünger sein will, der verleugne sich selbst, nehme sein Kreuz auf sich und folge mir nach. Denn wer sein Leben retten will, wird es verlieren; wer aber sein Leben um meinetwillen verliert, wird es gewinnen. Was nützt es einem Menschen, wenn er die ganze Welt gewinnt, dabei aber sein Leben einbüßt?

(Mt 16,24–26a)

1. Hast du schon einmal „dich selbst vergessen", um etwas für andere zu tun? Welche Erfahrung hast du damit gemacht?

2. „Die Welt gewinnen – sich selbst verlieren": Wie sieht das aus?

32

Was ist für dich im Leben am wichtigsten?

(Nenne spontan wenigstens 3 Punkte)
....

Vergleiche deine Nennungen anschließend mit
Mt 6,19–21

33

Würde sich in deinem Leben etwas ändern,
wenn du von Jesus noch nie etwas gehört hättest?

37

Ziehe sofort in die Wüste Juda!
Was hat Jesus hier erlebt?

34

Roland Peter Litzenburger

Wie wirkt dieses Bild auf dich?

38

Wenn dir heute Jesus begegnen würde, was würdest du ihm sagen, worüber würdet ihr sprechen?

35

„So werden die Letzten die Ersten sein und die Ersten die Letzten." (Mt 20,16)

Verfahrt jetzt ebenso: Der Führende tauscht seine Position mit dem Letzten, der 2. mit dem Vorletzten usw.!

39

Ziehe sofort nach Jerusalem!
Was weißt du über diese Stadt?
Was hat Jesus hier erlebt?

36

Er trug sein Kreuz und ging hinaus zur sogenannten Schädelhöhle, die auf hebräisch Golgota heißt. (Joh 19,17)

1. Erzähle von einem Menschen, der ein Kreuz zu tragen hat!
2. Jesus hat sein Kreuz getragen. Was könnte dies Menschen in leidvollen Situationen sagen?

40

Dein Chef weiß, daß er der Chef ist:
Er läßt dich die ganze Dreckarbeit machen. Du bist sein Laufbursche.
Dein Vater sagt: „Lehrjahre sind keine Herrenjahre!"
Was meinst du dazu?
....

Vergleiche anschließend mit Mt 20,25–26

41
Die Geschichte von der Heilung des Bartimäus
(Lk 18,35–42)
Als Jesus in die Nähe von Jericho kam, saß ein Blinder an der Straße und bettelte. Er hörte, daß viele Menschen vorbeigingen, und fragte: Was hat das zu bedeuten? Man sagte ihm: Jesus von Nazaret geht vorüber. Da rief er: Jesus, Sohn Davids, hab Erbarmen mit mir! Die Leute, die vorausgingen, wurden ärgerlich und befahlen ihm zu schweigen. Er aber schrie noch viel lauter: Sohn Davids, hab Erbarmen mit mir! Jesus blieb stehen und ließ ihn zu sich herführen. Als der Mann vor ihm stand, fragte ihn Jesus: Was soll ich dir tun? Er antwortete: Herr, ich möchte wieder sehen können. Da sagte Jesus zu ihm: Du sollst wieder sehen. Dein Glaube hat dir geholfen. Im gleichen Augenblick konnte er wieder sehen. Da pries er Gott und folgte Jesus. Und alle Leute, die das gesehen hatten, lobten Gott.

Verteilt die Rollen der beteiligten Personen und spielt diese Geschichte nach.
Sprecht anschließend darüber, was ihr beim Spiel empfunden habt.

42

„Mit ein bißchen Mogeln kommt man schneller voran!"
Was hältst du von dieser Aussage?
....

Vergleiche anschließend mit Mt 5,8!

43

Leider mußt du jetzt 4 Felder zurückziehen. Dafür darfst du einen anderen Stein 2 Felder vorrücken. Gelangt einer der Steine auf ein Ereignisfeld, braucht keine Ereigniskarte gezogen zu werden.

44

Bei dem Kreuz Jesu standen seine Mutter und die Schwester seiner Mutter, Maria, die Frau des Klopas, und Maria von Magdala. (Joh 19,25)

Fragen:
1. Unter welchem Kreuz muß ich aushalten?
2. Wie gehe ich mit Schmerzen um?
3. Wann kann ich Leid nicht mehr aushalten und schaue weg?

45

Ziehe sofort nach Jericho. Was weißt du über diesen Ort? Was hat Jesus hier erlebt?

46
(Mt 27,57–60)
Gegen Abend kam ein reicher Mann aus Arimathäa namens Josef; auch er war ein Jünger Jesu. Er ging zu Pilatus, und bat um den Leichnam Jesu. Da befahl Pilatus, ihm den Leichnam zu überlassen. Josef nahm ihn und hüllte ihn in ein reines Leinentuch. Dann legte er ihn in ein neues Grab, das er für sich selbst in einen Felsen hatte hauen lassen. Er wälzte einen großen Stein vor den Eingang des Grabes und ging weg.
Fragen:
1. Wie wirkt die Beerdigung Jesu auf dich?
2. Welche Beerdigungen hast du schon erlebt? Erzähle!
3. Wie möchtest du selbst einmal beerdigt werden?

47

Dieses Bild war ursprünglich ein Poster, das Oskar Kokoschka (geb. 1886) unmittelbar nach dem Zweiten Weltkrieg entwarf. In dieser Zeit starben viele Kinder in dem durch den Krieg verwüsteten Europa. Kokoschka ließ das Plakat in 5000 Exemplaren drucken und in den Londoner U-Bahnstationen aufhängen, um Leute zu bewegen, den hungernden Kindern zu helfen.
Kokoschka wollte damit bewußt machen, daß wir für andere dasein sollen, wie Jesus für andere dagewesen ist.

Christus speist die hungernden Kinder
Lithographiertes Plakat (1945)
von Oskar Kokoschka

Euer/Eure GruppenleiterIn hat in einem Umschlag leicht veränderte Exemplare des Bildes von Kokoschka aufbewahrt. Stifte sollten ebenfalls bereitliegen.
Jede(r) von euch hat nun die Aufgabe, dieses Plakat für die heutige Zeit zu gestalten.

48

Nenne einige Eigenschaften Jesu!

49

Rücke 4 Felder vor. Gelangst du dabei auf ein Ereignisfeld, darfst du 2 weitere Felder vorrücken.

50
Du glaubst schon irgendwie an Gott.
Aber Beten, das ist doch verstaubt.
Oder?

.....

Jesus ist ein gefragter Mann.
Andauernd wollen Leute etwas von ihm.

Lies weiter bei Mk 1,35.
Warum tut er das? Kannst du das nachempfinden?

Gestalte dieses Plakat für unsere Zeit!

51

Wenn Jesus heute lebte, dann ....

52

Die Geschichte von der Heilung des Aussätzigen
(Mt 8,1–4)

Als Jesus von dem Berg herabstieg, folgten ihm viele Menschen. Da kam ein Aussätziger, fiel vor ihm nieder und sagte:
Herr, wenn du willst, kannst du machen, daß ich rein werde. Jesus streckte die Hand aus, berührte ihn und sagte: Ich will es – werde rein! Im gleichen Augenblick wurde der Aussätzige rein. Jesus aber sagte zu ihm: Nimm dich in acht! Erzähl niemand davon, sondern geh, zeig dich dem Priester und bring das Opfer dar, das Mose angeordnet hat. Das soll für sie ein Beweis (deiner Heilung) sein.

Verteilt die Rollen der beteiligten Personen und spielt die Geschichte nach.

Sprecht anschließend darüber, was ihr beim Spiel empfunden habt.

Hintergrundinformationen zu einigen Ereigniskarten für den/die Katecheten/in

Nr. 3: „Jordan“:
In der Gegend von Jericho am südlichen Jordan lebt Johannes der Täufer. Als Bußprediger erwartet er das Ende der Geschichte, verlangt von jedem die Umkehr angesichts des drohenden Gerichts Gottes und tauft die Menschen im fließenden Wasser des Jordan. Die einmalige Taufe gilt als Siegel für die erfolgte Umkehr. Jesus läßt sich von Johannes taufen. Die Taufe Jesu gilt als Beginn seines „öffentlichen Wirkens“. (Vgl. Mk 1,1–11)

Nr. 4: „Jesus als der gute Hirte“:
Dieses Bild gehört zum sentimentalen Naturalismus, dem sog. Nazarener-Stil, einer Kunstrichtung der 2. Hälfte des 19. Jahrhunderts innerhalb der kath. Kirche, die bis in die Mitte unseres Jahrhunderts als „Herz-Jesu-Verehrung“ Ausdruck des katholischen Frömmigkeitslebens war. Ein zweifelsfreier, kindlicher, demütiger und hingebungsvoller Glaube entwirft ein Jesusbild, dem man sich andächtig und bedenkenlos hingeben kann.

Nr. 14: „Kafarnaum“:
(= Dorf des Nahum). 4–5 KM westlich der Jordaneinmündung in den See Gennesaret gelegen. Durch die etwa 500 m lange Siedlung am Ufer des Sees mit einfachen, einstöckigen Häusern führt die Karawanenstraße ins Ostjordanland. Kafarnaum gehört politisch zu Galiläa und ist Grenzstadt zwischen Galiläa (Herodes Antipas) und Gaulantis (Philippus). Neben einer Zollstation und einer Synagoge gibt es eine römische Besatzung mit einem Hauptmann an der Spitze. Im Ort wohnen die Fischer Simon Petrus und sein Bruder Andreas. Kafarnaum wird die 2. Heimat Jesu, „seine Stadt“ (Mt 9,1) und Zentrum seines öffentlichen Wirkens. Im NT wird dieser Ort oft erwähnt:

Mt 4,13	Jesus zieht von Nazareth nach Kafarnaum
Mk 1,29–34	Heilungen in Kafarnaum
Mk 2,1–12	Jesus heilt die Gelähmten
Mk 5,22	Jesus heilt die Tochter des Jairus
Mt 8,5–13	Jesus heilt den Knecht des Hauptmanns
Mt 11,23	Jesus verflucht die Stadt Kafarnaum wegen ihres Unglaubens

Heute sind Teile Kafarnaums ausgegraben. U.a. sind Reste der Synagoge und des Hauses von Simon Petrus zu besichtigen.

Nr. 21: George Grosz:
„Christus mit Gasmaske und Soldatenstiefeln“
George Grosz (1893–1959) klagt in seinen Bildern und Zeichnungen u.a. die Realität von Krieg und Vernichtung an. In karikierenden Zeichnungen geißelt er Militarismus und Bourgeoisie. In dieser Zeichnung, die nach dem 1. Weltkrieg entsteht, erinnert er an den sinnlosen Tod vieler Soldaten in den Schützengräben und durch Gasangriffe. Christus ist hier tausendfach aufs neue gekreuzigt worden.

Nr. 22: „Nazareth“:
Zur Zeit Jesu ist Nazareth ein kleines, unbedeutendes Dorf in Galiläa. Ca. 340 m über dem Meeresspiegel gelegen, ist Nazareth von Anhöhen umgeben. Der Ort verfügt über eine Synagoge. Die längste Zeit seines Lebens verbringt Jesus hier in und mit seiner Familie. Als erstgeborener Sohn eines Zimmermanns lernt er den Beruf eines Zimmermanns. Nach Lk 4,16–30 wird er in Nazareth als Prophet abgelehnt.

Nr. 34: Roland Peter Litzenburger
„Mich dürstet nach reinem Wasser“, 1974, Feder
Mit dieser Zeichnung klagt R.P. Litzenburger die Verunreinigung des Bodensees an. Der gekreuzigte Jesus leidet in der gepeinigten Kreatur mit.

Nr. 37: Wüste Juda:
Geographisch handelt es sich um den östlichen Abhang des judäischen Berglandes. Begrenzt wird die Wüste Juda nach Osten hin vom Jordan und Toten Meer. Die jährliche Niederschlagsmenge überschreitet selten 100 mm. In biblischer Zeit ist die Wüste Juda Zufluchtsort für Söldnertruppen (David), jüdische Freiheitskämpfer (Masada) und religiöse Gemeinschaften (Qumran). Noch heute leben christliche Mönche als Einsiedler oder in Klöstern in der Wüste Juda.
In der Bibel gilt die Wüste als Ort der Ängste und Nöte, tödlicher Gefahren, wilder Tiere, des Gerichtes, der Dämonen und des Todes, aber auch als Ort der Wahrheit und Umkehr, der Gottesbegegnung und des Heils.
In der Wüste Juda spielen die Erzählungen vom barmherzigen Samariter (Lk 10,25–37) und von der Versuchung Jesu (Mt 4,1–11).

Nr. 39: Jerusalem:
In ihrer weit mehr als 3000jährigen Geschichte hat diese im judäischen Bergland gelegene Stadt (ca. 750 m über dem Meeresspiegel) eine Vielzahl an Zerstörungen, Eroberungen, aber auch Neuanfängen erlebt.

Zur Zeit Jesu hat Jerusalem etwa 55.000 Einwohner. Mittelpunkt der Stadt ist der Tempel, das religiöse Zentrum des Judentums. Der Tempel wird als Wohnung Gottes verstanden. In Jerusalem ist der Hohe Rat, der oberste jüdische Gerichtshof, ansässig. Nahe beim Tempel ist in der Burg Antonia eine starke, römische Besatzung stationiert.

Zu den drei großen jüdischen Wallfahrtsfesten (Pessach = Erinnerung an den Auszug und die Befreiung aus Ägypten, gefeiert am Frühlingsanfang; Schawuoth = Erinnerung an die Verleihung der Thora am Sinai, gefeiert 50 Tage nach Pessach; Sukkoth = Laubhüttenfest, Erinnerung an die 40jährige Wanderung durch die Wüste, gefeiert im Herbst) sind ca. 125.000 Pilger zusätzlich in der Stadt.

Im Laufe seines Lebens ist Jesus etliche Male in Jerusalem gewesen. Als Kind wird er im Tempel beschnitten und dargestellt (Lk 2,21–40). Als 12jähriger zieht er zum Paschafest mit seinen Eltern nach Jerusalem hinauf (Lk 2,41–52).

Nach Johannes feiert Jesus mehrere Wallfahrtsfeste in Jerusalem mit. Die Heilungen eines 38 Jahre lang Gelähmten (Joh 5,1–16) und eines Blinden (Joh 9,1–7) werden geschildert. Nach den Evangelisten sind Jesu Einzug in Jerusalem, die Vertreibung der Händler und Geldwechsler aus dem Vorhof des Tempels, seine Verhaftung, Verurteilung, Kreuzigung und Auferstehung hier lokalisiert.

Nr. 45: Jericho:

Jericho ist die älteste städtische Besiedlung der Erde. Eine starke Quelle, 7 km westlich des Jordan, ermöglicht ihre Besiedlung. Jericho liegt etwa 200 m unter dem Meeresspiegel am Rand des Jordangrabens.

Zur Zeit Jesu besitzt Herodes einen Winterpalast am Rande Jerichos und etliche fruchtbare Plantagen, wo Datteln, Feigen, Gemüse und Balsam angebaut werden.

Der günstigste Weg von Kafarnaum nach Jerusalem führt über Jericho. Die Heilung des blinden Bartimäus und die Begegnung Jesu mit Zachäus werden hier berichtet.

WAS IST WICHTIG IN MEINEM LEBEN?

Versuche zunächst über das, was für dich in deinem Leben wichtig ist, nachzudenken, indem du folgenden Test machst:

mich für die Erhaltung der Umwelt einsetzen	
mich durchsetzen können	
ehrlich sein	
gute Leistungen bringen	
Freunde finden	
Spaß haben, Interessantes erleben	
mich für andere einsetzen	
keine Gewalt anwenden	
Gott als Halt erfahren	
gut verdienen	
von anderen so angenommen werden, wie ich bin	
ein gutes Verhältnis zu meinen Eltern	
gegen Unrecht angehen	
„Farbe bekennen"	
mich selbst annehmen	

✪ Versuche, die oben aufgeführten Punkte in eine Rangfolge zu bringen! Kennzeichne dabei den Punkt, der für dich am wichtigsten ist, mit der Zahl 1, den, der am zweitwichtigsten ist, mit der Zahl 2 usw.!

Chaval
Zum Lachen und zum Heulen,

Der Tempelplatz mit dem Heiligtum, den Höfen und Hallen.
Deutlich ist die Barriere zwischen dem Vorhof der Juden und der Heiden zu erkennen.

Uralte Wege verbinden die Orte am Ölberg und führen von der Höhe ins Kidrontal und zur Heiligen Stadt.

Zwischen dem Zionstor unten rechts und der Dormitiokirche graben Archäologen nach dem „Haus des Kajafas".

Blick auf Gebäude und Höfe des ehemaligen Herodespalastes, das Prätorium des Pilatus.

Wenn Herodes Antipas in Jerusalem weilte, diente ihm der Palast der Hasmonäer als Wohnung.

Warum mußte Jesus sterben?

A. Die geschichtlichen Ereignisse beim Tod Jesu

Die Kreuzigung als Todesstrafe

Daß Jesus von Nazareth unter Pontius Pilatus gekreuzigt wurde, ist eine Tatsache, an der niemand zweifeln kann, wenn er nicht ganz willkürlich die uns überlieferten biblischen und außerbiblischen Zeugnisse außer acht lassen will. Unter welchen Umständen und warum Jesus aber gekreuzigt wurde, darüber sind die Meinungen sehr verschieden.

Über Kreuzigungen in Palästina zur Zeit Jesu wissen wir genug, um uns ein Bild zu machen. Wahrscheinlich von den Persern erfunden, wurde die Kreuzigung von den Römern übernommen, bei denen nur Sklaven, Rebellen, Deserteure und Tempelschänder damit bestraft wurden. Die praktische Durchführung der Kreuzigungsstrafe läßt sich aus verschiedenen Zeugnissen antiker Schriftsteller und aus der römischen Gesetzgebung einigermaßen genau rekonstruieren. Vor allem in Palästina haben die Römer sie immer wieder zur Abschreckung von Rebellion angewandt. Im Rahmen der Schilderung der Belagerung von Jerusalem im Jahre 70 n. Chr. berichtete der Geschichtsschreiber Josephus, der selbst Augenzeuge war: „Die Soldaten aber trieben voller Wut und Haß ihren Spott mit den Gefangenen, indem sie jeden in einer anderen Stellung ans Kreuz nagelten, und bald fehlte es an Platz für die Kreuze und an Kreuzen für die Leiber, so viele waren es." Aber schon rund 75 Jahre früher, d. h. also etwa zur Zeit der Geburt Jesu, sollen nach Josephus in den Bergen um Jerusalem 2000 jüdische Rebellen gekreuzigt worden sein.

Jesus von Nazareth war demnach nur einer von vielen Tausenden, die am Kreuz qualvoll starben.

Der Prozeß Jesu

Wie kam es zum Prozeß Jesu? Jüdische und christliche Forscher der Neuzeit haben viel Mühe und Scharfsinn darauf verwendet, den Prozeß Jesu zu rekonstruieren. Die Berichte darüber im Neuen Testament sind vielfach unklar und sicherlich nicht unparteiisch. Es läßt sich aufweisen, daß sich hinter ihrer Darstellung die Absicht verbirgt, den Römern dabei weniger Schuld anzulasten als den Juden. Es zeigen sich – vor allem aus den aus ehemaligen Heiden zusammengesetzten und nicht aus dem Judentum kommenden urchristlichen Gemeinden – antijüdische Gefühle, die zu einer entsprechenden Färbung der Berichte führten. Typisch dafür ist die Stelle Mt 27,23–25, die von vielen Auslegern als ungeschichtlicher, legendenhafter Zusatz angesehen wird („eine entsetzliche Erfindung ... schuldig an Meeren von Menschenblut", wie C. G.

Montefiore im Blick auf den sich darauf berufenden christlichen Antisemitismus und seine Folgen hinzufügt.)

Sicher ist freilich auch, daß Jesus vor allem mit jüdischen Theologen und Institutionen in Konflikt geraten war. Seine Gegner kritisierten den auffälligen Vollmachtsanspruch, mit dem er auftrat, und daß er seine Lehre als den Willen Gottes ausgab. Für sie wich diese Lehre sehr oft von der geheiligten Tradition ab: „Er lästert Gott!" (Mk 2,7). Manche hielten Jesus als vom Satan besessen, also für einen gefährlichen und fanatischen Irrlehrer (Mk 3,22 und 30); sogar seine Angehörigen hielten ihn für verrückt (Mk 3,21)! Bei der Folterung forderten ihn seine Peiniger auf zu „prophezeien", um ihn als einen Lügenpropheten überführen zu können (Mk 14,65). Nach den damaligen jüdischen Gesetzen stand auf nachweislich falschem prophetischem Anspruch die Todesstrafe (Dtn 18,20). Die Tempelreinigung (Mk 11,15ff.) mußte als Provokation gegen die heilige Stätte und den Opferkult empfunden werden (vgl. Jer 26,11). Der Tumult, der damit verbunden war, konnte auch der römischen Besatzungsmacht nicht verborgen bleiben, und auf Tumulte reagierte diese stets allergisch.

Es haben wohl jüdische und römische Behörden zusammengewirkt, um den Unruhestifter Jesus zu beseitigen. Aber anders als es das Neue Testament darstellt, hat der Hohe Rat nicht das Todesurteil über Jesus gesprochen, denn nach dem jüdischen Gesetz durften die Mitglieder des Hohen Rates (aramäisch „Sanhedrin") nur am Tage, nicht jedoch in der Nacht verhandeln. Zum anderen wurde ein Todesurteil niemals am ersten Verhandlungstag gefällt, sondern erst am darauffolgenden Tag. Der neutestamentliche Bericht vom Verhör Jesu vor dem Hohen Rat paßt demnach nicht zur überlieferten Prozeßordnung. Mk 14,55–65 erweckt den Eindruck, als ob der Hohe Rat in einer einzigen Sitzung zur Nachtzeit Jesus zum Tode verurteilt hätte. Das ist mehr als unwahrscheinlich. Es läßt sich ferner ziemlich sicher nachweisen, daß damals der Hohe Rat ohne Genehmigung des römischen Statthalters gar keinen Kapitalprozeß führen und kein Todesurteil fällen durfte (das wird auch Joh 18,31 gesagt). Sicher ist dagegen, daß das Todesurteil von Pontius Pilatus kam. Ihm folgte die Kreuzigung, die römische Rebellenstrafe. Juden haben sie nie angewendet. Jesus wurde als Aufrührer zwischen zwei Rebellen (nicht „Räuber", wie meistens übersetzt wird) gekreuzigt, aller Wahrscheinlichkeit nach am Freitag, dem 7. April des Jahres 30 unserer Zeitrechnung.

B. Jesu eigenes Verständnis seines Todes

Wie Jesus selbst seinen Tod verstanden hat, läßt sich aus den neutestamentlichen Quellen mit hinreichender Sicherheit beantwortet.

Der Bezug zum AT

Jesus wußte aus seiner Bibel, dem Alten Testament, aber auch aus dem Schicksal des Täufers Johannes, daß Propheten oft um ihrer Sendung willen Anfeindung, Leiden oder gar den Tod auf sich nehmen mußten, und er bezog solches auch auf sich selbst (Lk 13,33: Märtyrertod als Prophet in Jerusalem!). Als Jesus nach Jerusalem zog und im Tempel die Geldwechsler und Opfertierhändler hinausjagte, war ihm das Gefährliche eines solchen Unternehmens sicher bewußt. Daß Jesus seinen Tod voraussah, wird vollends deutlich beim letzten Mahl. Es ist umstritten, ob dieses letzte Mal ein Passahmahl war oder nur ein besonders hervorgehobenes Gemeinschaftsmahl des engsten Jesuskreises.

Das letzte Mahl

Beim Passahmahl war es die übliche Pflicht des Hausvaters, die Speisen in Bezug zu setzen zu den Ereignissen des Auszugs der Vorfahren aus Ägypten („warum ißt man das gebratene Lamm, die bitteren Kräuter, das ungesäuerte Brot usw.? Darum, weil ..."). Als Hausvater in diesem Kreis deutete Jesus beim letzten Mahl – den Passahcharakter einmal vorausgesetzt – die Speisen, die er darreichte, in einem ganz neuen Sinn: Das gebrochene Brot ist sein gebrochener Leib, der in den Becher gegossene Wein ist sein vergossenes Blut. Damit spielte er auf seinen gewaltsamen Tod an, den er als Opfer verstand. Indem Jesus Brot und Wein den Jüngern zum Verzehr darbot, gab er ihnen zu verstehen, daß dieser Opfertod ihnen zugute kommen würde. Jesus benutzte also eine religiöse Symbolik, die seinem Schülerkreis verständlich sein mußte. (vgl. Jes 53,4ff.)

Der Tod am Kreuz

Sein Tod am Kreuz erfolgte – wie üblich bei dieser Strafe – unter Qualen. Die Worte „Mein Gott, mein Gott, warum hast du mich verlassen?" sind ein Zitat aus dem 22. Psalm. Die Gefühle und Hoffnungen, die im ganzen Psalm zum Ausdruck kommen, weisen auf einen Menschen, der für die Sache Gottes eintritt und sich dabei von den Menschen und schließlich auch noch von Gott verlassen glaubte. Dennoch ließ er die Hoffnung auf Gott nicht fahren.

aus: Oberstufe Religion, Heft 7, Mack/Volpert,
Der Mann aus Nazareth – Jesus Christus,
Herausgegeben von Eckart Margraf und Eberhard Röhm,

Der Kreuzweg Jesu – Mein Kreuzweg im vergangenen Jahr

1. Geldbeutel – Jesus wird verraten

In der Bibel steht, daß Judas Jesus an die Hohenpriester ausliefern will. Als diese vom Vorhaben des Judas erfahren, versprechen sie ihm Geld.

Warum verrät Judas seinen Freund?
Aus Geldgier, wie so oft behauptet?
Oder war er enttäuscht von Jesus, hatte er seine Hoffnung verloren?
Warum verrät Judas seinen Freund?
Warum verrätst du deinen Freund?
Warum verrate ich meinen Freund?
Warum verrate ich mich?

- Sich verraten fühlen – erinnere ich mich an Situationen im vergangenen Jahr?
- Habe ich jemanden verraten?
- Habe ich mich selbst verraten?
- Bin ich verraten worden?

2. Kelch – Jesus ist verlassen

Jesus kennt den Ernst der Situation, er ahnt, daß ihm der Konflikt mit den Hohenpriestern, Ältesten und Schriftgelehrten bevorsteht, er ahnt den nahen Tod.
Er zieht sich zurück, will allein sein mit sich, mit Gott und seinen besten Freunden.

Doch die Freunde schlafen, verschlafen die Angst des Freundes.
Und Gott? Hört er das verzweifelte Rufen nicht?
Hört er nicht, wie Jesus schreit: „Nicht so, bitte, bitte nicht so! Nimm diesen Kelch von mir!"

Seine Seele ist betrübt bis in den Tod – und Jesus ist verlassen. Verlassenheit, tief, abgrundtief, das ist Getsemani.

- Erinnere ich mich an Situationen tiefster Verlassenheit und Traurigkeit, als meine Seele zu Tode betrübt war?
- Wo waren meine Freunde?
- Wo war ich, als meine Freunde voller Traurigkeit waren?
- Welchen „Kelch" möchte ich nicht trinken?

3. Strick – Jesus wird gefangengenommen

Und dann die Gefangennahme, der Prozeß: Anklagen, Verhöre, Fragen. Sie drehen Jesus einen Strick – aus Glaubensüberzeugung, aus taktischem Kalkül? Wer weiß das schon? Das Todesurteil wird gesprochen. Jesus aber schweigt.

Warum ist es so schwer, einen Menschen auszuhalten, der zeigt, wie wir menschlicher miteinander leben können?

- Wodurch werde ich gefesselt?
- Was hindert mich daran, menschlich zu handeln?
- Wem habe ich einen Strick gedreht? Warum?
- Wo wurde mir ein Strick gedreht? Wie habe ich reagiert?

4. Dornenkrone – Jesus wird geschlagen und verachtet

In der Bibel steht, daß sie Jesus einen Purpurmantel umlegen, eine Dornenkrone aufsetzen, ihn schlagen und verspotten.

Was ist das für ein König?

Und doch ist mir ein König mit einer Dornenkrone, der Leid nicht nur vom Hörensagen kennt, viel lieber als einer, der Gold und Edelsteine trägt.
Und einen König, von Menschen geschlagen und verachtet, den achte ich mehr als einen, der Macht ausübt, indem er Menschen verachtet, quält und foltert.

- Wo habe ich Menschen verletzt und verachtet?
- Wo habe ich Verachtung gespürt? Wer/Was hat mich verletzt?
- Was war für mich wie ein Schlag ins Gesicht?

5. Kreuz – Jesus stirbt

Sie führen Jesus zur Kreuzigung: Schmerzen, Demütigung, Verachtung. Und dann stirbt Jesus, einsam und verlassen, wie er seinen Leidensweg gegangen war.
Nur ein paar Frauen schauen von weitem zu.

Ein letzter Schrei, eine letzte Frage:
„Mein Gott, mein Gott, warum hast du mich verlassen?"

- „Mein Gott, mein Gott, warum hast du mich verlassen?" – erinnere ich mich an Situationen, in denen ich dies hätte rufen können?
- Sterben und Tod in meinem Leben – wie habe ich dies erfahren?
- Habe ich im vergangenen Jahr von jemandem Abschied nehmen müssen – konnte ich trauern?

Ich bin gekreuzt

1. Gerade sein:
Den Ast anschauen, fühlen, ihn an den Enden fassen, ihn „sprechen" lassen.

Dieses Stück Ast ist ein Gleichnis für mich und mein Leben.
So bin ich, oder besser,
so möchte ich sein:
jung,
gesund,
voller Kraft und Leben,
gut gewachsen,
natürlich und schön,
gerade und richtig.
Alles in meinem Leben sollte glatt gehen!

2. Gespannt sein:
Den Ast mit beiden Händen anspannen, erst leicht, dann etwas stärker.

Nur keine Angst vor Anforderungen.
Ich verkrafte einiges.
Mich bringt so schnell nichts um.
Ich schaff' das schon!
Ich lasse mich nicht unterkriegen.
Denen werde ich es zeigen!
Ich bin doch kein Kind mehr.
So schnell geb' ich nicht auf.
Ich kann das schon alleine.
Ich brauch' dazu niemanden.
Selbst ist der „Mann"!

3. Belastet bis zum äußersten:
Den Ast immer stärker biegen, die intensive Spannung innerlich selbst nachfühlen und aushalten.

Schlimme Belastungssituationen!
Ich bin gespannt bis zum äußersten.
So ein Streß!
Es wird zuviel.
Das ist ja nicht zum Aushalten!
Lang halt' ich das nicht mehr aus.
Was soll das Ganze?
Das schaff' ich nicht mehr.
Es geht über meine Kräfte.
Ich beginne, an mir und an den anderen zu zweifeln.
Es geht auf Biegen und Brechen.
Ich kann nicht mehr.
Das hat doch keinen Sinn.
Jetzt geb' ich auf!

4. Angeknackst sein:
Den Ast biegen, bis er knackst; nicht ganz durchbrechen!

Schuld, Leid, Enttäuschung!
In mir ist etwas gerissen, gebrochen.
Es war zuviel!
Ich bin gebrochen.
Sinnlos!
Es besteht keine Aussicht mehr.
Ich hab' versagt.
Hoffnungslos!
Daß mir das passieren muß!
So gemein!
Das hab' ich nicht verdient!
In mir ist alles leer und ausgebrannt.
Diese Schande!
Warum soll ich weiterleben?
Warum?
Aus, Ende, nichts mehr!
Einfach aus!
Einfach aus?

5. Gebrochen sein:
Die Bruchstelle anschauen, hineindenken und -fühlen in diese offene Mitte.

Bis jetzt lief alles glatt.
Wie beim Ast war mein Leben – oberflächlich.
Die Mitte blieb verschlossen.
Die Bruchstelle reißt auf,
liefert aus.
Wächst aus meiner Schwachheit Kraft?
Ist das vielleicht der Sinn von Leid?

Christus, dieses Kreuz,
Dein Kreuz,
ist Zeichen der Begegnung,
ist ein neuer Anfang,
ist Leben
für mich,
für uns!
Macht offen,
ermöglicht einen Blick in das Innere,
in die Tiefe.
Das bin ich also.
Ich erfahre mich anders,
ich erlebe mich neu.
Und der andere?
Ich kann mich nicht mehr vor ihm verstellen.
Hilf mir!
Nimm mich so an, wie ich bin!

6. Dem anderen begegnen:
Mit einem anderen, dem Freund, der Freundin ... zusammengehen, den gebrochenen Ast, den anderen auf mich wirken lassen, dann langsam die Bruchstellen zusammenfügen (die Äste müssen kreuzweise liegen), ineinanderdrücken.

Auch der andere ist gebrochen,
verletzt und schwach,
aufgebrochen und offen.
Wir brauchen einander nichts mehr zu verheimlichen.
Unsere Masken sind gefallen.
Ich kann dem anderen mein Versagen zugeben.
Ich brauch' mich nicht zu genieren,
ich darf ein Stück von mir preisgeben.
Wir können einander trauen.
Die Stelle des Gebrochenseins –
eine Chance für Begegnung,
für echtes Verstehen,
für Einssein?

7. Gekreuzt sein:
Die Stäbe etwas zurechtbiegen, das gemeinsame Kreuz anschauen.

Ich bin gekreuzt mit dem anderen.
Mein Stab, sein Stab –
unser gemeinsames Kreuz!
Wird die schwächste Stelle meine stärkste?
Wächst aus meiner Schwachheit Kraft?
Ist das vielleicht der Sinn von Leid?

aus: Hintersberger, Benedikta, Mit Jugendlichen meditieren, Don Bosco, München [6]1993, S. 75-78

Zeitungsnotiz
Im Sommer 1966 springt Joni Eareckson vom Floß ins Wasser – und schlägt mit dem Kopf auf einen Stein. Seitdem ist sie gelähmt. Drei Jahre lang hadert sie mit Gott, will sich das Leben nehmen. Sie berichtet: Meine Freundin saß neben meinem Bett und versuchte verzweifelt, mich aufzumuntern und mir Mut zu machen. Schließlich platzte sie unbeholfen heraus: „Joni, Jesus weiß, wie du dich fühlst – du bist nicht die einzige ...er war auch gelähmt."
Ich starrte sie an. „Was? Worüber redest du?" Cindy fuhr fort: „Es stimmt doch. Erinnerst du dich nicht? Jesus wurde doch ans Kreuz genagelt. Sein Rücken war wund von den Schlägen, und er muß sich danach gesehnt haben, sich zu bewegen, seine Körperlage zu verändern. Aber er konnte nicht. Er war gelähmt durch die Nägel."
Der Gedanke packte mich. Es war mir vorher niemals klargewesen, daß Gott dieselben stechenden Schmerzen empfunden hatte, die jetzt meinen Körper schwächten. Die Vorstellung tröstete mich. Gott wurde mir unglaublich nah ...

aus: Welt am Sonntag 7.9.1980

Mitleiden können
Reb Mosche Lejb von Sassow erzählte seinem Schüler Reb Hirsch: „Weißt du, von wem ich weiß, was Nächstenliebe bedeutet? Von zwei ruthenischen Bauern, denen ich einmal zugehört habe.
„Iwan, liebst du mich?" sagte der andere. „Weißt du, was mir weh tut?", sagte der eine. „Wie kann ich wissen, was dir weh tut?" sagte der andere. „Wenn du nicht weißt, was mir weh tut, wie kannst du mich lieben?", sagte der eine.
Seit damals weiß ich: Den Nächsten lieben, heißt wissen, was dem Nächsten weh tut."

aus: Hermann Hakel, Wenn der Rebbe lacht, Kindler Verlag, München 1970

Viele sind voller Mitleid

Text und Musik:
Siegfried Macht

Kanon für 4 Stimmen

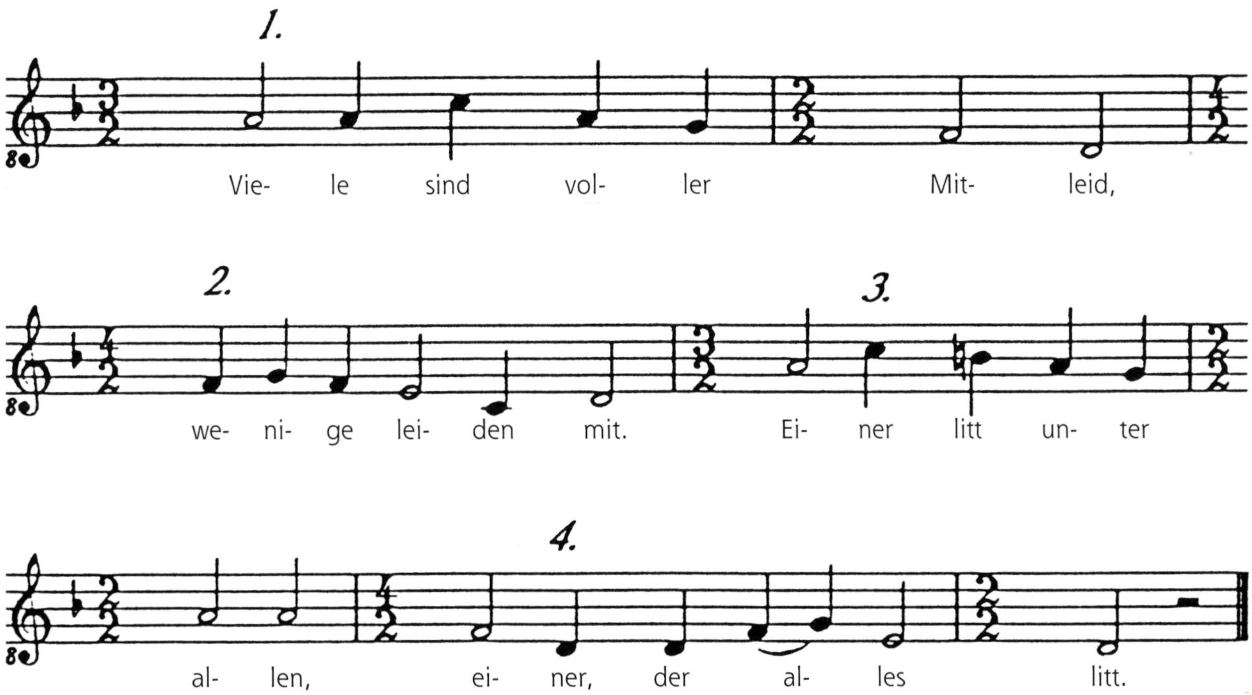

„In Reihe(n) vor dem Altar kniend, ein Bein aufgestellt, Kopf auf das Knie gesenkt; Spitze der Reihe(n) zur Gemeinde (also hintereinander, nicht nebeneinander); zu viert durchgezählt (= Kanoneinsätze)

1. Textzeile:
Kopf und Oberkörper aufrichten, Arme zum Kreuz ausbreiten

2. Textzeile:
Arme gerade nach oben ausstrecken

3. Textezeile:
Arme wieder bis zur Kreuzstellung seitwärts senken

4. Textzeile:
Ausgangsstellung einnehmen, Kopf auf Knie ...

Die Figuren der hintereinander Knienden überlappen sich in der Sicht direkt von vorn zum Kreuz; jeweils die ersten zwei bis drei Zählzeiten (Halbe) jeder Zeile sollten zur Positionsänderung dienen, dann wird die jeweilige Position gehalten.

Dem Lied korrespondierend kann eine Folge von Dias, Fotos aus Zeitungen und Illustrierten, Collagen, eigenen Zeichnungen usw. zusammengestellt werden, letztere evtl. ebenfalls als Dia abgelichtet, so daß alles in ähnlich großem Format auf einer Leinwand sichtbar gemacht werden kann:
Notsituationen, leidende Menschen, Tröstende, Helfende ...
In diese Bildfolge hinein wird von einem Chor oder einer kleinen Ansingegruppe das Lied gesungen, weitet sich zum Kanon und schließt mit Darstellungen des Gekreuzigten aus der Kunst."

aus: Siegfried Macht, Gottes Geist bewegt die Erde, Paderborn 1994

III.3.

Auferweckung Jesu – Eines Tages kam einer, der hatte ein Leben in seinem Tode, eine Auferstehung in seinem Grabe

Die Bibel erzählt von Thomas, einem der Freunde Jesu. Nach dem Tod Jesu berichten ihm die Jünger von ihrer Erfahrung, daß Jesus lebt. Er aber glaubt ihnen nicht, er bleibt skeptisch. Mit eigenen Augen will er Jesus sehen, mehr noch, er will mit seinen Händen die Wunden Jesu berühren. Er will begreifen, daß Jesus lebt. Er ist mir sympathisch, dieser Thomas. Er läßt sich so schnell nichts vormachen. Alles muß Hand und Fuß haben und außerdem, da könnte ja jeder kommen und irgendwelche Märchen erzählen.
Und sowieso: Man muß sich abfinden mit dem Leben, mit dem Sterben – auch mit dem Tod Jesu. Jesus ist gestorben, das ist hart, aber warum sich etwas vormachen?
Thomas sucht das, was auf der Hand liegt: Handgreifliches, Faßbares, Beweisbares.

Lieber Thomas,

Ostern – Hoffnung über den Tod hinaus

Die Evangelien berichten, daß Jesus nicht im Tod geblieben ist, sondern vom Tod auferweckt wurde. Über das „Wie" dieses Vorgangs geben sie keine Auskunft; sie berichten nur vom „Daß". Wissenschaftlich gesehen kann man dies weder beweisen noch widerlegen. Man kann allenfalls beweisen, daß die Anhänger Jesu fest daran geglaubt haben, daß Jesus lebt und daß sie zu diesem Glauben durch im NT bezeugte Erfahrungen gekommen sein müssen und nicht durch bloße Gedanken. Die in 1 Kor 15,4 ff. und in den Evangelien bezeugten Erscheinungen des auferstandenen Jesus müssen so überzeugend gewesen sein, daß die Jünger, die schon vor der Hinrichtung Jesu davongelaufen waren aus Angst, es könne ihnen ähnlich ergehen, nun das gefährliche Risiko auf sich nahmen, sich öffentlich zu einem gekreuzigten Aufrührer zu bekennen. Ohne diese Erfahrungen wäre jedenfalls die Jesusbewegung bald im Sande verlaufen. Darüber sind sich die Geschichtswissenschaftler einig. Gott selbst ließ die Todesmacht nicht das letzte Wort haben; von dieser Überzeugung sind alle neutestamentlichen Aussagen getragen.
Das Erlebnis der Erscheinungen Jesu nach seiner Kreuzigung brachte die Jüngergruppe dazu, das Leben Jesu immer mehr im Lichte der Bibel (d. h. des Alten Testaments) und überlieferter jüdischer Glaubensvorstellungen zu betrachten. Hatte sich bei ihm nicht erfüllt, was längst zuvor geglaubt und beschrieben war, etwa das in Ps 22 und Jes 53 geschilderte Leiden des Gerechten? War er nicht der lang erwartete Messias, der erhoffte Erlöser und Heilbringer? Mit Hilfe solcher theologischer Denkmuster, die aus der Tradition stammen, wird Jesu bleibende Wirksamkeit und überragende Bedeutung für das Heil der Menschen beschrieben. Es werden Jesus verschiedene Würdetitel beigelegt.
Die Taufe im Namen Jesu und die stets neu wiederholte Feier seines letzten Mahles werden sehr bald zu wirksamen Zeichenhandlungen, die eine Verbindung herstellen zwischen dem glaubenden Menschen und dem auferstandenen Christus. In geheimnisvoller Weise bilden die an Jesus Glaubenden einen Organismus, ähnlich einem Leib, an dem sie die Glieder sind und Christus das Haupt darstellt (1 Kor 12,12ff.; Kol 1, 18; Eph 1,22f.). Aus dem Verkündiger ist der Verkündigte geworden. Die Kirche als die Gemeinschaft der Glaubenden erwies sich dabei als das Medium, durch das Jesu Worte und Taten über die Zeiten hinweg an jede Generation von Menschen neu vermittelt werden. Bis in die Gegenwart und in alle Zukunft ergeht durch sie an Menschen das Angebot, Jesu „Schüler" zu werden und durch ihn ein neues Selbst- und Weltverständnis zu gewinnen.

aus: Oberstufe Religion Heft 7, Mack/Volpert, Der Mann aus Nazareth – Jesus Christus, Herausgegeben von Eckart Marggraf und Eberhard Rähm ©1981 by Calwer Verlag, Stuttgart, S. 33

Sonnentanz

Handhaltung: 

Aufstellung: geschlossener Kreis: ⊙

Bewegungseinheit:
Das Gesicht bleibt zur Mitte gewendet:

1 R-rück
2 L-rück
3 R-vorwiegen
4 L-rückwiegen

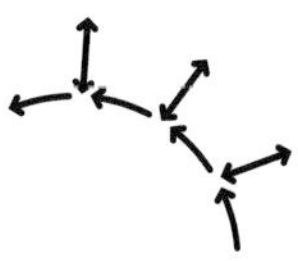

5 R-vorschreiten
6 L-vorschreiten
7 R-seit
8 L-ranstellen//Da capo

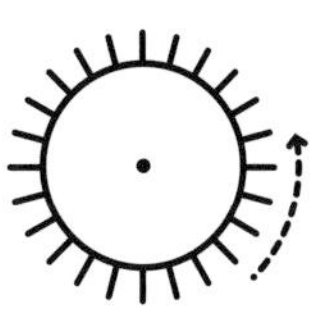

Choreografie: B. Wosien

aus: Wosien, Maria-Gabriele, Sakraler Tanz. Der Reigen im Jahreskreis, Kösel Verlag, München 5. Auflage 1996, S. 82 u. 83.

Traumreise: Auferstehung Jesu – Auferstehung im Leben

- Legt euch ganz bequem auf den Rücken. Sucht die für euch richtige Position.
- Eure Arme und Beine sollen es auch ganz bequem haben. Schüttelt sie noch einmal aus.
- Streckt euch noch einmal richtig.
- Nun liegt ihr richtig.
- Schaut euch ein letztes Mal im Raum um.
- Betrachtet nun die Zimmerdecke.
- Nun schließt langsam die Augen.
- Achte einmal auf deinen Atem. (30 Sek.)
- Du liegst ganz schwer und entspannt auf dem Boden.
- Du fühlst deinen Körper ganz bewußt und intensiv.
- Du bist ganz schwer, gelöst und ruhig.
- Deine Hände und Arme sind ganz schwer.
- Dein Nacken und deine Schultern sind ganz schwer.
- Deine Füße und Beine sind ganz schwer.
- Dein Gesicht ist ganz entspannt und gelöst.
- Du läßt los.
- Du gibst alle Spannung ab – weg von dir.
- Du bist ganz ruhig und entspannt.
- In deiner Phantasie befindest du dich auf einer Ferieninsel, weitab vom hektischen Betrieb.
- Die Insel ist wie ein Traum – so schön:
- Eine Küstenstraße hoch über dem Meer;
- Steilküste aus grauem Stein;
- das Land durchzogen von viel Grün;
- Olivenbäume – so weit das Auge reicht,
- unendlich viele Bäume,
- alte Bäume: knorrig, seltsam, bizarr.
- Jeder Baum hat eine eigene Gestalt.
- Du schaust dir einige Formen an.
- Sie scheinen lebendig, sie erzählen dir Geschichten. (60 Sek.)
- Du gehst auf der leeren Straße an der Küste entlang.
- Ein wunderbarer Duft ist in der Luft.
- Belebend – als sei der ganze Sommer darin gefangen.
- Grillen gehören dazu – das Zwitschern der Vögel
- wie auf ein geheimes Zeichen verstummt alles.
- Still ist es – ganz still.
- Du fühlst die Stille – die Stille ist auch in dir.
- Du bist ganz ruhig.
- Du fühlst dich wohl.
- Nichts ist da, was dich bedrückt.
- Du schaust in die Ferne.
- Die Luft flimmert in der Hitze.
- Vor dir tauchen am Horizont – wie bei einer Fata Morgana – zwei Menschen auf.
- Du kennst die beiden.
- Sie streiten sich.
- Heftig wogt der Streit zwischen ihnen.
- Die beiden finden wieder zueinander.
- Sie versöhnen sich.
- Ein neues Bild taucht vor deinen Augen auf:
- Du siehst dich.
- Du bist ganz allein.
- Einsam. Du weinst.
- Du weißt, was dich bedrückt.
- Es bedrückt dich schwer.
- Von der Seite kommt jemand auf dich zu.
- Er tröstet dich. Seinen Arm legt er um dich.
- Deine Einsamkeit weicht.
- Du kannst das Schwere besser tragen.
- Ein letztes Bild taucht vor deinen Augen auf.
- Wieder bist du es.
- Du hast Angst.
- Du weißt nicht weiter.
- Auf einmal steht ein Freund neben dir.
- Er spricht dir Mut zu.
- Du schaust ihm in die Augen.
- Deine Angst weicht.
- Auf einmal verstehst du, was Auferstehung bedeutet.
- Das Dunkle im Leben weicht. Streit, Einsamkeit und Angst sind aufgehoben – ja selbst der Tod schweigt, wenn er Gott begegnet.
- Das tröstet dich und gibt dir Kraft. (60 Sek.)
- Du gehst langsam weiter.
- Das Meer unter dir ist ruhig und blau.
- Die Wellen wogen hin und her,
- gekrönt von vielen kleinen, weißen Schaumkronen.
- Dein Blick findet keine Grenze.
- Du spürst diese Weite in dir.
- Du bist ruhig, gelöst und ganz entspannt.
- Nun kannst du wieder in diesen Raum zurückkehren.
- Du atmest ganz tief durch.
- Du machst Fäuste.
- Du reckst und streckst deine Arme.
- Du rekelst dich, streckst deinen ganzen Körper.
- Jetzt darfst du herzhaft gähnen.
- Öffne langsam die Augen.

(1) Bert Brecht

Laßt euch nicht verführen!
Es gibt keine Wiederkehr.
Der Tag steht in den Türen;
Ihr könnt schon Nachtwind spüren:
Es kommt kein Morgen mehr.

Laßt euch nicht betrügen!
Das Leben wenig ist.
Schlürft es in schnellen Zügen!
Es wird euch nicht genügen,
Wenn ihr es lassen müßt!

Laßt euch nicht vertrösten!
Ihr habt nicht zu viel Zeit!
Laßt Moder den Erlösten!
Das Leben ist am größten:
Es steht nicht mehr bereit.

Laßt euch nicht verführen
Zu Fron und Ausgezehr!
Was kann euch Angst noch rühren?
Ihr sterbt mit allen Tieren
Und es kommt nichts nachher.

aus: Bert Brecht, Gesammelte Werke, © Suhrkamp Verlag Frankfurt am Main1967 „Laßt Euch nicht verführen"

(2) Hans Küng

Laßt euch nicht verführen!
Es gibt eine Wiederkehr.
Der Tag steht in den Türen;
Ihr könnt schon Nachtwind spüren:
Es kommt ein Morgen mehr.

Laßt euch nicht betrügen!
Das Leben wenig ist.
Schlürft nicht in schnellen Zügen!
Es wird euch nicht genügen,
Wenn ihr es lassen müßt!

Laßt euch nicht vertrösten!
Ihr habt nicht zu viel Zeit!
Faßt Moder die Erlösten?
Das Leben ist am größten:
Es steht noch mehr bereit.

Laßt euch nicht verführen
Zu Fron und Ausgezehr!
Was kann euch Angst noch rühren?
Ihr sterbt nicht mit den Tieren
Es kommt kein Nichts nachher.

aus: Hans Küng, Ewiges Leben?, © Piper Verlag GmbH München 1982, S. 63 f.

(3) Gebet am Ostermorgen

Herr, ich werfe meine Freude
wie Vögel an den Himmel.
Die Nacht ist verflattert,
und ich freue mich am Licht.
So ein Tag, Herr, so ein Tag!

Herr, ich bin fröhlich heute
am Ostermorgen.
Die Vögel und Engel singen,
und ich jubiliere auch.
Das All und unsere Herzen
sind offen für deine Gnade.

Ich fühle meinen Körper und danke.
Die Sonne brennt meine Haut, ich danke.
Herr, ich freue mich an der Schöpfung
und daß du dahinter bist
und daneben
und davor und darüber und in uns.

Herr, ich werfe meine Freude
wie Vögel an den Himmel.
Ein neuer Tag, der glitzert und knistert,
knallt und jubiliert von deiner Liebe.
Jeden Tag machst du. Halleluja, Herr.

aus Westafrika

(4) Entwurf für ein Osterlied

Die Erde ist schön, und es lebt sich
leicht im Tal der Hoffnung.
Gebete werden erhört. Gott wohnt
nah hinterm Zaun.

Die Zeitung weiß keine Zeile vom
Turmbau. Das Messer
findet den Mörder nicht.
Er lacht mit Abel.

Das Gras ist unverwelklicher
grün als der Lorbeer. Im
Rohr der Rakete
nisten die Tauben.

Nicht irr surrt die Fliege an
tödlicher Scheibe. Alle
Wege sind offen. Im Atlas
fehlen die Grenzen.

Das Wort ist verstehbar. Wer
Ja sagt, meint Ja, und
Ich liebe bedeutet: jetzt und
für ewig.

Der Zorn brennt langsam. Die
Hand des Armen ist nie ohne
Brot. Geschosse werden im Flug
gestoppt.

Der Engel steht abends am Tor. Er
hat gebräuchliche Namen und
sagt, wenn ich sterbe:
Steh auf.

Rudolf Otto Wiemer

aus: Rudolf Otto Wiemer, Ernstfall, J. F. Steinkopf Verlag, Stuttgart 1963

(5)

Das könnte manchen Herren so passen
wenn mit dem Tode alles beglichen
die Herrschaft der Herren
die Knechtschaft der Knechte
bestätigt wäre für immer

das könnte manchen Herren so passen
wenn sie in Ewigkeit
Herren blieben im teuren Privatgrab
und ihre Knechte
Knechte in billigen Reihengräbern

aber es kommt eine Auferstehung
die anders ganz anders wird als wir dachten
es kommt eine Auferstehung die ist
der Aufstand Gottes gegen die Herren
und gegen den Herren aller Herren: den Tod

Kurt Marti

aus: Kurt Marti, Werkauswahl in fünf Bänden, Aus: Namenszug mit Mond, Gedichte,

(6)

wenn ich gestorben bin
hat sie gewünscht
feiert nicht mich
und auch nicht den tod
feiert *den*
der ein gott von lebendigen ist

wenn ich gestorben bin
hat sie gewünscht
zieht euch nicht dunkel an
das wäre nicht christlich
kleidet euch hell
singt heitere lobgesänge

wenn ich gestorben bin
hat sie gewünscht
preiset das leben
das hart ist und schön
preiset *den*
der gott von lebendigen ist

Kurt Marti

aus: Kurt Marti, Werkauswahl in fünf Bänden, Aus: Namenszug mit Mond, Gedichte,

(7)

Ich glaube an Jesus Christus
der aufersteht in unser Leben
daß wir frei werden
von Vorurteilen und Anmaßung
von Angst und Haß
und seine Revolution weitertreiben
auf sein Reich hin.
Ich glaube an den Geist
der mit Jesus in die Welt gekommen ist
an die Gemeinschaft aller Völker
und unsere Verantwortung für das
was aus unserer Erde wird
ein Tal voll Jammer Hunger und Gewalt
oder die Stadt Gottes ...

Dorothee Sölle

aus: Credo, in: Meditationen und Gebrauchstexte, Fietkau-Verlag, Berlin.

(8) *Auferstehung*

Manchmal stehen wir auf
Stehen wir zur Auferstehung auf
Mitten am Tage
Mit unserem lebendigen Haar
Mit unserer atmenden Hand.

Nur das Gewohnte ist um uns.
Keine Fata Morgana von Palmen
Mit weidenden Löwen
Und sanften Wölfen.

Die Weckuhren hören nicht auf zu ticken
Ihre Leuchtzeiger löschen nicht aus.

Und dennoch leicht
Und dennoch unverwundbar
Geordnet in geheimnisvolle Ordnung
Vorweggenommen in ein Haus aus Licht.

Marie Luise Kaschnitz

aus: Marie Luise Kaschnitz
Dein Schweigen – meine Stimme, Claassen Verlag,
Hamburg und Düsseldorf 1967

(9)

ihr fragt
wie ist
die auferstehung der toten?
ich weiß es nicht

ihr fragt
wann ist
die auferstehung der toten?
ich weiß es nicht

ihr fragt
gibts
eine auferstehung der toten?
ich weiß es nicht

ihr fragt
gibts
keine auferstehung der toten?
ich weiß es nicht

ich weiß
nur
wonach ihr nicht fragt:
die auferstehung derer die leben

ich weiß
nur
wozu Er uns ruft:

zur auferstehung heute und jetzt

Kurt Marti

aus: Kurt Marti, Werkauswahl in fünf Bänden,
Aus: Namenszug mit Mond, Gedichte,

IV.1. „...da berühren sich Himmel und Erde"

Der Himmel

Ein Rabbi, so wird erzählt, habe Gott gebeten, ihm einmal den Himmel zu zeigen. Da er im Gebet nicht nachließ, sandte ihm Gott einen Propheten, der ihn zu einem kleinen Ausflug ins Jenseits mitnehmen sollte. Dabei kamen sie in einen großen Saal, angefüllt vom Geschrei und Fluchen ausgehungerter Menschen, die um große Kessel mit wohlschmeckender Speise saßen. Vergeblich versuchten sie, mit langen Löffeln, die man nur am Stielende anfassen konnte, die Speise zum Munde zu führen. Ihr erfolgloses Unternehmen brachte sie zur Raserei und Verzweiflung. „Was ist das hier", fragte der Rabbi den Propheten. „Die Hölle", antwortet dieser.
Bald darauf betraten sie einen zweiten großen Raum. Auch hier saßen Menschen um Kessel mit angenehm duftender Speise, sie waren wohlgenährt und vergnügt und unterhielten sich in fröhlicher Weise. Auch sie hatten nur lange Löffel, um die Speise zum Munde zu führen. Sie hatten das Problem aber dahingehend gelöst, daß jeder seinem Nachbarn gegenüber das Essen reichte. „Was ist das", fragte der Rabbi. „Der Himmel", antwortete der Prophet.

aus: Bernhard Matheis,
Ran an den Löwen.
Lebensweisheiten ernst und heiter,
© 1978 by Verlag Josef Knecht, Frankfurt am Main

Tanzbeschreibung

1. Strophe:
Alle gehen einzeln, das Lied singend, im Raum umher.

Refrain:
Alle breiten die Arme weit aus, daß der Körper eine Kreuzgestalt darstellt, und berühren eine der Nächststehenden mit den Fingerspitzen.

2. Strophe:
Zu zweit gefaßt, gehen alle singend im Raum umher und bilden dabei einen großen Kreis, durchfassen.

Refrain:
Alle bleiben im Kreis gefaßt, gehen beim ersten Teil des Refrains Richtung Kreismitte und erheben dabei die gefaßten Hände, beim zweiten Teil des Refrains gehen alle aus der Kreismitte rückwärts zurück und senken die gefaßte Hände.

3. Strophe:
Alle gehen singend im Kreis, die Hände gefaßt.

Refrain:
Handfassung lösen, Arme ausbreiten, mit dem Körper ein Kreuz bilden und die Handinnenflächen auf die Schultern der rechts und links Gehenden legen, so verbunden im Kreis weiter gehen.

Ulla Grysar

aus: Bischöfliches Hilfswerk Misereor e. V. (Hrsg.),
Erwin Mock (Redaktion),
Das Misereor Hungertuch
„Hoffnung der Ausgegrenzten",
Arbeitshefte zum Hungertuch,
Aachen 1996, S. 34

Legende vom Gaukler Pamphalon

Zur Zeit des Kaisers Theodosius lebte in Konstantinopel ein vornehmer Mann namens Hermius. Alle Leute achteten ihn, weil er rechtschaffen und fromm war. Er hegte den festen Wunsch, heilig in der Nachfolge Christi zu leben; doch immer mehr erkannte er, daß dies im normalen Alltag wohl nicht möglich sei. So bat er um Entlassung aus dem kaiserlichen Dienst, verschenkte sein ganzes Vermögen an die Armen und begab sich in die Wüste, um als Säulensteher ein Gott wohlgefälliges Leben zu führen. Schon bald verehrten ihn die Wüstenbewohner als Heiligen, versorgten ihn mit Nahrung, und er verließ 30 Jahre lang seine Säule nicht. Immer mehr hielt er die Welt und die Menschen für von Gott verworfen und böse. Eines Nachts hörte er eine Stimme, die ihm auftrug:

„Geh nach Damaskus und suche den Menschen Pamphalon; der ist mir wohlgefällig, mehr als du!" Da machte sich Hermius auf den Weg. Durch Sonne und Wetter sah er ganz verwildert aus, als er eines Abends in die Stadt kam. Doch niemand nahm ihn auf, nicht einmal die Menschen, die als fromm galten. Zufällig entdeckte er das Häuschen des Pamphalon. Dieser war ein Gaukler, der Reiche und Dirnen mit seinen Späßen unterhielt. Hermius sagte sich: „Das kann doch nicht der Gott wohlgefällige Pamphalon sein. Ein Gaukler!" Doch die innere Stimme hieß ihn eintreten, und sofort kümmerte sich Pamphalon um seinen Gast, richtete ihm ein Lager her und ging dann selbst zu den Dirnen. Die ganze Nacht zweifelte Hermius. Am Morgen kamen beide ins Gespräch, und Pamphalon erzählte Hermius eine Geschichte aus seinem Leben: Ein reicher Grieche hatte ihm vor einiger Zeit ein großes Vermögen zum Lohn für seine Späße geschenkt. Da hatte er geglaubt, endlich sein verachtetes Gauklerdasein aufgeben und sich irgendwo zur Ruhe setzen zu können. Doch kaum hatte er das viele Geld, da bekam Pamphalon Angst: Er verriegelte seine Tür, ließ niemanden mehr eintreten und versteckte seinen großen Besitz. Sein Leben änderte sich vollständig. Eines Abends begehrte eine vermummte Gestalt bei ihm Einlaß. Mißtrauisch öffnete Pamphalon. Da enthüllte die Gestalt ihr Gesicht, und er erkannte eine vornehme Frau, die unverschuldet in großes Unglück geraten war: Man hatte ihren Mann und ihre Kinder wegen großer Schulden als Sklaven verkauft ... Sie flehte nun Pamphalon an, ihr das Geld zu geben, damit sie die Ihren wieder freikaufen könnte und damit sie sich selbst nicht mehr als Dirne verdingen müßte. Ohne Zögern schenkte ihr Pamphalon das ganze Vermögen, besorgte das noch fehlende Geld und fristete weiterhin sein Leben als armer Gaukler.

Da plötzlich erkannte Hermius, daß dieser Mann mehr getan hatte als er, obwohl er 30 Jahre auf seiner Säule ausgeharrt hatte. Er ging zurück in die Wüste und hütete für fremde Menschen die Ziegen, denn der Mensch hat dem Menschen zu dienen.

aus: Grundlagen für den Kath. RU an beruflichen Schulen, Kösel, München 1982

Wirkliche Christen …

1 ▶ gehen sonntags in die Kirche.
2 ▶ fluchen nie.
3 ▶ sehen fröhlich aus.
4 ▶ sehen leidend aus.
5 ▶ reden oft von Gott.
6 ▶ unterscheiden sich nicht von anderen Menschen.
7 ▶ sind hilfsbereit.
8 ▶ machen sich das Leben schwer.
9 ▶ strahlen innere Zuversicht aus.
10 ▶ glauben an Gott.
11 ▶ glauben an die Menschen.
12 ▶ sind wie Clowns.
13 ▶ scheitern an der Realität.
14 ▶ lesen häufig in der Bibel.
15 ▶ beten oft.
16 ▶ opfern sich für andere auf.
17 ▶ wissen oft selbst nicht, was sie wollen.
18 ▶ sind bescheiden.
19 ▶ machen einen erlösten Eindruck.
20 ▶ lieben die Freuden des Lebens.
21 ▶ lieben ihre Mitmenschen.
22 ▶ haben das große Glück, glauben zu können.
23 ▶ gibt es nicht.
24 ▶ ....
25 ▶ ....

aus: Materialdienst des VKR-Niedersachsen
Thema: Exemplarische Christen, Nr. 1.90.35, Verlag Beate Christmann

Rätselhafte Persönlichkeiten

Nr. 1

Der Sohn eines Rechtsanwalts riß von zu Hause aus und lebte dann als Penner in einer Großstadt. Seine Spezialität waren skurrile Scherze. So ließ er sich z.B. mitten in einer Kirche, während eines Gottesdienstes, von einem Barbier eine neue Frisur machen, oder er stolzierte als Kardinal verkleidet durch die Stadt. Dabei hatte er stets die Lacher auf seiner Seite. Es passierte auch, daß er plötzlich in religiöse Ekstase geriet – dann wurde er meistens ausgelacht. Der lockere religiöse Treffpunkt, den er gründete, war – im Gegensatz zu den Kirchenhäusern – stets überfüllt.

aus: W. Christmann, Exemplarische Christen,
Materialdienst des VKR-Niedersachsen, Hannover, 1/90, S. 3

Fillippo Neri

(vgl. Rätselhafte Persönlichkeit Nr. 1)

Der Narr Gottes

Das Rom der späten Renaissance war nicht gerade ein Ort der stillen Frömmigkeit: Maskenball im Vatikan, ein 17jähriger „Lustknabe" wird zum Kardinal geweiht,und eine uneheliche Kaisertochter heiratet einen Papstenkel.

In diese Stadt kommt der junge Fillipo Neri. Am 21.7.1515 geboren, läuft er schon 1532, mit 17, seinem Vater, einem Notar aus Florenz, davon. Der jugendliche Ausreißer lebt als Stadtstreicher in Rom. Einer von vielen Gassenlümmeln. Und doch ein bißchen anders als die anderen: Fillipo Neri ist fromm.

Das ist nicht selbstverständlich in einer Zeit, in der manche Gläubige die Kirchen nur noch durch die Seiteneingänge betreten, um nicht verspottet zu werden. Priester rufen oft nur noch Gelächter am Altar hervor, weil sie nicht mehr wissen, wie man die Messe liest, oder weil sie absichtlich Unfug mit dem Meßritus treiben.

Fillipo Neri ist fromm, sehr fromm. Frömmigkeit bedeutet nicht zwangsläufig, nur mit gefalteten Händen und mildem Blick schräg nach oben zu schauen. Bei Fillipo Neri ist Frömmigkeit eine tiefe Leidenschaft. Wenn er in religiöse Ekstase gerät, gibt es keine Beherrschung mehr: Er stößt einen Schrei aus oder tanzt und springt durch die Kirche. Beim Anblick eines Kreuzes kann es passieren, daß er in Tränen ausbricht und die Arme zum Himmel reckt. In völliger Ekstase steht er dann da. Man kann ihn anschreien oder schlagen, er zeigt keine Reaktion. Wenn diese religiösen Ekstasen abgeklungen sind, hat er nur eine einfache Erklärung dafür: „Ich bin wund vor Liebe zu Gott".

Weil ihn diese religiöse Verzückung körperlich stark belastet, versucht Fillipo Neri sich abzulenken, z.B. durch die Lektüre unseriöser Romane. Aber es gelingt ihm nicht. Immer wieder packt ihn der Rausch religiöser Ekstase.

Meist erntet Fillipo Neri nur Gelächter und Hohn für seine Frömmigkeits-Ausbrüche. Aber es gelingt ihm immer wieder, höhnische Lacher auf seine Seite zu ziehen, sie für die Faszination des Glaubens aufzuschließen. Dabei hilft ihm vor allem sein Humor. Unzählige Witze soll Fillipo Neri erzählt haben. Manche hat er auch selbst gespielt: Als Kardinal kostümiert, läßt er sich von Straßenjungen die Schleppe tragen. Einmal bestellt er den Friseur in die Kirche und läßt sich mitten im Gottesdienst mit vielen Faxen neu frisieren. Fillipo Neri, der Narr Gottes, wird bald so etwas wie der „Stadtheilige" von Rom. Obwohl er sich dagegen sträubt, wird er schließlich sogar zum Priester geweiht. (Er hat Angst, beim Feiern der Messe ständig Ekstasen zu bekommen.) In einer Dachkammer sammelt er Anhänger um sich, denen er religiöse Texte vorliest. Die Predigt über den Text hält dann kein Priester, sondern einer der Anwesenden, manchmal sogar ein Kind. In einem größeren Dachboden bildet sich dann eine Art lockere Wohngemeinschaft, die sich „Oratorium" nennt: Es gibt keine Regeln, noch nicht einmal feste gemeinsame Mahlzeiten, man lebt einfach zusammen in zwangloser Frömmigkeit. Auch heute noch gibt es „Oratorianer". Sie betreiben z. B. in Aachen Deutschlands erstes Hospiz (Sterbeklinik).

In einem Punkt irrte sich Fillipo Neri jedoch: Nachdem er, immerhin schon siebzig Jahre alt, mit seinem Freund, dem später heiliggesprochenen Felix von Cantalice, einen dicken Schlauch voll Wein geleert hat und durch die Kirchen von Rom torkelte und unanständige Lieder gesungen hatte, meinte er: „Felix, das war deine beste Idee. Jetzt kommt bestimmt niemand mehr auf die Idee, uns beide als Heilige zu verehren." Es kam anders. Am 26.5.1595 starb Fillipo Neri, am 12.5.1622 wurde er heiliggesprochen.

aus: W. Christmann, Exemplarische Christen, Materialdienst des VKR-Niedersachsen, Hannover, 1/90, S. 4

Rätselhafte Persönlichkeiten

Nr. 2

Sie schloß sich gegen den Willen ihrer Eltern einer christlichen Frauengruppe an und besetzte mit Gesinnungsgenossinnen ein kleines Haus, in dem sie eine Wohn- und Lebensgemeinschaft gründete. Dank ihrer guten Beziehungen konnte eine Räumung durch die Polizei verhindert werden. Ihre radikalen Ideen vom christlichen Leben brachten ihr viel Ärger ein. So mußte sie sich z. B. vor einem Prüfungsausschuß für ihr Handeln verteidigen. Nicht zuletzt war sie eine Kämpferin für die Frauen-Emanzipation, die auch Sätze wie „Verflucht sei der Mann" von sich gab.

aus: W. Christmann, Exemplarische Christen, Materialdienst des VKR-Niedersachsen, Hannover, 1/90, S. 5

Teresa von Avila

(Rätselhafte Persönlichkeit Nr.2)

Emanzipation und Meditation

Simone de Beauvoir sieht in ihr eine Vorkämpferin der Frauen-Emanzipation. Papst Paul VI. hat ihr 1970 als erster Frau den Ehrentitel „Lehrerin der Christenheit" verliehen: Teresa (bzw. Theresia) von Avila.

1515 geboren, trat sie schon 1535, im Alter von 20 Jahren in den Karmeliterinnen-Orden ein, obwohl sie in ihrer Jugend für Mode, Schönheit und Romantik aufgeschlossen war. „Sobald ich spürte, daß ich einem Mann gefiel und er mir, erfaßte mich eine solche Zuneigung zu ihm, daß ich ohne Unterlaß an ihn denken mußte", schrieb Teresa im Rückblick auf die Zeit. Wahrscheinlich erschien ihr das Ordensleben dann doch attraktiver als die Ehe. Ihre Mutter war nach einer Hochzeit mit 15 im Alter von 27 Jahren gestorben, nachdem sie viele Kinder zur Welt gebracht hatte. Vielleicht konnte sie sich auch die von Ehefrauen erwartete Anpassung, ja Unterwerfung unter einen Ehemann, nicht vorstellen. „Nie ist es mir gelungen, meinen Verstand jemandem unterzuordnen, dem es daran fehlt", sagte sie später einmal.

Teresa entschied sich für den Orden. Als Tochter aus gutem Hause bedeutete der Eintritt ins Kloster keineswegs den Verzicht auf jede Annehmlichkeit. Ihr Vater, der sehr wohlhabend war und anfangs Teresas Ordenseintritt scharf ablehnte, zahlte ihr eine ansehnliche Rente.

Doch das Abenteuer eines ganz Gott gewidmeten Lebens schien zu mißlingen. Nach einem Jahr war Teresa nervlich und körperlich am Ende. Das Grab war schon ausgehoben für sie, als sie schließlich doch noch die Krankheit überwand.

Die folgenden Jahre waren Ordensalltag. Erst in ihrem vierten Lebensjahrzehnt erfährt Teresa so etwas wie eine zweite Bekehrung. Vor dem Bild des Gekreuzigten bricht sie in Tränen aus.

Von da an wird Teresa immer wieder das Erlebnis tiefer mystischer Erfahrungen zuteil. Doch trotz aller Glaubenserfahrungen bleibt Teresa realistisch und pragmatisch orientiert. Sie erkennt, daß das Leben einer „Nonne aus besserem Hause" nicht das Richtige für sie ist. Was liegt näher, als ein eigenes Kloster zu gründen. Mit vier gleichgesinnten Nonnen wird ein ärmliches Haus heimlich renoviert. Am Morgen des 24. Augusts 1562 schleicht sich Teresa unter einem Vorwand aus dem Kloster. Kurz danach erklingt die Glocke des ersten von Teresa gegründeten Reform-Klosters. Eine Sensation: ein Kloster, nur von Frauen gegründet. Und nicht von reichen Vätern oder Brüdern finanziert. In einer Zeit, in der Frauen für unmündig gehalten wurden, ein mittlerer Skandal. Das aufgebrachte Volk von Avila, das sie als Spinnerin beschimpft und Steine wirft, ruft schließlich nach der Staatsgewalt. Doch Teresa kann den verdutzten Polizisten eine Verfügung aus Rom vor die Nase halten, die sie rechtzeitig vor der Klostergründung unter Umgehung des Amtsweges besorgt hatte.

In der Folgezeit gründet Teresa viele weitere Klöster in Spanien, in denen Arbeit und Meditation im Mittelpunkt stehen. Bei all dem organisatorischen Aufwand der Klostergründungen bleibt Teresa vor allem eine große Mystikerin, die immer wieder beglückende tiefe Glaubenserfahrungen macht. „Das innerliche Gebet ist nichts anderes als ein Gespräch mit einem Freund, mit dem wir oft und gern allein zusammen sind", sagt Teresa.

Manchmal beklagt sie sich auch bei ihrem Freund im Gebet: „Wenn ich unsere Zeit überblicke, finde ich es durchaus nicht richtig, daß man starke und hochgemute Seelen nur deshalb verachtet, weil sie Frauen sind ..."

Teresa selbst läßt sich von der Geringschätzung der Frau in ihrer Zeit nicht beirren. Johannes vom Kreuz, ebenfalls ein großer Mystiker dieser Zeit, erhält von ihr seine Mönchskutte für den ersten „Männer-Ableger" ihrer karmelitischen Reform-Klöster.

Im Alter von 67 Jahren, am 4. Oktober 1582, stirbt Teresa. Ihr Kopf liegt in den Händen einer kastilischen Bauerntochter und ihr Gesicht ist in einer unbeschreiblichen Ekstase verklärt.

aus: W. Christmann, Exemplarische Christen, Materialdienst des VKR-Niedersachsen, Hannover, 1/90, S. 6

Rätselhafte Persönlichkeiten

Nr. 3

Er war das schwarze Schaf einer guten Familie. Es gelang ihm, 6 Millionen Mark in fünf Jahren zu verprassen. Unter anderem in Luxus-Bordellen. Aus der Armee wurde er unehrenhaft entlassen. Er ging in die Wüste und schrieb ein Buch über Marokko. Danach wurde er Mönch. Das Ordensleben paßte ihm nicht, und er trat wieder aus. Schließlich lebte er in einer Wüstenhöhle unter Nomaden, bei denen er als Weiser sehr beliebt war, vor allem um Streitereien um Kamele zu schlichten. Bei einem Raubüberfall wurde er ermordet.

aus: W. Christmann, Exemplarische Christen,
Materialdienst des VKR-Niedersachsen,
Hannover, 1/90, S. 7

Charles de Foucauld

(Rätselhafte Persönlichkeit Nr. 3)

Vom Lebemann zum Beter in der Wüste

„Wer Foucauld nicht gesehen hat, wie er auf seiner Stube liegt, lässig ausgestreckt auf seinem Kanapee im weißen tressenverzierten Flanell-Pyjama, wie er eine raffinierte Gänseleber-Pasete mit Trüffeln verzehrt und einen erlesenen Champagner dazu, der hat keine Ahnung, was das ist: ein Lebemann." So beschrieb ihn einer seiner Freunde an der Offiziersschule von Saint-Cyr.

Charles de Foucauld war dem guten Leben zugetan. Als Sproß einer reichen französischen Familie 1858 in Straßburg geboren, verlor er zwar früh die Eltern, erbte jedoch ein großes Vermögen, nach heutigem Wert mehrere Millionen Mark. Dieses Vermögen erlaubte ihm auch bei der französischen Armee, für die er sich als Lebensperspektive entschieden hatte, ein angenehmes Leben. Mit seiner Geliebten Mimi teilt er den Luxus und rauschende Feste. Manchmal werden regelrechte Orgien daraus. Und spendabel wie er ist, hält er seine Kameraden auch schon mal im Freudenhaus frei.

Auch zu einem Einsatz in Algerien nimmt Charles Mimi und seinen luxuriösen Lebensstil mit. Er hat seine ausschweifende Lebensart in Algerien wohl leicht übertrieben: 1881 muß er nach Frankreich zurück. Vermögen futsch, Militärkarriere auch. Charles de Foucauld stürzt sich in die Forschung. Nordafrika fasziniert ihn immer noch. Als Jude getarnt, bereist er das für Christen verbotene Innere Marokkos. Die Karten, die er vom bis dahin kaum bekannten marokkanischen Atlas-Gebirge anfertigt, bringen ihm Ruhm und Anerkennung ein.

Doch das alles scheint ihn nicht zu befriedigen. Charles de Foucauld ist ein Suchender geworden. Ein Gott-Sucher. Eine fromme Cousine versucht schon seit einiger Zeit ihn, den Atheisten, zu bekehren. Seine Erfahrungen mit gläubigen Moslems haben ihn beeindruckt. Mit dem ihm eigenen Eifer stürzt sich Charles de Foucauld in die Suche nach Gott. Der französische Kaplan Huvelin ist es schließlich, bei dem Charles das findet, was er sucht. Im Beichtstuhl wird es ihm klar: Gott existiert. Jetzt ist alles einfach für Charles: „Als ich erkannte, daß es Gott gibt, wußte ich auch, daß ich nichts anderes tun konnte, als ihm allein dienen."

Er tritt in den Trappisten-Orden ein. Doch dieser strengste katholische Orden ist ihm immer noch zu lasch. Er sucht etwas anderes. Nachdem er den Orden wieder verlassen hat, wird er Priester. Und er geht nach Marokko zurück. Nicht Rückzug aus der Welt ist für ihn der Weg der Christus-Nachfolge, sondern ein

Leben bei und mit den Armen. Er landet schließlich im Gebiet der Tuareg. Dort lebt er in einer einfachen, selbstgebauten Hütte. Sein Leben besteht aus Gebet und Arbeit – und Gastfreundschaft. Für viele Tuareg wird er zum Weisen, zum „Marabut". Oft wird er um Rat gefragt. Manchmal geht es nur um einen Streit um Kamele. Charles de Foucauld missioniert nicht, jedenfalls nicht im klassischen Sinn. Er spricht nicht von Jesus, sondern versucht zu leben wie Jesus. Manchmal betet er mit den Tuareg ohne viele Erklärungen gemeinsam zu Gott.

Seine Idee, aus seiner Lebensform eine Ordensgemeinschaft zu entwickeln, findet weder in Rom noch in Frankreich Interesse. Er bleibt allein.

Am 1.12.1916 wird er von Räubern überfallen. Als Franzosen auftauchen, gerät einer der Räuber in Panik und schießt. Charles de Foucauld stirbt. Es war eher ein Unglück, kein Martyrium. Nicht einmal dieser Wunsch erfüllte sich.

Doch das Samenkorn ging auf. Erst siebzehn Jahre nach seinem Tod folgten ihm die ersten „Kleinen Brüder" und „Kleinen Schwestern". Heute leben sie in kleinen Gemeinschaften in den Slums von New York, als Nomaden in der Sahel-Zone oder als Bergarbeiter in Duisburg.

aus: W. Christmann, Exemplarische Christen, Materialdienst des VKR-Niedersachsen, Hannover, 1/90, S. 8

Rätselhafte Persönlichkeiten

Nr. 4

Sie leben in kleinen Gruppen, meist zu dritt oder viert, in Mietwohnungen. In der Regel sind sie in der schlechtesten Wohngegend einer Stadt zu finden, mitten im Armuts- oder Asozialenviertel. Obwohl sie oft vorzüglich ausgebildet sind (Ärztinnen, Lehrerinnen u. a.) arbeiten sie am Fließband im Akkord, als Toilettenfrau, Wäscherin, Zeitungsausträgerin, Putzfrau oder im Supermarkt. Ihr Dasein scheint befremdlich in einer Leistungsgesellschaft. Als Christinnen wollen sie weder missionieren noch Sozialarbeit betreiben. Sie wollen am Rande der Gesellschaft das Leben mit den Menschen teilen, indem sie bedingungslos jeden als Bruder oder Schwester annehmen. In Deutschland gibt es zehn Gemeinschaften mit insgesamt ca. 35 Frauen.

Die kleinen Schwestern Jesu.
(Rätselhafte Persönlichkeiten Nr.4)

Freundinnen Gottes und der kleinen Leute

Eine Wegbeschreibung: „Vom Hauptbahnhof Dortmund fahren Sie mit der S 1 bis Bochum-Langendeer. Dort nehmen Sie den Bus Richtung Castrop-Rauxel bis zur Haltestelle ‚In den Breen', dann in Fahrtrichtung weiterlaufen bis zur ersten Straße nach dem Pennymarkt rechts. Sie finden uns im Block ‚Ihr Deppen', 1. Stock links." Postalisch hat die Wohnung der Kleinen Schwestern Jesu im Ruhrgebiet eine ganz vernünftige Anschrift: Dortmund 72, Grevendicksfeld. 4. Doch das Straßenschild wurde irgendwann demoliert, wie die Hausnummer. Geblieben ist die Sprayschriftweisung zu den „Deppen" in der Obdachlosensiedlung Lüttgen-Dortmund. Sie wird (mir) zum Symbol auf der Suche nach den Kleinen Schwestern Jesu in Deutschland, nach katholischen Ordensfrauen, deren Dasein einfach deppisch, blöd, lächerlich unnütz erscheint in einer Leistungsgesellschaft.

Verdreckt sind Treppe und Flur im Block Nummer 4, schwere Stahltüren schützen die Laubengänge, an einer namenlosen Tür der Behelfswohnung dahinter finde ich das Zeichen der Kleinen Schwestern Jesu: ein Holzkreuz mit einem Herzen im Schnitt der Querbalken. Daheim ist die Kleine Schwester Franziska, die älteste dieser Dreiergemeinschaft in Dortmund, Französin, wie die Gründerin des Ordens, dessen Geschichte 1939 in einem Zelt begann, mit einem Noviziat in der algerischen Wüste und dem schlichten Wunsch, unter Nomaden Gottes Menschenfreundlichkeit zu leben. Heute sind weltweit 1400 Kleine Schwestern Jesu kleingruppenweise gegenwärtig inmitten aller Art menschlicher Verwüstungen.

Franziska hängt nasse Socken an den Kohleofen der Wohnküche. Sie kommt gerade von Familienbesuchen im Krankenhaus, zwei Nachbarinnen liegen dort im Sterben, Krebs im letzten Stadium. Franziska hat jetzt den ganzen Tag Zeit für geschwisterliche Dienste. Sie ist 65 Jahre alt und nicht mehr erwerbstätig. Vorher war sie Putzfrau, jahrzehntelang, diese zierliche Hochschulabsolventin, beruflich und bibeltheologisch vorzüglich ausgebildet wie alle Kleinen Schwestern Jesu, die ihren Lebensunterhalt aber grundsätzlich mit gering geschätzter Arbeit verdienen. Viel Geld braucht so eine Kommunität nicht. Der Lohn, den hier die beiden Mitschwestern heimbringen – Irmgard arbeitet im Supermarkt, die Novizin in einer Wäscherei –, reicht fürs Essen, für die strapazierfähige „Ordenstracht": Blue Jeans, Blusen und dunkelblaue Pullover und für die Nutzungsgebühr der Dreizimmer-Behausung in der Obdachlosensiedlung Lüttgen-Dortmund. Die kostet monatlich 205 DM, erklärt die Kleine Schwester Irmgard nach dem Rundgang durch das gemeinsame Schlafzimmer mit den drei Liegen, die Wohnküche mit der Holzbank-Sitzecke, das Duschbad und die Kapelle, ein möbelfrei gehaltenes Zimmer mit einem Tabernakel, Symbol für Gottes beständige Gegenwart in der Gestalt des eucharistischen Brotes. Die Kapelle ist der einzige Luxus, den sich jede Kleine-Schwestern-Gemeinschaft leistet. Sonst unterscheidet ihre Bleibe nichts von denen der Nachbarn, die oft schon in der zweiten Generation in der Obdachlosensiedlung zu Hause sind.

Die neue Armut in Deutschland erzeugt immer mehr Arbeitslose und Obdachlose, Nachwuchs für die Großfamilie der Kleinen Schwestern Jesu im Block „Ihr Deppen". Man muß schnell miteinander vertraut werden, denn man lebt eng zusammen in den hellhörigen Bauten, und wenn es nicht dauerregnet, werden die spärlichen Grünflecken der Siedlung gemeinschaftlicher Lebensraum. Irmgard, die schon als Oberschülerin auf der Suche nach einer radikalen Form von Glaubensgemeinschaft war und diese vor 14 Jahren bei den Kleinen Schwestern fand, lebt hier seit einem Jahr: „Ich hatte mal keine Haustürschlüssel und kam nicht mehr ins Haus rein, und da waren gleich fünf oder sechs verschiedene Nachbarn, die mir helfen wollten, wirklich rührend; dadurch habe ich viele das erste Mal gesehen. Und als ich dann schließlich in der Wohnung drin war, kam anschließend ein Nachbar runter mit einer Blume und hat gesagt: ‚Hier, auf eine gute Nachbarschaft, schön, daß wir uns mal kennenlernen.' Das war auch ganz interessant, der fragte nämlich ziemlich schnell: ‚Ja, Ihr drei Frauen, warum seid Ihr eigentlich hierhergezogen?' Und dann haben wir gesagt: „Naja, wegen Gott und wegen euch.'"

Mehr wollen sie nicht, die Kleinen Schwestern Jesu, weder missionieren noch Sozialarbeit treiben. Nur das Leben teilen am Rande der Gesellschaft, in der bedingungslosen Annahme eines jeden als Menschenbruder und -schwester, „und wir hoffen, daß durch unsere Freundschaft mit unseren Nachbarn sie sich ihrer eigenen Menschenwürde etwas bewußter werden können."

Den Kleinen Schwestern Jesu reichen Mindestlöhne. Und zur Arbeit gehen sie nicht nur, weil sie etwas verdienen müssen, sagt Gertrud Veronika, die vor ihrem Ordenseintritt Lehrerin war und jetzt Putzfrau ist: „Mir ist wichtig, meinen Arbeitskolleginnen etwas von der Schönheit klarzumachen, die in ihrem Leben auch vorhanden ist, die in ihnen selbst vorhanden ist. Daß ich eine Putzfrau bin, die aufzeigt, in unserem Leben gibt es so viel Schönes." „Das hieße ja praktisch", wende ich ein, „du bist nun mal Putzfrau, und es ist gut, wenn du Putzfrau bleibst. Du kannst als Putzfrau gut und glücklich leben?" „Ja, ich glaube, daß man als Putzfrau gut und glücklich leben kann, und daß das Glück daran gebunden ist, wie sehr ich mich selber bewohne. Wenn ich aber eine Arbeitskollegin habe, die darin unzufrieden ist und die andere Möglichkeiten hat weiterzukommen, dann sage ich: ‚Entwickle das, was in dir ist und geh weiter.' Aber ich glaube nicht, daß das Glück davon abhängt, in welcher Wertskala der Berufe ich stehe."

Ich spüre bei meinen Besuchen in drei Kommunitäten der Kleinen Schwestern Jesu eine wohltuende Grundstimmung heiterer Gelassenheit. Die mag aus ihrer Fähigkeit zur Meditation kommen, einem intensiven Gebetsleben, gemeinschaftlich und allein in der einen Stunde, die sie sich meist in aller Herrgottsfrühe zur stillen Anbetung in ihren Kapellen gönnen. Voraussetzung dafür ist aber doch wohl die Freiheit von Leistungsdruck. Sie scheint mir, sage ich, ein Merkmal dieser Freundinnen Gottes und der kleinen Leute. Gertrud Veronika winkt ab: „Ich denke, daß wir wie alle Menschen in diesem Land, doch sehr geprägt sind vom Leistungsdenken. Und wenn das Leistungsdenken bei uns vielleicht nicht so sichtbar wird, kommt es einfach daher, daß wir in der Arbeit nicht versuchen, einen höheren Rang zu erreichen, sondern wir bleiben eben auf unserem Posten, oder daß wir vom Streben nach materiellem Erwerb sicher freier sind als andere Menschen. Ich meine aber doch, daß Leistungsdenken sich still in alle Bereiche des Lebens einschleichen kann – sei das jetzt zum Beispiel Leistung in der Freundschaft, in Beziehungen, sei es Leistung im Gebet, ja, man kann sogar versucht sein, die Liebe zu leisten."

aus: Gekürzte Fassung des Artikels
von Hildegard Lüning,
Die Toilettenfrau vom Alexanderplatz,
in Publik Forum, Zeitung Kritischer Christen,
Oberursel, Ausgabe Nr. 4/94

Rätselhafte Persönlichkeiten

Nr. 5

Er war unpolitisch, konservativ und Priester in El Salvador, einem Land in Mittelamerika, das von wenigen reichen Familien und von Militärs beherrscht und ausgebeutet wurde.
Er wurde Erzbischof von San Salvador, der Hauptstadt des Landes, und erlebte, wie Priester und Laien seines Bistums, die sich für die Rechte der Armen einsetzten, von rechtsgerichteten Todesschwadronen umgebracht wurden. Diese Erfahrungen veränderten ihn. Er begann, die ungerechten Zustände anzuklagen, rief die Soldaten zur Befehlsverweigerung auf, wurde zum Anwalt der Armen: „Es ist die Aufgabe einer echten Kirche, unter den Armen zu arbeiten, zu ihnen in einer echten Solidarität zu stehen, selbst bis zum Punkt des Risikos und des Schicksals der Verfolgung, willig das maximale Zeugnis der Liebe zu geben, um diejenigen, die Jesus besonders liebte, zu verteidigen und zu beschützen."
Während eines Gottesdienstes wurde er erschossen.

Bischof Oscar Arnulfo Romero

(Rätselhafte Persönlichkeit Nr.5)

Mich kann man töten, aber nicht die Stimme der Gerechtigkeit

Als Oscar Arnulfo Romero zum Erzbischof von San Salvador, der Hauptstadt El Salvadors, geweiht wurde, wollten politisch engagierte Priester ihre Arbeit niederlegen. Bischof Romero galt als unpolitischer Konservativer, der nicht viel übrig hatte für die Arbeit von Priestern, die sich auch politisch für die Rechte der Armen einsetzten.

Romeros Einstellung änderte sich rasch. Wenige Wochen nach seiner Amtseinführung als Erzbischof wurde der Priester Rutilio Grande von rechtsgerichteten Paramilitärs ermordet. Er hatte unter den Landarbeitern, den Campesinos, gelebt und sich am Aufbau von Landarbeiter-Organisationen beteiligt.

Rutilio Grande war nicht der einzige Priester, der für sein Leben an der Seite der Armen mit dem Tode bestraft wurde. Die Todesschwadronen machten Ernst mit dem Motto: „Diene deinem Vaterland, töte einen Priester."

Bei der Beerdigung von Pater Rutilio Grande erlebte Romero, wie er selbst es nannte, „seine Bekehrung". Er setzte sich von nun an selbst für die Armen und Entrechteten ein. Seine sonntäglichen Predigten, die der kirchliche Sender Ysax im Radio übertrug, wurden im ganzen Land gehört. Er prangerte die Menschenrechtsverletzungen der Militärs und der rechtsgerichteten Todesschwadronen an.

Das erzbischöfliche Rechtshilfebüro dokumentierte die vielen Fälle von Folter und Mord an denen, die sich für die Rechte der Armen einsetzten. Und Bischof Romero forderte immer wieder soziale Gerechtigkeit. Dabei scheute er sich nicht, diejenigen anzuklagen, die das Land El Salvador wie ihren Privatbesitz verwalteten: eine kleine Gruppe von reichen und mächtigen Familien und das Militär.

Das alles blieb nicht ohne Folgen. Zunächst wurde Romero nur als „Psychopath" diffamiert. Dann wurde der kirchliche Sender Ysax in die Luft gejagt. In seiner letzten großen Predigt forderte Romero die Soldaten zur Befehlsverweigerung auf:

„Brüder, ihr gehört zu unserem Volk. Ihr tötet eure eigenen Brüder unter den Bauern. Ein Mensch mag euch befehlen zu töten, aber das Gesetz Gottes, welches sagt „Du sollst nicht töten!", sollte die Oberhand gewinnen! Kein Soldat ist verpflichtet, einem Befehl zu gehorchen, der wider das Gesetz Gottes gerichtet ist! Ein unmoralisches Gesetz verpflichtet niemanden! Es ist höchste Zeit, daß ihr auf euer Gewissen hört und vielmehr seinen Geboten Folge leistet als sündhaften Befehlen!"

Am nächsten Tag, dem 24. März 1980 wurde Bischof Romero während einer Messe am Altar erschossen.

aus: W. Christmann, Exemplarische Christen, Materialdienst des VKR-Niedersachsen, Hannover, 1/90, S. 6

Rätselhafte Persönlichkeiten

Nr. 6

Sie entstammte einer jüdischen Arztfamilie in Paris. Von Karriere und Äußerlichkeiten hielt sie nichts. Sie war hochintelligent und wurde in jungen Jahren Philosophiedozentin. Sie erkannte die innere Heimatlosigkeit als die bei weitem gefährlichste Krankheit der menschlichen Gesellschaft. Überall galt sie als Kommunistin. Ihr Einsatz für die Zukurzgekommenen bestimmte ihr Leben. Sie teilte ihr Los, arbeitete ein Jahr in Fabriken, war am Ende völlig erschöpft. Unreligiös aufgewachsen, fand sie zum Gebet. Als zutiefst Glaubende ließ sie sich nicht taufen. Sie blieb an der Schwelle der Kirche aus Solidarität mit den vielen, die keine Geborgenheit in ihrem Leben gefunden hatten. Mit 34 Jahren starb sie mit den Worten: „Sprich mir schweigend von Gott."

Simone Weil

(Rätselhafte Persönlichkeit Nr.6)

„Sprich mir schweigend von Gott!“

Am 9. Februar 1909 wird Simone Weil als Kind einer jüdischen Arztfamilie in Paris geboren. Das hochbegabte, äußerst sensible, ohne religiöse Bindung aufgewachsene Mädchen versinkt mit 14 Jahren in grenzenlose Verzweiflung. Sie glaubt, daß sich ihre Sehnsucht nach Gott nicht erfüllen wird. Simone Weil will sich einsetzen für die Sache der Zukurzgekommenen. Karriere und ein gesichertes Leben bedeuten ihr nichts. Ihr Äußeres wirkt wenig ansprechend. Ihr trauriges Antlitz strahlt keine weiblichen Reize aus. Sie will nicht gefallen. In ihren Äußerungen ist Simone Weil weder besonders geistreich noch spielerisch elegant, sondern sie bringt ihre Ansichten mit monotoner Stimme auf eine schockierende, aggressive Art vor. Zu Hause weiß sie sich im Studium, hat viele Kontakte zu radikalen Arbeitergruppen und Konflikte mit ihrer studentischen Umgebung. Überall gilt sie als Kommunistin: „Frankreichs rote Jungfrau“.

Als Philosophiedozentin in Le Puy (bei Lyon) teilt sie ihr Gehalt mit Arbeitslosen. Ihre Schülerinnen sind von der meditativen Kraft ihres Unterrichts fasziniert. 1934 nimmt Simone Weil ein Jahr Urlaub, um als Packerin an Fräs- und Druckmaschinen das Los der Lohnarbeiter ganz zu teilen: Erschöpfung, Normzwang, Hunger, Kündigung, Arbeitssuche, Hoffnungslosigkeit, Entwurzelung. Sie erlebt am eigenen Leib mit, was es heißt, von schwerer Arbeit zermürbt zu sein und nicht zur Besinnung zu kommen.

Die Erfahrung des Ausgelöscht-Seins und einer inneren Heimatlosigkeit entdeckt sie als die bei weitem gefährlichste Krankheit der menschlichen Gesellschaft. Am Ende ihres Fabrikjahres ist sie total entkräftet und krank. 1936 kämpft Simone Weil auf der Seite der Volksfrontkoalition im spanischen Bürgerkrieg. Nach einem schweren Verbrennungsunfall wird sie nach Frankreich zurückgeschickt. Die Erfahrung des Krieges bewirkt, daß sie den Krieg verabscheut.

1937 besucht Simone Weil Assisi. In der Kirche des Franziskus zwingt sie etwas, wie sie einmal sagt, „das stärker war als ich, zum ersten Mal in meinem Leben mich auf die Knie zu werfen.“ Die Atheistin findet zum Gebet. Sie beginnt, das Neue Testament zu lesen, wiederholt unaufhörlich, tagelang das Gebet des Herrn.

Die Karwoche 1938 verbringt Simone Weil in der Benediktinerabtei Solemnes. Ihre Erfahrungen beschreibt sie so: „Christus selbst ist herniedergestiegen und hat mich ergriffen.“

Simone Weil läßt sich nicht taufen. Als zutiefst Glaubende bleibt sie an der Schwelle zur Kirche. Sie will Solidarität leben mit den vielen, die außerhalb der Geborgenheit verbleiben, die das Leben in einer Glaubensgemeinschaft geben kann.

Während des 2. Weltkrieges verdingt sie sich als Landarbeiterin, flieht über New York nach London. Sie arbeitet in der Widerstandsbewegung gegen die deutsche Besatzung Frankreichs und hungert aus Solidarität mit den Hungernden in Frankreich. Am 24. August 1943 stirbt sie an Entkräftung. „Sprich mir schweigend von Gott“, sagte die Sterbende noch, kaum hörbar.

nach: Simone Weil, Porträts engagierter Christen,
Herausgeber: Informationszentrum Berufe der Kirche,
Schoferstraße 1, 79098 Freiburg

Über die Verehrung der Heiligen

Heilige spielen in der katholischen und in der orthodoxen Kirche eine so große Rolle in Liturgie und Frömmigkeit, daß sie nahezu als Kennzeichen für diese Kirchengemeinschaften gelten. Die Heiligen ragen nicht nur heraus, weil sie in ihrem Leben Christsein exemplarisch lebten, man hat sie dann auch zumeist heraus- und auf ein Podest gehoben als Vorbild für das Christsein der Gläubigen. Damit wurden sie aber auch dem Leben vieler entrückt. [...]

Im Neuen Testament ist von einer solchen Entrückung noch nichts zu spüren. Paulus schreibt an die Gemeinde in Korinth: „Es grüßen euch alle Heiligen". (2 Kor 13,12) Für ihn kam darin zum Ausdruck, daß Heiliges Anteil am Heil hat, weil es geheiligt ist von Gott. Auch ein Mensch, der getauft ist auf den Namen Gottes, hat Anteil an ihm, ist von ihm geheiligt, deshalb ist er ein Heiliger: Das Gott Zugehörige, das Gott Gehörende bezeichnet die Bibel häufig als ‚heilig'.

Während des Wachstums der frühen Kirche wurde dieser Sprachgebrauch allerdings immer problematischer; angesichts vieler, deren Glaubensüberzeugung zweifelhaft schien, denn mit dem Wachstum und dem Einfluß der Kirche stieg auch die Zahl der Opportunisten in ihr, konnte man kaum noch alle Christen als Heilige bezeichnen.

Parallel zu dieser Entwicklung gab es aber noch eine zweite: die Verehrung der Märtyrer. Schon die jüdische Theologie stellte Fürbitter und Mittler besonders heraus; so vertrat man schon seit der Makkabäerzeit die Auffassung, daß die, deren unschuldiges Leiden nur durch eine Aufnahme bei Gott zu verstehen war, für die Lebenden bitten konnten (2 Makk 7, 37). In der frühen Christengemeinde galt allein Christus als der Fürbitter bei Gott, anderer Fürbitter bedarf der Christ nicht (Hebr 7, 25). Nicht zuletzt wegen des Gegensatzes zur jüdischen Auffassung finden wir in den ersten Jahrhunderten kein Zeugnis für eine Anrufung der Heiligen. Erst ab Mitte des 2. Jahrhunderts entwickelte sich eine kultische Verehrung der Glaubenszeugen (Märtyrer), und vermutlich ebenfalls erst zu dieser Zeit setzte sich die Überzeugung durch, daß die universale Mittlerschaft Christi durch eine subsidiäre Mittlerschaft der Heiligen nicht in Frage gestellt wird.

Die Aufnahme antiker und jüdischer Traditionen der Grabesverehrungen führte dazu, daß bald in jeder Gemeinde Kultzentren am Grab eines Märtyrers entstanden. Gleichzeitig setzte damit die Übertragung der sterblichen Reste (Reliquien) und ihre Teilung mit anderen Gemeinden ein. Die Reliquien ersetzten dann ein fehlendes Märtyrergrab in der Gemeinde. Wo auch keine Reliquien vorhanden waren, trat an die Stelle ihrer Verehrung die Bilderverehrung. Mit der Reliquien- und Bilderverehrung entstanden dann auch die Voraussetzungen für eine immer größere Privatisierung dieser Frömmigkeitsformen; damit kam es auch zu einer kaum mehr zu überblickenden Vielfalt der Formen und Auffassungen. So entstand die Notwendigkeit, ein Verfahren zur Anerkennung einer richtigen und rechtmäßigen Verehrung zu schaffen. Das erste Verfahren einer Heiligsprechung fand 993 statt; heiliggesprochen wurde der 20 Jahre zuvor verstorbene Bischof Ulrich von Augsburg. Trotz der Verrechtlichung brachte das Spätmittelalter mit seinen großen Sorgen und Nöten eine kaum zu überblickende und einzudämmende Heiligenfrömmigkeit. Heiligenverehrung ging (und geht) in der Volksfrömmigkeit leicht in Heiligenanbetung über. Luther wuchs in dieser Welt auf, verwarf die Heiligenverehrung aber in erster Linie wegen der Betonung der Alleinmittlerschaft Christi. Die Positionen von Zwingli und Calvin waren noch radikaler, weil sie in der Verehrung von Heiligen, Reliquien und Bildern die Gefahr einer Ablenkung von der alleinigen Verehrungswürdigkeit Gottes und damit Formen von Götzendienst sahen.

In der katholischen Kirche gilt es als gut und nützlich, Heilige anzurufen; die alleinige Erlösung durch Christus wird damit aber nicht in Frage gestellt.

Einige Elemente traditioneller Heiligenverehrung erscheinen uns heute pädagogisch nicht unproblematisch: Wegen mancher Mißbrauchsmöglichkeiten ist die Szenerie der Heiligkeit eher durch das Außergewöhnliche gekennzeichnet. Die Verehrung der Heiligen läßt sich leicht entrücken, ihre scheinbare Idealität erdrückt eine mögliche Nachfolge; das Beibehalten des Idealbildes von einem Heiligen verhindert letztlich Verhaltens- und Einstellungsänderungen nach ihrem Vorbild. Statt auf den Goldglanz sollten wir daher auf ihr Leben sehen – „wie die in dieser Situation gehandelt hat ... welche Energie der aufgebracht hat ..." Heilige können Vorbilder des Glaubens sein, das heißt aber nicht, sich blind an ein solches Vorbild anzupassen und die eigene Persönlichkeit aufzugeben. Es kann nicht darum gehen, gleichsam das Bild eines großen Meisters Zug um Zug zu kopieren; diese Verehrung des Meisters läßt einen Kopisten schnell zum Fälscher werden. Modellhaft, kreativ Impulse exemplarischer Christengestalten aufzunehmen und sie den eigenen Veranlagungen und Lebensumständen anzupassen, ist die konsequenteste Heiligenverehrung. So gesehen gibt es nicht nur heiliggesprochene Heilige und vielleicht auch ‚Heilige' in den evangelischen Kirchen: Dietrich Bonhoeffer, Martin Luther King ..."

Godehard Ruppert, Glaubst Du eigentlich an Gott?

Allerheiligen

Es gibt ein Land der Verheißung, das nicht in Israel liegt und auch nicht in Disney-Land. In Brasilien ist es zu finden, am Stadtrand von São Paulo, in einer tropisch-idyllisch bewaldeten Hügellandschaft. Straßenkinder und Drogenabhängige, Transvestiten und Prostituierte haben hier eine Bleibe gefunden. Ein gemeinsames Schicksal hat sie zusammengebracht. Das „Tierchen der Liebe", wie sie den HIV-Virus nennen, bedroht ihr Leben. Zusammen mit wohlwollenden Helferinnen, Gottsucherinnen und Jesusnachfolgern, Pflegekräften und heilkundigen Schamanen versuchen sie, den Tod zu überlisten und genießen die unverhoffte Geborgenheit eigener Häuser in dieser Parklandschaft.

Als ich Sheila vor einem Jahr auf diesem Land zum ersten Mal traf, war ihre Immunschwäche bereits sichtbar geworden. Bläuliche Knoten säumten die Blutgefäße ihrer Beine, und gelegentliche Atemnot und Fieberschübe ließen eine Tuberkulose vermuten. Schön gewachsen war sie, groß und kräftig gebaut: so stand sie mir gegenüber. Das Weibliche an ihrem Wesen war mit Hilfe von Silikon kunstvoll herbeigezaubert worden, und die regelmäßig eingenommene Antibabypille hatte für etwas Busen gesorgt. Wie alle Transvestiten legte sie großen Wert auf ihr Äußeres und war in der Kunst des Schminkens perfekt.

In den langen Abenden plauderten wir oft miteinander. Es war Sheila ein Bedürfnis, die versunkene Welt ihrer Kindheit immer wieder hervorzuholen. Geboren wurde sie vor 32 Jahren als kleiner Junge: Roberto. Da die Mutter nach seiner Geburt starb, fielen Lebensanfang und Lebensende ineinander. Bis heute bleibt das Gefühl, Schuld am Tod der Mutter zu haben, dieses Gefühl, das die Verwandten ihm beigebracht haben. Zunächst kam der Kleine in die Obhut einer Tante. Später übernahm eine verwitwete Verwandte die Pflege des Kindes. Als diese wiederum heiratete, trat zum ersten Mal ein Mann in Robertos Leben ein.

Etwas seltsam Starres lag in den Augen dieses Stiefvaters und konnte sich plötzlich in ein feuchtes Leuchten verwandeln, vor allem, wenn beide allein zu Hause waren. Der wechselnde Blick ging immer öfter mit Zärtlichkeiten und Peitschenhieben einher. Roberto fügte sich dem unverständlichen Geschehen. Nach und nach wurde sein Körper zu allen möglichen Ausschweifungen benutzt. Der ständige Mißbrauch, gepaart mit Demütigungen, ließen Roberto einsam werden. Seine angehende Pubertät wurde durch diese brutale Initiation geprägt, die ihn immer mehr aus der Männerwelt verdrängte. Schritt für Schritt ging er über die Geschlechtergrenze hinweg.

Zunächst war er in ein Niemandsland geraten; er schwebte zwischen zwei Welten. Den Erinnerungen nach war er noch ein Junge, aber alle Erwartungen waren auf das Weibliche hin ausgerichtet. Und mit Hilfe seiner Phantasie wurde er immer weiblicher.

Die Verwandlung blieb nicht unbemerkt. Beim Vorübergehen fühlte er die höhnischen Blicke, das belustigte Gekicher, unerträgliches Tuscheln. Man sagte, daß er die Fehler beider Geschlechter und keine ihrer Tugenden habe. Roberto wurde zum Gespött der Favela und verließ dieses düster gewordene Zuhause. Er wollte Farbe, Licht und Lust in sein Leben bringen. Er schenkte sich den lange schon ausgesuchten neuen Namen.

Als Sheila lief sie nun auf die Straße und suchte zunächst nach Betäubung. Im Reich der Transvestiten fand sie endlich Verständnis für ihre Gefühle, aber wurde auch gleich ins harte Showgeschäft eingeführt. Sie hatte Talent. Sie wußte die Männer zu angeln, versteckte sich hinter tausend Masken, verstand es, in die Rolle einer Kurtisane zu schlüpfen. Wie eine Königin beherrschte sie das Milieu; die Farbe, das Licht und die Lust erhellten nun ihre Nächte. Reisen nach Europa wurden möglich: Paris-, Mailand-, Lissabon-Reisen ins einträgliche Geschäft. Sheila wandelte auf einem Regenbogen. Der Absturz war um so schlimmer: Razzia, Fremdenpolizei, zurück nach Brasilien.

Von nun an gab es keine Höhenflüge mehr. Das ehemalige Show-Lokal im Müllschluckerviertel von São Paulo war geschlossen. Etliche Kolleginnen waren an AIDS erkrankt oder sogar schon gestorben. Diese Nachrichten konfrontierten sie mit dem eigenen Körper, der hartnäckig Hautprobleme aufwies. Ein Schraubstock preßte ihr das Herz zusammen. Aber er löste sich auch wieder. Sie hatte früh gelernt, das Unvermeidliche zu ertragen.

Nun hat Sheila auf dem „Land der Verheißung" am Stadtrand von São Paulo ein Zuhause gefunden. Mit einem rätselhaften Vertrauen geht sie durch die Häuser, wird zur Vertrauten vieler Sterbenden und zur Ersatzmutter der verwaisten Säuglinge, die noch auf Adoptiveltern warten.

Bei unseren Abendgesprächen saß oft eine engagierte Helferin dabei, Dona Anna. Das Transvestitendasein war ihr fremd, und beim Rosenkranzgebet legte sie gern eine Fürbitte ein: „Der Herr möge in seinem Erbarmen Sheila und Priscilla und Michele und Susi zurückfinden lassen zu ihrem männlichen Geschlecht". Inbrünstig betete sie, denn das mußte doch der Wille Gottes sein.

Sheila hörte sich das an, lächelte leise und sagte: „Ach, Dona Anna, ich bin mit meinem Schicksal ganz zufrieden. Ist es denn Größenwahn, wenn ich mich als Transvestit reich beschenkt fühle? Im Magnetfeld des Todes sieht man das Leben anders. Ich bin dem Schöpfer dankbar für diejenige, die ich werden durfte. Bis hin zur Mutterschaft wurden meine Wunschträume erfüllt." Und Sheila wiegte liebevoll den kleinen Marcello, den sie in ihrem Arm hielt.

Mit Dona Anna ging ich den Weg zu unserem Haus zurück. Auf der Steintreppe, beim Quaresmeirabaum, blieb sie plötzlich stehen, drehte sich um und blickte zu mir auf: „Nein", brummelte sie und schwang noch immer den Rosenkranz in ihrer Hand, „so was ist mir noch nie eingefallen, dem Schöpfer dankbar zu sein für das, was ich bin". Sie gestand: „Sheila hat mir vieles voraus. Zu dieser Übereinstimmung mit dem eigenen Leben habe ich mit meinen 56 Jahren noch nicht gefunden!" Und leise flüsternd setzte sie hinzu: „Ich bin doch nicht glücklich!" Was sie weiter brummelte, habe ich nicht mehr verstanden. Ich blieb stehen und schwieg, aber in mir jubelte die Bergpredigt: „Selig, die arm sind vor Gott, denn ihnen gehört das Himmelreich!"

Der erste Anruf aus Brasilien, der mich nach meiner Rückkehr erreichte, brachte die Nachricht von Sheilas Tod. Wie mich der Schmerz durchzuckte, verspürte ich den geheimnisvollen Duft des Quaresmeirabäumchens, das wir gemeinsam gepflanzt hatten, und ich hörte ihre Stimme, die mutig und fest vom Glück eines Daseins sprach, das von so vielen verworfen wird.

Sheilas Verwundungen waren am Ende ihres Lebens geheilt. Sie hatte darauf verzichten können, ein vollkommener Mensch zu sein. So kam sie mitten in all dem Elend zu einem vollständigen Leben, zu einem geheilten Dasein.

Lisette Eicher

Der von Lisette Eicher zur Unterstützung der Hilfswerke gegründete Verein ist dringend auf Spenden und neue Mitglieder angewiesen:

Stern der Hoffnung / Aidshilfe International
Friedrich-Ebert-Straße 28 – 33102 Paderborn

Kto. Nr. 882 979 7900
Volksbank Paderborn (BLZ 472 601 21)

Baut nicht noch mehr Mauern

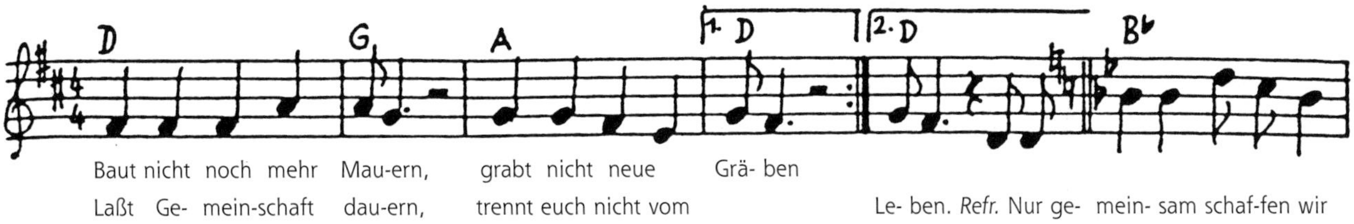

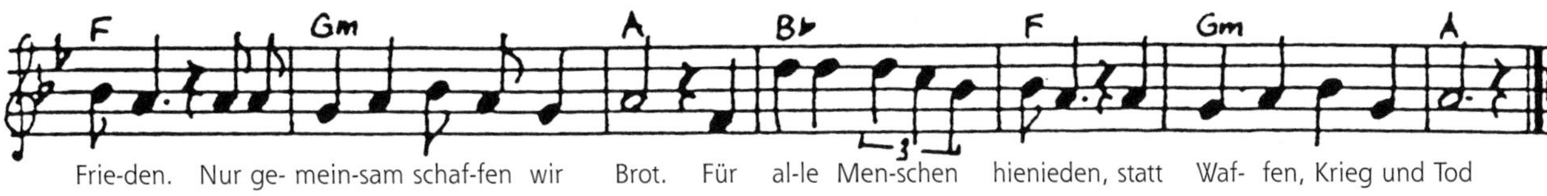

2. Hab keine Angst vor Berührung des Nächsten auf dem Pfad!
Christus lehrt die Verführung zur Liebe, zum Frieden, zur Tat.

3. Die Nöte der Menschen zu wenden, berührt sie der Herr ohne Scheu.
Und unter seinen Händen wird diese Erde neu!

Coda: Baut nicht noch mehr Mauern, grabt nicht neue Gräben.
Laßt Gemeinschaft dauern, trennt euch nicht vom Leben.
Trennt euch nicht vom Leben.

Text: Josef Reding, Kruckelerstraße 2a, 4600 Dortmund-Löttringhausen 50
Musik: Ludger Edelkötter
aus: Herr, gib uns Deinen Frieden (IMP 1020),

Wo ein Mensch Vertrauen gibt

2. Wo ein Mensch den andern sieht, nicht nur sich und seine Welt,
fällt ein Tropfen von dem Regen, der aus Wüsten Gärten macht.

3. Wo ein Mensch sich selbst verschenkt und den alten Weg verläßt,
fällt ein Tropfen von dem Regen, der aus Wüsten Gärten macht.

Textrechte: Hans-Jürgen Netz
Musik: Fritz Baltruweit
aus: Oekumene heute, Mein Liederbuch 2, 1992

IV.2. Allein findet keiner den Himmel – Schnupperkurs „Gemeinde"

Zeichnung: Werner „Tiki" Küstenmacher
aus: Geistliche Höhenflüge, S. 15
Claudius Verlag München

Zeichnung: Sigg

Formen der Gemeinde

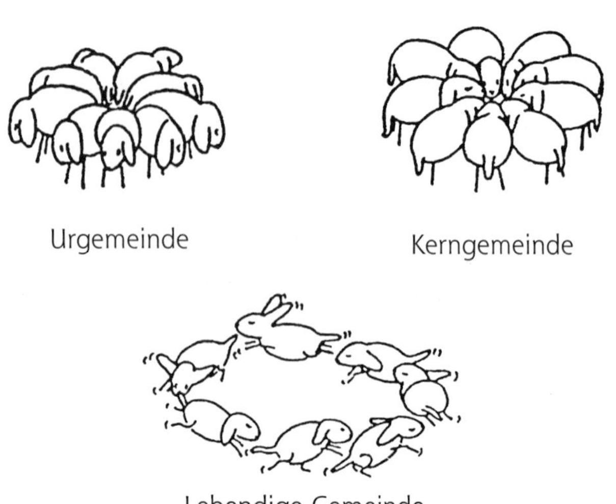

Zeichnung: Fuchs

Zeichnung: Erik Liebermann, Hagen-Riegsee

Zeichnung: Jules Stauber, Schwaig

Zeichnung: Martin

Zeichnung: Wir machen Träume wahr,
Werkbrief für die Landjugend, Nr. 74

„Herr, die Not ist groß – die ich rief, die Laien, werd' ich nun nicht los!"

Zeichnung: Wolter

„Tut richtig gut, mal wieder in einer vollen Kirche zu sitzen."

Werner „Tiki" Küstenmacher,
aus: Ewige Jagdgründe, S. 27
Claudius Verlag München

Zeichnung aus: Streng vertraulich, Werkbrief für die Landjugend, Nr. 71

Zeichnung: Dietrich Dorenbeck, Düsseldorf

Signet der „Initiative Kirche von unten", Bonn

Zeichnung aus: Wir machen Träume wahr,
Werkbrief für die Landjugend, Nr. 74

Zeichnung: Dietrich Dorenbeck, Düsseldorf

„Irgend etwas müssen wir falsch gemacht haben. Der Hahn jedenfalls sagt keinen Ton mehr."

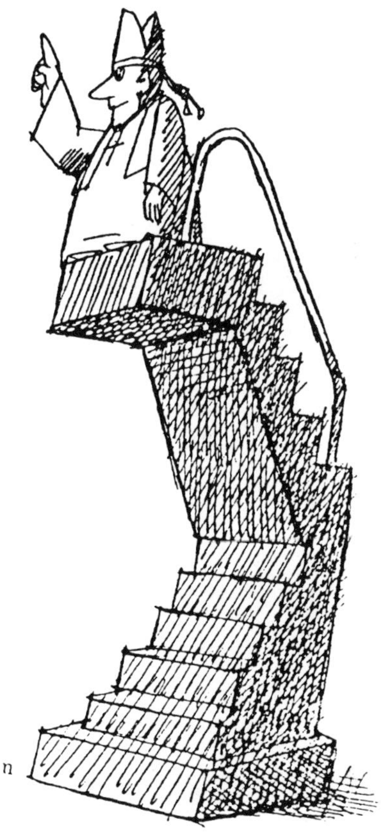

Zeichnung: Jules Stauber, Schwaig

Zeichnung aus: Wir machen Träume wahr, Werkbrief für die Landjugend, Nr. 74

Zeichnung: Gerhard Mester, Wiesbaden

Kirche ist ...

Arbeitsauftrag:

Die Meinungen über Kirche gehen auseinander. In der rechten Spalte sind einige schlagwortartige Äußerungen über Kirche aufgeführt.

Beurteile die Einzelaussagen, indem du Noten vergibst.

1 = ganz genau, völlig meine Meinung.
2 = stimmt, das ist richtig.
3 = ungefähr, trifft halbwegs zu.
4 = nicht ganz richtig, das sehe ich etwas anders.
5 = falsch, so kann man das nicht sagen.
6 = völlig falsch, absoluter Quatsch

Die Liste ist natürlich nicht vollständig und kann noch durch eigene Aussagen ergänzt werden.

... nur für alte Leute.

... nichts für Langschläfer.

... wichtig bei Hochzeit und Beerdigung.

... ein Ort zum Wohlfühlen.

... ein scheinheiliger Verein.

... die Gemeinschaft der Christen.

... ein Stück Geborgenheit.

... nicht notwendig, um Christ zu sein.

... ein positiver Kontrast zur Gesellschaft.

... auch nur menschlich und fehlerhaft.

... besser als ihr Ruf.

... eine bedeutende politische Kraft.

... eine moralische Instanz.

... zu sehr auf Sexualmoral fixiert.

... eine Hilfe für mein Leben.

... viel zu spießig und bürgerlich.

... ein Ort zum Menschsein.

... ein Notanker in schlechten Zeiten.

... eine soziale Hilfsorganisation.

... völlig überflüssig.

... mehr als nur Pfarrer und Bischöfe.

... .

... .

... .

aus: W. Christmann, Kirche – Gegenwart und Zukunft, VKR-Materialdienst, Hannover 1989, Nr. 3.89.17

Meine liebe Kirche …

Adolf Oehlen

Baustelle Kirche …

Worauf soll die Kirche der Zukunft aufgebaut werden?

Demut	Andacht		
Freundschaft	Hoffnung	Feier	Verzicht
Amt	Barmherzigkeit	Würde	Besinnung
Ökumene	Luxus	Freundschaft	Wohlstand
Sorge um die Welt	Armut	Verbindlichkeit	Stille
Fortschritt	Gottesdienst	Strafe	Gemeinschaft
Ruhe	Selbstbestimmung	Liebe	Parteilichkeit
Geborgenheit	Gebote	Gehorsam	Offenheit
Friedensarbeit	Toleranz	Evangelium	Leben
Gerechtigkeit	Hilfsbereitschaft	Teilen	Solidarität
Freude	Gleichberechtigung	Heilige	Gastfreundschaft
Versöhnung	Gebet	Vermittlung von Sinn	Gelassenheit
Geschwisterlichkeit	Gott	Verkündigung	Tradition

KIRCHE UND GEMEINDE
Drei Aspekte:

Der Bischof von Hildesheim, Josef Homeyer, schreibt in seiner Einladung zur Synode:

„Das Zweite Vatikanische Konzil hat die Kirche als communio/ Gemeinschaft wiederentdeckt. Quelle dieser Gemeinschaft ist Gottes Selbstmitteilung an den Menschen. Form dieser Gemeinschaft ist die Verherrlichung Gottes in der Gestaltung einer menschenwürdigen Welt.

Diese Grundvorstellung von Kirche und damit entsprechend auch von Gemeinde umfaßt also drei Aspekte:

1 Den „mystischen" Aspekt – oder: Wie kann christliche Gemeinde „Gemeinschaft mit Gott" sein, das heißt in Gott verwurzelt sein und von daher voll Hoffnung Gott bezeugen?

2 Den „geschwisterlichen" Aspekt – oder: Wie kann christliche Gemeinde „Gemeinschaft miteinander" sein, das heißt als Söhne und Töchter des gemeinsamen Vaters leben und die Verantwortung brüderlich-schwesterlich teilen?

3 Den „politischen" Aspekt – oder: Wie kann christliche Gemeinde „Gemeinschaft für die Welt" sein, das heißt sich aus der Leidenschaft Gottes für seine Schöpfung heraus für eine menschenwürdige Welt einsetzen?

Alle drei Aspekte hängen innerlich zusammen und bestimmen die *eine* Wirklichkeit von Kirche und Gemeinde.

aus: W. Christmann, Kirche – Gegenwart und Zukunft, Arbeitsblätter für den Religionsunterricht, Hannover 1989, S. 8

Inkonsequent

Frag hundert Katholiken, was das wichtigste ist
in der Kirche.
Sie werden antworten:
Die Messe.
Frag hundert Katholiken, was das wichtigste ist
in der Messe.
Sie werden antworten:
Die Wandlung.
Sag hundert Katholiken, daß das wichtigste in
der Kirche die Wandlung ist.
Sie werden empört sein:
Nein, alles soll so bleiben, wie es ist.

Lothar Zenetti

aus: Lothar Zenetti: Texte der Zuversicht,
München, 5. Auflage 1981, Rechte beim Verfasser

Richtlinien für die Gruppenentscheidung:

In der 2. Runde sollt ihr als Gruppe eine gemeinsame Rangliste erstellen, der alle Gruppenmitglieder zustimmen können. Dabei sollt ihr einvernehmlich eine Entscheidung herbeiführen. Dazu stehen 30 Minuten Zeit zur Verfügung

Beachtet dazu bitte folgende Regeln:

1. Alle Beschlüsse fassen wir einstimmig. Der Rangplatz jedes der 12 Symbole muß also die Zustimmung eines jeden von uns erhalten. Es wird sich nicht in allen Punkten eine einheitliche Meinung erreichen lassen. Wir versuchen aber, jeden Punkt so zu beschließen, daß alle wenigstens teilweise zustimmen können.

2. Wir versuchen nicht, unsere persönliche Meinung durchzusetzen, sondern mit Argumenten zu überzeugen und dabei auch auf Argumente der anderen einzugehen bzw. diese zu übernehmen.

3. Wir unterstützen solche Entscheidungen, mit denen wir wenigstens teilweise einverstanden sind. Wir ändern unsere Meinung also nicht einfach, um Einigkeit zu erzielen, sind aber zu Kompromissen bereit.

4. Wir benutzen keine technischen Hilfsmittel, um Beschlüsse zu erreichen, also keine Mehrheitsabstimmungen, Errechnung des Durchschnitts der von den einzelnen Gruppenmitglieder festgesetzten Punktzahl oder Tauschgeschäfte mit Punkten.

5. Wir betrachten unterschiedliche Sichtweisen als Chance für das Gespräch.

Was ist uns wichtig im Leben der Gemeinde? Worauf kommt es uns an?

Das Leben einer Gemeinde und ihrer Weiterentwicklung hängen immer auch davon ab, von Zeit zu Zeit zu überlegen, was wichtig oder weniger wichtig ist, aber auch, worin sich in den Bewertungen Unterschiede zeigen. Die auf dem Spielbogen aufgeführten Symbole stehen, wie die kurzen Erklärungen zeigen, für zentrale Bereiche im Leben unserer Gemeinde.

Versuche bitte in der 1. Runde für dich eine Reihenfolge zu erstellen, indem du die Symbole ihrer Wichtigkeit nach ordnest. Das für dich wichtigste Symbol erhält die Nummer 1, das zweitwichtigste die Nummer 2 und so weiter bis zur Nummer 12, dem unwichtigsten Symbol deiner Überzeugung nach. Dabei darf jede Zahl von 1–12 nur einmal vorkommen, und jedes Symbol muß mit einer Zahl versehen werden. Dafür stehen max. 15 Minuten Zeit zur Verfügung. Für die 2. Runde behalte bitte diesen Spielbogen.

Rangfolge	*Symbol*	*Bedeutung*
		als Zeichen für die heilige Messe.
		als Zeichen für den Informationsfluß in der Gemeinde.
		als Zeichen für die Bibelgespräche und vertieftes Entdecken der Heiligen Schrift
	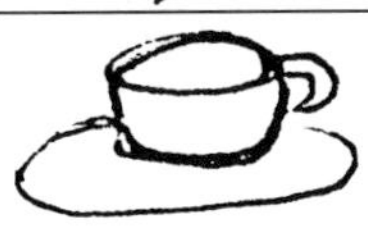	als Zeichen für Geselligkeit, Miteinander und Begegnungen in Gruppen und in der ganzen Gemeinde.
		als Zeichen für das Mitgestalten der Gemeinde durch ganz viele Kinder und Jugendliche
		als Zeichen für das Zugehen auf Neue und Fremde.
		als Zeichen für die Auseinandersetzung mit wichtigen gesellschaftlichen und kirchlichen Fragen.
	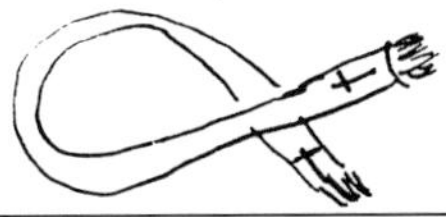	als Zeichen für die ständige Anwesenheit eines Priesters.
		als Zeichen für eine hilfsbereite Gemeinde, die sich für Arme und Schwache sozial einsetzt.
		als Zeichen für neue Formen des Gebets und der Suche nach Innerlichkeit und Ruhe.
		als Zeichen für Feste und Feten in der Gemeinde.
		als Zeichen für die Glaubensunterweisung im Kommunion- und Firmkurs.

V.1. Die Sache mit dem Fenster – Verantwortung für die Welt

Mirjams Lied

Text und Musik: Claudia Mitscha-Eibl, Kornenburg
Rechte bei der Autorin;
Das Lied ist auch auf MC oder CD erhältlich:
Frauen auf dem Wege, Neue geistliche Lieder
MC 19,80 DM; CD 29,80 DM

Tanzbeschreibung „Mirjams Lied"

(nach Ursula Widenka und Angela Zawilla)

Die Aufstellung erfolgt ungefaßt im Kreis. (Evtl. mit Tüchern in Regenbogenfarben um ein Handgelenk). Die einzelnen Strophen kann jede(r) TänzerIn frei für sich gestalten entsprechend dem Text, z. B.

1. Strophe:
- langsam in die Knie gehen,
- auf dem Boden kauern,
- sich dann langsam erheben und anfassen.

2. Strophe:
- ungefaßt, gebückt sich langsam in Tanzrichtung vorwärtsschleppen
- schmerzende Stellen deuten
- Blick zurückwenden, Schritte rückwärtsgehen

3. Strophe:
- ungefaßt, stehen und die Ketten abstreifen
- langsame Schritte in Tanzrichtung
- Arme voller Sehnsucht nach oben strecken
- zurückgehen auf den alten Platz
- und die Arme zur Mitte hin strecken
- zum Schluß die Arme über die Brust kreuzen („in ihren Herzen wohnt Gott").

Zeichenerklärung vgl. S. 155

Refrain: Im Kreis durchgefaßt getanzt, Blickrichtung zur Mitte

Inhalt	Schritte/Gesten
Mirjam, Mirjam schlug auf die Pauke ... ...tanzend zogen sie durchs Meer.	1. • re Fuß seitwärts nach re • li Fuß ran • re Fuß seitwärts nach re • li Fuß ran 2. • li Fuß seitwärts nach li • re Fuß ran • li Fuß seitwärts nach li • re Fuß ran 3. • wie 1. 4. • wie 2. 5. • re Fuß vorwärts • li Fuß ran • re Fuß rückwärts • li Fuß ran 6. • re Fuß rückwärts • li Fuß ran • re Fuß vorwärts • li Fuß ran 7. • wie 5. 8. • wie 6.
la, la, la ...	9. • li Hand auf den Rücken, re Hand im Bogen vor dem Körper halten. • Drehung um die rechte Schulter • re Fuß vor • li Fuß tip • li Fuß vor • re Fuß tip • re Fuß vor • li Fuß tip • li Fuß vor • re Fuß tip 10. • re Hand auf den Rücken, li Hand im Bogen vor dem Körper halten. • Drehung um die linke Schulter • re Fuß vor • li Fuß tip • li Fuß vor • re Fuß tip usw.

Hilda, 16 Jahre

Canto Grande ist eine riesige Elendssiedlung am Nordrand Limas. Eine halbe Million Menschen wohnt hier in Hütten aus Abfallholz, Schilfmatten und Pappe. Hilda lebt mit der Mutter, vier Geschwistern und dem eigenen Kind in einer Unterkunft von 18 m^2.

Rundum erstreckt sich die graue Stein- und Staubwüste der peruanischen Küstenregion. In diesem Teil Canto Grandes gibt es keine Wasserleitung, keine Stromversorgung, keine Abwasserentsorgung, keine Müllabfuhr. Neben Toiletten, Duschen usw. fehlt damit die Möglichkeit, Handwerksbetriebe einzurichten und Arbeitsplätze für die Slumbewohner zu schaffen. Private Firmen liefern Wasser in Tankwagen, das 5–10 mal teurer ist als das saubere Trinkwasser in den reichen Vierteln Limas, das dort Vorgärten berieselt und Swimmingpools füllt. Das Wasser wird in alten Ölfässern aufbewahrt und verursacht häufig Magen- und Darmerkrankungen, die u. a. für Kleinkinder tödlich enden können. Im letzten Sommer bekam Hildas ganze Familie die Ruhr; der Jüngste, der wie viele Slumkinder Tuberkulose hatte, starb daran.

Hilda und ihre Mutter leben vom Straßenhandel. Sie kaufen Obst auf dem Großmarkt und verkaufen es weiter. Die Gewinnspanne ist gering, die Gefahr, daß das Obst verdirbt, groß. Die zwei Brüder arbeiten im Zentrum Limas als Schuhputzer und Zeitungsverkäufer. 25 Minuten müssen sie von zu Hause zur nächsten Bushaltestelle laufen, eine Stunde dauert die Fahrt in überfüllten Bussen in die Innenstadt. Da die Fahrtkosten hoch sind, bleiben die beiden Jungen, 7 und 10 Jahre alt, oft tagelang in der Stadt. Wo sie schlafen, was sie essen? Hilda zuckt die Schultern. Irgendwas finden sie immer. Kinderkriminalität ist gang und gäbe. Es gibt neunjährige Dealer, minderjährige Zuhälter und Bandenchefs, Prostituierte beiderlei Geschlechts von 11 oder 12 Jahren. Hildas jüngere Schwester ist Hausmädchen im feinen Stadtteil Miraflores. Für kaum mehr als ein Taschengeld erledigt sie alle Hausarbeiten und ist dem Sohn ihrer Arbeitgeber sexuell ausgeliefert. Doch: welche andere Arbeit könnte sie finden – als Indiomädchen ohne Schulabschluß, ohne Berufsausbildung?

Hilda selbst kann lesen und schreiben. Sie ging vier Jahre zur Schule, immer mit Unterbrechungen, wenn sie zu Hause gebraucht wurde. Doch für die drei jüngeren Mädchen konnte die Mutter das Geld für Schulkleidung nicht aufbringen. Zu dieser Zeit hatte der Vater die Familie schon verlassen. Auf der Suche nach Arbeit schloß er sich einem Bohrtrupp an im Amazonasgebiet, wo er inzwischen mit einer anderen Frau zusammenlebt und ein Kind hat. Mit ihm ging die Angst vor Schlägen, die immer größer wurde, je mehr er dem Alkohol verfiel.

Früher im Hochland, auf dem kleinen Bauernhof, war er ganz anders: ruhig, freundlich. Doch der Boden warf zu wenig ab, Geld war keines da für besseres Saatgut, Düngemittel und Geräte. An günstige Kredite kam die Familie nicht heran. Als dann der Terror der Untergrundkämpfer zunahm und die Militärs brutal zurückschlugen, als ein Nachbar von Soldaten verschleppt und umgebracht wurde, verfrachtete der Vater seine Familie auf die Ladefläche eines Lkw, der über endlose Schotterpisten Richtung Hauptstadt fuhr. Dort erhoffte er sich, wie so viele, die in die 6-Millionen-Stadt strömten, ein besseres Leben: Arbeit für sich, Schulen für die Kleinen, Ausbildungsmöglichkeiten für die Größeren, einen Arzt gleich um die Ecke.

Hilda teilte anfangs diese Hoffnung. Sie sah sich als Schneiderin vor einer elektrischen Nähmaschine sitzen, schöne Kleider nähen ... Statt dessen steht sie nun Tag für Tag an einer Straßenecke, ihr vier Monate altes Baby auf dem Rücken – der Vater hat sich schon vor der Geburt abgesetzt –, die beiden kleinen Schwestern neben sich, auf Kunden wartend. Die kaufen zögernd, das Geld ist knapp. Die Mehrzahl der Peruaner ist arbeitslos oder lebt von Gelegenheitsarbeiten. Und wer Arbeit hat, muß allein für Fahrtkosten oft 40% des Mindestlohnes ausgeben. Mehr als zwei Mindestlöhne kostet die vorgeschriebene Schuluniform. In einem Jahr ist der Preis für Milch um 110%, für Brot um 140%, für Zucker um 150% gestiegen. Ein Staat, der so hoch verschuldet ist und so viel fürs Militär ausgibt wie der peruanische, spart eben da, wo er den geringsten Widerstand erwartet: bei der Subventionierung von Grundnahrungsmitteln, also bei den Armen.

Hilda ißt wenig, überlistet den Magen mit Wasser, damit wenigstens die kleinen Schwestern satt werden. Doch dadurch hat sie zuwenig Milch, ihr Kind ist unterernährt, anfällig für Krankheiten.

Wenn Hilda von ihrem Obstkarren hochsieht, hat sie ein riesiges Plakat vor Augen: ein Baby, helle Haut, blonde Locken, hält ein Gläschen Obstbrei in den molligen Patschhändchen. Das Etikett trägt den Namen eines deutsch-schweizerischen Konzerns, das Baby leckt sich die Lippen.

aus: Irmgard Dickmann-Schuth, Walter Neher, Erfahrungen, Lern- und Arbeitsbuch für den kath. Religionsunterricht an berufsbildenden Schulen, Stam Verlag Köln 1993, S. 149f.

Ursachen der Unterentwicklung

Warum sind die Armen arm?

Es gibt viel Ursachen dafür, daß die Welt heute zerfällt in einen armen Süden und einen reichen Norden:

1. Geschichte: Kolonialisierung

Die Europäer „entdeckten" vom 16. Jahrhundert an die „Neue Welt". Sie betrachteten die überseeischen Gebiete, die sie – oft in Kriegen gegeneinander – zu Kolonien machten, als ihre „Vorratskammern", die sie während der folgenden Jahrhunderte hemmungslos plünderten. Die Bodenschätze wurden ausgebeutet, die Erde durch Raubbau und Monokulturen ausgelaugt, die Ureinwohner zu ungewohnter, oft todbringender Arbeit gezwungen, in die Sklaverei getrieben, durch vorher unbekannte Krankheiten und Drogen zermürbt oder – wie in der Karibik – völlig ausgerottet.

Die alten politischen Strukturen wurden zerschlagen, funktionierende Wirtschaftssysteme zerstört, Familien, Dorf- und Stammesgemeinschaften auseinandergerissen, religiöse Bräuche, überliefertes Wissen, handwerkliches Können verdrängt und verschüttet.

So verboten die Spanier in Peru jede Textilproduktion zugunsten europäischer Hersteller und Exporteure und untersagten allen Indianern, Negern und Mischlingen, Handel zu treiben. Die Engländer verboten in ganz Indien die Baumwollverarbeitung, in der Indien zuvor weltweit führend war, um die Vorrangstellung englischer Produzenten zu sichern. Die Holländer errichteten ein Monopol im Muskatanbau und -handel, indem sie den Muskatnußbaum auf eine Inselgruppe der Molukken beschränkten, deren Ureinwohner – rund 100 000 – sie zuvor ausrotteten. Die Beispiele ließen sich beliebig erweitern.

Dadurch haben die Europäer die Entwicklung dieser Länder zum Stillstand gebracht bzw. zurückgeworfen.

2. Natur: Klima und geographische Bedingungen

Die unterentwickelten Länder liegen vorwiegend in der tropischen und subtropischen Zone. Die klimatischen und geographischen Bedingungen sind nicht so günstig wie in gemäßigten Gebieten: große Hitze, extreme Temperaturunterschiede zwischen Tag und Nacht, lange Trockenzeiten, weite Wüstengebiete, starke Regenfälle, Überschwemmungen, Erdrutsche, Erdbeben, hohe, unwegsame Gebirge, Hochländer mit kargem Boden, schmale Täler mit oft reißenden Flüssen, ausgedehnte Flußdelten, Sümpfe, unzugängliche Urwälder – all dies erschwert Landwirtschaft, Abbau der Bodenschätze, Ansiedlung von Handwerks- und Industriebetrieben, Verkehr und Handel zwischen den Landesteilen, medizinische Versorgung.

Diese natürlichen Nachteile werden durch menschliche Eingriffe noch verstärkt: Monokulturen laugen die Böden aus, zwingen zu erhöhtem Gebrauch von Düngemitteln, Unkraut- und Schädlingsbekämpfungsmitteln, und führen langfristig zur Versteppung. Abholzung für den Export oder zur Brennstoff- und Bauholzgewinnung zerstört die dünne tropische Humusdecke, läßt weite Flächen verkarsten und verwüsten und hat noch nicht abzusehende Dauerfolgen für die Sauerstoffversorgung und das Klima der ganzen Erde.

Überweidung, Abbrennen von Urwald für Ackerland, Wanderackerbau, zu viele und zu tiefe Brunnen, fehlgeplante Staudämme und Straßen fördern ebenfalls die Erosion und die unaufhaltsame Verwüstung ganzer Landstriche (zum Beispiel in der Sahelzone).

3. Wirtschaft: ungerechter Welthandel.

Die Industrieländer bedienen sich auch heute noch der Mittel der Kolonialmächte: Rohstoffe (Erze, Holz, Früchte, Häute, Baumwolle, Zucker, Reis, Kaffee, Tee usw.) werden billig aus der Dritten Welt eingeführt. Mit den geringen Deviseneinnahmen kaufen dann die Entwicklungsländer dem reichen Norden dessen teure Industrieprodukte ab (Maschinen, Fahrzeuge, Werkzeuge, Chemiekalien für Landwirtschaft und Medizin usw.).

Ein Beispiel für die unterschiedliche Preisentwicklung: Was kosteten vor 10 Jahren Kaffee, Bananen, Ananas in Dosen? Mehr als heute. – Was kosteten damals Autos, Düngemittel, Medikamente? Viel, viel weniger als heute.

Dadurch verschulden sich die Entwicklungsländer immer mehr und geraten in ausweglose Abhängigkeit von den geldgebenden Nationen und Banken, zum Beispiel der Weltbank. Um wenigstens die Zinsen bezahlen zu können, sind sie gezwungen, noch mehr Rohstoffe zu exportieren. Leidtragende sind wiederum die Armen im eigenen Land: Statt landesüblicher Grundnahrungsmittel wie Reis, Mais, Kartoffeln, die das Überleben sichern würden, werden auf den knappen Böden Genußmittel für den Export angebaut. Durch das steigende Angebot auf dem Weltmarkt fallen die Preise, die Exporteinnahmen bleiben geringer als erwartet. Die Regierungen reagieren darauf, oft auf Druck der Gläubigerländer bzw. -banken, mit Steuererhöhungen, Anstieg der Nahrungsmittelpreise, Senkung der Sozialausgaben. Die Masse der Bevölkerung verelendet dadurch immer weiter.

4. Gesellschaft: Klassenunterschiede im eigenen Land

In den meisten Entwicklungsländern gibt es eine kleine, sehr reiche Oberschicht, die fast alles besitzt: Boden, Bildung, Bankguthaben – bervorzugt in den USA und Westeuropa – Beziehungen zu Politikern, Militärs, Industrieländern, kurz: Macht. Eine Mittelschicht, die Güter und Dienstleistungen produziert, vermarktet und selbst konsumiert, die so einen breiten Wohlstand und solide politische Verhältnisse ermöglicht, fehlt fast völlig. Den wenigen reichen, tonangebenden Familien steht die große Masse der Armen gegnüber: Kleinbauern, Tagelöhner, Wanderarbeiter, Hausangestellte, Straßenhändler, Unterbeschäftigte und Arbeitslose. Sie werden in Militärdiktaturen durch die Armee, durch Folter und täglichen Terror in Schach gehalten. Auch in Ländern, die sich nach außen hin demokratisch geben, sorgen manipulierte Wahlen, Todesschwadrone extremer politischer Gruppen, korrupte Richter und Polizisten dafür, daß alles beim Alten bleibt.

Oft sind Parteien, die auf seiten der Armen stehen, und Gewerkschaften und Genossenschaften verboten oder nur auf dem Papier erlaubt, so daß den Ausgebeuteten die Möglichkeit genommen wird, sich zusammenzuschließen und auf friedlichem Weg zu ihrem Recht, zu genug Boden, menschenwürdigen Arbeitsbedingungen, Krediten und Bildungsmöglichkeiten zu kommen.

Schulgeld, Schuluniform, Konzentration der Schulen in wenigen Städten und der Zwang zur Kinderarbeit führen dazu, daß die Kinder der Armen nicht oder nur unregelmäßig zur Schule gehen können. Ihnen ist damit der Zugang verbaut zu einem umfassenden Grundwissen und einer abgeschlossenen Berufsausbildung, zu einem regelmäßigen Einkommen und jenem politischen Durchblick, der erst den Kampf gegen gesellschaftliche Ungleichheit und Unterdrückung ermöglicht.

aus: Irmgard Dickmann-Schuth, Walter Neher,
Erfahrungen, Lern- und Arbeitsbuch
für den kath. Religionsunterricht
an berufsbildenden Schulen,
Stam Verlag 1993, S. 151-153

Die anderen Brücken

„Du hast einen schönen Beruf", sagte das Kind zum alten Brückenbauer, „es muß sehr schwer sein, Brücken zu bauen." „Wenn man es gelernt hat, ist es leicht", sagte der alte Brückenbauer, „es ist leicht, Brücken aus Beton und Stahl zu bauen. Die anderen Brücken sind sehr viel schwieriger", sagte er, „die baue ich in meinen Träumen."

„Welche anderen Brücken?" fragte das Kind.
Der alte Brückenbauer sah das Kind nachdenklich an. Er wußte nicht, ob es verstehen würde.

Dann sagte er:
„Ich möchte eine Brücke bauen von der Gegenwart in die Zukunft. Ich möchte eine Brücke bauen von einem zum anderen Menschen, von der Dunkelheit in das Licht, von der Traurigkeit zur Freude. Ich möchte eine Brücke bauen von der Zeit in die Ewigkeit über alles Vergängliche hinweg."

Das Kind hatte aufmerksam zugehört. Es hatte nicht alles verstanden, spürte aber, daß der alte Brückenbauer traurig war.

Weil es ihn wieder froh machen wollte, sagte das Kind: „Ich schenke dir meine Brücke."
Und das Kind malte für den Brückenbauer einen Regenbogen.

Anne Steinwart

aus: R. Ausländer, Ich höre das Herz des Oleanders, Gedichte 1977-79, S. Fischer Verlag Frankfurt/Main 1984

Regenbogen, Friedenszeichen

2. Regenbogen, Friedenszeichen, Gott läßt uns nicht allein.
Regenbogen, Lebenszeichen, Gott will die Welt befrein.

3. Regenbogen, Friedenszeichen, Gott schließt nun einen Bund.
Regenbogen, Lebenszeichen, tut seine Liebe kund!

Religionspädagogische Praxis, Handreichung für elementare Religionspädagogik, Jhg. 1980, Nr. III, S. 63, „Staunen-Danken-Loben, alle Rechte bei RPA Verlag, Landshut
T/M: Hanni Neubauer

Möglicher Spielplan:

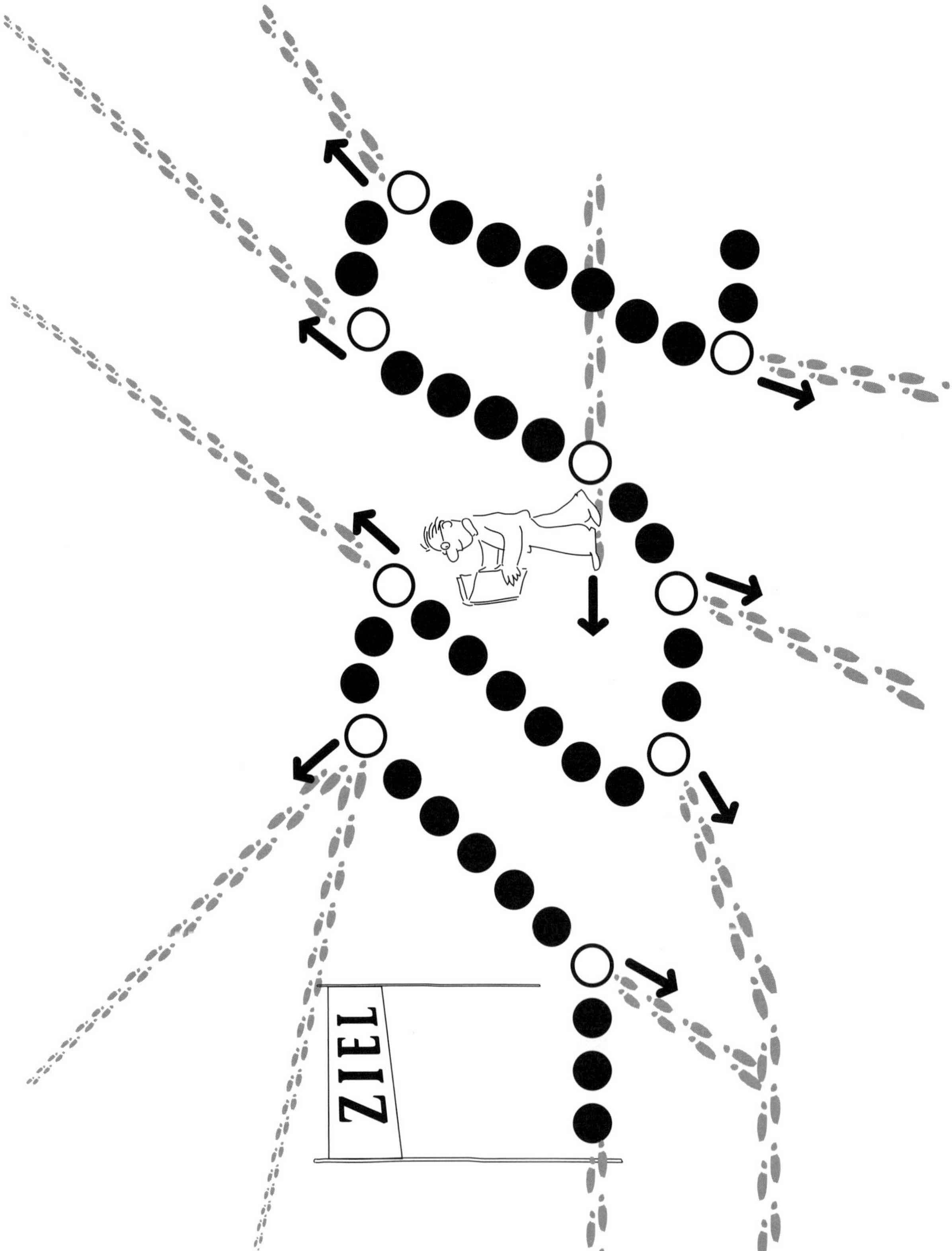

aus: Sigrid Berg, Biblische Bilder und Symbole erfahren, Kösel/Calwer München/Stuttgart 1996, S. 236;
hier zitiert nach: R. O. Wiemer, Ernstfall, J. F. Steinkopf Verlag, Stuttgart, [3]1989

V.2. **Grenzerfahrungen**

Zwei Seelen

Manchmal könnte ich den ganzen Tag singen,
manchmal nur noch heulen.

Manchmal möchte ich alle Menschen umarmen,
manchmal jeden anschreien.

Manchmal fühle ich mich ganz stark,
manchmal so ängstlich.

Manchmal bin ich zuversichtlich,
manchmal voller Zweifel

Manchmal spüre ich deine Nähe, Herr,
manchmal gar nichts.

Manchmal habe ich das Gefühl,
daß zwei Seelen in mir wohnen,
aber keine von beiden
bei mir zu Hause ist.

Petrus Ceelen

aus: Petrus Ceelen, So wie ich bin,
Gespräche mit Gott, Düsseldorf [3]1984,
S. 48.

Der Mann und sein Schatten

Die Weisheit Asiens kennt folgende Erzählung: Es war einmal ein Mann, der sich beim Anblick seines eigenen Schattens so sehr ängstigte, daß er beschloß, ihn hinter sich zu lassen. Er dachte: Ich laufe ihm einfach davon. So stand er auf und lief davon. Aber der Schatten folgte ihm mühelos. Er sagte sich: Ich muß schneller laufen. Also lief er schneller und schneller, lief so lange, bis er tot zu Boden sank.
Wäre der Mann in den Schatten eines Baumes getreten, so hätte er seinen eigenen Schatten loswerden können.

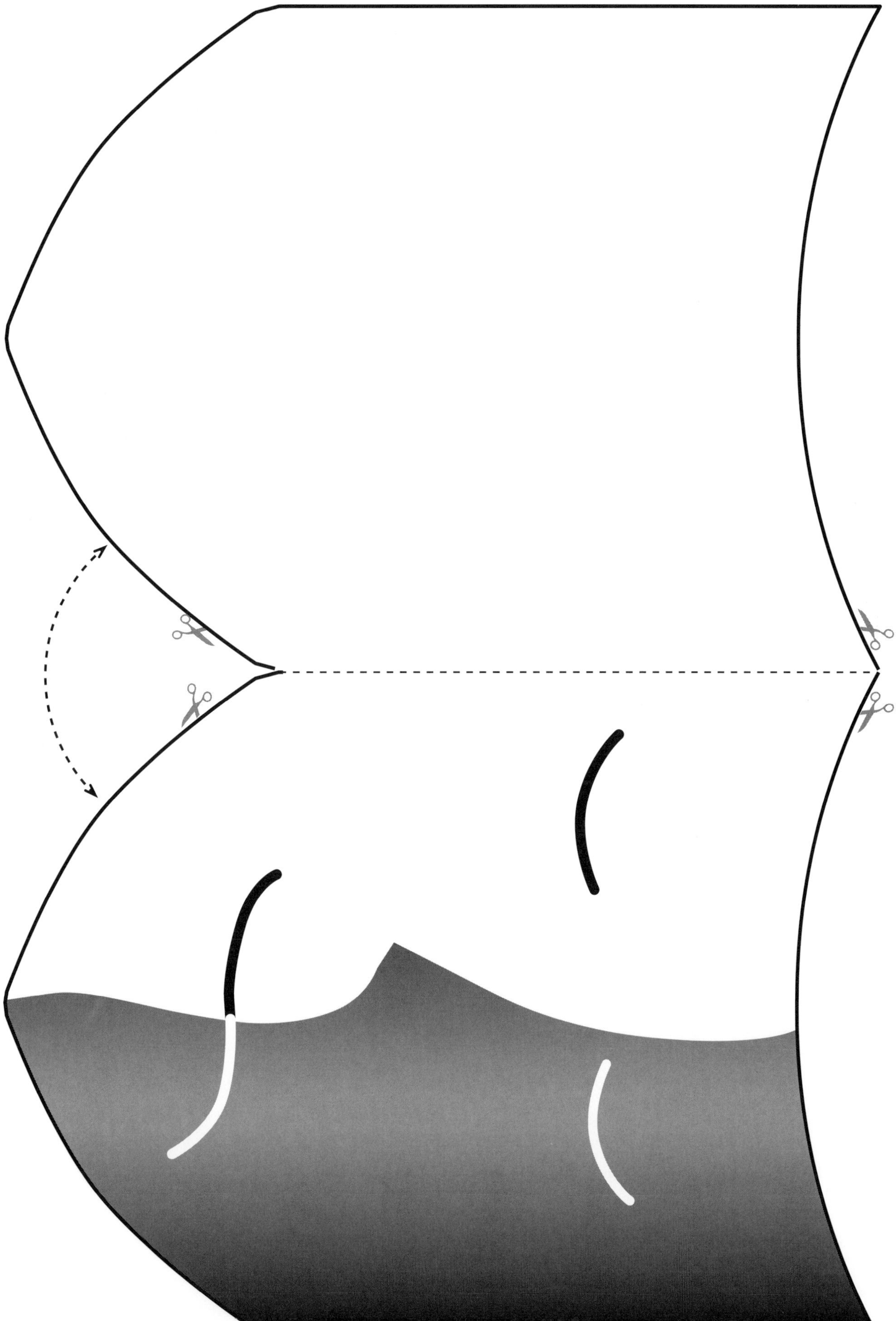

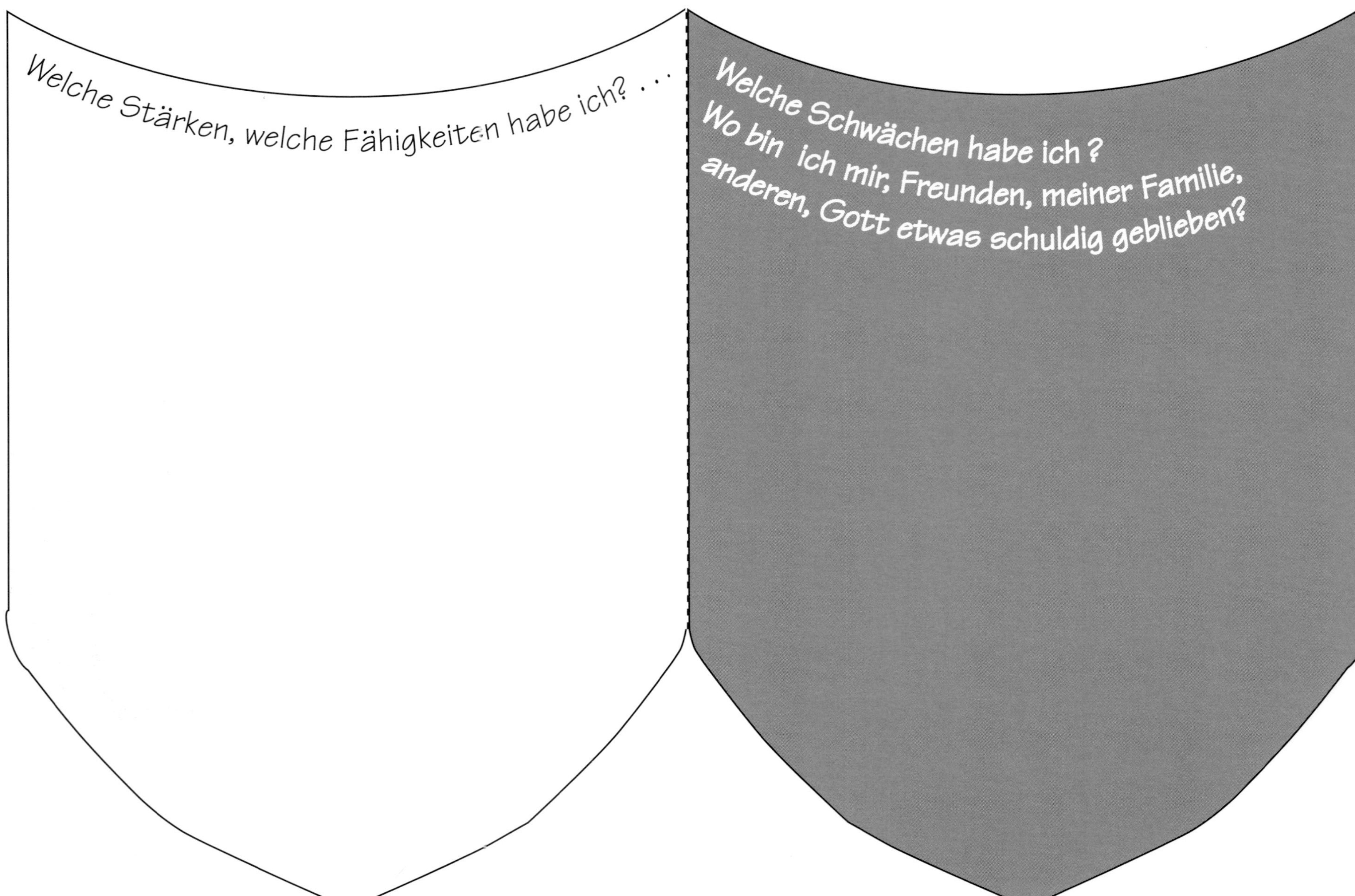
Welche Stärken, welche Fähigkeiten habe ich? . . .
Welche Schwächen habe ich ?
Wo bin ich mir, Freunden, meiner Familie,
anderen, Gott etwas schuldig geblieben?

„Hineingekrümmt in mich selbst"

Ich bin in mich „hineingekrümmt"
z. B. in meiner Familie,
wenn ich

Dann fühle ich mich

Ich bin „hineingekrümmt" in mich
z. B. bei meinen Freunden,
wenn ich

Dann fühle ich mich

Ich bin „hineingekrümmt" in mich
z. B. in meiner Beziehung zu Gott,
wenn ich

Dann fühle ich mich

Hans Thoma,
Der verlorene Sohn (1919),
Radierung

Original im Museum der Stadt Ulm

Körperübung „Hineingekrümmt"

- Legt euch ganz bequem hin. Sucht eine angenehme Position. Am besten ist es, auf dem Rücken zu liegen.
- Schüttelt eure Arme und Beine noch einmal aus.
- Streckt und reckt euch noch einmal richtig.
- Betrachtet nun die Zimmerdecke.
- Nun schließt langsam die Augen.
- Spannt jetzt alle Muskeln eures Körpers so stark an wie möglich (5 Sek.) ... und laßt wieder los. (20 Sek. Pause)
- Wiederholt das: Spannt alle Muskeln so kräftig an wie ihr könnt (7 - 8 Sek.) ... und laßt wieder los. (20 Sek. Pause)
- Und nun spannt die Muskeln eures Körpers ein letztes Mal an (10 Sek.) ...und laßt wieder los. (30 Sek. Pause)
- Du liegst ruhig da.
- Dein Atem kommt und geht.
- Achte auf deinen Atem. (30 Sek. Pause)
- Atme zehnmal ein und aus. Zähle jedes Mal, wenn du einatmest (ca. 90 Sek.).
- Nun bist du ruhig.
- Du kannst nun mit der Körperübung beginnen.
- Laß dabei die Augen geschlossen.
- Denke nochmals an den „in sich hineingekrümmten Mann" in unserer „Mitte".
- Versuche langsam eine ähnliche Körperhaltung einzunehmen. (Pause)
- Du bist nun in dich „hineingekrümmt". (Pause)
- Wie geht es dir jetzt?
- Welche Signale sendet dein Körper?
- Wo sitzen Spannungen?
- Öffne langsam die Augen!
- Löse dich aus deiner Haltung.
- Recke, strecke, befreie dich!

Körperübung „Belastet"

- Stellt euch ganz bequem hin.
- Schüttelt Arme und Beine noch einmal aus.
- Nun schließt die Augen.
- Spannt alle Muskeln eures Körpers so stark wie möglich an (5 Sek.) ... dann laßt wieder los (20 Sek.).
- Du stehst ruhig da.
- Dein Atem geht immer ruhiger.
- Er kommt – und geht.
- Du bist jetzt ganz für dich da.
- Mit deinen Füßen spürst du den Boden.
- Du stehst fest.
- Deine Arme hängen entspannt herunter.
- Dein Atem kommt – und geht.
- Wie geht es dir? – Pause
- Welche Gedanken gehen dir durch den Kopf? – Pause
- Stelle dir vor, jemand lädt dir eine schwere Last auf die Schultern.
- Wie geht es dir damit?
- Versuche, eine Körperhaltung einzunehmen, die es dir leichter macht, die schwere Last zu tragen.
- Die Last wird schwerer.
- Sie wird beschwerlicher.
- Was spürst du? – Pause
- Dir wird die Last weggenommen.
- Du kannst dich frei bewegen.
- Du kannst dich aufrichten und strecken.
- Atme tief durch.
- Beende langsam die Übung.
- Öffne die Augen.
- Schüttle Arme und Beine aus.

Ivan Steiger sieht die Bibel, Verlag Katholisches Bibelwerk und Deutsche Bibelgesellschaft, Stuttgart

Lasse in Gedanken die vergangene Woche an dir vorüberziehen!

- Was belastet mich?
  Wo bin ich mir etwas schuldig geblieben?

- Wo habe ich andere belastet?
  Wo bin ich anderen etwas schuldig geblieben?

- Was trennt mich von mit selbst/von den anderen/von Gott?

Zeugnistag

Ich denke, ich muß so zwölf Jahre alt gewesen sein,
Und wieder einmal war es Zeugnistag.
Nur diesmal, dacht' ich, bricht das Schulhaus
samt Dachgestühl ein.
Als meines weiß und häßlich vor mir lag.
Dabei war'n meine Hoffnungen keineswegs
hochgeschraubt,
Ich war ein fauler Hund und obendrein
Höchst eigenwillig,
doch trotzdem hätte ich nie geglaubt,
So ein totaler Versager zu sein.

So, jetzt ist es passiert, dacht' ich mir,
jetzt ist alles aus,
Nicht einmal eine 4 in Religion.
Oh Mann, mit diesem Zeugnis kommst du besser
nicht nach Haus,
Sondern allenfalls zur Fremdenlegion.
Ich zeigt' es meinen Eltern nicht
und unterschrieb für sie,
Schön bunt, sah nicht schlecht aus, ohne zu prahl'n!
Ich war vielleicht 'ne Niete in Deutsch und Biologie,
Dafür konnt' ich schon immer ganz gut mal'n!

Der Zauber kam natürlich schon
am nächsten Morgen raus,
Die Fälschung war wohl doch nicht so geschickt.
Der Rektor kam,
holte mich schnaubend aus der Klasse raus,
So stand ich da, allein, stumm und geknickt.
Dann ließ er meine Eltern kommen,
lehnte sich zurück,
Voll Selbstgerechtigkeit genoß er schon
Die Maulschellen für den Betrüger'
das mißrat'ne Stück,
Diesen Urkundenfälscher, ihren Sohn.

Mein Vater nahm das Zeugnis in die Hand
und sah mich an
Und sagte ruhig: „Was mich anbetrifft,
So gibt es nicht die kleinste Spur
eines Zweifels daran,
Das ist tatsächlich meine Unterschrift."
Auch meine Mutter sagte, ja das sei ihr Namenszug,
Gekritzelt zwar, doch müsse man versteh'n,
Daß sie vorher zwei große,
schwere Einkaufstaschen trug.
Dann sagte sie: „Komm, Junge, laß uns geh'n."

Ich hab' noch manches lange Jahr
auf Schulbänken verlor'n
Und lernte widerspruchslos vor mich hin
Namen, Tabellen. Theorien von hinten und von vorn,
Daß ich dabei nicht ganz verblödet bin!
Nur eine Lektion
hat sich in den Jahr'n herausgesiebt,
Die eine nur aus dem Haufen Ballast:
Wie gut es tut, zu wissen,
daß dir jemand Zuflucht gibt,
Ganz gleich, was du auch ausgefressen hast!

Ich weiß nicht, ob es rechtens war,
daß meine Eltern mich
Da rausholten, und wo bleibt die Moral?
Die Schlauen diskutieren,
die Besserwisser streiten sich,
Ich weiß es nicht, es ist mir auch egal.
Ich weiß nur eins,
ich wünsche allen Kindern auf der Welt,
Und nicht zuletzt natürlich dir, mein Kind,
Wenn's brenzlig wird, wenn's schiefgeht,
wenn die Welt zusammenfällt,
Eltern, die aus diesem Holze sind,
Eltern, die aus diesem Holz geschnitten sind!

aus: Reinhard Mey, Mein Apfelbäumchen,
Textheft zur CD, Intercord 1989

V.3. **Auf dem Weg – Reflexion, Entscheidung, Zeichen der Firmung**

Wir haben Gottes Spuren festgestellt

2. Blühende Bäume haben wir gesehn,
   wo niemand sie vermutet,
   Sklaven, die durch das Wasser gehn,
   das die Herren überflutet,
   Zeichen und Wunder …

3. Bettler und Lahme sahen wir beim Tanz,
   hörten, wie Stumme sprachen,
   durch tote Fensterhöhlen kam ein Glanz,
   Strahlen, die die Nacht durchbrachen.
   Zeichen und Wunder …

Text: Michel Scouarnec
Musik: Jo Akepsimas
Übersetzung: Diethard Zils
aus: Mein Liederbuch, Band 1, 1981

Tanzanleitung „Pilgerschritt"

Der Pilgerschritt kann in der „Schlange" getanzt werden. Entweder fassen sich die Jugendlichen an den Händen, oder die rechte Hand liegt auf der linken Schulter des Tänzers davor, und die linke Hand liegt auf der Brust (symbolische Bedeutung der 2. Möglichkeit: Ich stütze mich auf meinen Nachbarn/ich beschütze meinen Nachbarn = Hand auf der Schulter; beim Gehen bin ich bei mir = Hand auf der Brust).

Als Musik kann jede langsame Musik im 4/4 Takt von Bach bis Beat gespielt werden (z.B., Bach Suite Nr. 3, Air, D-Dur oder Pachelbel, Canon D-Dur oder Giora Feidmann, diverse Stücke).

Die Schritte sind einfach und können beim Tanzen erklärt werden:

1. rechter Fuß vor
2. linker Fuß vor
3. rechter Fuß vor
4. am Platz auf dem linken Fuß zurückwiegen (d.h. das Gewicht auf den linken Fuß zurückverlagern).
5. Von vorne weiter, wie 1.

Labyrinth im Kirchenschiff der
Kathedrale von Chartres

- Wie habe ich den Weg empfunden?
  – Die Wendepunkte;
  – Die Nähe und Distanz zum Zentrum.

- Gab es in den vergangenen Wochen der Firmvorbereitung Wendepunkte?

- Die Rose in der Mitte symbolisiert Christus, die Liebe Gottes zu uns Menschen. Wo habe ich in den vergangenen Wochen etwas von dieser Liebe erahnt? Wo ist mir dieser Geist Gottes, der Heilige Geist, begegnet?

- Was hat es mir schwer gemacht, diesen Weg zu gehen?

Einen Engel wünsch ich mir, der mir Mut macht, der mir zulacht, der mir hilft, der mich tröstet, der mir zuhört, der mir die Wahrheit sagt. DU WARST FÜR MICH EIN ENGEL ... DANKE...

Einen Engel wünsch ich mir, der mir Mut macht, der mir zulacht, der mir hilft, der mich tröstet, der mir zuhört, der mir die Wahrheit sagt. DU WARST FÜR MICH EIN ENGEL ... DANKE...

Einen Engel wünsch ich mir, der mir Mut macht, der mir zulacht, der mir hilft, der mich tröstet, der mir zuhört, der mir die Wahrheit sagt. DU WARST FÜR MICH EIN ENGEL ... DANKE...

Einen Engel wünsch ich mir, der mir Mut macht, der mir zulacht, der mir hilft, der mich tröstet, der mir zuhört, der mir die Wahrheit sagt. DU WARST FÜR MICH EIN ENGEL ... DANKE...

Spielregeln

1. Die Gruppen tagen in getrennten Räumen. Sie dürfen nur schriftlich miteinander verkehren.
2. Jedes Schreiben wird dreifach angefertigt. Ein Exemplar bleibt bei der Gruppe, eines geht an den Empfänger, eines geht an die Spielleitung.
3. Für jeden Brief ist ein ganzes Blatt zu verwenden, auch wenn er nur kurz ist.
4. Ein Brief muß den Absender und Empfänger enthalten.
5. Man kann so schreiben, wie man sprechen würde.
6. Jeder Brief wird zur Spielleitung gebracht. Diese leitet ein Exemplar an den Empfänger weiter.
7. Ist es notwendig, mehrere oder alle Spielgruppen zu informieren, so muß die entsprechende Anzahl von Durchschriften angefertigt werden.
8. Möchte sich eine Spielgruppe an einen Partner wenden, der nicht als Spielpartner mitwirkt (PastoralreferentIn, GemeindereferentIn, Pfarrgemeinderatsmitglied, eine bekannte Persönlichkeit aus der Gemeinde oder aus dem Ort, ...), so kann sie das tun, indem sie einen an diese Person adressierten Brief an die Spielleitung sendet.

Jugendliche A

Gruppen: Jugendliche A, Jugendliche B, Eltern der Jugendlichen, GruppenleiterInnen, Pfarrer

Ihr seid die „Jugendlichen A". Ihr habt den größten Teil des Firmkurses nun hinter euch. In wenigen Wochen ist Firmung. Ihr freut euch richtig auf diesen Tag. Die gemeinsamen Treffen und Unternehmungen während des Firmkurses haben euch viel gegeben, ebenso die Gespräche untereinander und mit den GruppenleiterInnen. Ihr habt viel über euch und über den Glauben erfahren. Auch weiterhin wollt ihr versuchen, Gott in eurem Leben zu entdecken. Nach der Firmung wollt ihr aktiv etwas in der Gemeinde mitgestalten.

Seit einiger Zeit gibt es Spannungen zu einigen der Jugendlichen, die auch am Firmkurs teilnehmen (die Jugendlichen B). Diese machen in den Kleingruppen kaum mit, veralbern alles und scheinen sich immer zu langweilen. Nun hat jemand von euch erfahren, daß die Jugendlichen B „an den Quatsch mit Gott, Jesus, dem Heiligen Geist und der Bibel" nicht glauben, aber sich zur Firmung halt nicht die Geschenke entgehen lassen wollen. Außerdem würden einige eine Menge Ärger zu Hause bekommen, wenn sie sich nicht firmen ließen. Und die Jugendlichen B fänden euch „hinter dem Mond", daß ihr den ganzen Kram begeistert mitmacht. Euch ärgert das, und ihr würdet gerne einmal offen darüber reden.

Jugendliche B

Gruppen: Jugendliche A, Jugendliche B, Eltern der Jugendlichen, GruppenleiterInnen, Pfarrer

Ihr seid die „Jugendlichen B". Ihr habt den größten Teil des Firmkurses nun hinter euch. In wenigen Wochen ist Firmung. Aber Ihr freut euch nicht darauf, weil ihr eine Menge Probleme mit dem Glauben und deshalb auch mit der Firmung habt. Gibt es Gott überhaupt? Und ihr habt Schwierigkeiten mit Jesus, der euch ziemlich weltfremd erscheint. Und dann der Gottesdienst und erst recht die Kirche ... Nun wollen aber eure Eltern, daß ihr euch firmen laßt, weil es halt dazugehört. Die Gäste sind schon eingeladen. Und einige Geschenke wird es wohl auch geben. Die wollt ihr euch nicht entgehen lassen. Ihr seid innerlich richtig gespalten: Sollt ihr euch firmen lassen oder nicht? Die Stimmung während des Firmkurses war zeitweise ganz gut. Hin und wieder war's allerdings langweilig, und ihr fandet alles ziemlich albern. Manchmal allerdings habt ihr sogar Spaß gehabt – aber reicht das?

In der Firmgruppe geht es seit einigen Wochen spannungsreich zu. Euch regen die Jugendlichen A auf, die begeistert mitmachen, an Gott glauben und sogar in der Gemeinde nach der Firmung mitmachen wollen.

Ihr würdet gerne mal über eure Probleme sprechen, auch darüber, warum die anderen eigentlich an Gott glauben können und sich firmen lassen wollen. Gründe dagegen wüßtet ihr genug ...

Eltern

Gruppen: Jugendliche A, Jugendliche B, Eltern der Jugendlichen, GruppenleiterInnen, Pfarrer

Ihr seid die Eltern der Jugendlichen A und B. Beim letzten Elternabend – erst vor ein paar Tagen – erzählte eine Mutter: „Vor einigen Tagen wollte ich mit meinem Sohn in die Stadt, um für ihn ein paar neue Kleidungsstücke für die Firmung zu kaufen. Da sagte er mir: ‚Das Geld können wir sparen. Ich bin überhaupt nicht sicher, ob ich mich firmen lasse.' Ich habe ihn gefragt: ‚Warum denn das? Wieso?' Er gab mir aber keine rechte Antwort."
Die Mutter fragte die anderen Eltern, ob es ihren Kindern auch so gehe.
Die Eltern der Jugendlichen B vermuten, daß ihre Kinder viele Schwierigkeiten mit dem Glauben an Gott und mit der Kirche haben. Die Jugendlichen A machten wohl begeistert mit. Sie als Eltern wüßten auch nicht genau, warum man sich eigentlich firmen läßt. Es gehöre wohl dazu! Aber vielleicht könne man der Sache ja mal auf den Grund gehen ...

GruppenleiterInnen

Gruppen: Jugendliche A, Jugendliche B, Eltern der Jugendlichen, GruppenleiterInnen, Pfarrer

Ihr seid die GruppenleiterInnen und habt den Firmkurs während der ganzen Zeit begleitet. Ihr habt viel Zeit und Kraft in die Arbeit mit den Jugendlichen gesteckt.
In einigen Wochen ist die Firmung. Seit einiger Zeit ist die Gruppe gespalten: in die Jugendlichen A und B. Die Jugendlichen A machen begeistert mit. Die Jugendlichen B sitzen fast nur noch die Zeit ab. Was steckt dahinter? Ob die Eltern etwas wissen? Ihr müßtet unbedingt mal ein paar Gespräche führen ...

Pfarrer

Gruppen: Jugendliche A, Jugendliche B, Eltern der Jugendlichen, GruppenleiterInnen, Pfarrer

Du bist Pfarrer der Gemeinde, in der der Firmkurs stattfindet. Das Konzept des Kurses findest du gut. Weil du für mehrere Gemeinden zuständig bist, bist du während des Firmkurses nur sporadisch aufgetaucht. Einige Jugendliche kennst du aus der Jugendarbeit und aus dem Gottesdienst ganz gut, andere sind dir fremd.
Du bist sehr dankbar, daß sich die GruppenleiterInnen so engagiert im Firmkurs einsetzen.

Nach dem, was du an Rückmeldungen zu hören bekommen hast, gibt es im Kurs Spannungen. Einige Jugendliche machen begeistert mit, andere sitzen nur die Zeit ab.
Was die Firmung angeht, willst du eine klare Entscheidung. Der Glaube an Gott, Jesus als Vorbild, als Christ im Alltag zu leben versuchen: das sollte für jemanden, der sich firmen lassen will, klar sein.
Wenn sich jemand vom Firmkurs abmeldet, kannst du damit leben. Die Entscheidung, aus dem Geist Jesu leben zu wollen, ist ja nicht machbar, sondern ein Geschenk.
Du weichst keiner Diskussion aus und willst Klarheit, du kannst auch mit Konflikten leben. Es interessiert dich, wo das Problem liegt. Du suchst das Gespräch mit allen Beteiligten und willst eine Lösung, die möglichst allen gerecht wird.

Für wen gehst du?

Rabbi Naftali lebte in Robschütz. Hier pflegten die Reichen, deren Häuser einsam oder am Ende der Stadt lagen, Leute einzustellen, die nachts über ihren Besitz wachen sollten.

Als Rabbi Naftali eines Abends spät am Rande des Waldes spazierenging, begegnete er solch einem auf und ab gehenden Wächter. „Für wen gehst du?", fragte der Rabbi den Wächter. Der gab Bescheid, fügte aber die Gegenfrage an: „Und für wen geht Ihr, Rabbi?"
Diese Frage traf den Rabbi wie ein Pfeil. „Noch gehe ich für niemanden", brachte er mühsam hervor, dann schritt er lange schweigend neben dem Mann auf und ab.
„Willst du mein Diener werden?", fragte er endlich,
„Das will ich gern", antwortete der Wächter, „aber, was habe ich zu tun?"
„Mich zu erinnern", sagte der Rabbi Naftali.

(nach Martin Buber)

Deine Entscheidung: Kannst du ja dazu sagen?

- Ich glaube, daß es einen Gott gibt, der mich so mag, wie ich bin.
- Ich glaube, daß es einen Gott gibt, der möchte, daß mein Leben gelingt.
- Ich glaube, daß es einen Gott gibt, der mir in Jesus Christus gezeigt hat, wer er ist und wie er ist.

- Ich möchte versuchen, als Christ zu leben und im Geist Jesu zu handeln.

- Ich will zu denen gehören, die an Jesus Christus glauben, die seine Kirche, seine Gemeinde sind.

- Ja, ich möchte gefirmt werden. Wenn du dich entschieden hast, daß du gefirmt werden willst, bekennst du damit vor Gott, vor dir und vor deiner Gemeinde: „Ich will versuchen, als Christ zu leben!"

Was deine Eltern und Paten bei der Taufe stellvertretend für dich gesagt haben, versprichst du nun selbst.

Die Firmung ist auch ein Zeichen dafür, daß die ganze Gemeinschaft der Glaubenden, die Kirche, an dir interessiert ist. Sie nimmt dich und deine Entscheidung ernst und dich ganz in ihre Gemeinschaft auf. die Firmung ist aber auch ein Zeichen dafür, daß Gott dich annimmt und Jesus sich dir zuwendet. Dies alles ist ein Grund zum Feiern.

Will ich mich firmen lassen?

Was spricht dafür?

Was spricht dagegen?

Seit alter Zeit werden in der Kirche *die sieben Gaben des Geistes* genannt, an denen spürbar ist, daß Gottes Geist am Werk ist.

Weisheit

Manchmal weiß ich nicht, worauf es in meinem Leben ankommt. Es fällt mir schwer, Wesentliches von Unwesentlichem zu unterscheiden.

Herr, gib mir die Gabe der Weisheit, damit ich erkenne, was wichtig ist, und mein Leben nach Dir ausrichte.

Einsicht

Oft frage ich mich, welchen Sinn all mein Tun hat, wofür ich eigentlich lebe.

Herr, gib mir die Gabe der Einsicht, damit ich nicht ziellos vor mir hinlebe. Laß mich erkennen, daß Du hinter allem bist.

Rat

Manchmal gerate ich in Schwierigkeiten und möchte Rat von anderen. Manchmal kommen Freunde und wollen von mir Hilfe.

Herr, gib mir die Gabe des Rates, damit ich mit viel Phantasie andere trösten, ermutigen und ihnen helfen kann. Herr, gib mir die Fähigkeit, mich beraten zu lassen.

Stärke

Enttäuschungen, Schwierigkeiten und Bequemlichkeit nehmen mir oft den Mut, das zu tun, was ich für richtig halte.

Herr, gib mir die Gabe der Stärke, Durststrecken durchzustehen und meinen Weg zu gehen.

Erkenntnis

Manchmal türmen sich Probleme wie ein Berg vor mir auf, und ich weiß dann allein nicht mehr weiter. Ich frage mich, wie ich mich verhalten soll.

Herr, gib mir die Gabe der Erkenntnis, damit ich die Dinge sehe, wie sie sind, mir nichts vormache und das Richtige tue.

Frömmigkeit

Es fällt mir nicht immer leicht, die Spuren Gottes im Alltag zu entdecken. Wenn mir das nicht gelingt, werden meine Gebete zu leeren Hülsen.

Herr, gib mir die Gabe der Frömmigkeit, damit ich in dem, was mir begegnet, Dich suche und entdecke und mein Leben vor Dir zur Sprache bringe.

Gottesfurcht

Oft vergesse ich, daß Gott Grund und Ziel meines Lebens ist. Irgendwelche Dinge kommen mir dann als wichtigste Sache der Welt vor.

Herr, gib mir die Gabe der Gottesfurcht, damit ich den alltäglichen Dingen den richtigen Stellenwert einräume und nicht vergesse, daß Du es bist, der mein Leben trägt.

Körperübung: „Geborgen in Gottes Hand"

Der/die GruppenleiterIn liest langsam vor:
Ich lege mich auf den Bauch auf meine Decke.
Die Fußspitzen ruhen auf dem Boden,
die Fersen fallen auseinander.
Der Kopf liegt auf einer Wange
oder auf der Stirn,
wie es mir bequemer ist.
Ich lasse alle Glieder schwer auf dem Boden aufliegen.
Die Schultern fallen nach vorn,
immer lockerer und tiefer.
Ich habe den Mut,
mich ganz fallenzulassen.
Ich weiß, daß ich ganz sicher ruhe.
Ich werde aufgefangen.
Immer tiefer sinke ich in den Boden hinein.
Alle Verspannungen weichen.
Ich kann mich ganz loslassen.
Ängste und Verkrampfungen verschwinden.
Ich empfinde eine große Ruhe und Gelassenheit.
Ich spüre ganz tief in mir,
was es heißt: Ich bin geborgen in Gottes Hand.

Sigrid Berg,
aus: Sigrid Berg, Biblische Bilder und Symbole erfahren, München 1996, S. 77

Rafikis Zeichen

Märchen aus Afrika

Ein Mann hatte zwei Söhne, Rafiki und Tambu. Alle drei wohnten sie in einer Hütte im Grasland. Eines Tages rief der Vater seine beiden Söhne und sagte: „Meine Kinder, ihr seid nun alt genug, geht hinaus ins Grasland und seht euch in den Dörfern um. Hinterlaßt Zeichen auf eurem Weg, und in einigen Tagen sollt ihr wiederkommen."

Tambu und Rafiki gehorchten dem Vater und gingen hinaus ins Grasland. Nach wenigen Schritten schon begann Tambu, Zeichen auf seinem Weg zu machen. Er knüpfte einen Knoten in ein hohes Grasbüschel. Dann ging er ein Stück weiter und knickte einen Zweig an einem Busch. Und dann knüpfte er wieder Knoten in Grasbüschel, und so war der ganze Weg, den er ging, voll Zeichen.

Rafiki, der Jüngere, aber lief neben dem Bruder her, guckte sich um und tat nichts. „Du knüpfst keine Knoten ins Gras, du knickst keine Zweige", sagte Tambu zu ihm.

„Warum soll ich das tun?" fragte Rafiki.

„Der Vater hat es befohlen", antwortete Tambu.

„Der Vater hat nicht befohlen, Knoten ins Gras zu knüpfen und Zweige zu knicken", sagte Rafiki und ging weiter. Nach einiger Zeit kamen sie beide an ein Dorf.

Da saßen Männer des Dorfes im großen Palaverhaus, wo sie sich versammeln, wenn sie miteinander plaudern wollen, und die Männer plauderten und aßen und tranken. Tambu ging herum und knüpfte Zeichen ins Gras und knickte Zweige. Rafiki aber lief sogleich zu den Männern, grüßte sie und erzählte ihnen, daß der Vater ihn und seinen Bruder Tambu ausgeschickt hatte, um sich im Grasland umzusehen. Den Männern gefiel der Junge, und sie luden ihn ein, bei ihnen zu sitzen und zu essen und zu trinken, und er durfte auch zuhören, was sie einander erzählten. Als der Mond aufging und alle müde wurden, luden sie Rafiki in eine der Hütten zum Schlafen ein.

Tambu hatte viele Zeichen geknüpft und war sehr müde, und so kam es ihm gar nicht in den Sinn, einen Menschen anzusprechen. Müde hockte er sich an eine Hüttenwand und schlief ein.

Als er am Morgen erwachte, stand Rafiki neben ihm, gab ihm zu essen und sagte: „Das haben mir die Dorfleute für dich gegeben, damit du nicht hungern mußt. Iß und komm weiter, wir wollen uns noch ein paar Dörfer ansehen."

Tambu dankte Rafiki und aß und ging mit ihm weiter. Und wie tags zuvor machte er Zeichen auf dem Weg, knüpfte Gras und knickte Zweige, und Rafiki lief neben ihm her, guckte sich um und tat nichts.

Sie kamen wieder an ein Dorf, und Rafiki ging zu einem Jungen hin, der bei der ersten Hütte saß, und fing an, mit ihm zu reden. Der Junge führte Rafiki in die Hütte seiner Eltern, und die freuten sich über den Besuch und fragten ihn aus, was es Neues gäbe. Da erzählte Rafiki, er hätte eine Regenwolke gesehen, und von den Tieren erzählte er, denen er im Grasland begegnet war. Und von seinem Vater erzählte er auch und von seinem Bruder.

Die Leute im Dorf gaben Rafiki zu essen und zu trinken, und er schlief in der Hütte der Eltern des Jungen, dem er zuerst begegnet war. Als Rafiki am nächsten Morgen weiterzog, winkten ihm alle nach und riefen: „Du bist ein lieber Junge! Grüß deinen Vater und komm bald wieder!"

Tambu knüpfte und knickte auch an diesem Tag, den sie durchs Grasland gingen, Grasbüschel und Zweige als Zeichen auf dem Weg. Rafiki lief wieder neben ihm dahin und tat nichts. Es war sehr heiß. Wieder kamen sie an ein Dorf. Da stand ein Mädchen mit einem Wasserkrug und rief den beiden Jungen zu: „Kommt her und trinkt, es ist heiß!"

Rafiki kam gelaufen und lachte zum Dank. Tambu aber hörte das Mädchen nicht rufen, weil er eben ein Grasbüschel knüpfte. Und als er endlich an den Dorfrand kam, da waren das Mädchen und Rafiki schon ins Dorf zu den Leuten gegangen.

Tambu legte sich müde in den Schatten einer Hütte. Er redete mit niemand und schlief vor Müdigkeit und Hunger ein.

Rafiki aber feierte an diesem Abend ein Fest mit, das in dem Dorf gegeben wurde. Sie aßen und tranken und tanzten und erzählten einander Geschichten. Rafiki saß neben dem Mädchen und erzählte von seinem Vater und dem Weg durch das Grasland.

Die Eltern des Mädchens sagten zueinander: „Das ist ein freundlicher, kluger Bursche, das wäre ein guter Mann für unser Mädchen!"

Und als Rafiki am anderen Morgen weiterzog und sich auf den Heimweg machte, schenkten sie dem Jungen eine Ziege und baten ihn, bald wiederzukommen.

Als Rafiki und Tambu heimkamen, stand der Vater vor der Hütte und fragte: „Wie ist es euch ergangen?" Da gab Rafiki dem Vater die Ziege, und Tambu erzählte von seinen Grasbüscheln und geknickten Zweigen. „Ich habe Zeichen auf den Weg gemacht, wie du befohlen hast", sagte er. „Wenn du hinausgehst, kannst du sie sehen."

„Ich werde mir auch Rafikis Zeichen ansehen", sagte der Vater.

„Rafiki hat keine Zeichen hinterlassen!" rief Tambu. „Er ist nur gelaufen und hat geguckt!"

„Wir werden gehen und sehen", antwortete der Vater. „Kommt mit!"

So gingen der Mann und seine beiden Söhne in das Grasland hinaus, und bei jedem Grasbüschelknopf und jedem geknickten Zweig schrie Tambu: „Schau, Vater, ein Zeichen! Ich habe auch dieses Zeichen am Weg hinterlassen! Und Rafiki hat gar nichts gemacht!"

Da lächelte der Vater und ging weiter, und die Söhne folgten ihm.

Als sie in das erste Dorf kamen, saßen die Männer im Palaverhaus und riefen: „Da kommt ja der lustige Junge, der schon hier war! Und er hat seinen Vater mitgebracht, herzlich willkommen!"

Und da mußten sich Rafiki und der Vater zu den Männern setzen, und auch Tambu durfte diesmal dabeisein. Und die Männer sagten zu dem Vater: „Du hast einen guten Sohn, er hat sich gut umgesehen im Grasland und eine Regenwolke gesehen und Tiere, und Geschichten weiß er auch."

Am anderen Tag gingen sie weiter, und auch im zweiten Dorf kannten alle Rafiki und hießen ihn und seinen Vater willkommen und lobten ihn, und sie bekamen zu essen und zu trinken, und Tambu bekam auch etwas ab.

Im dritten Dorf war es genauso. Das Mädchen mit dem Wasserkrug war auch wieder da und bot dem Vater zu trinken an und guckte nach Rafiki, und der guckte zurück und lachte. Und die Eltern des Mädchens brieten eine Ziege und luden den Mann und seinen Sohn zum Essen ein.

„Ich verstehe nicht, warum keiner mich kennt", sagte Tambu. „Alle sind zu Rafiki freundlich, und er hat nichts getan als geguckt – kein einziges Grasbüschelzeichen hat er geknüpft! Ich war dir gehorsam, Vater, ich habe auf dem Weg Zeichen hinterlassen, so viele ich konnte – aber Rafiki, der kein einziges Zeichen geknüpft hat, wird von allen gekannt und geehrt."

Da sagte der Vater: „Es gibt auch noch andere Zeichen als Grasbüschel, mein Kind. Das sind Zeichen, die ein Mensch in den Herzen anderer Menschen hinterläßt, wenn er zu ihnen geht und mit ihnen spricht und ihnen seine Freundschaft zeigt. Solche Zeichen hat Rafiki auf seinem Weg hinterlassen, und darum haben die Leute ihn wiedererkannt und freuen sich, wenn er kommt – solche Zeichen in den Herzen der Menschen bleiben, wenn die Grasbüschelzeichen längst von Tieren gefressen oder vom Wind weggetragen sind."

(von Friedl Hofbauer, in: Kindergarten und Mission, Heft 1/1984, Kindermissionswerk Aachen)
entnommen aus: Bistum Essen. Seelsorgeamt (Hrsg.), Redaktion Adventskalender, Und dies ist euch das Zeichen, Kalender durch die Advents- und Weihnachtszeit 1996/97, vom 30. Dezember '96, Rechte beim Autor